TIB 4 · GALATIEN UND LYKAONIEN

ÖSTERREICHISCHE AKADEMIE DER WISSENSCHAFTEN
PHILOSOPHISCH-HISTORISCHE KLASSE
DENKSCHRIFTEN, 172. BAND

TABULA IMPERII BYZANTINI

Herausgegeben von

HERBERT HUNGER

BAND 4

VERLAG DER ÖSTERREICHISCHEN AKADEMIE DER WISSENSCHAFTEN
WIEN 1984

ÖSTERREICHISCHE AKADEMIE DER WISSENSCHAFTEN
PHILOSOPHISCH-HISTORISCHE KLASSE
DENKSCHRIFTEN, 172. BAND

TABULA IMPERII BYZANTINI

Herausgegeben von
HERBERT HUNGER
BAND 4

GALATIEN UND LYKAONIEN

von
KLAUS BELKE

mit Beiträgen von
MARCELL RESTLE

Mit 64 Abbildungen auf Tafeln, fünf Abbildungen im Text und zwei Karten

VERLAG DER ÖSTERREICHISCHEN AKADEMIE DER WISSENSCHAFTEN
WIEN 1984

Vorgelegt von Sekretär Werner Welzig i. V. von w. M. Herbert Hunger
in der Sitzung am 19. Jänner 1983

Gedruckt mit Unterstützung durch den
Fonds zur Förderung der wissenschaftlichen Forschung

Umschlagbild: Mercator-Karte (1623) von Kleinasien
(Bildarchiv der Österreichischen Nationalbibliothek)

ISBN 3 7001 0634 3

Druck: Ernst Becvar, A-1150 Wien

INHALTSVERZEICHNIS

VORWORT

Das im vierten Band der *TIB* bearbeitete Gebiet schließt sich westlich an das im zweiten Band behandelte Kappadokien an; aus praktischen Gründen wurden hier nicht mehr die mittelbyzantinischen Themen, sondern die frühbyzantinischen Provinzen (Eparchien) der Grenzziehung zugrunde gelegt. Im übrigen sei für das *TIB*-Projekt allgemein auf das Vorwort zu *TIB* 1 und das Geleitwort zu *TIB* 2, beide vom Herausgeber der Reihe, Prof. Herbert Hunger, verwiesen.

Der Bearbeiter dieses Bandes hat vielfachen Dank auszusprechen. Der Herausgeber der Reihe und Leiter des Projektes, Prof. Herbert Hunger, hat die Fertigstellung des Manuskriptes tatkräftig gefördert. Der Mitautor des Bandes, Prof. Marcell Restle (München), hat die Bearbeitung der Teile B (Geographischer Überblick) und F II (Verteidigungsanlagen: Architektur) der Einleitung übernommen sowie den kunsthistorischen bzw. archäologischen Teil (*Mon*) folgender Lemmata des Hauptteiles verfaßt: Ankyra, Arısama Dağ, Barata, Boratinon Oros, Dağ Gölü, Dağören, Germia, Ikonion, Karanlı Kale, Karaviran Kale, Kurşuncu, Sillē, Thēbasa, Theotokos Spēlaiōtissa und Zengicek Kalesi; auf eine Kennzeichnung dieser Teile im Text wurde verzichtet. Darüber hinaus hat Marcell Restle an einer Reise nach Lykaonien teilgenommen und mich in allen archäologischen Fragen bereitwillig beraten, wofür ich ihm herzlich danke.

Die Kartographie von *TIB* 4 wurde wiederum in direkter Zusammenarbeit mit der Firma Freytag und Berndt von Dr. Heinrich Reschenhofer durchgeführt.

Dr. Herbert Eisenstein hat bei der Lesung der arabischen Texte und der Transkription der arabischen Ortsnamen wertvolle Hilfe geleistet. Dr. Friedrich Hild, der mich auf zwei Reisen nach Lykaonien begleitet und in die Methodik der historischen Geographie eingeführt hat, verdanke ich wesentliche Hinweise. In Galatien begleitete mich Dr. Norbert Mersich.

Besonderen Dank schulde ich den Behörden der Türkei. Das Ministerium für Äußeres sowie das Ministerium für Kultur und Tourismus gestatteten im Jahre 1982 eine Bereisung der behandelten Gebiete und unterstützten die Arbeit in jeder Weise; insbesondere gaben sie uns einen verständigen und hilfsbereiten Regierungskommissär mit. Frau Dozent Dr. Yildiz Ötüken von der Hacettepe Üniversitesi Ankara begleitete mich in Westgalatien und erleichterte durch ihre Landeskenntnis die Arbeit sehr. Wertvolle Hinweise gab auch der Direktor des British Institute of Archaeology at Ankara, Dr. David French.

Die European Science Foundation unterstützte die Reise 1982 durch eine beträchtliche Geldsubvention. Der Österreichischen Akademie der Wissenschaften ist für die Drucklegung, dem Fonds zur Förderung der wissenschaftlichen Forschung für die Finanzierung von Reisen, für die Bereitstellung eines Geländewagens sowie für die Teilsubventionierung des Druckes zu danken.

Klaus Belke

VORBEMERKUNGEN

Die folgenden Vorbemerkungen erläutern in Anlehnung an die Vorbemerkungen von JOHANNES KODER in *TIB* 1 und FRIEDRICH HILD in *TIB* 2 in verkürzter Form die formalen und inhaltlichen Gesichtspunkte, nach denen der vorliegende Band und die zugehörige thematische Karte gestaltet wurden; sie sollen auch einige Beschränkungen in der Ausarbeitung und in der Detaillierung der Lemmata begründen und erklären. Für die kartographischen Grundlagen und die Gestaltung der topographischen Grundkarte sei auf das von FRITZ KELNHOFER verfaßte Beiheft zu *TIB* 1 sowie auf dessen vor kurzem erschienene Publikation „Darstellungs- und Entwurfsprobleme in topographischen Karten mittlerer Maßstäbe" (*Forschungen zur theoretischen Kartographie* 5, Veröffentlichungen des Instituts für Kartographie der Österreichischen Akademie der Wissenschaften), Wien 1980, verwiesen.

1. Die Transkription von Wörtern und Namen aus Sprachen mit nicht-lateinischen Alphabeten

Alle *griechischen* Eigennamen werden nach dem System der preußischen bzw. der österreichischen Bibliotheksnormen transkribiert, das im wesentlichen auch dem der *Byzantinischen Zeitschrift* entspricht. Dabei sind folgende Abweichungen zu beachten: η = ē, ῥ und ρ = r (nicht rh), ω = ō.

Jedoch wurde auf eine Transkription bei den in der deutschen Sprache geläufigen und eingedeutschten Eigennamen (z. B. Jerusalem, Konstantin, Johannes) und Begriffen (z. B. Metropolit, Narthex) fallweise verzichtet.

Bei der Transkription von *syrischen, arabischen* und *türkischen* Wörtern und Namen werden die Regeln der Deutschen Morgenländischen Gesellschaft angewandt.

Bei der Transkription des *Syrischen* wurde auf eine Kennzeichnung der spirantischen Allophone der Konsonanten b, g, d, k, p und t verzichtet. Die Partikel də- wurde stets als de- wiedergegeben. ' am Wortanfang wurde nicht notiert.

Nicht bestimmbare Kurzvokale des *Arabischen* (a, i, u) wurden durch - bezeichnet, z. B. M-l-w-riya. Das *türkische* dumpfe i wurde fallweise nach dem Vorbild der modernen türkischen Lateinschrift durch ı wiedergegeben.

Die Transkription der wenigen vorkommenden *armenischen* Wörter und Eigennamen erfolgt nach den Regeln der *Revue des Études Arméniennes* (Système HÜBSCHMANN–MEILLET–BENVENISTE).

2. Aufbau der Lemmata

Die Lemmata sind nach dem lateinischen Alphabet geordnet; sie gliedern sich in den *Kopf* und die Abschnitte *Hist, Mon, Font, Lit.*

Der *Kopf* enthält den Namen (in Klammer griechisch), die geographische Kurzbeschreibung und die Suchhinweise für die Karte. Letztere bestehen in der Wiedergabe der thematischen Signatur, welche dem Lemma in der Karte zugewiesen ist, und des Planquadrats (1/9 eines Gradfeldes), in welchem die Signatur zu suchen ist (Angaben des Längen- und Breitengrades – mit Unterteilung in 00′, 20′ und 40′ – des linken unteren Eckpunktes des Planquadrates). Durch die Verwendung der Längen- und Breitengrade als Suchkoordinaten ergibt sich ein einheitliches Suchgitternetz für den gesamten Kartenbereich der *TIB*.

Als Name des Lemmas wurde – so vorhanden – der für die byzantinische Zeit quellenmäßig belegbare gewählt; bei mehreren mittelalterlichen Namen wurde dem griechischen gegenüber anderen (arabischen, armenischen, syrischen, türkischen oder westlichen) der Vorzug gegeben, bei mehreren griechischen dem in einem größeren Zeitraum geläufigen Namen. War ein historischer Name nicht ausfindig zu machen, so wurde der neuzeitliche Ortsname eingesetzt, wobei auch hier dem älteren Namen gegenüber Neuschöpfungen der Vorzug gegeben wurde (z. B. → Arvana, → İbrala, → Zengen).

Die folgenden Abschnitte *Hist* und *Mon* bringen in möglichst knapper Form die historischen Angaben (auf Grund ausgewählter Quellen und Sekundärliteratur) und den Bericht über erhaltene (fallweise auch über bereits vernichtete) Denkmäler (auf Grund ausgewählter Sekundärliteratur und der Bereisungen), wobei auf die Abschnitte *Font* und *Lit* (fallweise auch auf *Bereisungen*) durch Anmerkungen verwiesen wird. Verweise (durch Pfeil →) auf andere Lemmata erfolgen nur dann, wenn ein echter Zusammenhang zwischen beiden Lemmata besteht.

Die Abschnitte *Font* und *Lit* bringen die relevanten Quellenstellen und die Sekundärliteratur in einer repräsentativen Auswahl; Vollständigkeit wurde nicht angestrebt. Bei *Lit* wurde unterteilt in Werke, auf die die Darstellung in *Hist* und *Mon* unmittelbar Bezug nimmt, und allgemein wertvolle Untersuchungen (mit weiterführenden Literaturangaben zu dem betreffenden Lemma).

In Abweichung vom üblichen Verweissystem entspricht innerhalb der Lemmata jede Anmerkung *einem* Werk (Quelle oder Sekundärliteratur), auf welches *ausschließlich* in dieser Anmerkung verwiesen wird. Die fast ausnahmslos verwendeten Kurzzitate oder Siglen werden in der Bibliographie aufgelöst; Zeitschriftenartikel werden in der Regel nur mit Autorennamen und Zeitschriftenzitat (ohne Titel) angeführt. Ist einem Zitat die Bemerkung (*Fig*) oder/und (*Lit*) beigefügt, so enthält das betreffende Werk Abbildungsmaterial (Karten, Pläne, Skizzen, Grund- und Aufrisse, Photographien) bzw. ausführliche bibliographische Hinweise.

Wurde ein Ort im Rahmen der *TIB* bereist, so ist unter Bereisung das Jahr angegeben, in dem eine Arbeitsgruppe den betreffenden Ort besichtigte. Reisen nach Galatien und/oder Lykaonien fanden in folgenden Jahren statt (in Klammer die Teilnehmer): 1957, 1959, 1960, 1961, 1965 (M. Restle), 1974 (K. Belke, F. Hild), 1976 (Belke, Hild, Restle), 1978 (Belke bzw. Restle), 1979 (Belke, Hild), 1982 (Belke, N. Mersich).

Historische Ortsnamen, die als Lemma nicht aufscheinen, wurden unter einem anderen Lemma subsumiert oder nicht aufgenommen. Sie sind dann über das geographische Register am Ende des Bandes aufzufinden, das nicht nur die meisten geographischen Eigennamen ausweist, sondern darüber hinaus auch eine Anzahl von Ortsnamen aus mittelalterlichen Quellen, bei denen eine Lokalisierung oder sonstige nähere Angaben nicht möglich waren.

3. *Thematische Gestaltung der Karte*

Bei der thematischen Gestaltung der Karte versuchten wir, ein Konzept zu finden, welches durch die Sinnfälligkeit der thematischen Signaturen in Form und Farbe den Benützer möglichst unabhängig von der Legende macht. Grundsätzlich sind die thematischen Eintragungen – Signaturen und Beischriften – *schwarz*, um sich von der in zartem Braun gehaltenen topographischen Bezugsgrundlage abzuheben. Ortsnamen wurden freilich nur dann schwarz eingesetzt, wenn sie in historischen Quellen belegt sind. Ansonsten wurde die thematische Signatur allein eingesetzt; sie deckt sich dann mit einer Eintragung der Grundkarte oder ist der nächstgelegenen topographischen (oder thematischen) Eintragung zugeordnet. Im Text des Bandes ist sie folglich unter diesem Lemma zu suchen.

Die Karten zu *TIB* 2 (Kappadokien) und *TIB* 4 überlappen einander beträchtlich; um die Benutzbarkeit, besonders ein Aneinanderlegen der Blätter, zu erleichtern, wurden die thematischen Eintragungen der Karte zu *TIB* 2 wieder aufgenommen, soweit sie auf der Karte zu *TIB* 4 liegen. Die zugehörigen Lemmata sind jedoch ausschließlich in *TIB* 2 zu suchen.

Die Signaturen wurden – abgesehen von einigen, seltener benötigten, konventionell geläufigen Zeichen (z. B. ⚒ Bergwerk, Saline, ≍ Brücke, + Grab, Friedhof,][Paß, ∴ Ruinenstätte) — in drei Hauptgruppen geteilt, die jeweils weitgehend in einer Grundform zusammengefaßt werden; daher bedeuten:

1. *Quadratische* Signaturen *Siedlungen* (auch befestigte Siedlungen, bei denen der Siedlungscharakter vorherrscht), im einzelnen:

▣ Siedlung mit Mauerring

⊟ nicht ummauerte Siedlung mit Zitadelle oder Oberburg

□ unbefestigte Siedlung

⊖ Straßenstation

(auf die Signatur gesetztes einfaches Kreuz bedeutet Bistum, doppeltes Kreuz autokephales Erzbistum oder Metropole, dreifaches Kreuz Patriarchat),

2. *Dreieckige* Signaturen *Festungen* (auch besiedelte Festungsanlagen), im einzelnen:

◬ größere Festung (zumeist mit zweitem Mauerring), zugleich Fluchtburg

△ kleinere Festung oder Burg

◬ Legionslager

(als Ausnahme muß in dieser Gruppe die Signatur ▯ für Turm [Wachtturm, Leuchtfeuerturm] gelten, die wegen ihrer Sinnfälligkeit gewählt wurde),

3. *Kreisförmige* Signaturen *kirchliche Anlagen*, im einzelnen:

◎ Hauptkloster (eines Klosterverbandes, einer Laura o. ä.)

ȯ einfaches Kloster

ȯ Einzelkirche

○ Metochion, Filialanlage

⌒ Hagiasma, Grotte, Höhlenheiligtum.

Die Farbgebung wurde bei diesen Hauptgruppen für die zeitliche Gliederung reserviert. Der zu bearbeitende Zeitraum wurde in vier Perioden (1. Periode 4. bis 7. Jahrhundert, 2. Periode 7. bis 10. Jahrhundert, 3. Periode 10. bis 13. Jahrhundert, 4. Periode 13. bis 15. Jahrhundert) unterteilt, wobei, wie ersichtlich, stark schematisiert werden mußte. Für die ersten drei Perioden wurden die Grundfarben

1 = Gelb   2 = Magenta-Rot   3 = Cyan-Blau

gewählt, für die jeweilige Periodenkombination die sich aus den entsprechenden Mischungen ergebenden Farben

1 + 2 = Orange   1 + 3 = Grün   2 + 3 = Violett
1 + 2 + 3 = Olivgrün.

Daraus resultiert für die ersten drei Perioden (4. bis 13. Jahrhundert) folgendes Farbkombinationsschema:

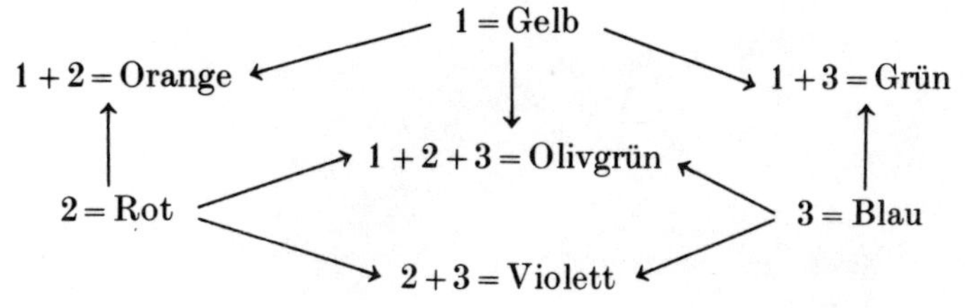

Die vierte Periode (13. bis 15. Jahrhundert) wird durch (zusätzliche) *schwarze* Unterstreichung der Signatur zum Ausdruck gebracht.

Bei den konventionell geläufigen Zeichen (Bergwerk, Paß, Brücke etc.) mußte auf eine zeitliche Untergliederung verzichtet werden; das gleiche gilt für die Straßen (violettes Band).

Von den Straßen wurden, um das Kartenbild nicht zu überlasten, nur jene aufgenommen, die im Mittelalter zumindest zeitweise überregionale Bedeutung hatten; daß ein lokaler Verkehr die Städte einer Region miteinander verband, ist selbstverständlich. Außerdem konnte zumeist nur der ungefähre oder wahrscheinliche Verlauf der Routen eingetragen werden.

Bei konkurrierenden Signaturen innerhalb eines Lemmas wurde in etwa eine Rangabfolge Siedlung – Festung – Kloster – Einzelobjekt eingehalten, wonach lediglich die jeweils ranghöchste Signatur in der Karte aufscheint. Folglich ist in dieser Beziehung der thematische Befund der Karte unvollständig. Grundsätzlich ist also die Karte nur zusammen mit dem Kontext des jeweiligen Lemmas zu benützen, da sie notwendigerweise schematisieren muß.

Ebenso verzichteten wir auf die Flächensignaturen, wie man sie zum Beispiel für die Aufschlüsselung von Bevölkerungsanteilen, für Wanderungen oder für wirtschaftliche Gegebenheiten hätte erwarten können. Zum einen schien uns die mögliche Aussage in dieser Hinsicht zu vage, anderseits hätten Flächensignaturen die topographische Situation weniger deutlich werden lassen.

VERZEICHNIS DER ABBILDUNGEN AUF TAFELN

BILDNACHWEIS

Alle Abbildungen sind dem Bild-Archiv der Kommission für die TIB entnommen.

VERZEICHNIS DER ABBILDUNGEN IM TEXT

ABBILDUNGSNACHWEIS

Abb. 1 stammt von K. Belke, die übrigen von M. Restle.

ABKÜRZUNGSVERZEICHNIS

A.	Anmerkung
Abb.	Abbildung(en)
Abh.	Abhandlung(en)
abl.	Ablativ
acc.	Akkusativ
a. O.	am angegebenen Ort
arab.	arabisch
arm.	armenisch
Bd.	Band
bes.	besonders
byz.	byzantinisch
bzw.	beziehungsweise
ca.	circa
christl.	christlich
d. h.	das heißt
Diss.	Dissertation
ebd.	ebenda
ed.	edidit
F. H.	Friedrich Hild
Fig.	Figur, Abbildungsmaterial, Karten
Font	Fontes, Quellen
galat.	galatisch
gen.	Genitiv
griech.	griechisch
H.	Hagia, Hagioi, Hagios
hellenist.	hellenistisch
hethit.	hethitisch
Hist	Historie, Geschichte
hl.	heilig
Herausg.	Herausgeber
Hr.	Harabe(ler), Ruinen
hrsg.	herausgegeben
insbes.	insbesondere
Jh.	Jahrhundert
jüd.	jüdisch
kaiserl.	kaiserlich
kapp.	kappadokisch
kilik.	kilikisch
Kl.	Kloster
kleinarm.	kleinarmenisch
km	Kilometer
Kpl.	Konstantinopel
kpl.	konstantinopolitanisch
latein.	lateinisch
Lit	Literatur
lykaon.	lykaonisch
m	Meter
MA.	Mittelalter
ma.	mittelalterlich
m. E.	meines Erachtens
Mio.	Million(en)
Mon	Monumente, Denkmäler
m. p.	milia passum
N	Norden
n.	nördlich
n. Chr.	nach Christus
nnö.	nordnordöstlich
nnw.	nordnordwestlich
NO	Nordost(en)
nö.	nordöstlich
Nr.	Nummer
NW	Nordwest(en)
nw.	nordwestlich
O	Ost(en)
ö.	östlich
o. ä.	oder ähnlich(es)
ökumen.	ökumenisch
onö.	ostnordöstlich
osman.	osmanisch
osö.	ostsüdöstlich
phryg.	phrygisch
pisid.	pisidisch
plur.	Plural
prähist.	prähistorisch
röm.	römisch
S	Süd(en)
S.	Seite
s.	südlich oder siehe
scil.	scilicet
seldschuk.	seldschukisch
s. o.	siehe oben
SO	Südost(en)
sö.	südöstlich
sog.	sogenannt
ssö.	südsüdöstlich
ssw.	südsüdwestlich
s. v.	sub voce
sw.	südwestlich
syr.	syrisch
Taf.	Tafel
trad.	traduction, Übersetzung
türk.	türkisch
u.	und
u. a.	unter anderem
u. ä.	und ähnliche(s)
Übers.	Übersetzung
urspr.	ursprünglich
usw.	und so weiter
v. Chr.	vor Christus
vgl.	vergleiche

v. l.	varia lectio
W	West(en)
w.	westlich
wnw.	westnordwestlich
wsw.	westsüdwestlich
z. B.	zum Beispiel
z. T.	zum Teil
Ztschr.	Zeitschrift

BIBLIOGRAPHIE UND SIGLENVERZEICHNIS

AA	Archäologischer Anzeiger
AASS	Acta Sanctorum
ABSA	The Annual of the British School at Athens
Abū l-Fidā'	Géographie d'Aboulféda, ed. M. Reinaud et M. le Bon MacGuckin de Slane. Paris 1840. – Übers. M. Stanislas Guyard. Paris 1883.
ACO	Acta Conciliorum Oecumenicorum
Acta Iustini	G. Lazzati, Gli Atti di S. Giustino Martire. *Aevum* 27 (1953) 473–497.
Act. Ap.	Acta apostolorum
Adontz, Tornik	N. Adontz, Tornik le moine. *Byz* 13 (1938) 143–164.
AEMitt	*Archäologisch-Epigraphische Mittheilungen aus Österreich*
Agapios	Kitab al-ʿUnvan. Histoire universelle, écrite par Agapius (Mahboub) de Menbidj, éditée et traduite en français par A. Vasiliev, II 2. *PO* 8. Paris–Freiburg 1912, 397–550.
Ainsworth, Travels	W. F. Ainsworth, Travels and Researches in Asia Minor, Mesopotamia, Chaldea, and Armenia, I–II. London 1842.
AJA	American Journal of Archaeology
Alb. Aqu.	Alberti Aquensis Historia Hierosolymitana. *RHC* occ. 4, 265–713.
Alishan, Sissouan	P. L. M. Alishan, Sissouan ou l'Arméno-Cilicie. Description géographique et historique, traduit du texte arménien. Venedig 1899.
Amm. Marc.	V. Gardthausen, Ammiani Marcellini rerum gestarum libri qui supersunt, I–II. Leipzig 1884.
Anat. Stud.	Anatolian Studies
Anat. Stud. Ramsay	Anatolian Studies, presented to Sir William Mitchell Ramsay, edited by W. H. Buckler and W. M. Calder. Manchester 1923.
AnBoll	Analecta Bollandiana
Anderson, Celtic Cult	J. G. C. Anderson, A Celtic Cult and Two Sites in Roman Galatia. *JHSt* 30 (1910) 163–167.
Anderson, Galatia	J. G. C. Anderson, Exploration in Galatia cis Halym. Part II. Topography, Epigraphy, Galatian Civilisation. *JHSt* 19 (1899) 52–134, 280–318.
Anderson, Phrygia	C. G. J. Anderson, A Summer in Phrygia. I. *JHSt* 17 (1897) 396–424. II. *JHSt* 18 (1898) 81–128.
Anderson, Studia Pontica	J. G. C. Anderson, A Journey of Exploration in Pontus. Studia Pontica I. Bruxelles 1903.
Anna	Anne Comnène, Alexiade, I–III, ed. B. Leib. Paris 1937–1945.
Anon. Auct. Chron. 1234 I, II	I. Anonymi Auctoris Chronicon ad annum Christi 1234 pertinens I (praemissum est Chronicon Anonymum ad a. d. 819 pertinens), Übers. I.-B. Chabot (*CSCO* 109, Script Syr. 56). Louvain 1965. – II. Anonymi Auctoris Chronicon ad a. C. 1234 pertinens II, Übers. A. Abouna, Introduction, Notes et Index de J.-M. Fiey (*CSCO* 354, Script. Syr. 154). Louvain 1974.
Anon. Rhen.	Anonymi Rhenani Historia et Gesta Ducis Gotfridi. *RHC* Occ. 5, 439–524.
ANRW	Aufstieg und Niedergang der römischen Welt
Anzeiger Wien	*Anzeiger der phil.-hist. Klasse der ÖAW*
Arnold, Chron. Slav.	Arnoldi Lubicensis Chronica Slavorum, ed. G. H. Pertz *(Script. rer. Germ. in usum scholarum ex MGH editi)*. Hannover 1868.
Aschoff, Feuertelegraphen	V. Aschoff, Über den byzantinischen Feuertelegraphen und Leon den Mathematiker. *Deutsches Museum, Abhandlungen und Berichte* 48/1 (1980) 5–41.
Athener Mitt.	Athener Mitteilungen
Aulock, Münzen	H. v. Aulock, Münzen und Städte Lykaoniens (*Ist. Mitt.*, Beiheft 16). Tübingen 1976.

Babinger, Hans Dernschwam's Tagebuch	F. Babinger, Hans Dernschwam's Tagebuch einer Reise nach Konstantinopel und Kleinasien (1553/55) (*Studien zur Fugger-Geschichte* 7). München–Leipzig 1923.
Babinger, Kávalla	F. Babinger, Kávalla (Anatolien). *Der Islam* 29 (1950) 310f. (= F. Babinger, Aufsätze und Abhandlungen zur Geschichte Südosteuropas und der Levante II. München 1966, 90f.).
Babinger, Mehmed	F. Babinger, Mehmed der Eroberer und seine Zeit. München 1953.
al-Balāḏurī	Kitāb futūḥ al-buldān, ed. Salāḥaddīn al-Munaǧǧid, I–II. Kairo 1956–1957. – Übers.: Ph. Kh. Hitti, The Origins of the Islamic State I. New York 1916 (Nachdruck 1968).
Bald. Dol.	Baldrici episcopi Dolensis Historia Ierosolimitana. *RHC* occ. 4, 1–111.
Ballance, Derbe	M. H. Ballance, The Site of Derbe: A New Inscription. *Anat. Stud.* 7 (1957) 147–151.
Ballance, Faustinopolis	M. H. Ballance, Derbe and Faustinopolis. *Anat. Stud.* 14 (1964) 139–145.
Ballance, Galatia	M. H. Ballance, Galatia. *RbK* 2 (1971) 608–615.
Ballance, Roads in Lycaonia	M. H. Ballance, Roman Roads in Lycaonia. *Anat. Stud.* 8 (1958) 223–234.
Bar Hebraeus, Chronography	The Chronography of Gregory Abû'l Faraj, the Son of Aaron, the Hebrew Physician, commonly known as Bar Hebraeus, being the first Part of his political History of the World, Übers. E. A. W. Budge. London 1932.
Barth, Reise	Dr. H. Barth's Reise von Trapezunt durch die nördliche Hälfte Klein-Asiens nach Scutari im Herbst 1858 (*PGM*, Ergänzungsheft 3). Gotha 1860
Basileios v. Kaisareia, ep.	Saint Basile, Lettres. I–III, ed. Y. Courtonne. Paris 1957–1966.
Baur, Chrysostomus	P. Chrysostomus Baur, Der heilige Johannes Chrysostomus und seine Zeit. I (Antiochien), II (Konstantinopel). München 1929, 1930.
BCH	Bulletin de Correspondance Hellénique
Bean-Mitford, Journeys 1964–1968	G. E. Bean – T. B. Mitford, Journeys in Rough Cilicia 1964–1968. *Ergänzungsbände zu den Tituli Asiae Minoris* 3 (= *Denkschr. ÖAW*, phil.-hist. Kl. 102). Wien 1970.
Beck, Kirche	H.-G. Beck, Kirche und theologische Literatur im byzantinischen Reich (*HdA* XII 2/1). München 1959.
Bees, Inschriftenaufzeichnung	N. A. Bees, Die Inschriftenaufzeichnung des Kodex Sinaiticus Graecus 508 (976) und die Maria-Spiläotissa-Klosterkirche bei Sille (Lykaonien) (*BNJB* 1). Berlin-Wilmersdorf 1921.
Beldiceanu, Qaraman	N. Beldiceanu-I. Beldiceanu-Steinherr, Recherches sur la province de Qaraman au XVIe siècle. Reprinted from: *Journal of the Economic and Social History of the Orient* 11/1 (1968).
Belediyeler-Köyler (1977)	Türkiye Mülkî İdare Bölümleri. Belediyeler-Köyler. Ankara 1977.
Belke, Lykaonien	K. Belke, Historische Geographie von Lykaonien in byzantinischer Zeit (Ungedruckte Diss.). Wien 1976
Belke–Restle, Baş Dağ	K. Belke–M. Restle, Die Festungsanlage auf dem Baş Dağ (Kara Dağ): Eine hellenistische Burg im zentralen Kleinasien. *ÖJh* 52 (1978–1980), Beiblatt 1–30.
Bell, Notes IV	G. L. Bell, Notes on a Journey through Lycaonia and Cilicia. Fourth Article. *RA* IVe série 8 (Juillet–Décembre 1906) 225–252; 390–401; 9 (Janvier–Juin 1907) 18–30.
Bengtson, Griechische Geschichte	H. Bengtson, Griechische Geschichte. Von den Anfängen bis in die römische Kaiserzeit (*HdA* III 4). München³ 1965.
Bengtson, Römische Geschichte	H. Bengtson, Grundriß der römischen Geschichte mit Quellenkunde, I. Republik und Kaiserzeit bis 284 n. Chr. (*HdA* III 5, 1). München 1967.
Bérard, Saint Paul	J. Bérard, Recherches sur les itinéraires de Saint Paul en Asie Mineure. *RA* 6ème série 5 (Janvier–Juin 1935) 57–90.
BGA	Bibliotheca Geographorum Arabicorum
Bittel, Boğazköy	K. Bittel *et alii*, Boğazköy. I. *Abh. Preuß. Ak. Wiss., Phil.-Hist. Kl.* 1.935 Nr. 1. II. Ebenda 1938 Nr. 1. III–V *Abhandlungen der Deutschen Orient-Gesellschaft* 2, 14, 18. Berlin 1957, 1969, 1975.
Bittel, Funde	K. Bittel, Funde im östlichen Galatien. *Ist. Mitt.* 6 (1955) 22–41.
Bittel, Kleinasiat. Studien	K. Bittel, Kleinasiatische Studien. *Ist. Mitt.* 5 (1942).
Bittel, Meilensteine	K. Bittel, Zwei römische Meilensteine aus Kleinasien. *Anatolia* 2 (1957) 89–94.

BITTEL–NAUMANN, Boğazköy-Ḫattuša	K. BITTEL–R. NAUMANN, Boğazköy-Ḫattuša. Ergebnisse der Ausgrabungen des Deutschen Archäologischen Instituts und der Deutschen Orient-Gesellschaft in den Jahren 1931–1939. I. Architektur, Topographie, Landeskunde und Siedlungsgeschichte (*WVDOG* 63). Stuttgart 1952.
BMGS	Byzantine and Modern Greek Studies
BNJ	Byzantinisch-neugriechische Jahrbücher
BNJB	Texte und Forschungen zur byzantinisch-neugriechischen Philologie. Zwanglose Beihefte zu den *BNJ*
BOSCH, Quellen	E. BOSCH, Quellen zur Geschichte der Stadt Ankara im Altertum (*Türk Tarih Kurumu Yayınlarından* VII. Seri-No. 46). Ankara 1967.
BRANT, Journey	J. BRANT, Journey through a part of Armenia and Asia Minor, in the year 1835. *The Journal of the Royal Geographical Society of London* 6 (1836) 187–223.
BRÉHIER, Institutions	L. BRÉHIER, Les institutions de l'empire byzantin. Paris[2] 1970.
BRINKMANN, Geology	R. BRINKMANN, Geology of Turkey. Stuttgart 1976.
BROOKS, Abbasids	E. W. BROOKS, Byzantines and Arabs in the Time of the Early Abbasids. I. *The English Hist. Rev.* 15 (1900) 728–747, II. ebd. 16 (1901) 84–92.
BROOKS, Arabic Lists	E. W. BROOKS, Arabic Lists of the Byzantine Themes. *JHSt* 21 (1901) 67–77.
BROOKS, Campaign	E. W. BROOKS, The Campaign of 716–718, from Arabic Sources. *JHSt* 19 (1899) 19–33.
BROOKS, The Arabs	E. W. BROOKS, The Arabs in Asia Minor (641–750), from Arabic Sources. *JHSt* 18 (1898) 182–208.
BROOKS, Zenon	E. W. BROOKS, The Emperor Zenon and the Isaurians. *Engl. Hist. Review* 30 (1893) 209–238.
BSl	Byzantinoslavica
BUCKLER, Gateway inscriptions	W. H. BUCKLER, Two gateway inscriptions. *BZ* 30 (1929/30) 464–466.
BURY, Eastern Roman Empire	J. B. BURY, A History of the Eastern Roman Empire from the Fall of Irene to the Accession of Basil I. (A. D. 802–867). London 1912.
BV	Byzantina Vindobonensia
Byz	Byzantion
Byz Arch	Byzantinisches Archiv
Byz Forsch	Byzantinische Forschungen
BZ	Byzantinische Zeitschrift
CAHEN, Ḳonya	CL. CAHEN, Ḳonya. I. – Histoire. *EI* nouv. ed. 5, livraison 81–82 (1980) 251f.
CAHEN, Mantzikert	C. CAHEN, La campagne de Mantzikert d'après les sources musulmanes. *Byz* 9 (1934) 613–642.
CAHEN, Pénétration	C. CAHEN, La première pénétration turque en Asie-Mineure (seconde moitié de XIe s.). *Byz* 18 (1948) 5–67.
CAHEN, Pre-Ottoman Turkey	C. CAHEN, Pre-Ottoman Turkey. A general survey of material and spiritual culture and history c. 1071–1330 (englische Übersetzung aus dem Französischen). London 1968.
CAHEN, Seljuknāmeh	C. CAHEN, Seljukides de Rūm, Byzantins et Francs d'après le Seljuknāmeh anonyme. *Annuaire de l'institut philologique et historique orientales et slaves* 11 (1951) 97–106.
CALDER–BEAN, Classical Map	W. M. CALDER and G. E. BEAN, A Classical Map of Asia Minor. Being a partial revision, by kind permission of Messrs. JOHN MURRAY, of J. G. C. ANDERSON's Map of Asia Minor. London 1958.
CALDER, Epigraphy	W. M. CALDER, The Epigraphy of the Anatolian Heresies, in: Anat. Stud. Ramsay 59–91.
CALDER, Inscriptions métriques	W. M. CALDER, Inscriptions greques métriques inédites d'Asie mineure. *Revue de Philologie* 46 (1922) 114–131.
CALDER, Julia-Ipsus	W. M. CALDER, Julia-Ipsus and Augustopolis. *JRSt* 2 (1912) 237–266.
CALDER, Note	W. M. CALDER, Note on „A Classical Map of Asia Minor". Beilage zu Calder–Bean, Classical Map.
CALDER, Proseilemmene	W. M. CALDER, A Journey round the Proseilemmene. *Klio* 10 (1910) 232–242.
CALDER, Southern Galatia	W. M. CALDER, Inscriptions of Southern Galatia. *AJA* 36 (1932) 452–464.
CALLANDER, Explorations	T. CALLANDER, Explorations in Lycaonia and Isauria, in: *SERP* 157–180.

Canard, Deux épisodes	M. Canard, Deux épisodes des relations diplomatiques arabo-byzantines au Xe siècle. *Bulletin d'Etudes Orientales de l'Institut français de Damas* 13 (1945–1950) 51–69 (= Canard, Byzance et les musulmanes du Proche Orient. Variorum Reprints CS 18. London 1973, XII).
Canard, Expéditions	M. Canard, Les expéditions des Arabes contre Constantinople dans l'histoire et dans la légende. *Journal Asiatique* 208 (1926) 61–121.
Canrd, H'amdanides	M. Canard, Histoire de la Dynastie des H'amdanides de Jazîra et de Syrie. I (*Publ. de la Faculté des Lettres d'Alger* IIe sér., tome XXI). Paris 1953.
Canard, La prise d'Héraclée	M. Canard, La prise d'Héraclée et les relations entre Hārūn ar-Rashīd et l'empereur Nicéphore Ier. *Byz* 32 (1962) 345–379.
Caratzas, Tzacones	S. C. Caratzas, Les Tzacones (*Supplementa Byzantina* 4). Berlin–New York 1976.
Cate, Crusade of 1101	J. L. Cate, The Crusade of 1101, in: Setton, Crusades 343–367.
CFHB	Corpus Fontium Historiae Byzantinae
Chalandon, Les Comnène	F. Chalandon, Les Comnène, I–II. Paris 1900–1912.
Chron. brev.	P. Schreiner, Die byzantinischen Kleinchroniken. 1. Teil Einleitung und Text (*CFHB* 12/1). Wien 1975, 2. Teil Historischer Kommentar (*CFHB* 12/2). Wien 1977.
Chron. min. syr. II	Chronica minora II, Übers. I.-B. Chabot (*CSCO* 4 = Scriptores Syri 4). Louvain 1904 (Nachdruck 1960).
Chron. Pasch.	L. Dindorf, Chronicon Paschale, I–II. Bonn 1832.
Chroust, Quellen	A. Chroust, Quellen zur Geschichte des Kreuzzuges Kaiser Friedrichs I. (*MGH,* Scriptores rerum Germanicarum, Nova Series V). Berlin 1928.
Chrysos, Erzbistümer	E. Chrysos, Zur Entstehung der Institution der autokephalen Erzbistümer. *BZ* 62 (1969) 263–286.
Chrysos, Kpl.	E. Chrysos, Die Bischofslisten des V. Ökumenischen Konzils (553) (*Antiquitas, Reihe 1, Abh. zur Alten Geschichte*). Bonn 1966.
CIG	Corpus Inscriptionum Graecarum
CIL	Corpus Inscriptionum Latinarum
Class. Rev.	The Classical Review
Cod. Justin.	Codex Iustinianus, Corpus Iuris Civilis II, ed. P. Krüger. Berlin 1963.
Cod. Theodos.	Theodosiani libri XVI cum constitutionibus Sirmondianis. I–II, ed. P. Krüger–Th. Mommsen–P. M. Meyer. Berlin^{2} 1954.
Cronin, First Report	H. S. Cronin, First Report of a Journey in Pisidia, Lycaonia and Pamphylia. I. *JHSt* 22 (1902) 94–125. II. *ebd.* 339–376. III. *JHSt* 24 (1904) 113–124.
Crowfoot, Late Anatolian Art	J. W. Crowfoot, Notes upon Late Anatolian Art. *ABSA* 4 (1897/98) 79–94.
CSCO	Corpus Scriptorum Christianorum Orientalium
CSHB	Corpus Scriptorum Historiae Byzantinae
Cyprien, Correspondence	L. Bayard, Saint Cyprien, Correspondence, I–II. Paris^{2} 1961.
DAI	Deutsches Archäologisches Institut
Darrouzès, Documents inédits	J. Darrouzès, Documents inédits d'ecclésiologie byzantine (*Archives de l'orient chrétien* 10). Paris 1966
Darrouzès, Épistoliers	J. Darrouzès, Épistoliers Byzantins du Xe siècle. Paris 1960.
Darrouzès, Nicée	J. Darrouzès, Listes épiscopales du concile de Nicée (787). *REB* 33 (1975) 5–76.
Darrouzès, Notitiae	J. Darrouzès, Notitiae episcopatuum Ecclesiae Constantinopolitanae (Géographie ecclésiastique de l'empire byzantin 1). Paris 1981.
Darrouzès, Reg.	J. Darrouzès, Les Regestes des Actes du Patriarcat de Constantinople. Vol. I. Les Actes des Patriarches, Fasc. V. Paris 1977, Fasc. VI. Paris 1979.
Davis, Asiatic Turkey	D. E. Davis, Life in Asiatic Turkey. A Journal of Travel in Cilicia Pedias and Trachaea, Isauria, and parts of Lycaonia and Cappadocia. London 1879.
Dédéyan, Chronique	G. Dédéyan, La chronique attribuée au Connétable Smbat (*DRHC* 13). Paris 1980.
Dédéyan, Immigration	G. Dédéyan, L'immigration arménienne en Cappadoce au XIe siècle. *Byz* 45 (1975) 41–117.
Delaville le Roulx, Cartulaire	J. Delaville le Roulx, Cartulaire général de l'ordre des Hospitaliers de S. Jean de Jérusalem (1100–1310), I–IV. Paris 1894–1906.

DELEHAYE, Nicétas — H. DELEHAYE, Le Martyre de Saint Nicétas le Jeune, in: Mélanges offerts à M. Gustave Schlumberger à l'occasion du quatre-vingtième anniversaire de sa naissance, I. Paris 1924, 205–211.

DELEHAYE, Origines — H. DELEHAYE, Les origines du culte des martyrs. Brüssel 1912.

DELEHAYE, Saints Stylites — H. DELEHAYE, Les saints Stylites (*Subs. Hag.* 14). Bruxelles–Paris 1923.

DĒMĒTROKALLĒS, Stauroeideis naoi — G. DĒMĒTROKALLĒS, Οἱ σταυροειδεῖς Ἐγγεγραμμένοι Ναοὶ τῆς Μικρᾶς Ἀσίας. *Mikras. Chron.* 13 (1967) 81–183.

DERS. — Derselbe

De velit. bell. — Leonis Diaconi Caloënsis historiae libri X et liber de velitatione bellica Nicephori Augusti, ed. C. B. HASE. Bonn 1828, 183–258.

DHGE — Dictionnaire d'Histoire et de Géographie Ecclésiastiques

DIES. — Dieselbe

v. DIEST–ANTON, Forschungen — W. v. DIEST–M. ANTON, Neue Forschungen im nordwestlichen Kleinasien (*PGM*, Ergänzungsheft 116). Gotha 1895.

v. DIEST, Von Tilsit nach Angora — W. v. DIEST, Von Tilsit nach Angora (*PGM*, Ergänzungsheft 125). Gotha 1898.

Digenēs Akritēs — Digenes Akrites. Synoptische Ausgabe der ältesten Versionen, ed. E. TRAPP (*WBS* 8). Wien 1971.

DÖLGER, Reg. — F. DÖLGER, Regesten der Kaiserurkunden des oströmischen Reiches I–V (*Corpus der griechischen Urkunden des Mittelalters und der neueren Zeit, Reihe A, Abt. 1*). München–Berlin 1924ff.

DOMASZEWSKI, Inschriften — W. DOMASZEWSKI, Inschriften aus Kleinasien. I. *AEMitt* 7 (1883) 168–188. II. *AEMitt.* 9 (1885) 113–131.

DOP — Dumbarton Oaks Papers

DRHC — Documents relatifs à l'histoire des croisades, publ. par l'Académie des Inscriptions et Belles-Lettres.

DThC — Dictionnaire de théologie catholique

DUCHESNE, Germia — L. DUCHESNE, Germia et Germocolonia, in: *Strena Helbigiana.* Leipzig 1900, 54–56.

Dukas — Ducas, Istoria Turco-Bizantinâ (1341–1462), ed. V. GRECU (*Script. Byz.* 1). Bukarest 1958.

EICKHOFF, Barbarossa — E. EICKHOFF, Friedrich Barbarossa im Orient. Kreuzzug und Tod Friedrichs I. *Ist. Mitt.,* Beiheft 17. Tübingen 1977.

EI nouv. éd. — Encyclopédie de l'Islam. Nouvelle Édition.

Elias v. Nisibis — Eliae metropolitae Nisibeni opus chronologicum I, Übers. E. W. BROOKS (*CSCO* 63, Script. Syr. 23). Louvain 1954.

EO — Échos d'Orient

Epiphanios, Panarion haer. — Epiphanius II. Panarion haer. 34–64, hrsg. von K. HOLL, zweite, bearbeitete Auflage hrsg. von J. DUMMER. Berlin 1980.

ERDMANN, Karavansaray — K. ERDMANN, Das anatolische Karavansaray des 13. Jahrhunderts. Erster Teil, I–II (*Istanbuler Forschungen* 21). Berlin 1961.

Euagrios — The Ecclesiastical History of Euagrius with Scholia, ed. J. BIDEZ–L. PARMENTIER. London 1898.

Euseb., Hist. Eccl. — Eusèbe de Césarée, Histoire ecclésiastique, I–III. Texte grec, traduction et annotation par G. BARDY (*SC* 31, 41, 55). Paris 1952–1958. IV. Introduction par G. BARDY, index par P. PÉRICHOU (*SC* 73). Paris 1960.

EYİCE, Akmanastır — S. EYİCE, Akmanastır (S. Chariton) in der Nähe von Konya und die Höhlenkirchen von Sille. *Byz Forsch* 2 (1967) 162–183.

EYİCE, Karadağ — S. EYİCE, Karadağ (Binbirkilise) ve Karaman çevresinde arkeolojik incemeler (Recherches archéologiques à Karadağ [Binbirkilise] et dans la région de Karaman). İstanbul 1971.

FELIX, Byzanz — W. FELIX, Byzanz und die islamische Welt im früheren 11. Jahrhundert (*BV* 14). Wien 1981.

FHG — Fragmenta Historicorum Graecorum (MÜLLER)

FICKER, Erlasse — G. FICKER, Erlasse des Patriarchen von Konstantinopel Alexios Studites. Kiel 1911.

FINK, Kuppel — J. FINK, Die Kuppel über dem Viereck. Ursprung und Gestalt. Freiburg–München 1958.

FOSS, Ankara — C. FOSS, Late Antique and Byzantine Ankara. *DOP* 31 (1977) 27–87.

Foss, Persians — C. Foss, The Persians in Asia Minor and the end of Antiquity. *English Hist. Review* 90 (1975) 721–747.

Franchi de'Cavalieri, Martirii — P. Franchi de'Cavalieri, I martirii di S. Teodoto e di S. Ariadne (*StT* 6). Roma 1901.

French–Mitchell, Ankara — D. French–S. Mitchell, Ankara. A Guide to the City and District (*Ankara turizmi, eskiesenleri ve müzeleri sevenler derniği yayınları* 5). Ankara o. J., 19–101.

French, Pilgrim's Road — D. French, Roman Roads and Milestones of Asia Minor, Fasc. 1: The Pilgrim's Road. *British Institute of Archaeology at Ankara Monograph* No. 3 = *BAR International Series* 105. Oxford 1981.

French, Roads and Sites — D. French, Roads and Sites in Lycaonia, in: Aulock, Münzen 91–95.

French, Road-system — D. H. French, The Roman Road-system of Asia Minor. *ANRW* 7/2 (1980) 698–729.

French, Roman Roads — D. H. French, A Study of Roman Roads in Anatolia: Principles and Methods. *Anat. Stud.* 24 (1974) 143–149.

Fulcher — Fulcheri Carnotensis Historia Hierosolymitana, ed. H. Hagenmeyer. Heidelberg 1913.

Garstang–Gurney, Geography — J. Garstang–O. R. Gurney, The Geography of the Hittite Empire (Occasional Publications of the British Institute of Archaeology in Ankara 5). London 1959.

GCS — Die griechischen christlichen Schriftststeller

Gelzer, Bistümerverzeichnisse — H. Gelzer, Ungedruckte und wenig bekannte Bistümerverzeichnisse der orientalischen Kirche I. *BZ* 1 (1892) 245–282 u. II. *BZ* 2 (1893) 22–71.

Gelzer, Geographische Bemerkungen — H. Gelzer, Geographische Bemerkungen zu dem Verzeichnis der Väter von Nikaea. Festschrift Kiepert 47–61.

Gelzer, Geogr. und onomatolog. Bemerkungen — H. Gelzer, Geographische und onomatologische Bemerkungen zu der Liste der Väter des Konzils von 381. *BZ* 12 (1903) 126–130.

Gelzer, Notitiae — H. Gelzer, Ungedruckte und ungenügend veröffentlichte Texte der Notitiae episcopatuum, ein Beitrag zur byzantinischen Kirchen- und Verwaltungsgeschichte (*Abh. Bayer. Ak. Wiss.*, I. Cl. 21/3). München 1901.

Gelzer, Patr. Nik. — H. Gelzer–H. Hilgenfeld–O. Cuntz, Patrum Nicaenorum nomina latine, graece, coptice, syriace, arabice, armeniace. Leipzig 1898.

Geogr. Rav. — Ravennatis Anonymi Cosmographia et Guidonis Geographica (Itineraria Romana II), ed. J. Schnetz. Leipzig 1940, 1–110.

Georg. Cont. — Theophanes continuatus, Ioannes Cameniata, Symeon magister, Georgius monachus, ed. I. Bekker. Bonn 1838, 761–924.

Geōrg. Kedr. — Georgius Cedrenus, Ioannis Scylitzae ope, ed. I. Bekker, I–II (*CSHB* 13–14). Bonn 1838–1839.

Geōrg. Mon. — Georgii monachi chronicon. I–II, ed. C. de Boor. Leipzig 1904.

Geōrg. Mon. Istrin — V. M. Istrin, Chronika Georgija Amartola. Petrograd 1922, 1–65.

Geōrg. Pach. — Georgii Pachymeris de Michaele et Andronico Palaeologis libri XIII. I–II, ed. I. Bekker. Bonn 1835.

Gest. Franc. — Anonymi Gesta Francorum et aliorum Hierosolymitanorum, ed. H. Hagenmeyer. Heidelberg 1891.

Ghevond — Histoire des guerres et des conquêtes des Arabes en Arménie par L'éminent Ghevond, varabed arménien, écrivain du huitième siècle, traduite par G. V. Chahnazarian. Paris 1856.

Gouillard, Chrysobulle — J. Gouillard, Un chrysobulle de Nicéphore Botaneiatès à souscription synodale. *Byz* 29–30 (1959–1960) 29–41.

Gouillard, Procès — J. Gouillard, Quatre procès de mystiques à Byzance (vers 960–1143). Inspiration et autorité. *REB* 36 (1978) 5–81.

GRBS — Greek, Roman and Byzantine Studies

Grégoire, Goeléonta — H. Grégoire, Goeléonta–Golanta. *Byz* 11 (1936) 537–539.

Grégoire, Inscriptions — H. Grégoire, Inscriptions historiques byzantines. *Byz* 4 (1927–1928) 437–468.

Grégoire, Michel III — H. Grégoire, Michel III et Basile le Macédonien dans les inscriptions d'Ancyre. *Byz* 5 (1929–1930) 327–346.

Grégoire, Nicéphore Phocas — H. Grégoire, La carrière du premier Nicéphore Phocas. *Hellenika* Suppl. 4 (1953) [Festschrift Kyriakidēs] 232–254.

Grégoire, Notes — H. Grégoire, Notes de géographie byzantine. Les forteresses cappadociennes d'Antigu-Nigde et de Tyropoion-Trypia. *Byz* 10 (1935) 251–256.

GRÉGOIRE–ORGELS, Théodote	H. GRÉGOIRE–P. ORGELS, La passion de S. Theódote, œuvre du Pseude-Nil, et son noyau montaniste. *BZ* 44 (1951) 165–184.
GRÉGOIRE, Saint Blaise	H. GRÉGOIRE, La vie de Saint Blaise d'Amorium. *Byz* 5 (1929–30) 391–414.
GRUMEL, Reg.	V. GRUMEL, Les Regestes des Actes du Patriarcat de Constantinople. Vol. I. Les Actes des Patriarches, Fasc. I–III. Chalkedon 1932–1947.
Guib. Nog.	Guibert von Nogent, Historia quae dicitur Gesta Dei per Francos. *RHC* occ. 4, 113–263.
GÜNDÜZ, Karapınar	İ. GÜNDÜZ, Bütün yönleriyle Karapınar. Konya 1980.
GUYER, Grundlagen	S. GUYER, Grundlagen mittelalterlicher abendländischer Baukunst. Einsiedeln–Zürich–Köln 1950.
HAGENMEYER, Chronologie	H. HAGENMEYER, Chronologie de la première Croisade (1094–1100). *ROL* 6 (1898) 214–549.
Ḥāǧǧī Ḫalīfa	Ḥāǧǧī Ḫalīfa (Kātib Čelebī), Ǧihānnumā. İstanbul 1730. Übers. M. NORBERG, Hagi Chalifa, Gihan Numa. Geographia Orientalis ex Turcico in Latinum versa, I–II. Londini Gothorum 1818.
HALDON–KENNEDY, Frontier	J. F. HALDON–H. KENNEDY, The arab-byzantine Frontier in the eighth and ninth Centuries: Military Organisation and Society in the Borderlands. *ZRVI* 19 (1980) 79–116.
HALKIN, Inédits	F. HALKIN, Inédits byzantins d'Ochrida, Candie et Moscou (*Subs.Hag.* 38). Bruxelles 1963.
HALL, Eastern Pisidia	A. S. HALL, Notes and Inscriptions from Eastern Pisidia. *Anat. Stud.* 18 (1968) 57–92.
HALL, Gorgoromeis	A. S. HALL, The Gorgoromeis. *Anat. Stud.* 21 (1971) 125–166.
HALL, Mistheia	A. S. HALL, The Site of Mistheia. *Anat. Stud.* 9 (1959) 119–124.
Ḥamdallāh Mustaufī	The Geographical Part of the Nuzhat-al-qulūb, composed by Ḥamdallāh Mustawfī of Qazwīn in 740 (1340), translated by G. LE STRANGE (*E. J. W. Gibb Memorial Series* XXIII.2). Leyden–London 1919.
HAMILTON, Researches	W. J. HAMILTON, Researches in Asia Minor, Pontus and Armenia, I–II. London 1842.
HARNACK, Mission	A. v. HARNACK, Die Mission und Ausbreitung des Christentums in den ersten drei Jahrhunderten, I–II. Leipzig[4] 1924.
HASLUCK, Christianity and Islam	F. W. HASLUCK, Christianity and Islam under the Sultans, I–II. Oxford 1929 (Nachdruck New York 1973).
HdA	Handbuch der Altertumswissenschaft
HEFELE, Histoire	C. J. HEFELE, Histoire des conciles d'après les documents originaux. Nouvelle traduction française corrigée et augmentée par H. LECLERCQ, I. Paris 1907 (Nachdruck Hildesheim–New York 1973).
HERGENRÖTHER, Photius	J. HERGENRÖTHER, Photius, Patriarch von Konstantinopel, I–III. Regensburg 1867–1869.
Hier.	Le Synekdèmos d'Hiéroklès, ed. E. HONIGMANN. Brüssel 1939.
HILD, Straßensystem	F. HILD, Das byzantinische Straßensystem in Kappadokien (*VTIB* 2 = *Denkschr. ÖAW*, phil.-hist. Kl. 131). Wien 1977.
Hist. Nic.	Balduini III Historia Nicaena vel Antiochena. *RHC* Occ. 5, 133–185.
HOFFMANN, Rudimente	J. HOFFMANN, Rudimente von Territorialstaaten im byzantinischen Reich (1071–1210). Untersuchungen über Unabhängigkeitsbestrebungen und ihr Verhältnis zu Kaiser und Reich (*MBM* 17). München 1974.
HOLL, Amphilochius	K. HOLL, Amphilochius von Ikonium in seinem Verhältnis zu den großen Kappadoziern. Tübingen–Leipzig 1904.
HONIGMANN, Charsianon	E. HONIGMANN, Charsianon Kastron. *Byz* 10 (1935) 129–160.
HONIGMANN, Évêques	E. HONIGMANN, Évêques et évêchés monophysites d'Asie antérieure au VIe siècle. *CSCO* 127 (*Subsidia* 2). Louvain 1951.
HONIGMANN, Hiéroklès	E. HONIGMANN, Le Synekdèmos d'Hiéroklès. Brüssel 1939.
HONIGMANN, Liste de Nicée	E. HONIGMANN, La liste originale des pères de Nicée. *Byz* 14 (1939) 17–76.
HONIGMANN, L'origine	E. HONIGMANN, L'origine des noms de Balıkesir, de Burdur et d'Eğridir. *Byz* 14 (1939) 649–656.
HONIGMANN, Malagurdalo	E. HONIGMANN, Malagurdalo and Modicus mons, in: HONIGMANN, Patristic Studies 101–103.

Honigmann–Maricq, Recherches	E. Honigmann–A. Maricq, Recherches sur les Res gestae Divi Saporis. *Mémoires, Académie Royale de Belgique,* Classe des Lettres et des Sciences Morales et Politiques, 47 (1952–1953), fasc. 4.
Honigmann, Notitia	E. Honigmann, Die Notitia des Basileios von Ialimbana. *Byz* 9 (1934) 205–222.
Honigmann, Original Lists	E. Honigmann, The Original Lists of the Members of the Council of Nicaea, the Robber-Synod and the Council of Chalcedon. *Byz* 16 (1942–1944) 20–80.
Honigmann, Ostgrenze	E. Honigmann, Die Ostgrenze des byzantinischen Reiches von 363 bis 1070 nach griechischen, arabischen, syrischen und armenischen Quellen (Corp. Brux. Hist. Byz. III). Bruxelles 1935.
Honigmann, Patristic Studies	E. Honigmann, Patristic Studies. *StT* 173. Città del Vaticano 1953.
Honigmann, Pour l'atlas	E. Honigmann, Pour l'atlas byzantin. *Byz* 11 (1936) 541–562.
Honigmann, Sur les listes	E. Honigmann, Sur les listes des évêques participants aux conciles de Nicée, de Constantinople et de Chalcédoine. *Byz* 12 (1937) 323–347.
Honigmann, Un itinéraire arabe	E. Honigmann, Un itinéraire arabe à travers le Pont. *Annuaire de l'Institut de Philologie et d'Histoire Orientales et Slaves* IV (Mélanges Franz Cumont). Bruxelles 1936, 261–271.
Humann–Puchstein	K. Humann–O. Puchstein, Reisen in Kleinasien und Nordsyrien, durchgeführt im Auftrage der Kgl. Preußischen Akademie der Wissenschaften. Berlin 1890.
Hütteroth, Ländliche Siedlungen	W.-D. Hütteroth, Ländliche Siedlungen im südlichen Inneranatolien in den letzen vierhundert Jahren (*Göttinger Geographische Abhandlungen* 46). Göttingen 1968.
Huxley, Digenes Akrites	G. Huxley, Antecedents and Context of Digenes Akrites. *GRBS* 15 (1974) 317–338.
Ibn ʿAbdalḥakam	C. Torrey, The History of the Conquest of Egypt, North Africa and Spain Known as the Futūḥ Miṣr of Ibn ʿAbd al-Ḥakam (Yale Oriental Series-Researches III). New Haven 1922.
Ibn al-Aṯīr	Ibn el-Athiri chronicon quod perfectissimum inscribitur, ed. C. J. Tornberg, I–II. Kairo 1956–1957.
Ibn Bībī	H. W. Duda, Die Seltschukengeschichte des Ibn Bībī. Kopenhagen 1959.
Ibn Ḥauqal	Viae et regna, descriptio ditionis moslemicae auctore Abu'l-Kâsim Ibn Haukal, ed. M. de Goeje (*BGA* 2). Lugduni Batavorum 1873. – Übers. J. H. Kramers et G. Wiet, I–II. Beyrout–Paris 1964.
Ibn Ḫurdāḏbih	Kitâb al-Masâlik wa'l-Mamâlik (Liber viarum et regnorum), aucotre Abu'l-Kâsim Obaidallah ibn Abdallah ibn Khordâdhbeh, ed. cum versione Gallica M. J. de Goeje (*BGA* 6). Lugduni Batavorum ²1967.
Ibn Wāḍiḥ al-Yaʿqūbī	Ibn Wādhih qui dicitur al-Jaʿqubī Historia, I–II, ed. M. Th. Houtsma. Lugduni Batavorum ²1969.
al-Idrīsī	Opus Geographicum sive „Liber ad eorum delectationem qui terras peragrare studeant" consilio et auctoritate E. Cerulli, F. Gabrieli, G. Levi Della Vida, L. Petech, G. Tucci una cum aliis ed. A. Bombaci, U. Rizzitano, R. Rubinacci, L. Veccia Vaglieri. Neapoli–Romae 1970ff. – Übers. A. Jaubert, I–II (*Recueil de Voyages et Mémoires* 5, 6). Paris 1836–1840.
IGR	Inscriptiones Graecae ad res Romanas pertinentes
Iō. Kinn.	Ioannis Cinnami Epitome rerum ab Ioanne et Alexio Comnenis gestarum, ed. A. Meineke. Bonn 1836.
Iō. Mal.	Ioannis Malalae Chronographia, ed. L. Dindorf. Bonn 1831.
Iōs. Gen.	Iosephi Genesii Regum Libri IV, ed. A. Lesmueller-Werner–I. Thurn (*CFHB* 14). Berlin 1978.
Iō. Skyl.	Ioannis Scylitzae Synopsis Historiarum, rec. I. Thurn (*CFHB* 5). Berlin–New York 1973.
Iō. Skyl. Cont.	E. Th. Tsolakēs, Ἡ συνέχεια τῆς χρονογραφίας τοῦ Ἰωάννου Σκυλίτση. Thessalonikē 1968.
Iō. Zōn. III	Ioannis Zonarae Epitomae Historiarum libri XIII–XVIII, ed. Th. Büttner-Wobst. Bonn 1897.
IRAIK	Izvestija Russkago Arheologičeskago Instituta v Konstantinopole.
Ist. Mitt.	Istanbuler Mitteilungen. *DAI* Abtlg. Instanbul.
Itin. Ant.	Imperatoris Antonini Augusti itineraria provinciarum et maritimum (Itineraria Romana I, 1–85), ed. O. Cuntz. Leipzig 1929.

Itin. Burdig.	Itinerarium Burdigalense (Itineraria Romana I, 86–102), ed. O. Cuntz. Leipzig 1929.
Iulius Firmicus Maternus, De errore	Iulius Firmicus Maternus, De errore profanarum religionum, ed. K. Ziegler. München 1953.
Iust. Nov.	Corpus Iuris Civilis III. Novellae, ed. R. Schoell–W. Kroll. Berlin 1959.
Janin, Églises	R. Janin, La Géographie ecclésiastique de l'empire byzantin I: Le siège de Constantinople et le patriarcat oecuménique III: Les Églises et les Monastères. Paris ²1969.
Janin–Stiernon, Galatie	R. Janin–D. Stiernon, Galatie. *DHGE* 19, fasc. 111 (1980) 714–731.
JbDAI	Jahrbuch des Deutschen Archäologischen Instituts
Jerphanion–Jalabert, Taurus	P. G. Jerphanion–P. L. Jalabert, Taurus et Cappadoce. *Mél. Beyrouth* 5 (1911) 283–328.
Jerphanion, Mélanges	G. de Jerphanion, Mélanges d'archéologie anatolienne (Monuments préhelléniques, gréco-romains, byzantins et musulmans de Pont, de Cappadoce et de Galatie). *Mél. Beyrouth* 13 (1928).
JHSt	Journal of Hellenic Studies
Joh. v. Eph.	Iohannis Ephesini Historiae ecclesiasticae pars tertia, Übers. E. W. Brooks (*CSCO* 106, Script. Syr. 55). Louvain 1936 (Nachdruck 1964).
Joh. v. Eph., Commentarii	Joannis episcopi Ephesi Syri monophysitae. Commentarii de beatis orientalibus et historiae ecclesiasticae fragmenta latine verterunt W. J. van Douwen et J. P. N. Land. Amsterdam 1889.
Jones, Cities	A. H. M. Jones, The Cities of the Eastern Roman Provinces. Oxford ²1971.
Jones, Empire	A. H. M. Jones, The Later Roman Empire 284–602. 3 Bände und Karten. Oxford 1964.
Jones, Verona List	A. H. M. Jones, The Date and Value of the Verona List. *JRSt* 44 (1954) 21–29.
JRSt	Journal of Roman Studies
Julien, Lettres	J. Bidez, L'empereur Julien, œuvres complèts, I 2. Lettres et fragments. Paris ²1960.
Jüthner, Vorl. Bericht	Vorläufiger Bericht über eine archäologische Expedition nach Kleinasien, unternommen im Auftrage der Gesellschaft zur Förderung Deutscher Wissenschaft, Kunst und Literatur in Böhmen von J. Jüthner, F. Knoll, K. Patsch, H. Swoboda. Prag 1903.
Kaegi, Amorium	W. E. Kaegi, The First Expedition against Amorium. *BMGS* 3 (1977) 19–22.
Kaegi, Evidence	W. E. Kaegi, New Evidence on the Early Reign of Heraclius. *BZ* 66 (1973) 308–330.
Karalevsky, Ancyre	C. Karalevsky, Ancyre. *DHGE* 2 (1914) 1538–1543.
Karayannopulos, Themenordnung	J. Karayannopulos, Die Entstehung der byzantinischen Themenordnung (*Byz Arch* 10). München 1959.
Karlin-Hayter, Andronicus Ducas	P. Karlin-Hayter, The Revolt of Andronicus Ducas. *ByzSlav* 27 (1966) 23–25.
Khitrowo, Itinéraires	Itinéraires russes en Orient, traduits pour la Société de l'Orient par Mme B. de Khitrowo, I, 1. 1889 (Osnabrück 1966).
Kinneir, Journey	J. M. Kinneir, Journey through Asia Minor, Armenia, and Koordistan, in the Years 1813 and 1814; with Remarks on the Marches of Alexander, and Retreat of the Ten Thousand. London 1818.
Kirsten, Byz. Stadt	E. Kirsten, Die byzantinische Stadt. *Diskussionsbeiträge zum XI. Internationalen Byzantinistenkongress München* 1958. München 1961, 75–102.
Kitāb al-ʿuyūn	Fragmenta Historicorum Arabicorum, et quidem pars tertia operis Kitâbo 'l-Oyun wa'l-hadâïk fi akhbâri 'l-hakâïk, ed. M. J. de Goeje. Lugduni Batavorum 1871.
Kōnst. Porph., D.A.I.	Constantine Porphyrogenitus, De administrando Imperio (*CFHB* 1), ed. G. Moravcsik–R. J.H. Jenkins. Dumbarton Oaks, Washington, D. C. 1967.
Kōnst. Porph., De cerim.	Constantin VII Porphyrogénète, Le Livre des Cérémonies. I–II, ed. A. Vogt. Paris 1935–1940 bzw. Constantini Porphyrogeniti imperatoris de cerimoniis aulae Byzantinae libri II, ed. I. Reiske. Bonn 1829–1830.
Kōnst. Porph., De ins.	Excerpta historica iussu imperatoris Constantini Porphyrogeniti confecta, III. Excerpta de insidiis, ed. C. de Boor. Berlin 1905.
Kōnst. Porph., De leg.	Excerpta de legationibus iussu imperatoris Constantini Porphyrogeniti confecta. I–II, ed. C. de Boor. Berlin 1903.

Kōnst. Porph., De them.	Costantino Porfirogenito, De thematibus (*StT* 160), ed. A. Pertusi. Città del Vaticano 1952.
Konyali, Aksaray	İ. H. Konyali, Âbideleri ve kitabeleri ile Niğde Aksaray tarihi (ve Ortaköy tarihi), 1–3. İstanbul 1974–1975.
Konyali, Ereğli	İ. H. Konyali, Âbideleri ve kitâbeleri ile Ereğli tarihi. İstanbul 1970.
Konyali, Karaman	İ. H. Konyali, Âbideleri ve kitâbeleri ile Karaman tarihi. İstanbul 1967.
Konyali, Konya	İ. H. Konyali, Âbideleri ve kitabeleri ile Konya Tarihi. Konya 1964.
Konyali, Şereflikoçhisar	İ. H. Konyali, Âbideleri ve kitâbeleri ile Şereflikoçhisar tarihi. İstanbul 1971.
Kündig-Steiner, Türkei	Die Türkei. Raum und Mensch, Kultur und Wirtschaft in Gegenwart und Vergangenheit. Hrsg. von W. Kündig-Steiner. Tübingen und Basel 1974.
Laon. Chalk.	Laonikos Chalkokondylēs, Historiarum demonstrationes, I–II, ed. E. Darkó. Budapest 1922–1927.
Latyšev, Menol.	Menologii anonymi Byzantini saeculi X quae supersunt. I, II, ed. B. Latyšev. Petrograd 1911/12.
Laurent, Byzance	J. Laurent, Byzance et les Turcs seldjoucides dans l'Asie occidentale jusqu'en 1081 (*Annales de l'Est* 28/2). Paris–Nancy 1913.
Laurent, Corpus V	V. Laurent, Le corpus des sceaux de l'empire byzantin V: L'église. 1–3 (*Publ. de l'Inst. franç. d'ét. byz.*). Paris 1963–1972.
Laurent, Notitia	V. Laurent, La „Notitia" de Basile l'Arménien. Tradition manuscrite et date de composition. *EO* 34 (1935) 439–472.
Laurent, Reg.	V. Laurent, Les Regestes des Actes du Patriarcat de Constantinople. Vol. I. Les Actes des Patriarches, Fasc. IV. Paris 1971.
Lebidēs, Monai	A. M. Lebidēs, Αἱ ἐν μονολίθοις μοναὶ τῆς Καππαδοκίας καὶ Λυκαονίας. Konstantinopel 1899.
Lejean, Gordium	G. Lejean, Excursion à la recherche de Gordium (Asie mineure). *Bulletin de la Société de Géographie de Paris*, Series V, 17 (1869) 62–66.
Lemerle, Humanisme	P. Lemerle, Le premier humanisme byzantin. Notes et remarques sur enseignement et culture à Byzance des origines au Xe siècle (*Bibl.Byz.*, Ét. 6). Paris 1971.
Lemerle, Pauliciens	P. Lemerle, L'histoire des Pauliciens d'Asie Mineure d'après les sources grecques. *TM* 5 (1973) 1–144.
Lemerle, Thomas	P. Lemerle, Thomas le Slave. *TM* 1 (1965) 255–297.
Lemerle, Trocundes	P. Lemerle, Fl. Appalius Illus Trocundes. *Syria* 40 (1963) 315–322.
Lennep, Travels	H. J. van Lennep, Travels in little-known parts of Asia Minor, I–II. London 1870.
Lēon Diak.	Leonis Diaconi Caloënsis historiae libri decem et liber de velitatione bellica Nicephori Augusti, ed. C. B. Hase. Bonn 1828.
Leōn Gramm.	Leonis Grammatici Chronographia, ed. I. Bekker. Bonn 1842.
Leonhard, Paphlagonia	R. Leonhard, Paphlagonia. Reisen und Forschungen im nördlichen Kleinasien. Berlin 1915.
Le Quien, Oriens	M. le Quien, Oriens Christianus I–III. Paris 1740. Nachdruck Graz 1958.
Levick, Colonies	B. Levick, Roman Colonies in Southern Asia Minor. Oxford 1967.
Lilie, Reaktion	R.-J. Lilie, Die byzantinische Reaktion auf die Ausbreitung der Araber (*MBM* 22). München 1976.
Lilie, Thrakien	R.-J. Lilie, „Thrakien" und „Thrakesion". Zur byzantinischen Provinzorganisation am Ende des 7. Jahrhunderts. *JÖB* 26 (1977) 7–47.
Lombard, Constantin V	A. Lombard, Constantin V, empereur des Romains (740–775). Paris 1902.
Macpherson, Inscriptions	I. W. Macpherson, Six Inscriptions from Galatia. *Anat. Stud.* 22 (1972) 217–223.
Macpherson, Roman Roads	I. W. Macpherson, Roman Roads and Milestones of Galatia. *Anat. Stud.* 4 (1954) 111–120.
Magie, Roman Rule	D. Magie, Roman Rule in Asia Minor, I–II. Princeton 1950.
MAMA	Monumenta Asiae Minoris Antiqua. London–Manchester 1928–1962.
Mamboury, Ankara	E. Mamboury, Ankara. Guide Touristique. Ankara 1933.
Mansi	J. D. Mansi, Sacrorum Conciliorum nova et amplissima collectio. Florenz 1769ff. (Graz 1960–1962.)
Maricq, Res gestae	A. Maricq, Classica et Orientalia. 5. Res gestae Divi Saporis. *Syria* 35 (1958) 295–360.
al-Masʿūdī	Kitâb at-tanbîh wa'l-ischrâf auctore al-Masûdî, ed. M. J. de Goeje (*BGA* 8). Lugduni Batavorum ²1967.

al-Masʿūdī, Murūǧ	Maçoudi, Les prairies d'or. Texte et traduction par C. Barbier de Meynard et Pavet de Courteille, I–IX. Paris 1861–1877.
Matth. v. Edessa	Chronique de Matthieu d'Edesse (962–1136) avec la continuation de Grégoire le Prêtre jusqu'en 1162, trad. par M. E. Dulaurier (*Bibliothèque historique arménienne*). Paris 1858.
Matth. v. Edessa (Dostourian)	A. E. Dostourian, The Chronicle of Matthew of Edessa: Translated from the Original Armenian, with a Commentary and Introduction, I–II. Diss. Rutgers University. The State University of New Jersey 1972 (Ann Arbor, Michigan–London 1980).
MBM	Miscellanea Byzantina Monacensia
Mél. Beyrouth	Mélanges de l'Université Saint-Joseph. Beyrouth (Liban)
Mélikoff, Dānis̲h̲mendides	I. Mélikoff, Dānis̲h̲mendides. *EI* nouv. éd. 2 (1965) 112–114.
Mélikoff, La geste	I. Mélikoff, La geste de Melik Dānişmend. Étude critique du Dānişmendnāme, I–II (*Bibliothèque archéologique et historique de l'institut français d'archéologie d'Istanbul* 10, 11). Paris 1960.
Mendel, Konia	G. Mendel, Le musée de Konia. *BCH* 26 (1902) 209–246.
Mersich, Pisidien	N. Mersich, Historische Geographie von Pisidien in byzantinischer Zeit. Diss. Wien 1982.
MGH	Monumenta Germaniae Historica
MIB	Moneta Imperii Byzantini. Wien 1973ff.
Mich. Att.	Michaelis Attaliotae historia, ed. I. Bekker. Bonn 1853.
Mich. Psell., Briefe	Michaelis Pselli scripta minora II, ed. E. Kurtz–F. Drexl. Mailand 1941.
Mich. Syr.	Chronique de Michel le Syrien, Patriarche Jacobite d'Antioche (1166–1199), éditée pour la première fois et traduite en français par J. B. Chabot, I–IV. Paris 1899–1910 (Nachdruck Brüssel 1963).
Mikras. Chron.	Μικρασιατικὰ Χρονικά
Miller, Itineraria	Itineraria Romana. Römische Reisewege an der Hand der Tabula Peutingeriana dargestellt von K. Miller. Stuttgart 1916 (Nachdruck Rom 1964).
Mitchell, Blucium and Peium	St. Mitchell, Blucium and Peium. The Galatian Fort of King Deiotarus. *Anat. Stud.* 24 (1974) 61–74.
Mitchell, Galatia	St. Mitchell, The History and Archaeology of Galatia, I–II. (Ungedruckte Diss.). Oxford 1974.
Mitchell, North Galatia	St. Mitchell, Regional Epigraphic Catalogues of Asia Minor II. The Ankara District. The Inscriptions of North Galatia. *British Institute of Archaeology at Ankara Monograph* Nr. 4 = *BAR International Series* 135. Oxford 1982.
Mitchell, Plancii	St. Mitchell, The Plancii in Asia Minor. *JRSt* 64 (1974) 27–39.
Mitchell, Saint Theodotus	St. Mitchell, The Life of Saint Theodotus of Ancyra. *Anat. Stud.* 32 (1982) 93–113.
MM	F. Miklosich–J. Müller, Acta et diplomata graeca medii aevi sacra et profana. I–VI. Wien 1860–1890.
Mordtmann, Anatolien	A. D. Mordtmann d. Ä., Anatolien. Skizzen und Reisebriefe aus Kleinasien (1850–1859). Eingeleitet und mit Anmerkungen versehen von F. Babinger. Hannover 1925 (Nachdruck Osnabrück 1972).
Mordtmann, Gordium, Pessinus, Sivri Hissar	A. D. Mordtmann, Gordium, Pessinus, Sivri Hissar. *SB Königl. bayer. Akademie der Wiss. zu München.* München 1860, 169–200.
al-Muqaddasī	Descriptio Imperii Moslemici, auctore Shams ad-Dīn Abū Abdallāh Mohammed ibn Ahmed ibn Abī Bekr El-Bannā al-Basshārī al-Moqaddasī, ed. M. J. de Goeje (*BGA* 3). Lugduni Batavorum [3]1967.
Nagl, Valens	Assunta Nagl, Valens 3). *RE* 7A/2 (1948) 2097–2137.
Naṣūḥü's-Silāḥī (Maṭrāḳçī)	H. G. Yurdaydin, Naṣūḥü's-Silāḥī (Maṭrāḳçī), Beyān-i menāzli-i sefer-i ʿIraqeyn-i Sulṭān Süleymān H̱ān (*Publ. de la Soc. d'histoire turque* I 3). Ankara 1976.
Nik. Bryenn.	Nicephori Bryennii Historiarum libri IV, rec. P. Gautier, (*CFHB* 9). Brüssel 1975.
Nik. Chōn.	Nicetae Choniatae Historia (*CFHB* 11), ed. J. A. van Dieten. Berlin–New York 1975.
Nik. Patr.	Nicephori, archiepiscopi Constantinopolitani opuscula historica, ed. C. de Boor. Leipzig 1880.

Noordegraaf, A Geographical Papyrus	Cornelia A. Noordegraaf, A Geographical Papyrus. *Mnemosyne,* III. Ser. 6 (1938) 273–310.
Not. Dign.	O. Seeck, Notitiae Dignitatum, accedunt Notitia Urbis Constantinopolitanae et Latercula Prouinciarum. Berlin 1876 (Nachdruck Frankfurt am Main 1962).
ÖAW	Österreichische Akademie der Wissenschaften
Oberhummer–Zimmerer, Durch Syrien und Kleinasien	R. Oberhummer–H. Zimmerer, Durch Syrien und Kleinasien. Reiseschilderungen und Studien. Berlin 1899.
OIC	Oriental Institute Communications (Chicago)
Oikonomidès, Un décret synodal	N. A. Oikonomidès, Un décret synodal inédit du Patriarche Jean VIII Xiphilin concernant l'élection et l'ordination des évêques. *REB* 18 (1960) 55–78.
ÖJh	Jahreshefte des Österreichischen Archäologischen Institutes
Ormerod, Servilius Isauricus	H. A. Ormerod, The Campaigns of Servilius Isauricus against the Pirates. *JRSt* 12 (1922) 35–56.
Von der Osten, Discoveries	H. H. von der Osten, Discoveries in Anatolia 1930–1931. *OIC* 14 (1933).
Von der Osten, Explorations 1926	H. H. von der Osten, Explorations in Central Anatolia, Season of 1926 (*The University of Chicago Oriental Institute Publications* 5. *Researches in Anatolia* 1). Chicago 1929.
Ostrogorsky, Geschichte	G. Ostrogorsky, Geschichte des Byzantinischen Staates (*HdA* XII 1/2). München³ 1963.
Oudot, Acta	I. Oudot, Patriarchatus Constantinopolitani acta selecta (Sacra congregazione per la Chiesa Orientale. Codificazione canonica orientale. Fonti, serie II, fascicolo III). Vatikan 1941.
Özergin, Selçuklu kervansarayları	M. K. Özergin, Anadolu'da selçuklu kervansarayları. *Tarih Dergisi* 15 (1965), 141–170.
Papadopulos-Kerameus, Analekta	A. Papadopulos-Kerameus, Ἀνάλεκτα Ἱεροσολυμιτικῆς σταχυολογίας, I–V. St. Petersburg 1888–1897 (Nachdruck Brüssel 1963).
Peregr. Aeth.	Éthérie. Journal de Voyage. Texte latin, introduction et traduction de Hélène Pétré (*SC* 21). Paris 1971.
Perrot, Galatie	G. Perrot, E. Guillaume, J. Delbert, Exploration de la Galatie et de la Bithynie, d'une part de la Mysie, de Phrygie, de la Cappadoce et du Pont, I–II. Paris 1872.
Pertusi, Cost. Porf.	A. Pertusi, Costantino Porfirogenito, De Thematibus (*StT* 160). Città del Vaticano 1952, 101–183 (Commentario).
Pertusi, Formation	A. Pertusi, La formation des thèmes byzantins. *Berichte zum XI. Internationalen Byzantinisten-Kongreß,* I. München 1958.
PG	Patrologia Graeca
PGM	Petermanns Geographische Mitteilungen
Philost.	Philostorgius Kirchengeschichte mit dem Leben des Lucian von Antiochien und den Fragmenten eines arianischen Historiographen, ed. J. Bidez, zweite, überarbeitete Auflage von F. Winkelmann. Berlin 1972.
Phōtios, Bibl.	Photius, Bibliothèque. I–VII, ed. R. Henry. Paris 1959–1974.
PL	Patrologia Latina
PO	Patrologia Orientalis
Polemius Silvius	O. Seeck, Notitia Dignitatum, accedunt Notitia Urbis Constantinopolitanae et Latercula Provinciarum. Berlin 1876 (Nachdruck Frankfurt am Main 1962), 255–260.
Preger, Orig. Cpl.	Th. Preger, Scriptores Originum Constantinopolitanorum. Leipzig 1901.
Pridik, Inschriften Kleinasiens	E. Pridik, Nadpisi iz Maloj Azii (Inschriften Kleinasiens). Žurnal Ministerstva Narodnago Prosveščenija 328 (1900) 18–36.
PRK	Das Register des Patriarchats von Konstantinopel, hrsg. von H. Hunger und O. Kresten unter Mitarbeit von C. Cupane, W. Fink, W. Hörandner, E. Kislinger, P. Pieler, G. Thür, R. Willvonseder, H. Wurm (*CFHB* 19). 1. Teil, Wien 1981.
Prok. aed.	Procopii Caesariensis opera omnia IV. De aedificiis libri VI, ed. J. Haury. Leipzig 1913 (Nachdruck Leipzig 1964).
Prok. anecd.	Procopii Caesariensis opera omnia III. Arcana historia, ed. J. Haury. Leipzig 1906 (Nachdruck Leipzig 1963).

Prok. bell.	Procopii Caesariensis opera omnia I–II. De bellis libri VIII, ed. J. Haury, Leipzig 1905 (Nachdruck Leipzig 1963).
Ptolemaios	Claudii Ptolemaei Geographia, ed. C. Müller, I–II. Paris 1901.
Qudāma	Excerpta e Kitâb al-Kharâdj, auctore Kodâma ibn Djaʿfar, ed. M. J. de Goeje (*BGA* 6). Lugduni Batavorum ²1967, 184–266.
RA	Revue archéologique
Radet–Paris, Inscriptions	G. Radet–P. Paris, Inscriptions de Pisidie, de Lycaonie et d'Isaurie. *BCH* 10 (1886) 500–514; 11 (1887) 63–70.
Radu, Macaire d'Antioche	B. Radu, Voyage du Patriarche Macaire d'Antioche (*PO* 22/1, Nr. 107). Paris 1930 (Turnhout 1976).
Rallēs–Potlēs	G. A. Rallēs–M. Potlēs Σύνταγμα τῶν θείων καὶ ἱερῶν κανόνων. I–VI. Athen 1852–1859.
Rampolla, Santa Melania	M. Card. Rampolla del Tindaro, Santa Melania Giuniore Senatrice Romana. Roma 1905.
A. Margaret Ramsay, Art	A. Margaret Ramsay, Isaurian and East-Phrygian Art in the Third and Fourth Centuries After Christ, in: SERP 4–92.
Ramsay, Asia Minor	W. M. Ramsay, The Historical Geography of Asia Minor (Royal Geographical Society, Supplementary Papers IV). London 1890 (Nachdruck Amsterdam 1962).
Ramsay, Asiana	W. M. Ramsay, Asiana. *BCH* 22 (1898) 233–240.
Ramsay, Bardas Phocas	W. M. Ramsay, Notes anatoliennes. I. La déroute de Bardas Phocas. *RA* 17 (1932) 231–237.
Ramsay–Bell, Churches	W. M. Ramsay–Miss Gertrude L. Bell, The Thousand and One Churches. London 1909.
Ramsay, Church	W. M. Ramsay, The Church in the Roman Empire before A. D. 170. London² 1893.
Ramsay, Cities	W. M. Ramsay, The Cities of St. Paul. London 1907.
Ramsay, Derbe	W. M. Ramsay, Derbe. *The Expositor* 7th Series 1 (1906) 544–560.
Ramsay, Homanadeis	W. M. Ramsay, Studies in the Roman Province of Galatia, I. The Homanadeis and the Homanadensian War. *JRSt* 7 (1917) 229–283.
Ramsay, Iconium	W. M. Ramsay, Iconium. *The Expositor* 7th Series 1 (1906) 193–215, 281–302, 351–369.
Ramsay, Inscriptions	W. M. Ramsay, Inscriptions de la Galatie et du Pont. *BCH* 7 (1883) 15–28.
Ramsay, Kaballa	W. M. Ramsay, Lycaonian and Phrygian Notes, III. Kaballa and the Castle of Dakalias. *Class. Rev.* 19 (1905) 413.
Ramsay, Lycaonia	W. M. Ramsay, Lycaonia. *ÖJh* 7 (1904) Beibl. 59–132.
Ramsay, Phrygia	W. M. Ramsay, The Cities and Bishoprics of Phrygia, I–II. London 1895–1897.
Ramsay, Pisida	W. M. Ramsay, Pisidia and the Lycaonian Frontier. *ABSA* 9 (1902–1903) 243–273.
A. Margaret Ramsay, Preliminary Report	A. Margaret Ramsay, Preliminary Report to the Wilson Trustees for the Year 1909. Aberdeen o. J.
Ramsay, Preliminary Report	W. M. Ramsay, Preliminary Report to the Wilson Trustees on Exploration in Phrygia and Lycaonia, in: *SERP* 231–267.
Ramsay, Social Basis	W. M. Ramsay, The Social Basis of Roman Power in Asia Minor. Aberdeen 1941.
Ramsay, Tekmoreian Guest-Friends	W. M. Ramsay, The Tekmoreian Guest-Friends: An Anti-Christian Society on the Imperial Estates at Pisidian Antioch, in: *SERP* 303–377.
Rbk	Reallexikon zur byzantinischen Kunst
RE	Paulys Realencyclopädie der classischen Altertumswissenschaft
REA	Revue des études anciennes
REB	Revue des Études Byzantines
REG	Revue des Études Grecques
Rekaya, Théophobe	M. Rekaya, Mise au point sur Théophobe et l'alliance de Bâbek avec Théophile (833/34–839/40). *Byz* 44 (1974) 43–67.
Restle, Kleinasien	M. Restle, Die byzantinische Wandmalerei in Kleinasien, I–III. Recklinghausen 1967.
Restle, Studien	M. Restle, Studien zur frühbyzantinischen Architektur Kappadokiens (*VTIB* 3 = *Denkschr. ÖAW*, phil.-hist. Kl. 138), I–II. Wien 1979.
RHC arm.	Recueil des Historiens des Croisades. Documents arméniens.
RHC occ.	Recueil des Historiens des Croisades. Historiens occidentaux.

RITTER, Kleinasien	C. RITTER, Die Erdkunde im Verhältniß zur Natur und zur Geschichte des Menschen usw. I. 18. Theil. Klein-Asien. Band I. II. 19. Theil. Klein-Asien. Band II. Berlin^2 1858–1859.
ROBERT, Villes	L. ROBERT, Villes d'Asie Mineure. Études de géographie ancienne. Paris^2 1962.
ROBINSON, Inscriptions	D. M. ROBINSON, Greek and Latin Inscriptions from Asia Minor. *TAPA* 57 (1926) 195–237.
Rob. Mon.	Roberti Monachi S. Remigii Historia Hierosolymitana. *PL* 155, 667–785.
ROC	Revue de l'Orient Chrétien
ROL	Revue de l'Orient Latin
ROTT	H. ROTT, Kleinasiatische Denkmäler aus Pisidien, Pamphylien, Kappadokien und Lykien. Leipzig 1908.
ROUGÉ, Isaurie	J. ROUGÉ, L'Histoire Auguste et l'Isaurie au IVe Siècle. *REA* 68 (1966) 282–315.
RUNCIMAN, Kreuzzüge	S. RUNCIMAN, Geschichte der Kreuzzüge I. Der erste Kreuzzug und die Gründung des Königreichs Jerusalem. München ^{2}1959., II. Das Königreich Jerusalem und der fränkische Osten. München 1958.
SARAÇOĞLU, Akarsular	S. SARAÇOĞLU, Bitki örtüsü, akarsular ve göller (*Türkiye coğrafyası üzerine etüdler* II). İstanbul 1962.
SARRE, Reise	F. SARRE, Reise in Kleinasien. Sommer 1895. Forschungen zur seldjukischen Geographie und Kunst des Landes. Berlin 1896.
SATHAS, Mes. Bibl.	K. N. SATHAS, Μεσαιωνικὴ Βιβλιοθήκη, I–VII. Venedig–Paris 1872–1894.
Sb Wien	Sitzungsberichte der Österreichischen Akademie der Wissenschaften, phil.-hist. Klasse
SBN	Studi Bizantini e Neoellenici
SC	Sources Chrétiennes
SCHAFFER, Cilicia	F. X. SCHAFFER, Cilicia. *PGM*, Ergänzungsheft 141 in Ergänzungsband 30 (1902/03).
SCHULTHESS, Kanones	F. SCHULTHESS, Die syrischen Kanones der Synoden von Nicaea bis Chalcedon nebst einigen zugehörigen Dokumenten. *Abh. Königl. Ges. Wiss. zu Göttingen*, phil.-hist. Klasse, N. F. 10 Nro. 2. Berlin 1908.
SCHULTZE, Kleinasien	V. SCHULTZE, Altchristliche Städte und Landschaften, II. Kleinasien, I–II. Gütersloh 1922–1926.
SCHWARTZ, Bischofslisten	E. SCHWARTZ, Über die Bischofslisten der Synoden von Chalkedon, Nicaea und Konstantinopel. *Abh. Bayer. Ak. d. Wiss.*, phil.-hist. Abt., N. F. 13* (1937).
SCHWEINITZ, In Kleinasien	HANS-HERMANN GRAF VON SCHWEINITZ, In Kleinasien. Ein Reitausflug durch das Innere Kleinasiens im Jahre 1905. Berlin 1906.
Sebeos	Histoire d'Héraclius par l'évêque Sebêos, Übers. F. MACLER. Paris 1904.
SEECK, Briefe	O. SEECK, Die Briefe des Libanius zeitlich geordnet. Leipzig 1906.
SEECK, Reg.	O. SEECK, Regesten der Kaiser und Päpste für die Jahre 311 bis 476 n. Chr. Stuttgart 1919.
SEIBT, Skleroi	W. SEIBT, Die Skleroi. Eine prosopographisch-sigillographische Studie (*BV* 9). Wien 1976.
SEIBT, Vaspurakan	W. SEIBT, Die Eingliederung von Vaspurakan in das Byzantinische Reich (etwa Anfang 1019 bzw. Anfang 1022). *Handes Amsorya* 92 (1978 [1980]) 49–66.
Sempad	Chronique du royaume de la Petite Arménie, par le Connétable Sĕmpad. *RHC* arm. I 610–672.
SERP	Studies in the History and Art of the Eastern Provinces of the Roman Empire, ed. W. M. RAMSAY. Aberdeen 1906.
SETTON, Crusades	K. M. SETTON, A History of the Crusades, I (The first hundred Years). Madison–Milwaukee–London^2 1969.
S. H. A.	E. HOHL, Scriptores Historiae Augustae, I–II. Leipzig 1971.
SHERK, Roman Galatia	R. K. SHERK, Roman Galatia: The Governors from 25 B. C. to A. D. 114. *ANRW* 7/2 (1980) 954–1052.
Sōkratēs	Socratis scholastici historia ecclesiastica. *PG* 67, 33–842.
Sources grecques des Pauliciens	Les sources grecques pour l'histoire des Pauliciens d'Asie Mineure. Texte critique et traduction par CH. ASTRUC, W. CONUS-WOLSKA, J. GOUILLARD, P. LEMERLE, D. PAPACHRYSSANTHOU, J. PARAMELLE. *TM* 4 (1970) 1–227.
Sōzomenos	Sozomenus Kirchengeschichte, ed. J. BIDEZ. Berlin 1960.
SPECK, Artabasdos	P. SPECK, Artabasdos, der rechtgläubige Vorkämpfer der göttlichen Lehren (*Poikila Byzantina* 2). Bonn 1981.

SPECK, Konstantin VI. — P. SPECK, Kaiser Konstantin VI. Die Legitimation einer fremden und der Versuch einer eigenen Herrschaft. Quellenkritische Darstellung von 25 Jahren byzantinischer Geschichte nach dem ersten Ikonoklasmus. I (Untersuchung), II (Anmerkungen und Register). München 1978.

SPERLING, Ausflug — E. SPERLING, Ein Ausflug in die isaurischen Berge im Herbst 1862. *Ztschr. für Allgemeine Erdkunde* N. F. 16 (1864) 1–69.

SPREITZER, Landeskunde — H. SPREITZER, Baedekers Autoreiseführer Türkei, A I. 1. Zur Landeskunde der Türkei. Stuttgart³ 1973, 6–22.

STÄHELIN, Galater — F. STÄHELIN, Geschichte der kleinasiatischen Galater. Leipzig² 1907.

STARR, Athinganoi — J. STARR, An Eastern Christian Sect: The Athinganoi. *The Harvard Theological Review* 29 (1936) 93–106.

STARR, Mapping Ancient Roads — S. F. STARR, Mapping Ancient Roads in Anatolia. *Archaeology* 16 (1963) 162–169.

STARR, Tracks — S. F. STARR, In the Tracks of Conquerors, Rulers, Pilgrims, and Merchants: First Findings of an Expedition to Map the Ancient Roads of Anatolia. *The Illustrated London News* Nov. 1963, 859–861.

STEIN, Bas-Empire — E. STEIN, Histoire du Bas-Empire. Tome II. De la disparition de l'empire d'occident à la mort de Justinien (476–565). Paris–Bruxelles–Amsterdam 1949.

STEIN, Geschichte — E. STEIN, Geschichte des spätrömischen Reiches. I. Vom römischen zum byzantinischen Staate (284–476 n. Chr.). Wien 1928.

Steph. Byz. — Stephani Byzantii Ethnicorum quae supersunt, ed. A. MEINEKE. Berlin 1849 (Graz 1958).

STERRETT, Epigraphical Journey — J. R. S. STERRETT, An Epigraphical Journey in Asia Minor. *Papers of the American School of Classical Studies at Athens* 2 (1883–1884). Boston 1888.

STERRETT, Wolfe Expedition — J. R. S. STERRETT, The Wolfe Expedition to Asia Minor. *Papers of the American School of Classical Studies at Athens* 3 (1884–1885). Boston 1888.

Strabōn — Strabon, Géographie. Texte établi et traduit par G. AUJAC, R. BALADIÉ, F. LASSERRE. Paris 1969ff. Buch XIII–XVII: A. MEINEKE, Strabonis Geographica III. Leipzig 1913.

STRATOS, Byzantium — A. N. STRATOS, Byzantium in the Seventh Century, I–V. Translated by M. OGILVIE GRANT (I), H. T. HIONIDES (II–V). Amsterdam 1968–1980.

STRZYGOWSKI, Kleinasien — J. STRZYGOWSKI, Kleinasien, ein Neuland der Kunstgeschichte. Leipzig 1903.

StT — Studi e Testi

Subs. Hag. — Subsidia Hagiographica

Suda — Suidae Lexicon. I–V, ed. A. ADLER. Leipzig 1928–1938 (Nachdruck Stuttgart 1971).

SWOBODA–KEIL–KNOLL — Denkmäler aus Lykaonien, Pamphylien und Isaurien. Ergebnisse einer im Auftrage der Gesellschaft von J. Jüthner, F. Knoll, K. Patsch und H. Swoboda durchgeführten Forschungsreise, herausgegeben von H. SWOBODA, J. KEIL und F. KNOLL, Brünn–Prag–Leipzig–Wien 1935.

SYME, Ammianus — R. SYME, Ammianus and the Historia Augusta. Oxford 1968.

SYME, Cilicia — R. SYME, Observations on the Province of Cilicia, in: Anatolian Studies, Presented to W. H. Buckler, edited by W. M. CALDER and J. KEIL. Manchester 1939, 299–332.

Sym. Mag. — Theophanes continuatus, Ioannes Cameniata, Symeon magister, Georgius monachus, ed. I. BEKKER. Bonn 1838, 601–760.

Synax. Cpl. — Synaxarium Ecclesiae Constantinopolitanae e codice Sirmondiano, ed. H. DELEHAYE. Brüssel 1902.

aṭ-Ṭabarī — Annales, auctore Abu Djafar Mohammed ibn Djarir at-Tabari, ed. J. BARTH, TH. NÖLDEKE, O. LOTH, E. PRYM, H. THORBECKE, S. FRANKEL, J. GUIDI, D. H. MÜLLER, M. TH. HOUTSMA, S. GUYARD, V. ROSEN et M. J. DE GOEJE, I–XV. Lugduni Batavorum 1879–1901 (Nachdruck Beirut 1965).

Tab. Peut. — Tabula Peutingeriana

TAESCHNER, Wegenetz — F. TAESCHNER, Das anatolische Wegenetz nach osmanischen Quellen, I–II (*Türkische Bibliothek* 22, 23). Leipzig 1924–1926.

Tageno — Tagenonis Descriptio Expeditionis Asiaticae Friderici I., ed. B. G. STRUVIE in: Rerum Germanicarum scriptores aliquot insignes, qui gesta sub Regibus et Imperatoribus Teutonicis, jam inde à Carolo M. vsque ad Fridericum III. Imp. perpetua ferè serie, suis quique seculis, litteris mandata posteritati reliquerunt I. Straßburg 1717, 406–416.

TAPA — Transactions and Proceedings of the American Philological Association

Texier, Asie Mineure — Ch. Texier, Description de l'Asie Mineure, faite par ordre du gouvernement français, de 1833 à 1837, I–III. Paris 1839–1848.

Theodōrētos — Theodoret Kirchengeschichte, hrsg. von L. Parmentier, 2. Aufl. bearb. von F. Scheidweiler (*GCS* 44). Berlin 1954.

Theod. Prodr., Hist. — W. Hörandner, Theodoros Prodromos. Historische Geschichte (*WBS* 11). Wien 1974.

Theod. Skut. — Ἀνωνύμου Σύνοψις Χρονική. Sathas, Mes. Bibl. VII 1–556.

Theoph. — Theophanis Chronigraphia, ed. C. de Boor. Vol. I Textum Graecum continens. Leipzig 1883.

Theoph. Cont. — Theophanes continuatus, Ioannes Cameniata, Symeon magister, Georgius monachus, ed. I. Bekker. Bonn 1838, 3–481.

TIB — Tabula Imperii Byzantini

Tischler, Hydronymie — J. Tischler, Kleinasiatische Hydronymie. Semantische und morphologische Analyse der griechischen Gewässernamen. Wiesbaden 1977.

TM — Travaux et Mémoires

Tomaschek, Kleinasien — W. Tomaschek, Zur historischen Topographie von Kleinasien im Mittelalter. *Sb. Kaiserl. Akad. d. Wiss. in Wien,* phil.-hist. Kl. 124 (1891), 8. Abh.

Trautmann–Klostermann, Konon — R. Trautmann–R. Klostermann, Drei griechische Texte zum Codex Suprasliensis, II. Das Martyrium von Konon dem Isaurier. *Ztschr. für slavische Philologie* 11 (1934) 299–324.

Tschihatscheff–Kiepert — P. v. Tschihatscheff's Reisen in Kleinasien und Armenien 1847–1863. Itinerare redigirt und mit einer neuen Construction der Karte von Kleinasien begleitet von H. Kiepert (*PGM*, Ergänzungsheft 20). Gotha 1867.

Tudebod — Petri Tudebodi Historia de Hierosolymitano itinere. *RHC* occ. 3, 9–117.

Tudebod abbr. — Tudebodus abbreviatus. *RHC* occ. 3, 119–163.

Tudebod cont. — Tudebodus imitatus et continuatus. *RHC* occ. 3, 165–229.

Türk. Ark. Derg. — Türk Arkeoloji Dergisi

Turner, Canons — C. H. Turner, Canons attributed to the Council of Constantinople, A. D. 381, together with the names of the bishops, from two Patmos MSS ΡΟΒ'ΡΟΓ'. *The Journal of Theol. Stud.* 15 (1914) 161–178.

Turner, Monumenta I 1 — C. H. Turner, Ecclesiae Occidentalis Monumenta Iuris Antiquissima, Canonum et Conciliorum Graecorum Interpretationes Latinae, fasciculi primi pars prior. Oxford 1899.

Ünal, Deux caravanserails — R. H. Ünal, Deux caravanserails peu connus de l'époque pré-ottomane au sud de Karaman (Konya). *Art and Archaeology Research Papers,* Nr. 3, Juni 1973, 59–69.

Uspenskij, Italos — Th. I. Uspenskij, Deloproivzodstvo po obvineniju Ioanna Itala v eresi. *IRAIK* 2 (1897) 1–67.

Uzluk, Karaman — F. N. Uzluk, Fatih Devrinde Karaman Eyâleti Vakıfları Fihristi (Vakıflar Umum Müdürlüğü Neşriyatı). Ankara 1958.

Uzunçarşılıoğlu, Karaman — I. H. Uzunçarşılıoğlu, Karamanoğulları Devri Vesikalarından İbrahim Beyin Karaman İmareti Vakfiyesi. *Belleten* 1 (1937) 56–164.

Vahram — Chronique rimée des rois de la Petite Arménie, par le docteur Vahram d'Édesse. *RHC* arm. I 493–535.

Vailhé, Amorium — S. Vailhé, Amorium. *DHGE* 2 (1914) 1329–1331.

Vanderstuyf, Saint Luc — S. Vanderstuyf, Étude sur Saint Luc le Stylite (879–979), I. *EO* 12 (1909) 138–144, 215–221, 271–281. II. *EO* 13 (1910) 13–19, 140–148, 224–232.

Vasiliev, Byzance — A. A. Vasiliev, Byzance et les Arabes. I. La dynastie d'Amorium (820–867). Édition française préparée par H. Grégoire et M. Canard. Brüssel 1935 (1959). – II. La dynastie Macédonienne (867–959), 1. Les relations politiques de Byzance et des Arabes à l'Époque de la dynastie Macédonienne (première période 867–959). Édition française préparée par M. Canard. Brüssel 1968. 2. Extraits des sources Arabes. Édition française préparée par H. Grégoire et M. Canard. Brüssel 1950.

Vasiljevskij–Nikitin — V. Vasiljevskij–P. Nikitin, Skazanija o 42 Amorijskich mučenikach i cerkovnaja služba im. *Mémoires de l'Académie Impériale des sciences de St.-Pétersbourg.* VIIIe série, classe historico-philologique VII, 2. St.-Pétersbourg 1905.

Vita Euthymii — Vita Euthymii Patriarchae CP. Text, Translation, Introduction and Commentary by P. Karlin-Hayter. (*Bibliothèque de Byzantion* 3). Bruxelles 1970.

Vita Theclae — G. DAGRON, Vie et miracles de Sainte Thècle. Texte grec, traduction et commentaire (*Subs. Hag.* 62). Bruxelles 1978.

Vita Theod. Syk. — Vie de Théodore de Sykéôn. I. Texte grec, II. Traduction, Commentaire et Appendice par A.-J. FESTUGIÈRE (*Subs. Hag.* 48). Bruxelles 1970.

VRYONIS, Decline — SP. VRYONIS, JR., The Decline of Medieval Hellenism in Asia Minor and the Process of Islamization from the Eleventh through the Fifteenth Century. Berkeley–Los Angeles–London 1971.

VTIB — Veröffentlichungen der Kommission für die Tabula Imperii Byzantini

WAELKENS, Germa — M. WAELKENS, Germa, Germokoloneia et Germia. *Byz* 49 (1979) 447–464.

WAELKENS, Pessinonte et le Gallos — M. WAELKENS, Pessinonte et le Gallos. *Byz* 41 (1971) 349–373.

WBS — Wiener Byzantinistische Studien

WELLHAUSEN, Kämpfe — J. WELLHAUSEN, Die Kämpfe der Araber mit den Romäern in der Zeit der Umaijiden. *Nachrichten Kgl. Gesellsch. d. Wiss. Göttingen*, philolog.-hist. Kl. 1901 (1902) 414–447.

WENZEL, Aufbau — H. WENZEL, Aufbau, Formen und Abflußverhältnisse Mittelanatoliens (Lykaoniens). *PGM* 81 (1935) 154–157.

WENZEL, Inneranatolien — H. WENZEL, Forschungen in Inneranatolien. I. Aufbau und Formen der lykaonischen Steppe (*Schriften des Geographischen Instituts der Universität Kiel* V 1). Kiel 1935. II. Die Steppe als Lebensraum (*ebd.* VII 3). Kiel 1937.

Wilh. Tyr. — Guillelmus Tyrensis Archiepiscopus, Historia rerum in partibus transmarinis gestarum. *PL* 201, 201–892.

WILSON, Handbook — C. W. WILSON, Handbook for Travellers in Asia Minor, Transcaucasia, Persia etc. London 1895.

WITTEK, Angora — P. WITTEK, Zur Geschichte Angoras im Mittelalter, in: Festschrift Georg Jacob zum siebzigsten Geburtstag. Leipzig 1932, 329–354.

WITTEK, Toponymie — P. WITTEK, Von der byzantinischen zur türkischen Toponymie. *Byz* 10 (1935) 11–64.

WOLFRAM, Goten — H. WOLFRAM, Geschichte der Goten. Von den Anfängen bis zur Mitte des sechsten Jahrhunderts. Entwurf einer historischen Ethnographie. München 1979.

WVDOG — Wissenschaftliche Veröffentlichungen der Deutschen Orient-Gesellschaft

Yaḥyā b. Sa'īd — Histoire de Yahya-ibn-Sa'ïd d'Antioche, Continuateur de Sa'ïd-ibn-Bitriq, éd. et trad. par I. KRATCHKOVSKY et A. VASILIEV I, II. *PO* 18 (1924) 700–833; 23 (1932) 347–520.

Yāqūt — Jacut's Geographisches Wörterbuch, I–VI, ed. F. WÜSTENFELD. Leipzig 1866–1873.

ZACOS–VEGLERY — G. ZACOS–A. VEGLERY, Byzantine Lead Seals, I. Basel 1972.

ZAKYTHINOS, Geschichte — D. A. ZAKYTHINOS, Byzantinische Geschichte 324–1071. Wien–Köln–Graz 1979.

ZDMG — Zeitschrift der Deutschen Morgenländischen Gesellschaft

Zōsimos — Zosime, Histoire Nouvelle. Texte établi et traduit par F. PASCHOUD, I, II^1, II^2. Paris 1971–1979 (Buch I–IV); ed. L. MENDELSSOHN. Leipzig 1887 (Nachdruck Hildesheim 1963) (Buch V–VI).

ZRVI — Zbornik Radova Vizantološkog Instituta

EINLEITUNG

A. DEFINITION UND ABGRENZUNG

I. GRENZEN DES IN BAND 4 BEARBEITETEN GEBIETES

Mit Galatien und Lykaonien werden in diesem Band zwei Gebiete des byzantinischen Reiches gemeinsam behandelt, die nur in den beiden ersten Jahrhunderten nach Christus ein und derselben administrativen Einheit, der (Groß-)Provinz Galatien, angehörten, während in (mittel-)byzantinischer Zeit Galatien im engeren Sinne das Kernland des Thema Bukellariōn, Lykaonien einen Teil des Thema Anatolikōn bildete. Kleinere Randgebiete im Osten gehörten für kürzere oder längere Zeit zu den Themen Armeniakōn, Charsianon und Kappadokia[1]. Der folgenden Grenzziehung werden im wesentlichen die aus dem Städteverzeichnis des Hieroklēs zu erschließenden Grenzlinien der frühbyzantinischen Provinzen (Eparchien) Galatia I, Galatia II (= Galatia Salutaris, Salutaria) und Lykaonia zugrunde gelegt[2], die politisch mit dem Aufkommen der Themenordnung im 7. Jahrhundert an Bedeutung verloren, um dann als Verwaltungseinheiten ganz abzusterben, als Kirchenprovinzen aber mit nur geringen Änderungen bis zum Ende der byzantinischen Herrschaft und zum Teil noch darüber hinaus weiterlebten. Die genannten drei Provinzen umfaßten ein Gebiet, das sich vom Pontischen Randgebirge im Norden bis zum Taurus im Süden, vom oberen und mittleren Sangarios (Sakarya Nehri) bzw. dem Beyşehir Gölü (Pusgusē Limnē) im Westen bis weit über den mittleren Halys (Kızıl Irmak) hinaus bzw. bis zum Tuz Gölü (Tatta Limnē) und zum Ostrand der lykaonischen Ebene im Osten erstreckte.

Die Ostgrenze Galatiens gegen Kappadokien begann östlich von → Tabia (Büyüknefes); von hier verlief sie in südwestlicher Richtung zwischen den Städten → Aspona (Şedithüyük) und Parnassos (Parlasan)[3] zur Nordspitze der → Tatta Limnē (Tuz Gölü), ohne daß in diesem Bereich feste, etwa natürliche Grenzen angegeben werden können[4]. Vom Südufer der Tatta Limnē führte die lykaonisch-kappadokische Grenze zwischen dem lykaonischen Grenzort → Koropassos (Akhan) und der kappadokischen Stadt Kolōneia (Aksaray) hindurch nach Süden und erreichte östlich am → Arısama Dağ und Karaca Dağ vorbei den Akgöl. Südlich des Akgöl ist wahrscheinlich das Tal von → Divle (amtlich Üçharman) als Grenze gegen Kappadokien zu betrachten.

Wie weiter im Osten die kappadokisch-kilikische Grenze[5], so folgte auch die Südgrenze Lykaoniens gegen Isaurien im wesentlichen dem Hauptkamm des Tauros, d. h. vom Quellgebiet des Flusses von Divle (Koca Dere) an fiel sie ungefähr mit der modernen Grenze zwischen den Vilâyets Konya und Mersin (İçel) zusammen, um beim Sertavul

[1] Kōnst. Porph., De them., Karte.

[2] Hier. 675, 1–676, 6; 696, 4–698, 4; vgl. die beigegebene Karte III.

[3] Das Itinerarium Burdigalense (576, 2) nennt als letzte Station Galatiens die *mutatio* → Andrapa (Keles Hüyük, 10,5 km nnw. von Parnassos).

[4] Ptolemaios (V 4, 7 [II 855 Müller]) rechnet noch die Orte *Phulagina* (= Euagina, Tab. Peut. X 1 [Miller, Itineraria 732]) und *Saralos* (= Saralio, Tab. Peut. X 1 [Miller, Itineraria 733]), heute vielleicht Yerköy (35 km sw. von Yozgat) bzw. Hasköy (33 km sw. von Yerköy; so French, Roman Roads 145–148; nach Mitchell, North Galatia, Karte, wäre Euagina etwa 20 km onö. von Yerköy zu suchen) zum Gebiet der Trokmer, d. h. zu Galatien.

[5] Vgl. auch F. Hild, *TIB* 2, 41.

Geçidi südlich von → Laranda ihren südlichsten Punkt zu erreichen. Hier bog sie nach Nordwest um und folgte weiter der nördlichsten Tauroskette bis Bozkır, beschrieb dann einen Bogen um die → Trōgitis Limnē (Suğla Gölü) herum, bis sie auf den Höhenzug des Gidengelmez Dağı und des Küpe Dağı (auf neuen Karten Esereyrek Dağı und Büyükgözet Dağı oder einfach Geyik Dağları genannt) traf.

Die Westgrenze gegen Pamphylien und Pisidien folgte zunächst dem letztgenannten Höhenzug westlich an den Städten → Uasada und → Amblada vorbei bis zum Südufer der → Pusgusē Limnē (Beyşehir Gölü); östlich der Pusgusē Limnē bildete ein sich weit nach Osten vorschiebender Ausläufer von Pisidien, in dem in byzantinischer Zeit unter anderem die Städte Pappa/Tiberiupolis (Yunuslar), Adrianupolis (Adaras), Tyraion (Ilgın) und Laodikeia Katakekaumenē (Lâdik, amtlich auch Halıcı) lagen, eine tiefe Einbuchtung in lykaonisches und nördlich daran anschließendes galatisches Gebiet.

Die Reihe von antiken Grenzsteinen[6], die offensichtlich vom Ostufer des Beyşehir Gölü in der Nähe von Kuşluca (früher Hordu) nördlich an Eflatun Pınarı vorbei bis in die Nähe von Sarıköy an der modernen Straße Beyşehir-Konya zu verfolgen war und wohl das Stadtterritorium von → Mistheia von den kaiserlichen Domänen am nördlichen Beyşehir Gölü trennte[7], wird hier auch als Grenze zwischen Pisidien und Lykaonien angenommen. Vom Erenler (früher auch Elengirif) Dağı schwenkte sie nach Nordost um, passierte die Wasserscheide zwischen Ikonion und Kızılören[8] und verlief dann wohl auf den die Konya Ovası im Westen begrenzenden Höhenzügen in einem großen Bogen um Laodikeia Katakekaumenē und die zu seinem Stadtgebiet gehörige Dorfsiedlung bei Sarayönü herum.

Dem nördlichen Abschnitt der Westgrenze, die auch in frühbyzantinischer Zeit noch stärkeren Schwankungen unterworfen war, fehlen natürliche Scheidelinien völlig; sie kann nur durch die Reihe der Städte → Gdanmaa (Çeşmelisebil), → Klaneos (Turgut), → Amorion (Hisar östlich von Emirdağ), → Orkistos (bei Ortaköy, früher Alikel), → Troknada (Kaymaz) und → Iuliupolis (Flurname „Eskişehir“ bei Sarılar) auf lykaonischer bzw. galatischer Seite und Tyraion (Ilgın), Philomēlion (Akşehir), Polybōtos (Bolvadin), Dokimion (Escekarahisar/İscehisar), Kaborkion (bei Çifteler, nahe den Sangariosquellen) und Midaion (vielleicht Karahüyük im Tal des Porsuk Çay) auf pisidischer bzw. phrygischer Seite einigermaßen definiert werden; sie querte somit den → Tembros (Porsuk Çay) etwa zwischen Alpu und Akköprüköy, den Sangarios bei der heutigen Gökçekaya Barajı. Einziger Fixpunkt ist die Station → Fines an der Pilgerstraße, wo ausdrücklich die Grenze zwischen Bithynien und Galatien angegeben ist[9]. Fines wird nach neuesten Forschungen beim Dorf Ericek, 34 km westlich von Nallıhan, gesucht[10].

Die Nordgrenze von Galatien zunächst gegen Bithynien, dann gegen die Honōrias und gegen Paphlagonien wird wohl dem langen Kamm der Köroğlu Dağları gefolgt sein; sie kreuzte also die moderne Schnellstraße İstanbul–Ankara etwa bei dem Städtchen Kızılcahamam. Östlich des Aydos Dağı bildete der dem Halys (Kızıl Irmak) zuströmende Terme Çay (Mündung beim Ort Kızılırmak) die Grenze zwischen den Stadtterritorien von Ankyra und Gangra (Çankırı) und somit auch zwischen Galatien und Paphlagonien[11]. Von Kızılırmak führte sie dann in einem Bogen um Sungurlu und Boğazkale zum Ausgangspunkt nordöstlich von Tabia zurück.

---

[6] CRONIN, First Report I 104f; HALL, Eastern Pisidia 68.
[7] Vgl. L. ROBERT, *Hellenica* XIII 87; HALL a. O.
[8] RAMSAY, Preliminary Report 244.
[9] Itin. Burdig. 574, 3–4.
[10] FRENCH, Pilgrim's Road 31.
[11] Vgl. MITCHELL, North Galatia 20.

II. TERMINOLOGIE

Die auf Galatien und Lykaonien in der oben gegebenen Abgrenzung angewandten Gebietsbezeichnungen gehen sämtlich auf alte Völkerschaften zurück, die hier entweder schon beim Einsetzen schriftlicher Überlieferungen heimisch waren oder aber erst später eingewandert sind. Der Süden des behandelten Gebietes ist nach den Lykaoniern benannt, einem uns seit Xenophōn bekannten Volk, dessen Heimat sich südlich und südöstlich von Ikonion bis zum Taurus erstreckte[12]; erst später wurden auch die nördlich anschließenden Gegenden einbezogen, sodaß Ikonion als Hauptstadt von Lykaonien betrachtet werden konnte.

Dem Norden haben die keltischen Gallier oder Galater den Namen gegeben, die dort in der 1. Hälfte des 3. Jahrhunderts v. Chr. seßhaft wurden. Daneben aber wurde von den antiken Geographen nicht vergessen, daß Nordlykaonien und fast ganz Galatien (bis zum Halys) ursprünglich phrygisches Gebiet waren und folglich zu (Groß-)Phrygien gerechnet werden konnten[13].

Im Südwesten Lykaoniens, schon im Bereich des Tauros, lag die Isaurikē um die Städte Isaura Palaia und Isaura Nea (→ Leontopolis und → Isauropolis)[14], das Kernland des Volkes der Isaurier, nach denen später die sich südlich an Lykaonien anschließende byzantinische Provinz Isaurien benannt wurde, die ungefähr die Ausdehnung der alten Landschaft Kilikia Tracheia besaß.

Von den Völker- und den von ihnen abgeleiteten Landschaftsnamen sind die weitgehend gleichlautenden römischen Provinzbezeichnungen zu trennen, deren Grenzen häufigen Schwankungen unterworfen waren, sodaß sie sich oft nur noch teilweise mit den alten Landschaften deckten. Die Provinz Galatien schloß bei ihrer Gründung 25 v. Chr. auch ganz Lykaonien (daneben auch Pisidien, Teile Phrygiens usw.) mit ein, bevor sie im Laufe der Kaiserzeit zunächst stark vergrößert, dann aber nach und nach verkleinert wurde, bis sie unter Diokletian ungefähr wieder auf die alten Wohngebiete der Galater beschränkt war[15]. Während dieser Zeit konnte „Galatien“ sowohl die von Galatern bevölkerten Gegenden als auch die ganze römische Provinz meinen, während die Ausdrücke „Gallograecia, Gallograikia“ sich meistens nur auf das eigentliche Galatien bezogen[16].

Der in diokletianischer Zeit auf Kosten von Galatien neugeschaffenen Provinz Pisidien wurde auch – für ein knappes Jahrhundert – ein Großteil Lykaoniens angeschlossen, sodaß zu dieser Zeit Ikonion als Stadt Pisidiens bezeichnet werden konnte[17] und sogar die (um 370) verselbständigte Provinz Lykaonien anfänglich manchmal noch Pisidien genannt wurde[18]. Mit der Teilung Galatiens in eine Galatia I und eine Galatia II oder Salutaris (griechisch *Salutaria*) war die territoriale Entwicklung des frühbyzantinischen Verwaltungssystems abgeschlossen.

Die Kirche folgte, wenigstens im Bereich von Lykaonien und Galatien, in frühbyzantinischer Zeit in allen Einzelheiten der staatlichen Verwaltungseinteilung. So kommt es, daß wir von manchen Veränderungen, z. B. der Gründung der Provinz Lykaonien unter Kaiser Valens, zuerst aus kirchlichen Quellen erfahren[19], während ein profanes Doku-

---

[12] Xenophōn, Cyropaedia VI 2, 10; Anabasis I 2, 19; VII 8, 25; vgl. Ruge, Lykaonia 2254.

[13] Strabōn II 5, 31; XII 5, 4; XII 8, 1. 13; Plinius, Nat. hist. V 145.

[14] Strabōn XII 6, 2.

[15] Zur Entwicklung der Provinz Galatien vgl. Brandis, Galatia 549–559; Sherk, Roman Galatia, passim; unten S. 52f.

[16] Strabōn XII 5, 1 (Bd. IX 119 Lasserre mit A. 1).

[17] Amm. Marc. XIV 2, 1.

[18] Basileios v. Kaisareia, ep. 138 (II 56 Courtonne), 216 (II 207 Courtonne); vgl. Holl, Amphilochius 17ff.

[19] Basileios v. Kaisareia, ep. 138 (II 56 Courtonne); Turner, Canons 169.

ment, die Notitia Dignitatum, das älteste Zeugnis für die Teilung Galatiens darstellt[20].

Die Kirche hielt bis zum Ende der byzantinischen Herrschaft in Kleinasien an der frühbyzantinischen Verwaltungseinteilung und an den alten Provinznamen fest[21]; in der zivilen und militärischen Verwaltung bahnten sich jedoch vom 7. Jahrhundert an Veränderungen an, die zur allmählichen Auflösung der alten Provinzen und zu deren Ersetzung durch neue Einheiten, die sogenannten Themen, und somit zum völligen Auseinanderklaffen von kirchlicher und politischer Verwaltung führten[22]. Von den vier großen kleinasiatischen „Urthemen" (Anatolikōn, Armeniakōn, Opsikion und Thrakēsiōn) lagen zunächst bedeutende Teile von Anatolikōn und Opsikion auf galatischem und lykaonischem Gebiet. Nach der Zerschlagung des zu mächtig gewordenen Thema Opsikion wurde das neue Thema Bukellariōn mit Schwerpunkt in Nordgalatien gebildet. Grenzverschiebungen unter Kaiser Leōn VI. brachten es mit sich, daß Teile Ostgalatiens zu dem im 9. Jahrhundert neu geschaffenen Thema Charsianon (die *turma* → Saniana), ein breiter Streifen Südgalatiens und Nordlykaoniens bis zum mittleren Sangarios aber zum bereits etwas früher entstandenen Thema Kappadokia (die *turma* ta → Kommata) wanderten; es werden daher manchmal in historischen Quellen Gebiete als „Kappadokia" bezeichnet, die mit Kappadokien im eigentlichen Sinn nichts zu tun haben[23].

Die arabischen historischen und geographischen Quellen spiegeln vor allem die Verwaltungseinteilung des 9. Jahrhunderts wider, wenn man von der etwas älteren, aber zeitlich kaum einzuordnenden und unvollständigen Patrikioi-Liste des al-Ǧarmī absieht, der für Zentralanatolien nur die Patrikioi (gemeint sind Strategen) von Amorion und Ankyra erwähnt[24]. Sonst werden in unserem Gebiet die Themen (arabisch durch ʿamal „Provinz", band „Abteilung", eigentlich eine Unterabteilung, oder einfach bilād „Land" übersetzt) an-Nāṭulūs (Varianten an-Nāṭuliqūs, an-Nāṭulīq) „Anatolikōn" und al-Buqullār „Bukellariōn" genannt[25]. Als Grenzen werden für Anatolikōn die Themen al-Ubsīq (Opsikion) und at-Taraksīs (Thrakēsiōn), al-Buqullār, Salūqiya (die Kleisura, später Thema Seleukeia) und al-Qabāḏuq (Kappadokia) angegeben[26], für Bukellariōn an-Nāṭuliqūs und al-Ubṭibāṭ (Optimatōn), al-Qabāḏuq und Ḫaršana (Charsianon), al-Arminiyāq (Armeniakōn) und Aflaǧūniya (Paphlagonia)[27] bzw. der Ālis (Halys) auf der einen, das baḥr al-Ḫazar oder Māyutis (das Schwarze Meer) auf der anderen Seite[28].

---

[20] Not. Dign. Or. I 97; II 35; XXIV 7, 16.

[21] Als einzige Veränderung ist die Erhebung von Amorion zur zweiten Mētropolis innerhalb der Galatia II im 9. Jh. zu vermerken, die auch einige Suffragane aus den Nachbarprovinzen Pisidien u. Phrygien erhielt; vom 10. Jh. an wurde allerdings dieser ganze Metropolitansprengel eher zu Phrygien als zu Galatien gerechnet.

[22] Die aus diesen Veränderungen resultierende sog. Themenordnung wird im historischen Teil der Einleitung (unten C III, S. 59, 62) ausführlicher behandelt werden.

[23] Vgl. etwa Mich. Att. 184, wo die → Zompu-Brücke über den → Sangarios τὴν τῶν ἀνατολικῶν καὶ Καππαδοκῶν ἐπιζευγνύει ἐπαρχίαν; Anna I 131, dazu F. Hild, *TIB* 2, 108.

[24] Überliefert bei Ibn Ḫurdāḏbih 109 (de Goeje 80f.).

[25] Ibn Ḫurdāḏbih 107f. (de Goeje 79f.); al-Idrīsī 804, 808 (Jaubert II 301, 305); Yāqūt II 864f. (Brooks, Arabic Lists 74–76); Qudāma 257f.; al-Masʿūdī 177ff. (Vasiliev, Byzance II 2, 400–402).

[26] Yāqūt 864; Qudāma 258.

[27] Yāqūt 865.

[28] al-Masʿūdī 178.

B. GEOGRAPHISCHER ÜBERBLICK

I. VORBEMERKUNG

Die oben aufgrund von historischen Gesichtspunkten vorgenommene Abgrenzung des als Galatien und Lykaonien bezeichneten Gebietes macht verständlich, daß dieses weder in politischer noch in geographischer Hinsicht eine Einheit bildet. Von den heutigen türkischen Provinzen (Vilâyets, moderner: İller) liegt keines zur Gänze innerhalb des in diesem Band behandelten Gebietes, aber die beiden flächenmäßig größten, die Provinzen Ankara und Konya, kommen doch zum überwiegenden Teil (Ankara sogar fast vollständig) darin zu liegen. Vom Ankara İli fehlen nur der Südostzipfel (um Şereflikoçhisar) sowie jeweils ein schmaler Streifen im Norden (nördlich von Kızılcahamam) und im äußersten Westen (Beydili). Vom Konya İli bleiben der Südwestzipfel, der über den Tauroshauptkamm nach Süden reicht, mit Hadım und Ermenek, der Ostzipfel mit Ereğli sowie je ein Streifen im Südwesten (am Westufer des Beyşehir Gölü und das unmittelbar nach Süden anschließende Gebiet) und Westen (mit Akşehir) unberücksichtigt. Zu Galatien und Lykaonien zählen weiters größere oder kleinere Teile folgender türkischer İller: der ganze Ostteil des Eskişehir İli mit Mihalıççık, Kaymaz und Sivrihisar, der Nordosten des Afyon İli um Emirdağ, der Westen des Niğde İli (Gebiet südlich des Tuz Gölü [→ Tatta Limnē] mit Sultanhanı) sowie ein Westzipfel der Provinz Yozgat mit Musabeyli und Yerköy und ein Südstreifen des Çorum İli mit Sungurlu, Alaca und Boğazkale. Von der Provinz Çankırı könnte höchstens ein ganz kleines Stückchen südlich von Şabanözü zu Nordgalatien gerechnet werden.

Das so umgrenzte Gebiet umfaßt etwas über 72.000 km² oder etwas mehr als ein Elftel des Staatsgebietes der heutigen Türkei. Die Gesamtbevölkerung, die 1975 bereits deutlich über 4 Millionen Einwohnern lag, dürfte inzwischen, besonders wegen des unkontrollierbaren Wachstums der Großstädte Ankara und Konya, die 5 Millionengrenze überschritten haben, was auf eine Bevölkerungsdichte von knapp 70 Einwohnern pro km² führt[1]. Beim Fehlen jeglicher historischer Nachrichten zur Bevölkerungsdichte des Landes in der Antike oder in byzantinischer Zeit[2] ist jeder Versuch einer Rückrechnung mit höchst unsicheren Faktoren belastet. Zudem dürften die Bevölkerungszahlen im Laufe der wechselvollen Geschichte des Landes starken Veränderungen unterworfen gewesen sein.

II. GLIEDERUNG

Das in diesem Band behandelte Gebiet von Galatien und Lykaonien bildet den Anschluß an das in *TIB* 2 behandelte Kappadokien nach Nordwesten und Westen[3] und gehört ebenso zum inneranatolischen Hochland. Lykaonien ist im wesentlichen

[1] Vgl. die statistischen Angaben in: Belediyeler-Köyler (1977).

[2] Näherungswerte für die beginnende Neuzeit könnten eventuell den frühosmanischen Steuerregistern entnommen werden; diese sind jedoch für unser Gebiet noch weitgehend unpubliziert.

[3] Vgl. die wichtigste Literatur in Hild-Restle, *TIB* 2, 47–56. Als Zusammenfassung auch hier Brinkmann, Geology.

identisch mit dem von der neueren Geographie mit Konya-Gebiet bezeichneten Teil Inneranatoliens, wobei im Südwesten noch ein Streifen einschließlich des Beyşehir-Sees dazuzählt. In diesem Gebiet ist die Grenze der nach Nordwesten ziehende „West-Taurus“. Die Westgrenze Lykaoniens und Galatiens ist teilweise schlecht belegt (vgl. oben A. I.). Als nordwestlichster Eckpfeiler ist das obere Sakarya-Gebiet anzusehen, während im Norden im großen und ganzen die Köroğlu Dağları die Grenze bilden und einen Teil des oberen Sakarya-Gebietes und des mittleren Kızılırmak-Gebietes einschließen.

Die Problematik der geographischen Gliederung, Unterteilung und Benennung ist bekannt und andeutungsweise in *TIB* 2 behandelt[4]. Mit Bezug auf Lykaonien und Galatien sind insbesondere Begriffe wie „Zentrale Steppentafel“, „Lykaonische Masse“ bzw. „Faltenland des Kızılırmak“, „Halysmasse“ u. ä. geprägt worden. Das Problem der Benennung der einzelnen Abschnitte des Tauros betrifft vor allem die Teile östlich der Kilikischen Pforte, die hier nicht mehr behandelt werden. Für den Lykaonien im Süden gegen Isaurien abgrenzenden und damit relevanten Teil des Tauros ist im allgemeinen der Begriff „westlicher Taurus“ oder „West-Taurus“ üblich. Dabei ist auch hier zu beobachten, daß das von Silifke (Seleukeia) nach Nordwesten ziehende Tal des Göksu zwei völlig unterschiedliche wie auch zu verschiedenen Zeiträumen gefaltete Gebirge voneinander trennt: einen älteren mittelalpidisch-laramischen Abschnitt östlich des Göksu, die Bolkar Dağları, sowie den eigentlichen westlichen Tauros mit seiner spätalpidischen Orogenese[5].

Auch für Galatien und Lykaonien gilt, daß Gliederung und Grenzziehung den historischen Verwaltungseinheiten folgen, die mit den alten Siedlungsräumen weitgehend übereinstimmen.

III. HYDROGRAPHIE

Lykaonien, der südliche Teil des hier behandelten Gebietes, gehört zur Gänze in das sogenannte abflußlose Gebiet Inneranatoliens, das von keinem Fluß zum Meer entwässert wird. Zentrum dieses Gebietes ist der Große Salzsee (Tuz Gölü) mit seiner nach Südwesten anschließenden Salzsteppe bis nach Konya. Die Wasserscheide gegen das Mittelmeer verläuft auf den Tauroskämmen und bildet zumindest hier im Süden eine natürliche Grenze. Der Beyşehir-See ist, wie andere teilweise schon stärker versumpfte Seen (Suğla Gölü und Ak Göl) am Nordfuße der Tauroskette, nichts anderes als ein Sammelbecken der von der Wasserscheide nach Norden fließenden Gewässer. Zur Eigenart des abflußlosen Gebietes gehören auch die in der Nachbarschaft der großen Vulkankegel Kara Dağ und Karaca Dağ entstandenen flachen Sumpfseen, die je nach Jahreszeit Wasser haben oder austrocknen wie z. B. der Bataklık Gölü. Die Wassertiefe all dieser Seen ist außerordentlich gering, und selbst der Beyşehir Gölü erreicht maximal 9 m Tiefe. Wo die Seen des abflußlosen Gebietes flachlagernde, neogene Schichten mit Salz- und Gipslagerungen berühren, sind sie teilweise stark salzhaltig wie der Tuz Gölü, in anderen Fällen süß wie etwa der Beyşehir Gölü. In diesem Seengebiet, auf Geländestufen oberhalb des Beckenbodens, liegen die meisten Siedlungen Lykaoniens. Das Zentrum Konya, am Rande der eigentlichen Salzsteppe gelegen, wird gerade noch von der Entwässerung des Beyşehir-Sees erreicht. Der historische Siedlungsraum ist so durch das Wasser bestimmt. Es sei hier darauf hingewiesen, daß bereits Xenophanēs von Kolophōn (geb. um 580 v. Chr., gest. nach 478) in περὶ φύσεως sowie Eudoxos von Knidos (ca. 391–358 v. Chr.) die Phänomene des abflußlosen Gebietes und der Wasserverdunstung dieser Seen behandelten.

Galatien hingegen ragt nur mit seinen südöstlichsten Teilen noch in das abflußlose

[4] *TIB* 2, 47f.

[5] *TIB* 2, 60 Abb. 5.

Gebiet nordwestlich des Salzsees hinein. Der Großteil hingegen gehört zu zwei großen Flußsystemen: der Westen zum oberen Sangarios (Sakarya), der Osten zum mittleren Halys (Kızılırmak). Beide Flüsse verlaufen etwa zueinander spiegelbildlich: Der Sangarios kommt von Westen, biegt nach Norden um und verläßt Galatien wieder nach Westen; der Halys kommt von Osten, biegt ebenfalls nach Norden um und verläßt Galatien nach Nordosten. In der Mitte, wo sich die beiden Flüsse auf rund 125 km nähern, liegt Ankyra, die Hauptstadt. Der bogenförmige Lauf der beiden Flüsse ist durch mehrere erdgeschichtliche Prozesse bedingt. Das Umschwenken des Halys nach Norden und weiter nach Nordosten dürfte, wie schon in *TIB* 2 ausgeführt, auf die anhaltende Hebung des alten, kristallinischen Kırşehir-Massivs, verbunden mit der Faltung der mittelanatolischen Ophiolith-Tröge in der späten Kreidezeit und im Paläozän (105–58 Mio. Jahre), sowie dem stetigen Absinken des pontischen Landes während der Kreidezeit und damit der Entstehung des Schwarzen Meeres zurückzuführen sein. Für die Richtungsänderung nach Nordosten verschärfend wirkte der Einbruch eines großen intramontanen Beckens zwischen Kırıkkale und der Gegend von Çorum seit dem Oligozän (ca. 30 Mio. Jahre) im frühen und mittleren Miozän (20 Mio. Jahre; in *TIB* 2, Abb. 4, nicht eingezeichnet, da außerhalb Kappadokiens gelegen). Auch der Flußrichtungswechsel des Sangarios wurde durch die Hebung des Kırşehir-Massivs verursacht. Wenn er seinen Lauf nicht wie der Halys nach Nordosten sondern nach Nordwesten ins absinkende und entstehende pontische Becken sucht, so sind dafür wieder die jura- bzw. kreidezeitlichen Faltungen der inneranatolischen Ophiolittröge[6] sowie die mittelalpidisch/laramischen tektonischen Veränderungen im Gebiet zwischen den beiden Flüssen[7] verantwortlich.

IV. OROGRAPHIE

Lykaonien kann nur im Osten und Süden natürliche Grenzen aufweisen: Gegenüber Kappadokien ist es eine Geländestufe zwischen dem abgesunkenen lykaonischen Becken und dem höher liegenden Kırşehir-Massiv entlang dem Ostufer[8] des Salzsees und gegen Isaurien in etwa der Wasserscheidenkamm des nach Süden buchtenden Tauros. Dieser Teil ist allerdings geologisch nicht als Einheit anzusehen, wie oben unter II bereits festgestellt wurde. Die Bolkar Dağları bis hin zum Tal des Göksu sind der südwestlichste Zipfel einer von Erzerum kommenden Ophiolit-Zone, die sich während der oberen Trias, des Juras und der Kreide (205–67 Mio Jahre) als Spalten oder Tröge in dem damals von einem Flachmeer überfluteten mittelanatolischen Rücken geöffnet hatten und deren Troginhalt während der laramischen Orogenese an der Wende von Kreide und Tertiär vor etwa 67 Mio. Jahre gefaltet und gehoben worden war (vgl. *TIB* 2, Kappadokien Abb. 5 und 6). Erdgeschichtlich gesehen gehören die Bolkar Dağları zum sogenannten Antitauros. Der Tauros westlich bzw. nordwestlich des Göksu jedoch mit den Geyik und Dedegöl Dağları ist in spätalpidischer Zeit im Miozän (25–10 Mio. Jahre) gefaltet und gehoben worden. Sie gehören zu einem mehrfach gebogenen Gebirgszug, der aus Friaul kommend, Kreta als südlichen Scheitel von Westen nach Osten durchläuft, auf dem Subkontinent das lykische Bergland und den West-Tauros von Fethiye bis Anamur als Scheitelbogen nach Norden bildet, als Nord-Kette auf Zypern auftaucht, um schließlich vom Nordostende des Mittelmeeres erneut einen weiten Bogen nach Norden ins Quellgebiet des Tigris zu schlagen und diesen in den Persischen Golf zu begleiten. Für die dichte Besiedlung des Südost- und Südwestrandes von Lykaonien sind die Nordhänge dieser Gebirgszüge mit ihren Tälern und die unmittelbar daran anschließende wasserreiche Zone mit

[6] *TIB* 2, 60 Abb. 6.
[7] *TIB* 2, 60 Abb. 5.
[8] In *TIB* 2, 51 irrtümlich: Westufer.

ihren den Wasserhaushalt während des Jahreslaufes regulierenden Flachseen verantwortlich.

Das Kerngebiet Lykaoniens jedoch ist die Salzsteppe, der ebene Boden des lykaonischen Beckens mit seinen horizontalen Sedimentschichten, das nie von einer Tektogenese erfaßt wurde und dessen sichere Basis eine ausgedehnte kristalline Masse bildet[9]. Die Vulkanstöcke Kara Dağ, Karaca Dağ und Arısama Dağ spielen in Lykaonien eine ähnliche Rolle für die Besiedlung wie der Erciyes Dağı und der Hasan Dağı in Kappadokien. Die lykaonischen Vulkane erreichen jedoch nicht die Höhe der beiden kappadokischen Vulkanriesen Erciyes Dağı und Hasan Dağı. Sie sind stärker abgetragen und demnach wohl auch etwas älter als die kappadokischen. Dies steht in Übereinstimmung mit der Feststellung einer im Laufe der Zeit nach Osten fortschreitenden Vulkantätigkeit am Rande der Ophiolitzonen. Die Entstehung der lykaonischen Vulkane ist im Neogen (25–1,5 Mio. Jahre) am Ende des Tertiär anzunehmen. Ihre deutlich geringere Höhe (Kara Dağ, der höchste mit 2271 m, und der Arısama Dağ mit 1425 m gegenüber 3916 m beim Erciyes Dağı und 3253 m beim Hasan Dağı) hat eine praktisch komplette Besiedlung zur Folge gehabt, während die Siedlungsgürtel um Erciyes Dağı und Hasan Dağı in einer Höhe von etwa 1800 m abbrechen. Die Gipfel allerdings bleiben auch hier Burgen und Klöstern vorbehalten: → Boratinon Oros, → Thebasa. Unmittelbar darunter beginnen bereits die Siedlungen: → Barata (Değle), → Dağören. Weniger verbreitet als in Kappadokien sind in Lykaonien die Höhlensiedlungen (→ Gödet, → Manazan); sie bleiben dort Randerscheinungen. Vulkanablagerungen sowie Erosion haben hier nicht die gleichen günstigen Voraussetzungen geschaffen.

Für Lykaonien und Galatien eine natürliche Westgrenze festsetzen zu wollen, ist müßig. Besitzverhältnisse und Stadtzuordnungen rein verwaltungstechnischer Art bilden hier das Kriterium (vgl. oben A. I.).

Die Nordgrenze wird zwar auf dem langen Kamm der Köroğlu Dağları angenommen, doch bilden diese kein charakteristisches tektonisches Lineament, sondern gehören nur insgesamt zu dem großen, nördlichen Ophiolittrog, der das nördliche Kleinasien von den Tigrisquellen im Osten bis İzmir im Westen durchzieht, ab der Kreide (137–67 Mio. Jahre) entstand und schließlich laramisch (vor 67 Mio. Jahren) gefaltet wurde. Für den Siedlungsraum Nord-Galatiens bestimmend waren jedoch die beiden Flußsysteme des oberen Sangarios und des mittleren Halys. Ihre weitverzweigten Zuflüsse bildeten die Grundlage für die Landwirtschaft.

Eine Übersicht zur Erdgeschichte Inneranatoliens s. *TIB* 2, 57 mit Abb. 1–8.

V. KLIMA

Das Klima Lykaoniens wie Galatiens ist als Binnenklima mit heißen Sommern und kalten Wintern zu bezeichnen, ohne jedoch in allen Gebieten die gleiche Härte wie in Kappadokien zu erreichen. Es ist bekannt, daß sich das anatolische Binnenklima nach Osten zu den Gebieten mit reinem Kontinentalklima härtester Ausprägung zunehmend verschärft. Der Einfluß des Meeres und die insgesamt etwas niedrigere Lage Lykaoniens und Galatiens wirken sich mildernd aus. Während Kayseri noch ein Januarmittel von minus 2,0° hat, erreicht Ankara nur minus 0,3°. Das mittlere Temperaturminimum des kältesten Monats beträgt in Ankara minus 4,0°, in Kayseri aber bereits minus 7,3°. Dieses Verhältnis läßt sich auch bei den mittleren Temperaturmaxima des heißesten Monats beobachten: Ankara 32°, Kayseri 30,8°. Bei den Niederschlagswerten ist das Verhältnis umgekehrt: in Kappadokien sind durchwegs höhere Werte zu verzeichnen als in Lykao-

[9] Vgl. Brinkmann, Geology 117–119 mit *Fig* 61 sowie *TIB* 2, 60, Abb. 5. Brinkmann, Geology 10 u. 117.

nien und auch in Galatien: Ankara 347 mm, Konya 327 mm und in der Nähe des Tuz Gölü sogar unter 200 mm. Kayseri hat demgegenüber bereits 364,5 mm Niederschlag aufzuweisen. Die Schneefälle beginnen, wie in ganz Inneranatolien, Ende November/Anfang Dezember und dauern bis zum März. Die Ursache dieser Klimaeigenarten Inneranatoliens liegt, wie schon früher angeführt[10], in der winterlichen Hochdrucklage mit antizyklischen Winden und dem sommerlichen Luftdruckminimum.

---

[10] *TIB* 2, 56.

C. ÜBERBLICK ÜBER DIE GESCHICHTLICHE UND ADMINISTRATIVE ENTWICKLUNG

I. VORBEMERKUNG

Eine Periodisierung der Geschichte von Lykaonien und Galatien in byzantinischer Zeit ist meines Wissens noch nicht versucht worden. Die folgende Gliederung folgt – mit einigen Abweichungen – der Periodisierung Kappadokiens in *TIB* 2[1], obwohl die dort angeführten und als Zäsur betrachteten Ereignisse Galatien und Lykaonien weniger stark betroffen haben, da dieses Gebiet aufgrund seiner größeren Entfernung von den Reichsgrenzen feindlichen Invasionen nicht in gleichem Maße ausgesetzt war.

Der Beginn der Araberinvasionen mit ihren weitreichenden Folgen für den Umfang des Gesamtreiches (Verlust der wichtigen Provinzen Syrien, Palästina, Ägypten) und die durch sie ausgelöste administrative Entwicklung der verbliebenen Provinzen (allmähliche Entstehung der Themenordnung) kennzeichnet sowohl für das Gesamtreich als auch für die kleinasiatischen Provinzen das Ende der ersten Periode.

Die Zeit der mehr oder weniger regelmäßigen Vorstöße der Araber nach Zentralkleinasien bildet die zweite Periode, die mit dem letzten bekannten arabischen Angriff auf Ikonion im Jahre 963 schließen soll.

Der dritte Abschnitt ist der Zeit der byzantinischen Expansion an der Ostgrenze gewidmet, die für Lykaonien und Galatien die Gefahr feindlicher Angriffe von außen weitgehend bannte und einen gewissen wirtschaftlichen Wohlstand mit sich brachte, sowie dem Zusammenbruch der byzantinischen Herrschaft in Zentralkleinasien unter den seldschukischen Invasionen in der Folge der Schlacht von Mantzikert, schließlich den – letztlich vergeblichen – Bemühungen um die Rückgewinnung des anatolischen Hochlandes unter den Komnenenkaisern, den Kreuzzügen und einigen Bemerkungen zur Staatenbildung der Seldschuken, die ja die alte Hauptstadt Lykaoniens, Ikonion, zum Mittelpunkt ihres Reiches erwählten.

II. GALATIEN UND LYKAONIEN BIS ZU DEN ARABERINVASIONEN

Die erste nachweisbare Staatenbildung auf dem Boden der späteren Landschaften Lykaonien und Galatien war das Reich der Hethiter, die um 1680 v. Chr. Ḫattuša (Boğazköy bzw. Boğazkale im äußersten Nordosten Galatiens) als ihre Hauptstadt gründeten. Ihr Großreich wurde vor 1200 unter dem Ansturm der sog. Seevölker zerstört. Erst um 800 v. Chr. errichteten die aus Thrakien eingewanderten Phryger auf ehemals hethitischem Gebiet wieder eine mächtige Herrschaft, die durch die Einfälle der Kimmerier aus dem nördlichen Schwarzmeergebiet (um 700/650) wohl gänzlich vernichtet, zumindest aber schwer erschüttert wurde.

Im Gegensatz zur hethitischen haben sich jedoch phrygische Kultur und Sprache bis in die Spätantike erhalten; der Name Phrygien blieb, wenn auch räumlich eingeschränkt,

---

[1] F. Hild, *TIB* 2, 62.

bis in spätbyzantinische Zeit in Gebrauch. Dies änderten weder die Eroberungen durch die Lyder, die nach den Kimmerierstürmen Westkleinasien bis zum Halys unterwarfen, noch die Züge der iranischen Meder, die um 585 v. Chr. das ostphrygische Land bis zum Halys eroberten, noch die der schließlich siegreichen Perser, die mit der Eroberung des lydischen Reiches um 547 v. Chr. fast ganz Kleinasien ihrer – wenn auch meist lockeren – Herrschaft unterwarfen. Hatten diese ursprünglich Kleinasien in nur zwei Satrapien, Großphrygien (mit Kappadokien) und Lydien, zusammengefaßt, so kennen wir zur Zeit Alexanders des Großen deren vier; Kappadokien und Großphrygien waren getrennt.

In die Zeit der beginnenden Perserherrschaft fällt auch die erste Erwähnung des Volkes der Lykaonier, die neben vielen anderen Stämmen im Heer des Kroisos dienten[2]; die nach ihnen benannte Landschaft Lykaonien erstreckte sich südlich und südöstlich von Ikonion, der letzten Stadt Phrygiens, bis Kappadokien, mit dem zusammen es unter einem Satrapen stand[3].

Gehörte nach den Diadochenkämpfen zunächst fast ganz Kleinasien den Seleukiden, so mußten diese im Verlaufe des 3. Jahrhunderts v. Chr. verschiedene Verluste hinnehmen. Zuerst machte sich Kappadokien am Pontos und wenig später auch das eigentliche Kappadokien unter eigenen Königen aus iranischem Geschlecht selbständig; dann wurde ein Großteil der aus Mitteleuropa stammenden keltischen Galater, die auf langen Wander- und Plünderungszügen den Balkan, Griechenland und Thrakien verheert hatten, von Nikomēdēs I. von Bithynien als Söldner nach Kleinasien gerufen. Hier unternahmen sie bald wieder auf eigene Faust Raubzüge oder leisteten für stets wechselnde Parteien Söldnerdienste, bis sie, von Antiochos I. geschlagen und von den Küsten abgedrängt, schließlich auf dem Boden des später nach ihnen benannten Galatien zu beiden Seiten des Halys seßhaft gemacht wurden (etwa 270 v. Chr.)[4].

Wahrscheinlich waren die Galater schon in Europa in die drei Stämme unterteilt (so die antike Überlieferung), die mit unzweifelhafter Sicherheit in Kleinasien erst im späteren 3. und im 2. Jahrhundert nachweisbar sind: die Tolistobogier (auf frühen Inschriften Tolistoagier), die Tektosagen und die Trokmer, die sich im Laufe der Zeit um die alte phrygische Priesterstadt → Pessinus, um → Ankyra und → Gorbeus sowie um → Tabia ansiedelten[5]. Im späteren 2. und im 1. Jahrhundert v. Chr. teilten sich je vier „Tetrarchen" in die Herrschaft eines Stammes, welche sich, zusammen mit einem Rat von 300 Männern, für bestimmte Aufgaben im sogenannten *Drynemeton* versammelten. Daneben gab es schon früh Versuche zur Vereinigung der einzelnen Stämme bzw. des ganzen Volkes unter einheitlicher Herrschaft[6].

Im seleukidischen Bruderkrieg zwischen Seleukos II. Kallinikos (246–226) und seinem jüngeren Bruder und Mitregenten Antiochos Hierax um den Besitz Kleinasiens hatte sich letzterer mit Mithradatēs II. von Pontisch-Kappadokien verbündet und zudem die Galater als Söldner gedungen, mit deren Hilfe er bei Ankyra 239 v. Chr. (?) Seleukos völlig schlug. Eine wenig später im galatischen Heer ausgebrochene Meuterei zwang Antiochos Hierax jedoch, mit seinen bisherigen Söldnern einen Bundesgenossenvertrag abzuschließen und sie so praktisch in die Unabhängigkeit zu entlassen[7].

Das aufstrebende Pergamenische Reich hat es unter Attalos I. (241–197 v. Chr.) zuerst gewagt, den Galatern den gewohnten Tribut zu verweigern. Nach einigen Siegen über diese (um 230) nahm er den Königstitel an und konnte sogar, wenigstens vorüberge-

[2] Xenophōn, Cyropaedia VI 2, 10.
[3] Xenophōn, Anabasis I 2, 19; VII 8, 25; letztere Stelle ist allerdings möglicherweise ein späterer Zusatz.
[4] Stähelin, Galater 12–14.
[5] Brandis, Galatia 536–538.
[6] Brandis, Galatia 546f.
[7] Stähelin, Galater 17f.; Bengtson, Griechische Geschichte 404f.

hend, das ganze seleukidische Gebiet bis zum Taurus, also auch Lykaonien, beherrschen (etwa 228–223)[8], bis es unter Antiochos III. an die Seleukiden zurückfiel. Diese mußten jedoch, in der Schlacht bei Magnēsia am Sipylos 190 v. Chr. von den Römern geschlagen, die hier zum erstenmal direkt in die Geschicke Kleinasiens eingriffen, im Vertrag von Apameia 188 v. Chr. auf alle ihre Besitzungen nördlich des Tauros verzichten. Den größten Teil, darunter auch Lykaonien, sprachen die Römer Eumenēs II. von Pergamon zu[9]. Die Galater jedoch, die im Jahr zuvor in einem groß angelegten Feldzug von Cn. Manlius Vulso vernichtend geschlagen worden waren, erhielten ihre faktische Unabhängigkeit unter der Bedingung, daß sie sich in Hinkunft bewaffneter Beutezüge enthielten und friedlich innerhalb ihrer Grenzen blieben; nominell mußten sie freilich die pergamenische Oberhoheit anerkennen[10].

Ein mißlungener Aufstand unter dem Anführer Ortiagōn 184 v. Chr. gegen Eumenēs II. brachte die Galater für einige Zeit auch unter tatsächliche pergamenische Herrschaft[11]. Im Jahre 168 v. Chr. jedoch, als sich die Stimmung in Rom allmählich gegen den allzu sehr erstarkten Pergamener wandte, nutzten die Galater die Gelegenheit zu einem erneuten Aufstand unter Führung ihres Kleinkönigs Solvettius. Obwohl sie nach einigen Anfangserfolgen von Eumenēs geschlagen wurden, erklärten die Römer sie einer Gesandtschaft gegenüber für frei, wiederum unter der Bedingung, daß sie sich friedlich in ihren Grenzen hielten[12].

Im Jahre 133 v. Chr. übernahmen die Römer nach dem Tod König Attalos' III. das ihnen von diesem testamentarisch vermachte Pergamenische Reich und organisierten dessen westlichen Teil als Provinz Asia; die bisher pergamenische Landschaft Großphrygien wurde Mithradatēs V. Euergetēs, König des Pontischen Kappadokien, zugesprochen, während die südlich anschließenden Landschaften, besonders Lykaonien, den Söhnen Ariarathēs' V. von Kappadokien, welcher die Römer bei der Niederwerfung des Aristonikos-Aufstandes (129 v. Chr.) unterstützt hatte und dabei gefallen war, übertragen wurden. Jedenfalls kam damit das zwischen Großphrygien und dem eigentlichen pontischen Königreich gelegene Galatien unter massiven pontischen Einfluß, wenn es auch nominell selbständig blieb[13].

Nach langwierigen Auseinandersetzungen zwischen Rom und Mithradatēs VI. von Pontos, die teilweise auf galatischem Boden ausgetragen wurden und bei denen Mithradatēs (86 v. Chr.) fast den gesamten galatischen Adel ausrotten ließ, mußte dieser im Frieden zu Dardanos 85 v. Chr. auf sämtliche Eroberungen förmlich verzichten[14].

In der Folge beginnt der Aufstieg des Tetrarchen der Tolistoagier, Dēiotaros, eines der wenigen Tetrarchen, die dem Blutbad des Mithradatēs entkommen waren[15]; er hatte sich dann mehrfach bei der Vertreibung der pontischen Besetzer ausgezeichnet[16].

Als Pompeius nach seinem Sieg über Mithradatēs VI. (Ende des 3. Mithridatischen Krieges) und Tigranēs die Verhältnisse in Kleinasien neu ordnete und dabei die römischen

---

[8] Stähelin, Galater 19–27; Bengtson, Griechische Geschichte 404.

[9] Stähelin, Galater 50f.; Magie, Roman Rule I 19; II 757ff. A. 55 u. 56; Bengtson, Griechische Geschichte 470f.

[10] Stähelin, Galater 51–59; Brandis, Galatia 543f.; Magie, Roman Rule I 21.

[11] Stähelin, Galater 61ff.; Magie, Roman Rule I 21.

[12] Stähelin, Galater 66–73; Brandis, Galatia 545; Magie, Roman Rule I 22f.

[13] Stähelin, Galater 85–87; Magie, Roman Rule I 32f., 154f.; Bengtson, Griechische Geschichte 492f.; vgl. Bengtson, Römische Geschichte 181. Nach dem Tod Mithradatēs' V. wurde Phrygien der Provinz Asia angegliedert (Magie, Roman Rule I 168f.).

[14] Stähelin, Galater 86f.; Brandis, Galatia 548f.; Magie, Roman Rule I 223, 229ff.; Jones, Cities 116f.; Bengtson, Römische Geschichte 182–185.

[15] Stähelin, Galater 87.

[16] Stähelin, Galater 87; Magie, Roman Rule I 329.

Provinzen Bithynien (mit dem westpontischen Küstenstreifen), Asien und Kilikien mit einem Kranz verläßlicher Klientelkönige umgab, wurde in Galatien das bisherige System der Führung der drei Stämme durch je vier Tetrarchen (die wohl nach dem Blutbad von 86 v. Chr. auch gar nicht mehr verfügbar waren) aufgegeben und stattdessen ein Fürst an die Spitze jedes Stammes gestellt, der die alte Bezeichnung Tetrarch weiterführte[17]. Dēiotaros erhielt zusätzlich zu seiner Tetrarchie Gebiete am Schwarzen Meer, die Gazelonitis, das Land um Pharnakeia und Trapezunt, wahrscheinlich Kleinarmenien sowie sicher den Königstitel[18]. Mit wechselndem Erfolg strebte er in den nächsten Jahrzehnten auf Kosten der Tetrarchen der beiden anderen galatischen Stämme, der Trokmer und der Tektosagen, die Alleinherrschaft über ganz Galatien an. Caesar bestrafte ihn wegen seiner Treue zu Pompeius mit einer hohen Geldsumme[19]; auf seinem Zug durch Kleinasien nach der Schlacht von Zēla 47 v. Chr. berührte er Dēiotaros' Burgen Blucium (Karalar) und Peium (→ Peōn chōrion)[20] und schränkte dessen Machtbefugnisse wieder auf die angestammte Tetrarchie ein; Dēiotaros und sein gleichnamiger Sohn durften jedoch weiterhin den Königstitel führen[21].

Nach Caesars Ermordung (44 v. Chr.) verstand es Dēiotaros, sich mit List und Mord endgültig zum Alleinherrscher und König von ganz Galatien aufzuschwingen[22] und sich in dieser Rolle später von Antonius, wohl gegen Zahlung einer hohen Geldsumme, bestätigen zu lassen[23].

Trotz des Bündnisses mit Brutus war Dēiotaros' Sekretär und Unterführer Amyntas bereits nach dem ersten Treffen der Schlacht bei Philippi (42 v. Chr.) zu Oktavian und Antonius übergegangen[24]. Nachfolger des Dēiotaros, der wohl im Jahre 40 gestorben war, wurde sein Enkel Kastōr, der, wahrscheinlich als Geschenk von Antonius, das innere Paphlagonien zusätzlich erhielt[25]. Die pontischen Besitzungen des Dēiotaros hingegen wurden dem Prinzen Dareios, einem Sohn des Pharnakēs, übertragen[26]. Jener Amyntas aber, der in Philippi den Wechsel zu den Triumvirn vollzogen hatte, erhielt im Jahre 39 das nordpisidische Hügelland als Königtum, während Teile des Rauhen Kilikien, die Stadt → Ikonion und vielleicht auch die südlykaonische Steppe Polemōn, dem Sohn jenes Zēnōn zugesprochen wurden, welcher das phrygische Laodikeia gegen die Parther und den abtrünnigen Römer Labienus verteidigt hatte[27]. Bei Kastōrs Tod (oder Absetzung) 37/36 v. Chr. erbte sein Sohn Dēiotaros Philadelphos nur die paphlagonischen Besitzungen, während Amyntas nun einerseits das galatische Königtum, andererseits zu seinen pisidischen Besitzungen auch Lykaonien und einen Teil Pamphyliens erhielt[28]. Polemōn, der so einen Teil seiner Besitzungen an Amyntas, den anderen gleichzeitig an Kleopatra verlor, der Antonius u. a. das Rauhe Kilikien schenkte, wurde mit Teilen des Pontos entschädigt und durfte sich dort ebenfalls König nennen[29].

---

[17] SHERK, Roman Galatia 956; BRANDIS, Galatia 548.

[18] STÄHELIN, Galater 88; MAGIE, Roman Rule I 373f.; II 1237f. A. 41.

[19] MAGIE, Roman Rule I 406.

[20] MITCHELL, Blucium and Peium, bes. 69–72.

[21] STÄHELIN, Galater 92f. Dēiotaros bekam wohl den Streifen am Schwarzen Meer zurück, vgl. MAGIE, Roman Rule I 413; II 1267 A. 31.

[22] STÄHELIN, Galater 95f.

[23] MAGIE, Roman Rule I 425f.; II 1276 A. 60.

[24] STÄHELIN, Galater 96; MAGIE, Roman Rule I 427.

[25] STÄHELIN, Galater 97; MAGIE, Roman Rule I 433.

[26] MAGIE a. O.

[27] MAGIE, Roman Rule I 433; II 1282f. A. 16 u. 17; BELKE–RESTLE, Baş Dağ 10–12.

[28] MAGIE, Roman Rule I 434; II 1284 A. 21 u. 22; BELKE–RESTLE, Baş Dağ 12f.

[29] BELKE–RESTLE, Baş Dağ 11f.; MAGIE, Roman Rule II 1284 A. 23.

Amyntas, der während der Schlacht von Actium 31 v. Chr. zum zweitenmal die Seite rechtzeitig, d. h. vor der Entscheidung, gewechselt hatte, konnte nicht nur, wie fast alle anderen von Antonius eingesetzten Klientelkönige, seine Besitzungen behalten; sie wurden sogar noch um große Gebiete im Taurus und im Rauhen Kilikien erweitert[30]. Das Fürstentum des Antipater von Derbē, das sich dieser um die Städte → Derbē und → Laranda erobert hatte, dürfte Amyntas schon vorher eingenommen haben[31]. Um – mit römischem Auftrag – die unbezwungenen Bergstämme des Taurus besser bekämpfen zu können, ließ er die alte Bergfestung Isaura Palaia (Zengibar Kalesi östlich von Bozkır, → Leontopolis), die P. Servilius Isauricus im Jahre 75 v. Chr. bereits eingenommen und zerstört hatte, als seine Residenz von Grund auf neu aufbauen und befestigen. Die Bautätigkeit war noch in Gang, als er nach mancherlei Erfolgen im Jahre 25 v. Chr. im Kampf gegen die Homanadenser fiel[32].

Bei dieser Gelegenheit ließ Augustus das galatische Königtum erlöschen und schuf noch im selben Jahr[33] die neue Provinz Galatien, die einem *legatus Augusti pro praetore* unterstellt wurde und außer dem eigentlichen Galatien auch fast alle anderen Besitzungen des Amyntas, also Lykaonien bis zum Taurus, das pisidische Hochland von der Grenze der Provinz Asia bis zur pamphylischen Ebene (und wohl auch diese eingeschlossen) umfaßte; nur die eigentliche Kilikia Tracheia wurde jetzt oder ein wenig später dem Kappadokerkönig Archelaos zugeschlagen[34]. Die drei galatischen Stämme der Tolistobogier, der Tektosagen und der Trokmer wurden bei dieser Gelegenheit nach dem Vorbild griechischer *poleis* mit den schon bekannten Hauptorten → Pessinus, →Ankyra und → Tabia (antik meist Tavium) organisiert[35].

Während die neue Provinz unter dem frühen Prinzipat im Süden Verluste hinnehmen mußte (von Claudius bis Nero zeitweise Verlust Pamphyliens, das mit Lykien vereint wurde[36]), erfuhr sie im Norden und Osten bedeutende Erweiterungen: Im Jahre 6 n. Chr., nach dem Tod des Dēiotaros Philadelphos, kam das innere Paphlagonien zu Galatien, drei Jahre später auch der östlich anschließende, Pontus Galaticus genannte Streifen mit den Städten Amaseia, Sebastopolis und dem pontischen Komana[37]. Im Jahre 64 n. Chr. gliederte Nero das pontische Königreich, über das seit dem Jahre 38 Polemōn II. geherrscht hatte, als Pontus Polemoniacus der galatischen Provinz an[38]. Wahrscheinlich 71/72 wurde die Provinz Kappadokien mit Galatien fest vereinigt, nachdem etwa zehn Jahre zuvor unter dem Legaten Cn. Domitius Corbulo ein solcher Zustand faktisch schon einmal erreicht war; 72 wurde auch Kleinarmenien erobert und den vereinigten Provinzen hinzugefügt[39].

Hiermit hatte die Riesenprovinz, mit der zeitweise auch Syrien gemeinsam verwaltet wurde, ihre größte Ausdehnung erreicht. Trajan teilte sie wieder, und zwar in die kaiserliche Provinz Kappadokien, die vorerst mit Pontus Galaticus, Pontus Polemoniacus, Armenia minor und offensichtlich auch einem kleinen Teil von Südlykaonien, der *Lycao-*

---

[30] Magie, Roman Rule I 453; Levick, Colonies 27f.; Sherk, Roman Galatia 957f.

[31] Vgl. Belke–Restle, Baş Dağ 13f.; anders Magie, Roman Rule I 443.

[32] Stähelin, Galater 99; Magie, Roman Rule I 453; II 1303 A. 2.

[33] Levick, Colonies 193f.

[34] Magie, Roman Rule I 453; II 1304f. A. 3 u. 4, 1338 A. 24; Levick, Colonies 30–32; Sherk, Roman Galatia 958f.

[35] A. Macro, The Cities of Asia Minor under the Roman Imperium. *ANRW* II 7, 2 (1980) 673.

[36] Levick, Colonies 163f.

[37] Sherk, Roman Galatia 960f.

[38] E. Olshausen, Pontos und Rom. *ANRW* II 7,2 (1980) 911; Sherk, Roman Galatia 961f.

[39] Sherk, Roman Galatia 982–998.

nia Antiochiana[40], verbunden blieb, und die prätorische Provinz Galatien, der auch weiterhin Paphlagonien, Pisidien, Phrygien (d. h. die Phrygia Parōreios, der Streifen nördlich und südlich der Sultan Dağları mit den Städten Philomēlion und Antiocheia „bei Pisidien“)[41] und der größte Teil Lykaoniens angeschlossen waren[42].

Eine weitere Verkleinerung Galatiens, die ihre Auswirkung bis in frühbyzantinische Zeit haben sollte, wurde unter Antoninus Pius, genauer zwischen 138 und 146[43], vorgenommen. Kilikien, Isaurien und Lykaonien (etwa das uralte Stammesgebiet des Volkes der Lykaonier, also Südlykaonien ohne Ikonion) wurden zu einem neuen Komplex der „drei Eparchien“ zusammengefaßt, deren Teile sich aber eine gewisse Selbständigkeit bewahren konnten[44]. Jedoch sollte man die Bedeutung des *koinon Lykaonōn* nicht überbewerten, das uns ausschließlich durch Münzen der südlykaonischen Städte → Barata, → Derbē, → Hydē, → Ilistra und →Laranda sowie der später nicht mehr zu Lykaonien gehörigen Stadt Dalisandos bekannt ist; aus dem Umstand, daß diese Koinon-Münzen nur während der gemeinsamen Regierungszeit der Kaiser Mark Aurel und Lucius Verus (161–169 n. Chr.) und nach etwa achtzigjähriger Unterbrechung nochmals unter Philippus Arabs und Philippus II. (244–249) geprägt wurden, folgt vielleicht, daß dieses *koinon* nur zur Emission eben dieser Münzen ins Leben gerufen wurde[45].

Eine mehr als 200jährige Periode des Friedens, deren sich die west- und zentralkleinasiatischen Provinzen des römischen Reiches erfreuen konnten und die die Grundlage eines erheblichen wirtschaftlichen Wohlstandes war[46], wurde zum erstenmal durch den Krieg gegen den Thronprätendenten Pescennius Niger 193/94 n. Chr. unterbrochen. Nach einer Niederlage in der Nähe von Nikaia mußte sich Niger, verfolgt von den loyalen Truppen, mit dem Rest seines Heeres zuerst quer durch Anatolien bis zum Taurus, den er hatte verbarrikadieren lassen, dann in die Nähe von Issos in Kilikien zurückziehen, wo ihn Septimius Severus schließlich besiegte[47].

Während Zentralkleinasien durch die ersten Kriege gegen das neu entstandene Sasanidenreich des Königs Ardašīr (Artaxerxēs) 231/2 und seines Nachfolgers Šāpūr 242–244 unter Alexander Severus bzw. Gordian III. noch nicht unmittelbar betroffen war, sondern nur unter dem Durchzug der Truppen zu leiden hatte[48], erwuchs dem römischen Reich schon vor der Jahrhundertmitte im Nordosten in den Goten und den mit ihnen verbündeten Völkern, die in die Räume nördlich des Schwarzen Meeres eingedrungen waren, ein neuer Feind. Galatien wurde wahrscheinlich ebenso wie Kappadokien bereits 257 von einem gotischen Raubzug heimgesucht, bei dem auch die Großeltern Wulfilas aus Sadagolthina in Kappadokien (→ *TIB* 2, s. v. Sadagolthina) verschleppt wurden[49]. Der

---

[40] Zur Lykaonia Antiochiana vgl. Ramsay, Lycaonia 70 mit A. 8; Ruge, Lykaonia 2255; Magie, Roman Rule I 512f.; II 1367f. A. 49; Jones, Cities 133. Für die Zugehörigkeit zu Kappadokien wird allgemein die στρατηγία Ἀντιοχιανή mit den Orten → Derbē, → Laranda, Olbasa, Musbanda (die letzteren wohl in Kilikien) bei Ptolemaios V 6, 16 (II 881 Müller) angeführt, doch könnte es sich hier, wie sicherlich bei der unmittelbar vorausgehenden, ebenfalls zu Kappadokien gerechneten (στρατηγία) Λυκαονίας, um einen Irrtum des Ptolemaios handeln.

[41] Strabōn XII 8, 14; XIV 2, 29, vgl. Magie, Roman Rule I 455f.; II 1311f. A. 14.

[42] Magie, Roman Rule I 575, 605; II 1459ff. A. 24; Sherk, Roman Galatia 1024–1035.

[43] Ch. Habicht, Zwei neue Inschriften aus Pergamon. *Ist. Mitt.* 9/10 (1959/60) 115–117.

[44] Ruge, Lycaonia 2256; Magie, Roman Rule I 660; II 1529 A. 3; Jones, Cities 133, 412f. A. 21.

[45] Vgl. Aulock, Münzen 25ff.

[46] Zur wirtschaftlichen Entwicklung Kleinasiens während des Prinzipats vgl. E. Gren, Kleinasien und der Ostbalkan in der wirtschaftlichen Entwicklung der römischen Kaiserzeit. Uppsala 1941.

[47] Magie, Roman Rule I 669–71; II 1538ff. A. 20.

[48] Magie, Roman Rule I 694–698.

[49] Magie, Roman Rule I 705f.; II 1566ff. A. *(Font, Lit)*; zur umstrittenen Chronologie vgl. zuletzt Wolfram, Goten 52f., 84.

Versuch Kaiser Valerians, die Sasaniden, die in die Ostprovinzen des römischen Reiches eingefallen waren und sogar Antiocheia geplündert hatten, zu vertreiben, endete 260 mit einer furchtbaren Niederlage der Römer; der Kaiser selbst geriet in persische Gefangenschaft. Daraufhin unternahm Šāpūr einen Gegenschlag, der von Syrien und Kilikien aus bis nach Kappadokien und Südlykaonien führte[50]. In Lykaonien eroberte er bei dieser Gelegenheit die Städte → Laranda und → Ikonion, vielleicht auch → Barata (im Text *Birtha*) sowie das sonst unbekannta Rakundia[51]. 269 besetzten Truppen der palmyrenischen Königin Zēnobia Ostkleinasien bis → Ankyra in Galatien; 272 konnte Kaiser Aurelian diese Gebiete zurückerobern, wobei er in Galatien auf keinen Widerstand stieß[52]. Für das Jahr 275/76 wird wiederum von einem gotischen Einfall berichtet, der wohl vom Asowschen Meer aus nach Ostpontos führte und von hier aus in einem breiten Streifen quer durch Kleinasien den Pontos, Kappadokien, Galatien und Kilikien verwüstete[53].

Die Reformen in der Reichs- und Provinzialverwaltung, die von Kaiser Diokletian begonnen und von Konstantin I. fortgesetzt wurden, führten neben einer nun weitgehend durchgeführten Trennung von militärischer und ziviler Gewalt in den Provinzen auch zu deren weiterer Verkleinerung; dafür wurden die sogenannten Diözesen als übergeordnete Instanzen geschaffen. Außer einigen Inschriften bilden der wohl aus dem zweiten Jahrzehnt des 4. Jahrhunderts stammende sogenannte Laterculus Veronensis und die nach Provinzen geordneten Listen der Teilnehmer am Konzil von Nikaia 325 die Grundlage der Provinzeinteilung dieser Zeit[54]. In dem uns interessierenden Bereich von Zentralkleinasien erscheint eine verkleinerte Provinz Galatia in der pontischen Diözese, eine neu geschaffene Provinz Pisidien[55] in der asianischen und eine nun von Kilikien endgültig abgetrennte Provinz Isaurien in Oriens. Im einzelnen – nach der Konzilsliste von 325 – sieht die Verteilung so aus, daß der Nordteil der späteren Provinz Lykaonien mit der Stadt → Gdanmaa noch bei Galatien verblieb, die Mitte mit → Ikonion, → Uasada, → Amblada sowie möglicherweise → Mistheia zu Pisidien kam, während ein Südstreifen mit → Barata, → Umanada, → Laranda und → Ilistra, also etwa das Gebiet des alten *koinon Lykaonōn,* weiterhin mit Isaurien vereint war.

Im Jahre 354 wurde der Süden Lykaoniens, der, wie erwähnt, politisch noch zur Provinz Isaurien zählte, wiederholt von isaurischen Räuberbanden heimgesucht, dabei auch die Stadt → Laranda bedroht, nachdem in einem Akt unnötiger Grausamkeit einige Isaurier im Amphitheater von Ikonion wilden Tieren vorgeworfen worden waren[56]. Es wird uns nicht explizit berichtet, ob sich spätere Ausbrüche isaurischer Unruhen und Plünderungszüge 359 und 368 (zu letzterem werden Pamphylien und Kilikien als hauptsächlich betroffene Landstriche genannt) auch wieder gegen Südlykaonien richteten[57]. Aber auch danach reißen direkte[58]und indirekte Nachrichten über das Weiterbestehen des isaurischen Räuberunwesens nicht ab[59]. Die isaurischen Bergstämme scheinen vom Kaiser sogar eine gewisse De-facto-Unabhängigkeit zugestanden bekommen zu ha-

---

[50] Magie, Roman Rule I 707f.; II 1568f. A. 29 u. 30.

[51] Maricq, Res gestae 314f., 341. Honigmann-Maricq, Recherches 152f., 157.

[52] Zōsimos I 50, 1–2 (I 44 Paschoud); vgl. Magie, Roman Rule I 716f.; II 1575f. A. 45; R. Hanslik, Zenobia. *RE* 10 A (1972) 1–7.

[53] Magie, Roman Rule I 720; II 1577 A. 49 (*Font*); Wolfram, Goten 59.

[54] Honigmann, Nicée 44–48; der Laterculus Veronensis bei Not. Dign. 247–253, zu dessen Datierung vgl. Schwartz, Bischofslisten 79–82, u. Jones, Verona List, bes. 23.

[55] Jones, Empire I 43; III 4 A. 8.

[56] Amm. Marc. XIV 2; vgl. Stein, Geschichte 219f; Rougé, Isaurie, 292–295; Syme, Ammianus 44f.

[57] Amm. Marc. XIX 13 u. XXVII 9, 6f.; vgl. Syme a. O.

[58] Zōsimos IV 20 (II 2, 280 Paschoud).

[59] Zusammengestellt bei Rougé, Isaurie 294–297.

ben[60]; ihr Gebiet wurde, so eine Nachricht, die von der Historia Augusta ins 3. Jahrhundert verlegt wird, aber eher die Realitäten des 4. Jahrhunderts wiederspiegeln dürfte[61], von einer Art *limes* zum Schutz der umliegenden Landschaften umgeben[62]. Man wird sich darunter kaum einen geschlossenen Verteidigungswall vorzustellen haben, sondern eher eine lockere Kette von einzelnen Kastellen oder Wachttürmen, wie sie die sehr schematische Skizze der Notitia Dignitatum zu Isaurien andeutet[63]; dieser „limes" ist demnach zum Teil im südlichen Lykaonien, an den Nordabhängen des Taurus mit einzelnen Festungen in der vorgelagerten Ebene, zu suchen[64].

Im Winterhalbjahr 365/66 diente Galatien Kaiser Valens als Aufmarschgebiet gegen den Usurpator Prokopios, dem es gelungen war, außer in Konstantinopel selbst und seiner Umgebung besonders in Bithynien (und Teilen Phrygiens) Fuß zu fassen. Ein erster Erfolg gegen eine Abteilung des Prokopios glückte Valens' *magister peditum* Arintheus bei dem Städtchen → Dadastana im galatisch-phrygischen Grenzgebiet. Nach Überwinterung in → Ankyra rückte Valens im Vorfrühjahr 366 über → Pessinus nach Phrygien, wo er am 27. Mai bei Nakoleia die durch Verrat bereits dezimierten Truppen des Prokopios schlagen, diesen selbst ergreifen und hinrichten lassen konnte[65].

Um das Jahr 370, vieleicht aber auch erst gleichzeitig mit der Teilung Kappadokiens Anfang 372[66], erhielt Lykaonien unter Kaiser Valens den Status einer eigenen Provinz, von der wir zuerst aus einem Brief des Metropoliten von Kaisareia, Basileios, erfahren[67]. Der ungefähre Umfang von Lykaonien geht aus dem Verzeichnis der Teilnehmer am Konzil von Konstantinopel 381 hervor, das Bischöfe von → Ikonion, → Umanada, → Sauatra, → Lystra, → Korna, → Mistheia, → Perta, → Hydē, → Kana, → Derbē, → Posala, Isaura (→ Isauropolis) und → Amblada nennt[68]. Die neue Provinz wurde also aus dem Nordstreifen Isauriens, dem Westteil Pisidiens und wohl schon jetzt einem Südzipfel Galatiens gebildet (→ Gdanmaa, 325 noch Suffragan von Ankyra, ist erst 451 wieder, nun als Suffragan von Ikonion, belegt). Gegen Ende des Jahrhunderts wird Lykaonien zum erstenmal in einer nichtkirchlichen Quelle verzeichnet[69].

Wahrscheinlich zur Zeit der Vormachtstellung von Kaiser Arkadios' *praepositus sacri cubiculi*, dem Eunuchen Eutropios, zwischen 396 und 399, wurde auch Galatien in eine Galatia prima mit der Metropolis Ankyra und in eine Galatia secunda oder Salutaris (griechisch Salutaria) mit der Hauptstadt → Pessinus geteilt[70].

---

[60] ROUGÉ, Isaurie 295, 300.

[61] ROUGÉ, Isaurie passim; SYME, Ammianus 43–52.

[62] S. H. A. XXIV 26, 5f. (II 125 HOHL); ROUGÉ, Isaurie 307.

[63] Not. Dign. Or. XXIX 5.

[64] Vgl. ROUGÉ, Isaurie 310f.

[65] Amm. Marc. XXVI 7–9; Zōsimos IV, 4–8 (II 2, 265–269 PASCHOUD); vgl. STEIN, Geschichte 270f. (*Font*); NAGL, Valens 2100–2106; WILH. ENSSLIN, Prokopios 2). *RE* 23/1 (1957) 252–256.

[66] Vgl. HILD–RESTLE, *TIB* 2, 67.

[67] Basileios v. Kaisareia, ep. 138 (II 56 COURTONNE), geschrieben 373. Über das Motiv der Neugründung verlautet nichts. Denkbar wäre, abgesehen von der allgemeinen Tendenz zur Verkleinerung der Provinzen, daß man glaubte, durch eine Verkleinerung von Isaurien die unruhigen Stämme besser unter Kontrolle zu halten. Aber auch kirchenpolitische Gründe, wie sie bei der Teilung Kappadokiens eine Rolle spielten, sind nicht auszuschließen. Basileios von Kaisareia hatte jedenfalls vom ersten Metropoliten von Ikonion, Faustinos, keine hohe Meinung (ep. 161 [II 93 Courtonne], vgl. JANIN, 9 Faustin. *DHGE* 16 [1967] 739f.), jedoch wird nicht behauptet, daß er Arianer war.

[68] TURNER, Canons 169.

[69] Not. Dign. Or. I 97; II 35; XXIV 7, 16.

[70] Die beiden Galatien erscheinen zuerst Not. Dign. Or. I 69, 111; II 42, 51; XXV 4, 7, 16, 19. Zur Datierung der Notitia Dignitatum (die Mehrzahl der Informationen stammt, besonders für den Osten, aus der Zeit um 396 mit nur wenigen späteren Ergänzungen zur zivilen Verwaltung) s. zuletzt E. DEMOUGEOT, La Notitia Dignitatum et l'histoire de l'Empire. *Latomus* 34 (1975) 1079–1134; zu Galatien s. besonders 1088;

Wenn überhaupt, so wurde wohl nur der äußerste Westen der Galatia Salutaris von den Plünderungszügen der um Nakoleia in Phrygien angesiedelten Goten gestreift, die im Jahre 399 unter ihrem Anführer Tribigild zu offenem Aufruhr geschritten waren[71]. Die Hauptstoßrichtungen führten nach Westen und Süden, doch soll auch der im phrygisch-galatischen Grenzgebiet entspringende → Sangarios von Blut rot gefärbt gewesen sein[72].

Zu Beginn des 5. Jh., besonders 404–406, erlebte Kleinasien die schlimmsten Einfälle der Isaurier, die in Kappadokien und Armenien zu regelrechten Eroberungen ausarteten[73]. Lykaonien, nicht aber Galatien, wird in der Liste der betroffenen Länder ausdrücklich genannt[74].

Die große Trockenheit, die im Jahre 452 weite Teile Zentral- und Südkleinasiens heimsuchte und eine schlimme Hungersnot sowie Seuchen zur Folge hatte, machte auch vor Galatien (und sicherlich auch vor dem in diesem Zusammenhang nicht genannten Lykaonien) nicht halt[75].

Auch in der Mitte des Jahrhunderts hörten die Raubzüge der Isaurier in die Nachbarprovinzen nicht auf. Offensichtlich um diesen nach Westen und Norden Einhalt zu gebieten, sah sich Kaiser Leōn I. genötigt, in Pamphylien, Pisidien und Lykaonien neue Militärkommandos unter der Leitung je eines *comes* zu schaffen[76].

Ende 479 konnte Zēnōns General Trokundēs einen Angriff abwehren, den der wegen einer Rebellion nach Kappadokien verbannte, von dort aber entkommene Markianos, Sohn des weströmischen Kaisers Anthemius und Enkel Kaiser Markians, mit einem Bauernheer gegen Ankyra geführt hatte[77].

Justinian I. wies 534 dem letzten, geschlagenen Vandalenkönig, Gelimer, und seiner Familie große Ländereien in Galatien an, auf denen dieser seinen Lebensabend verbrachte[78].

542 wurden, wie alle anderen Provinzen Kleinasiens, auch Lykaonien und Galatien[79] von der großen Pestwelle erreicht, die 541 in Ägypten ausbrach, in der Folge das ganze byzantinische Reich und die umliegenden Gebiete verheerte und von Zeit zu Zeit auch später an verschiedenen Orten wieder aufflackerte[80]. Wohl schon beim ersten Auftreten der Seuche wurde der hl. Theodōros von Sykeōn im Alter von zwölf Jahren infiziert, aber auf wunderbare Art gerettet[81]. Einer Jahre später in Ankyra aufgetretenen Seuche, die Menschen und Rinder befiel, konnte Theodōros bereits selber durch Gebete Einhalt gebieten[82].

---

vgl. auch I. D. Barnes, Claudian and the Notitia Dignitatum. *Phoenix* 32 (1978) 81f., der aus Claudius Claudianus, in Eutropium II 585–590 auf das Jahr 399 für die Teilung Galatiens schließt.

[71] Stein, Geschichte 359; Wolfram, Goten 175ff. (*Lit*); W. Ensslin, Tribigild. *RE* 6A/2 (1937) 2403–2405 (*Font*).

[72] Claudius Claudianus, In Eutropium II 290f.

[73] Rougé, Isaurie 297–299 (*Font*).

[74] Philostorgios 139.

[75] Euagrios 53; Nikēphoros Kallistos XV 10 (*PG* 147, 33); vgl. Foss, Ankara 54.

[76] Erwähnt in einem Gesetz Kaiser Leōns I. vom Jahre 471/2, Cod. Iust. XII 59, 10 (5); vgl. Jones, Empire I 223f.; Levick, Colonies 176.

[77] Kōnst. Porph., De ins. 135f.; vgl. Brooks, Zenon 219f.; Stein, Bas-Empire 15f.; Lemerle, Trocundes 318; Foss, Ankara 55.

[78] Prok. bell. IV 9, 13 (I 458 Haury).

[79] Joh. v. Eph., Commentarii 231.

[80] Zur großen Pestepidemie s. J. B. Bury, History of the Later Roman Empire from the Death of Theodosius I. to the Death of Justinian. London 1923 (New York 1958), 62–66; Stein, Bas-Empire 756–761, 841.

[81] Vita Theod. Syk. I 7f., vgl. II 176; Foss, Ankara 56.

[82] Vita Theod. Syk. I 40; vgl. Foss, Ankara 57.

Die Vorkehrungen, die Kaiser Leōn getroffen hatte, um die Provinzen im Zentrum und im Süden Kleinasiens zu befrieden, nämlich die erwähnte Errichtung neuer Militärkommandos unter *comites,* erwies sich als nicht ausreichend, um das sich immer mehr ausbreitende Räuberbandenunwesen zu beseitigen. 535/36 traf daher Justinian einige Maßnahmen, welche die zum Prinzip erhobene Trennung von ziviler und militärischer Gewalt teilweise aufhoben. Unter anderem wurde in der Pontischen Diözese das Vikariat abgeschafft und der Statthalter der Galatia prima dadurch aufgewertet, daß er den Rang eines *spectabilis* erhielt, zu seinem eigenen Gehalt noch das des ehemaligen Vikars hinzubekam, sich *comes* nannte und, wie schon ohne besonderen Zusatztitel vorher, die zivile und militärische Führung innehatte; seine Befugnisse waren allerdings strikt auf die Galatia I beschränkt[83]. Unter den Truppenkörpern, die hier und wohl unter seinem Kommando stationiert waren, befanden sich auch Einheiten der *domestikoi* und *protiktores (protectores),* die, in der Hauptstadt zu zahlreich geworden, in verschiedene Provinzen, besonders nach Galatien, abkommandiert wurden[84]. In Lykaonien und einigen anderen Provinzen wurden die Funktionen des Statthalters und des militärischen *comes* in der Hand eines Beamten vereint, der die altrömische Bezeichnung *praetor* führte, unter die *spectabiles* aufrückte und ebenfalls ein erhöhtes Gehalt bezog[85].

Die Reformen in der Provinzialverwaltung, die als ein Werk des Prätorianerpräfekten Johannes des Kappadokiers angesehen werden müssen, überdauerten dessen Sturz (541) nicht lange. Die Vereinigung von ziviler und militärischer Gewalt erhielt sich am längsten in der Galatia prima, deren *comes* durch ein Gesetz vom September 548 durch einen zivilen Statthalter ersetzt wurde, wobei gleichzeitig wieder das Vikariat der Pontischen Diözese mit erweiterten Vollmachten auflebte[86]. Mit einem Gesetz des Jahres 553 schränkte Justinian den Machtbereich des einige Jahre vorher mit der militärischen Gewalt in den zur asianischen Diözese gehörenden Provinzen Phrygia Pacatiana, Phrygia Salutaris, Lydien, Pisidien und Lykaonien betrauten *dux* oder *biocolytes* auf die nicht zusammenhängenden Gebiete von Lydien und Lykaonien ein. Bereits vor der Einrichtung des Amtes des *dux* herrschten in den genannten Provinzen wieder zivile Statthalter[87]. Mit all diesen Maßnahmen sollte, wie aus den Prooimien der genannten Gesetze hervorgeht, der immer bedrohlicher werdenden, bewaffneten Kriminalität effektiver begegnet werden, worauf ja auch die Bezeichnung *biocolytes* hinweist[88].

Im Gegensatz zu anderen Provinzen hören wir von einer Bautätigkeit Justinians in Galatien wenig, in Lykaonien nichts. Er ließ im Zuge der wichtigsten Verbindung nach Osten und Südosten, der Pilgerstraße, bei → Sykeōn eine Brücke über den → Siberis (heute Girmir Çayı), einen Nebenfluß des Sangarios, bauen und sicherte die Befestigung von → Iuliupolis, die durch einen anderen Zufluß des Sangarios, den → Skopas (heute Aladağ Çayı), unterspült zu werden drohte, durch eine 500 Fuß lange Stützmauer[89].

Während der Regierungszeit des Maurikios wurde Galatien von einer Hungersnot heimgesucht[90]. Etwa für die gleiche Zeit ist uns der Name des Provinzstatthalters der Galatia I, Euphrantas, überliefert, der einen Fall von angenommener (oder auch wirklicher) Schatzgräberei hart ahnden wollte, sich von Theodōros von Sykeōn aber umstimmen ließ[91].

[83] Iust. Nov. VIII 3; vgl. Stein, Bas-Empire 465f.; Jones, Empire I 280; Foss, Ankara 55.
[84] Prok. anecd. 24, 24f.; vgl. Stein, Bas-Empire 428f.; Foss, Ankara 55.
[85] Iust. Nov. XXV; vgl. Stein, Bas-Empire 466; Jones, Empire I 280.
[86] Iust. Edict. VIII (= Iust. Nov., S. 768–772); vgl. Stein, Bas-Empire 749f.; Jones, Empire I 294.
[87] Iust. Nov. CXLV; vgl. Stein, Bas-Empire 749, 751; Jones a. O.; ungenau Levick, Colonies 176.
[88] Vgl. auch Foss, Ankara 55.
[89] Prok. aed. V 4, 1–6 (156f. Haury).
[90] Vita Theod. Syk. I 83.
[91] Vita Theod. Syk. I 90; vgl. Foss, Ankara 59.

Von den unmittelbaren Auswirkungen des Perserkrieges, der bereits unter Justinians Nachfolger Iustinos II. wieder ausgebrochen war, blieben Galatien und Lykaonien noch längere Zeit verschont, da sie durch die dicke Pufferzone Kappadokien genügend abgeschirmt waren[92]. Jedoch sah sich Kaiser Hērakleios bald nach seiner Machtübernahme in Konstantinopel, wohl im Winter 610/11, mit einer gefährlichen Revolte konfrontiert, die in Ankyra unter der Führung des Komentiolos, eines Bruders des gestürzten Kaisers Phōkas, ausgebrochen war. Komentiolos, wahrscheinlich *magister militum per Orientem,* hatte mit seinen Truppen in Ankyra Winterquartier bezogen und scheint weite Teile Kleinasiens, im Westen wenigstens bis zur bithynischen Grenze, kontrolliert zu haben. Allerdings wurde er, noch bevor es zum offenen Krieg mit Hērakleios kommen konnte, von Iustinos, „Patrikios der Armenier", d. h. wahrscheinlich *magister militum per Armeniam,* überwältigt und getötet[93].

Der erste Schlag einer persischen Armee gegen Mittel- und Westkleinasien erfolgte 615/16 unter Šahin, nachdem sich Hērakleios bereits 613 geschlagen aus Kilikien hatte zurückziehen müssen. Chalkēdōn wurde erobert[94] und Sardeis vollständig zerstört[95]. Obwohl es die für diese Jahre besonders unergiebigen Quellen nicht ausdrücklich erwähnen, ist es höchst wahrscheinlich, daß die Perser quer durch Kappadokien und Galatien nach Westen vorstießen, dabei aber die größeren, befestigten Städte wie Ankyra nicht eroberten[96]. Deutlichere Spuren in den literarischen Quellen hinterließ hingegen die Eroberung von Ankyra durch die Perser unter Šahrbaraz 620 oder – wahrscheinlicher – 622, die sich auch archäologisch bestätigen läßt[97]. 626 durchquerten die Perser abermals ganz Kleinasien, diesmal vielleicht von Kilikien aus auf einer südlicheren Route durch Lykaonien und Phrygien[98], um gemeinsam mit den Avaren, die vom Balkan aus operierten, Konstantinopel selbst zu bestürmen; jedoch konnten sie ohne eigene Flotte den Bosporos nicht überqueren und mußten sich daher nach der Niederlage der Avaren nach Syrien zurückziehen[99].

Seit dem Jahre 622 kämpfte Hērakleios trotz einiger Rückschläge in wachsendem Maße erfolgreich gegen die Perser. Die entscheidende Schlacht im Dezember 627 bei Ninive endete mit einem vollständigen Sieg der Byzantiner; der 628 zwischen Hērakleios und dem neuen Perserkönig Kavrad-Široe geschlossene Friede brachte den Byzantinern die Rückgabe aller von den Persern besetzten Länder[100]. Wenige Jahre später jedoch, ab 634, gingen die zurückeroberten Gebiete an den neuen, mächtigen Feind von Byzanz, an das arabisch-muslimische Kalifat, verloren.

---

[92] Die ältere Ansicht (z. B. Ostrogorsky, Geschichte 72; A. N. Stratos, La première campagne de l'empereur Héraclius contre les Perses. *JÖB* 28 [1979] 64) aufgrund von Theoph. 296 u. Mich. Syr. II 379, wonach die Perser noch zur Regierungszeit des Phōkas oder gleich zu Beginn der Herrschaft des Hērakleios durch Galatien bis Chalkēdōn vorgestoßen seien, ist aufzugeben, da ein solcher Feldzug bestimmt in der einzigen zeitgenössischen Quelle, der Vita des hl. Theodōros von Sykeōn, verzeichnet worden wäre, der bei → Sykeōn an der großen „Pilger"- und Militärstraße nach Osten wohnte; vgl. Foss, Persians 724 mit A. 1.

[93] Vita Theod. Syk. I 122f.; vgl. Kaegi, Evidence 308–324; Foss, Ankara 68f.; A. N. Stratos, An Unknown Brother of the Emperor Phocas. *JÖB* 27 (1978) 11–17.

[94] Chron. Pasch. I 706; martyrium Anastasii in: Papadopulos-Kerameus, Analekta IV 130.

[95] C. Foss, The Fall of Sardis in 616 and the Value of Evidence. *JÖB* 24 (1975) 11–22, aufgrund archäologischer und numismatischer Untersuchungen.

[96] Foss, Persians 724 und Ankara 70.

[97] Theoph. 302; Mich. Syr. II 408; Chron. anon. 1234 I 180; Agapios 458; vgl. auch den Brief des Mönches Antiochos vom Saba-Kloster in Palästina an den Abt des Attalinē-Klosters in Ankyra, *PG* 89, 1421–1428; Foss, Persians 725, 735f. und Ankara 70f.

[98] Stratos, Byzantium I 176.

[99] Vgl. Ostrogorsky, Geschichte 85f.; Foss, Persians 727.

[100] Ostrogorsky, Geschichte 86.

III. DIE ARABERINVASIONEN UND DER AUSBAU DER THEMENORDNUNG IN GALATIEN UND LYKAONIEN (7.–10. JAHRHUNDERT)

Die Entwicklung, wie sie für Kappadokien beobachtet wurde[101], nämlich von einer relativen inneren und äußeren Ruhe und wirtschaftlichen Blüte im 4. und 5. Jahrhundert zu einer Periode einer durch wachsende Armut, Hungersnot und Seuchen verursachten, zunächst meist inneren, dann auch von außen hineingetragenen Unruhe, läßt sich in ähnlicher, aber abgeschwächter Form auch für Lykaonien und Galatien feststellen. Aufgrund der Entfernung sowohl von der Ostgrenze des Reiches als auch vom Meer wurden diese beiden Provinzen jedoch viel seltener von feindlichen Vorstößen erreicht.

Wohl in Weiterverfolgung von Gedanken der justinianischen Reformen und als Reaktion auf die nach dem Abschluß der Perserkriege durch die beginnenden Araberinvasionen bald wieder bedrohlicher werdende Lage der Ostprovinzen des byzantinischen Reiches wurde im Laufe der zweiten Hälfte des 7. Jahrhunderts die militärische Struktur durch die Einteilung Kleinasiens in Militärbezirke (Themen) grundlegend geändert. Diese Themen übernahmen in weiterer Folge (im Laufe des 8. Jahrhunderts[102]) allmählich auch die zivilen Funktionen der alten Provinzen (Eparchien), die schließlich nur noch für die kirchliche Einteilung ihre Bedeutung behielten. Lykaonien wurde zur Gänze Teil des Thema Anatolikōn (zum erstenmal erwähnt 669[103]), dessen Stratege seinen Hauptsitz in → Amorion nahm[104], das zusammen mit → Ankyra zu einer der stärksten Festungen Kleinasiens ausgestaltet wurde. In Ankyra, wohin ja bereits in justinianischer Zeit Truppen der kaiserlichen Garde verlegt worden waren[105], wurde der alte *comes* des kaiserlichen *obsequium* stationiert, der diesen Titel (κόμης τοῦ 'Οψικίου) auch in mittelbyzantinischer Zeit noch führte. Fast ganz Galatien wurde daher in das Thema Opsikion integriert, das ursprünglich ganz Nordwestkleinasien von den Dardanellen bis Paphlagonien umfaßte[106]. Nur die ostgalatischen Gebiete (östlich des → Halys) gehörten zum ursprünglichen Großthema Armeniakōn[107].

Die allerersten Einfälle der Araber nach Kleinasien konnten das Gebiet von Galatien und Lykaonien noch nicht erreichen. Die arabischen Feldherren Wahb b. ʿUmair und Abū Aʿwar as-Sulamī (oder, nach aṭ-Ṭabarī, Muʿāwiya) gelangten auf einem Zug in das Innere Kleinasiens bereits 644 bis Amorion[108]; sicher erreichte Muʿāwiya diese Stadt 646 nach der Einnahme von Kaisareia in Kappadokien, mußte sich aber mit der Plünderung der Umgebung begnügen[109].

---

[101] F. Hild, *TIB* 2, 70.

[102] Bleisiegel, insbesondere der Kommerkiarioi, zeigen das Weiterbestehen der alten Provinzialverwaltung bis ins 8. Jh.; vgl. die tabellarischen Zusammenstellungen bei Zacos-Veglery I 145–210, für Lykaonien und Galatien insbesondere S. 222 (A. zu Nr. 139) sowie Nr. 166, 172, 177; eine für die Übergangszeit typische Formulierung bietet Nr. 245 (zur korrigierten Datierung auf 734/735 vgl. Bd. III S. 1955): Τῶν βασιλικῶν κομμερκίων τῶν ἐπαρχιῶν τῶν 'Ανατολικῶν, ähnlich Nr. 263 (datiert 745/746) für das Opsikion; vgl. auch Lilie, Thrakien 12–15.

[103] Theoph. 352; vgl. Pertusi, Formation 37.

[104] Ibn Ḫurdāḏbih 109 (de Goeje 80); vgl. Kōnst. Porph., De them. 115 (Kommentar).

[105] Oben S. 57; vgl. Karayannopulos, Themenordnung 68; Ibn Ḫurdāḏbih 109 (de Goeje 80).

[106] Vgl. Foss, Ankara 73; zum Rang des komēs Opsikiu, der spätestens 680 bezeugt ist (Präsenzliste 6. Ökumenisches Konzil, s. Mansi XI 209 u. A. Pertusi in: Kōnst. Porph., De them. 127 [Kommentar], vgl. aber Ostrogorsky, Geschichte 84 A. 4), vgl. Lilie, Reaktion 309, 323–325 u. Thrakien 9f.

[107] Zu den (ungefähren) Grenzen der ursprünglichen Großthemen s. Ostrogorsky, Geschichte, Karte II (gegenüber S. 80).

[108] aṭ-Ṭabarī I 2798 (Brooks, Campaign 31); vgl. Lilie, Reaktion 63, der zu Unrecht an dieser ersten Expedition Zweifel äußert, s. Ibn ʿAbdalḥakam 108, vgl. W. E. Kaegi, The First Expedition against Amorium. *BMGS* 3 (1977) 19–22.

[109] Ibn al-Aṯīr III 86 (Brooks, The Arabs 183); al-Balāḏurī 195 (Hitti 254f.); Mich Syr. II 441; vgl. Lilie, Reaktion 63f.

Nach einem auf zwei oder drei Jahre geschlossenen Waffenstillstand (ab 650[110]) wurden die Araber sowohl zu Lande als auch zur See – sie hatten inzwischen ihre Flotte gewaltig verstärkt – wieder aktiv; 654, gleichzeitig mit einer Unternehmung in Kappadokien und einer See-Expedition gegen Rodos, Kōs und Kreta, nahmen sie auch Ankyra ein[111].

Der arabische Bürgerkrieg, der nach der Ermordung des Kalifen ʿUṯmān 656 ausbrach und bis zur Machtübernahme durch Muʿāwiya 661 dauerte – 659 wurde sogar mit Muʿāwiya ein Friede geschlossen –, ermöglichte Kōnstans II. 658 einen erfolgreichen Feldzug auf dem Balkan in die *Sklabiniai,* bei dem viele Slawen gefangengenommen und teilweise nach Kleinasien umgesiedelt wurden. Im Opsikion, zu dem ja auch Galatien gehörte, sind sie allerdings erst nach einer weiteren Umsiedlungsaktion durch Justinian II. nachweisbar[112].

Nach der Konsolidierung ihrer inneren Verhältnisse nahmen die Araber die jährlichen Invasionen nach Kleinasien sofort wieder auf. 655 unternahm ʿAbdarraḥmān b. Ḫālid einen Feldzug gegen Pisidien, auf dem er bei Antiocheia überwinterte[113]. Zu dieser Unternehmung teilt das *Chronicon Maroniticum*[114] weitere Einzelheiten mit, die sonst nirgends verbürgt sind: Nach einem mißlungenen Versuch, eine bewohnte Insel des Sees S-q-d-rīn (→ Pusgusē Limnē, heute Beyşehir Gölü) einzunehmen, sei er gegen Amorion weitergezogen, das ihm freiwillig die Tore öffnete, und habe dann unter anderem → Pessinus, Pergamon (?) und Smyrna eingenommen[115]. Anläßlich dieses Feldzuges liefen auch 5000 der jüngst umgesiedelten Slawen zu ʿAbdarraḥmān über und zogen mit ihm nach Syrien ab[116].

Im Jahre 667/68 zettelte der Stratege der Armeniakoi Sabōrios Persogenēs eine Revolte gegen Kōnstans II. an, die trotz der Unterstützung durch den arabischen Feldherrn Fuḍāla b. ʿUbaid mit dem Tod des Sabōrios zusammenbrach; Fuḍāla jedoch nutzte die Schwächung der byzantinischen Grenzverteidigung, überwinterte in der kappadokischen Hexapolis[117] und drang 669, sicherlich durch Galatien, nach Westen bis Chalkēdōn vor, konnte aber die Stadt trotz der Hilfeleistung durch ein weiteres arabisches Heer unter Yazīd, dem Sohn des Muʿāwiya, nicht einnehmen[118]. Auf dem Rückweg nach Syrien eroberten die Araber Amorion und ließen 5000 Mann als Besatzung zurück, offensichtlich um im nächsten Jahr wiederzukommen. Im folgenden Winter glückte jedoch einem byzantinischen Heer unter dem Kubikularios Andreas die Rückeroberung dieser wichtigen Stadt, wobei alle Araber niedergemetzelt wurden[119].

Für Galatien und Lykaonien folgte nun eine längere Ruhepause. Die Araber konzentrierten ihre Kräfte auf die lange, wenn auch vergebliche Belagerung Konstantinopels (674–678), erlitten aber eine vollständige Niederlage; ihre Streitkräfte hatten sie ausschließlich auf dem Seeweg transportiert. Der 679 zwischen Konstantin IV. und Muʿāwiya geschlossene Friede und die inneren Wirren im Kalifat nach Muʿāwiyas Tod gaben

---

[110] Lilie, Reaktion 65.

[111] Elias v. Nisibis 67; vgl. Wittek, Angora 330; Foss, Ankara 72; Lilie, Reaktion 66f.

[112] Lilie, Thrakien 16f.

[113] Ibn Wāḍiḥ al-Yaʿqūbī II 285 (Brooks, The Arabs 184); aṭ-Ṭabarī II 81 (Brooks, The Arabs 185).

[114] Chron. min. syr. II 56f.

[115] Vgl. Th. Nöldeke, *ZDMG* 29 (1876) 86ff., 97f.; Lilie, Reaktion 70; zur Geographie des Feldzuges vgl. O. Blau, *ZDMG* 29 (1876) 642f.

[116] Theoph. 348.

[117] F. Hild, *TIB* 2, 71f., 191 s. v. Hexapolis.

[118] Theoph. 350f. Nach der – weniger wahrscheinlichen – Version der orientalischen Quellen (aṭ-Ṭabarī II 86 [Brooks, The Arabs 185f.]; Ibn al-Aṯīr III 459 [Brooks, The Arabs 186]; Elias v. Nisibis 69f.; Chron. syr. min. II 56) drangen die Araber sogar bis Konstantinopel vor; vgl. Lilie, Reaktion 72–74 (*Lit*).

[119] Theoph. 351; vgl. Lilie, Reaktion 73.

Byzanz die Möglichkeit, auch auf dem Balkan wieder zu operieren. Bedeutsam war der Zug Justinians II. nach Thessalonikē 687/88, wobei wieder viele Slawen gefangengenommen und im Thema Opsikion angesiedelt wurden[120].

Auch nach dem Bruch der Friedensvereinbarungen durch Justinian und mehreren byzantinischen Niederlagen – 692 ging ein Großteil der kürzlich umgesiedelten Slawen zu den Arabern über – konzentrierten sich die nun wieder regelmäßig durchgeführten arabischen Einfälle zunächst auf Kappadokien und Kilikien[121]. Erst als die byzantinische Grenzverteidigung in diesen Gebieten schwer erschüttert war, stießen die Araber auch wieder nach Zentralkleinasien vor, mit dem bald erkennbaren Ziel, die zweite große Belagerung von Konstantinopel vorzubereiten. 712 erreichten sie mit Amaseia und Gangra im Norden fast die galatische Grenze; im Westen gelang ihnen im selben Jahr die Eroberung von → Mistheia in Lykaonien[122].

Innere Unruhen und häufige Thronwechsel hemmten oder verhinderten sogar die byzantinischen Abwehrmaßnahmen sowie die notwendigen Vorbereitungen zur Verteidigung der Hauptstadt[123]. Eine Revolte von Truppen des Thema Opsikion, die auf dem Balkan gegen die Bulgaren eingesetzt waren, gegen Philippikos erhob 713 Anastasios II. auf den Kaiserthron, der unverzüglich die Verteidigung Konstantinopels vorbereitete[124]. 714 unternahm Maslama einen erfolgreichen Streifzug nach Galatien und zog mit vielen Gefangenen und großer Beute wieder ab[125]. Ein von Anastasios geplanter Präventivschlag der byzantinischen gegen die arabische Flotte wurde durch eine weitere Rebellion der Opsikianer verhindert, die schließlich den völlig unfähigen Theodosios III. gegen seinen Willen zum Kaiser machten[126]. Inzwischen war es dem Strategen der Anatolikoi, Leōn, der Theodosios nie anerkannt hatte, gelungen, durch geschicktes Verhandeln einerseits von den Arabern als Kaiser anerkannt zu werden, andererseits die Besetzung der zu diesem Zeitpunkt von Truppen entblößten Festung Amorion durch den zur Vorbereitung der zweiten Belagerung Konstantinopels vorausgeschickten arabischen Feldherrn Sulaimān zu verhindern, schließlich selbst Truppen nach Amorion zu verlegen, so daß auch Maslama, der die arabische Hauptmacht quer durch Kleinasien gegen Konstantinopel führte, auf eine gewaltsame Eroberung verzichtete[127]. 717 als Kaiser anerkannt, konnte Leōn den zweiten und letzten groß angelegten arabischen Versuch, das byzantinische Reich durch die Eroberung der Hauptstadt tödlich zu treffen, abwehren.

Hiermit war ein gewisser Wendepunkt in den byzantinisch-arabischen Beziehungen erreicht. Die arabischen Vorstöße in den Westen und sogar in die Mitte Kleinasiens hörten zwar nicht auf, wurden aber seltener, nicht zuletzt infolge von Aufständen verschiedener, vom Kalifat unterworfener Völker und einer Reihe von Bürgerkriegen, die im Jahre 750

---

[120] Theoph. 364; Nik. Patr. 36; vgl. Ostrogorsky, Geschichte 108ff.; Lilie, Reaktion 107, 238ff. Siegel eines Geōrgios apo hypatōn der gefangenen (Slawen) mit den alten Provinznamen Bithynien, Phrygia Salutaria, Kappadokia I und II, Asien, Karien und Lykien vom Jahre 694/95 (Zacos–Veglery 186, 187, 188, 2764) beweisen, daß die Ansiedlung nicht auf das Gebiet des Thema Opsikion beschränkt war; vgl. auch Lilie, Thrakien 16.

[121] Vgl. Lilie, Reaktion 112–120; F. Hild, *TIB* 2, 72f.

[122] Ibn Wāḍiḥ al-Yaʿqūbī II 350 (Brooks, The Arabs 193); Theoph. 382; Nik. Patr. 48f. (Μήδεια); Chron. min. syr. II 176f.; vgl. Lilie, Reaktion 120f. Auch die Notizen bei aṭ-Ṭabarī II 1236 (Brooks, The Arabs 193) u. Ibn al-Aṯīr IV 578 sind mit Lilie a. O. am ehesten auf Mistheia und nicht auf Sebastē in Phrygien (so Honigmann, Sebasṭīya 3. *EI* 4 [1934] 216; F. Hild, *TIB* 2 s. v. Sebasteia) zu beziehen.

[123] Vgl. Ostrogorsky, Geschichte 127–130.

[124] Theoph. 383f.; Nik. Patr. 49f.

[125] Theoph. 383; Agapios 500; Mich. Syr. II 479; Bar Hebraeus, Chronography 107; vgl. Lilie, Reaktion 121f.

[126] Vgl. Lilie, Reaktion 123f. (*Font*).

[127] Theoph. 386–390; Agapios 501f.; Mich. Syr. II 284f.; Bar Hebraeus, Chronography 107f.; vgl. zuletzt Lilie, Reaktion 125–128 (*Lit*) u. 122 A. 59.

zur Ablösung der ʿUmayyadendynastie führten[128]. Hauptkriegsschauplätze wurden wieder die Grenzgebiete Armenien, Kappadokien und Kilikien.

723 erreichte ein nur schlecht dokumentierter arabischer Einfall unter Marwān b. Muḥammad *Qūniya;* da die griechischen Quellen schweigen, muß offen bleiben, ob die kappadokische Festung Qūniya[129] oder, wie wohl wahrscheinlicher, → Ikonion gemeint ist[130]. 727 durchquerte Muʿāwiya b. Hišām noch einmal ganz Kleinasien. Nach der Einnahme von Gangra[131] und Taiba[132] zogen die Araber durch Paphlagonien oder Galatien und suchten vergeblich Nikaia zu erobern[133]. 732 erreichte Muʿāwiya sowohl Paphlagonien[134] als auch Akroinon, dessen Vororte er niederbrannte[135]. Da es sich um denselben Feldzug handelt, muß er mindestens einmal das Gebiet von Galatien und/oder Lykaonien durchzogen haben. Das wohl größte Unternehmen gegen Kleinasien in dieser Periode, bei dem 740 vier arabische Abteilungen in Kappadokien und in Westkleinasien gleichzeitig operierten, endete mit einem entscheidenden Sieg Leōns III. und Konstantins V. über eine dieser Gruppen unter ʿAbdallāh al-Baṭṭāl bei Akroinon[136]. Nach Leōns Tod brachen in Byzanz erneut Thronwirren aus. Leōns Schwiegersohn, der Komēs des Thema Opsikion Artavasdos, revoltierte, eine zeitlang erfolgreich, als Orthodoxer gegen den Ikonoklasten Konstantin V.; dieser mußte zweimal nach Amorion fliehen, wo er allerdings volle Unterstützung fand. Die Araber nutzten die verworrene Situation zu einigen Beutezügen nach Kleinasien, zumal beide Seiten sie um Unterstützung angingen[137]. Nach 744 hörten auch diese Einfälle ganz auf, da nun der Bürgerkrieg alle arabischen Kräfte band.

In diesen Jahren teilte Konstantin V. das Thema Opsikion, das bisher an Rang und Macht alle anderen Themen übertroffen hatte und schon öfter Ausgangspunkt gefährlicher Revolten gewesen war. Aus dem Ostteil des alten Thema Opsikion wurde das neue Thema Bukellariōn geschaffen, dessen Stratege (zum erstenmal belegt 767[138]) nun in Ankyra residierte, während der Komēs des verkleinerten Opsikion in Nikaia seinen Sitz nahm[139]. Gegen Ende des 9. Jahrhunderts, nach Ausgliederung eines eigenen Thema Paphlagonien, erstreckte sich das Thema Bukellariōn vom Schwarzen Meer beim pontischen Hērakleia und Tios bis südlich von Ankyra, nach Osten bis zum mittleren Halys, und umfaßte somit etwa die alten Provinzen Honōrias, Galatia I westlich des Halys und den Großteil der Galatia II[140].

In der zweiten Hälfte des 8. Jahrhunderts scheint sich ein Gleichgewicht zwischen dem ʿAbbāsidenkalifat und dem byzantinischen Reich eingespielt zu haben. Waren an-

---

[128] Vgl. LILIE, Reaktion 143f.

[129] Zu dieser vgl. HONIGMANN, Ostgrenze 46f.; F. HILD, *TIB* 2 s. v. Qūniya.

[130] Ibn al-Aṯīr V 125 (BROOKS, The Arabs 198); vgl. LILIE, Reaktion 145; K. BELKE, *JÖB* 27 (1978) 367f.

[131] Ibn Wāḍiḥ al-Yaʿqūbī II 355 (BROOKS, The Arabs 199).

[132] aṭ-Ṭabarī II 1495 (BROOKS, The Arabs 199; varia lectio *Taina*); BROOKS ebenda u. LILIE, Reaktion 147, dachten an eine Gleichsetzung mit Ateus in Phrygien, das nach Theoph. 407 im nächsten Jahr erobert wurde. Wahrscheinlicher scheint mir, daß (durch bloße Verschiebung eines diakritischen Punktes) *Tabiya* zu lesen u. → Tabia gemeint ist, das direkt auf der Einfallsroute von Osten gegen Paphlagonien u. Galatien liegt.

[133] Theoph. 405; Nik. Patr. 58; Mich. Syr. II 501; Anon. Auct. Chron. 1234 I 241f.; vgl. LILIE, Reaktion 147.

[134] Theoph. 410; Agapios 507.

[135] aṭ-Ṭabarī II 1561 (BROOKS, The Arabs 200); vgl. LILIE, Reaktion 149.

[136] Theoph. 411; vgl. LILIE, Reaktion 152ff.

[137] Theoph. 413–418; Nik. Patr. 59–61; vgl. LOMBARD, Constantin V. 23–29; OSTROGORSKY, Geschichte 137f.; LILIE, Reaktion 154f.

[138] Theoph. 440.

[139] OSTROGORSKY, Geschichte 131; vgl. FOSS, Ankara 76; Ibn al-Fākih al-Hamaḏānī in: Yākūt II 865 (BROOKS, Arabic Lists 76); vgl. Kōnst. Porph., De Them. 135 (Kommentar).

[140] Kōnst. Porph., De them. 71.

fangs die byzantinischen Vorstöße an der Ostgrenze besonders heftig und häufig, um allmählich zu erlahmen, so hatten die arabischen Einfälle zunächst nur einen begrenzten Radius; erst in den 70er Jahren erreichten sie wieder Zentral- und sogar Westkleinasien[141]. 770 eroberten die Araber Laodikeia Katakekaumenē; sie werden also durch Lykaonien gezogen sein[142]. 776 kam al-ʿAbbās b. Muḥammad b. ʿAlī bis Ankyra; er konnte vielleicht kurz in die Stadt eindringen, sie aber nicht eigentlich erobern. Auf dem Hin- oder Rückweg nahm er das *spēlaion Kasin* in Kappadokien ein, wo er einige Gefangene befreite[143].

Als Vergeltung für einen byzantinischen Vorstoß auf Germanikeia 778 zogen die Araber im folgenden Jahr nach Westkleinasien bis Dorylaion. Da die Byzantiner alle Verpflegungsmöglichkeiten vernichteten, mußten sich die Araber ohne Erfolg zurückziehen; auch Amorion, das sie auf dem Rückweg kurz belagerten, konnten sie nicht einnehmen[144]. Selbst das große Unternehmen des späteren Kalifen Hārūn ar-Rašīd, der bis Chrysopolis vorstieß, brachte den Arabern trotz einer schweren Niederlage der Thrakesier unter Michaēl Lachanodrakōn keinen dauernden Gewinn. Da aber außerdem der Stratege des Thema Bukellariōn, Tatzatēs, zu den Arabern überging, mußten sich die Byzantiner zu einem dreijährigen Waffenstillstand und Tributzahlungen bereitfinden[145].

Unter dem Kalifat Hārūn ar-Rašīds (786–809) erfolgten noch einmal besonders heftige arabische Einfälle auf byzantinisches Gebiet. 793 eroberten die Araber zum erstenmal die Festung → Thēbasa, nachdem bereits 400 der dort eingeschlossenen Menschen durch Durst umgekommen waren[146]. 796 erreichte eine arabische Schar Amorion, mußte aber unverrichteter Dinge wieder abziehen[147]. 799 (oder 798) plünderte ʿAbdalmalik b. Ṣāliḥ Kappadokien und Galatien und erreichte Ankyra; die Stadt konnte aber wiederum nicht eingenommen werden[148]. Eine weitere Schwächung erfuhr die byzantinische Grenzverteidigung im Osten, als 803 der Stratege des Thema Anatolikōn, Bardanēs Turkos, ein wenig unfreiwillig und ohne längeren Erfolg von den kleinasiatischen Themen als Gegenkaiser ausgerufen wurde[149]. Einen Aufstand in den persischen Gebieten des Kalifats nutzte Kaiser Nikēphoros dazu, Ankyra, das vielleicht bei dem Arabereinfall von 799 Schäden erlitten hatte[150], → Thēbasa und Andrasos in Kappadokien wieder aufzubauen[151]. Den Höhepunkt dieser Unternehmungen bildete die Expedition, die der Kalif Hārūn ar-Rašīd, wohl wegen einer Verletzung vorher abgeschlossener Friedensvereinbarungen, persönlich anführte. Er eroberte eine Reihe von Städten und Festungen in Kappadokien, von denen Hērakleia militärisch die größte Bedeutung hatte[152]. Eine Abteilung nahm Dabasa (Thēbasa) in Lykaonien ein, während eine andere bis Ankyra

---

[141] Vgl. LILIE, Reaktion 162–170.

[142] aṭ-Ṭabarī III 371 (BROOKS, Abbasids 734); vgl. LILIE, Reaktion 170.

[143] Theoph. 449; Ibn Wāḍiḥ al-Yaʿqūbī II 486 (BROOKS, Abbasids 734); aṭ-Ṭabarī III 459 (BROOKS, Abbasids 735); Agapios 547; Ghevond 150; vgl. LILIE, Reaktion 171; FOSS, Ankara 77; F. HILD, *TIB* 2, 273 (s. v. Sasima).

[144] Theoph. 452; aṭ-Ṭabarī III 493 (BROOKS, Abbasids 735f.); nach Ghevond 151f. dauerte die Belagerung von Amorion drei Monate; vgl. LILIE, Reaktion 171f.

[145] Theoph. 456; vgl. CANARD, Expéditions 102f.; LILIE, Reaktion 173–176 (*Font, Lit*); SPECK, Konstantin VI. 123–125.

[146] Theoph. 469; Mich. Syr. III 8f.; Bar Hebraeus, Chronography 119; aṭ-Ṭabarī III 628 (BROOKS, Abbasids 740); vgl. LILIE, Reaktion 177; SPECK, Konstantin VI. 251.

[147] Theoph. 470.

[148] Theoph. 473; aṭ-Ṭabarī III 646 (BROOKS, Abbasids 741); vgl. LILIE, Reaktion 177; FOSS, Ankara 77.

[149] Theoph. 479; vgl. OSTROGORSKY, Geschichte 163.

[150] FOSS, Ankara 77.

[151] Theoph. 481; vgl. CANARD, La prise d'Héraclée 347, 355f.

[152] F. HILD, *TIB* 2, 75.

vorstieß, sich aber, wohl beeindruckt von der Stärke der Befestigungen, wieder zurückzog[153]. Ein Bericht, wonach Hārūn 805 nach Amorion gezogen sei und dort einen Frieden geschlossen habe[154], ist legendär bzw. beruht auf einer Verwechslung mit dem Streifzug gegen Ankyra[155].

Innere Wirren im Kalifat nach dem Tod Hārūn ar-Rašīds 809 und das zunehmende Engagement von Byzanz auf dem Balkan brachten Kleinasien eine längere Periode relativer Ruhe und Sicherheit[156].

In diesen Jahrzehnten wurde die Verteidigungs- und Verwaltungsstruktur in Kleinasien durch weitere Verkleinerung der alten und die Einrichtung neuer Themen fortgebildet. Um die Jahrhundertwende wurde Westkappadokien, ursprünglich eine Turma des Thema Anatolikōn, zuerst Kleisurarchie, später eigenes Thema[157]. Etwas später, wahrscheinlich unter Kaiser Theophilos, wurde im Süden von Anatolikōn die Kleisura (später ebenfalls eigenes Thema) Seleukeia abgetrennt, das, von einem Küstenstreifen im Westen abgesehen, der zum Thema Kibyrraiōtōn gehörte, etwa der alten Provinz Isaurien entsprach[158]. Der Nordosten des Thema Bukellariōn wurde als eigenes Thema Paphlagonia organisiert[159]. Leōn VI. änderte die Themengrenzen abermals; er vergrößerte das erst kürzlich aus einer Turma des Thema Armeniakōn gebildete Thema Charsianon[160] auf Kosten der Themen Kappadokia, Bukellariōn und Armeniakōn beträchtlich. Aus Galatien kamen → Myriokephalon, → Timios Stauros, → Bērinupolis (= die neue Turma → Saniana) sowie → Tabia und → Kōmodromos (= die neue Turma Charsianu)[161]. Kappadokien hingegen wurde für seine Verluste (außer der Gebietsabtretung an Charsianon wurden wahrscheinlich zur gleichen Zeit im Osten und Süden Rodandos, Lulon und Podandos als eigene Kleisuren abgetrennt[162]) mit einem gewaltigen Zuwachs im Westen, von Galatien und Lykaonien, entschädigt, sodaß ein großer Teil des nunmehrigen Thema Kappadokia gar nicht mehr auf ursprünglich kappadokischem Gebiet lag. Vom Thema Bukellariōn wurden → Bareta, → Balbadōna, → Aspona und → Akarkus abgegeben, von Anatolikōn Eudokias (→ Gdanmaa), H. Agapētos (→ Myrikiōn) und → Aphrazeia. Diese sieben Topoteresien, die mit Ausnahme des lykaonischen Eudokias alle in Südgalatien zu suchen sind, bildeten die neue Turma ta → Kommata, die die Gegend zwischen Ankyra und → Tatta Limnē, Halys und Sangarios umfaßte[163].

Während der Friedensperiode, die in Kleinasien vom Tod Hārūn ar-Rašīds bis 830 dauerte und die von beiden Seiten zur administrativen und militärischen Reorganisation der Grenzgebiete genutzt wurde[164], ist uns nur ein einziges nennenswertes Eingreifen der Araber in Kleinasien überliefert. Sie unterstützten die Revolte gegen Michaēl II., der sich 821 unter der Führung des Slawen Thōmas fast ganz Kleinasien angeschlossen hatte (nur die Themen Opsikion und Armeniakōn hielten dem Kaiser die Treue), indem sie die Krönung des Thōmas durch den Patriarchen von Antiocheia zum Gegenkaiser zuließen und vielleicht auch Truppenkontingente stellten. Michaēl konnte erst 823 nach einer

[153] Theoph. 482; aṭ-Ṭabarī III 709 (Brooks, Abbasids 745f.); vgl. Foss, Ankara 77.
[154] Geōrg. Mon. 772f.
[155] Vgl. Canard, La prise d'Héraclée 348f.
[156] Vgl. Lilie, Reaktion 178, 182.
[157] Vgl. F. Hild, *TIB* 2, 75.
[158] Kōnst. Porph., De them. 77, vgl. 147 (Kommentar); Ostrogorsky, Geschichte 174.
[159] Kōnst. Porph., De them. 72, vgl. 136f. (Kommentar); Ostrogorsky, Geschichte 173f.
[160] Vgl. F. Hild, *TIB* 2, 76.
[161] Kōnst. Porph. D. A. I. 50, 101–110.
[162] Vgl. F. Hild, *TIB* 2, 75f.
[163] Kōnst. Porph. D. A. I. 50, 92–100.
[164] Vgl. F. Hild, *TIB* 2, 77; zur Situation auf der arabischen Seite s. Vasiliev, Byzance I 94–97.

einjährigen, vergeblichen Belagerung Konstantinopels durch Thōmas diesen in Arkadiupolis gefangennehmen und hinrichten lassen[165]. Zwei von Thōmas' Anhängern, Choireas und Gazurēnos Kolōneiatēs, hielten sich noch eine zeitlang auf ihren Festungen → Kabala in Lykaonien und → Saniana in Galatien, von wo aus sie die Umgebung plünderten. Da sie ein Amnestieangebot Michaēls ausschlugen, sperrte man sie mittels einer List aus ihren Festungen aus und ergriff sie auf der Flucht nach Syrien zu den Arabern[166].

Nachdem arabischen Auswanderern aus Spanien zu einem nicht genauer bestimmbaren Zeitpunkt zwischen 823 und 828 die Besetzung Kretas gelungen war und ab 827 die systematische und schließlich erfolgreiche Eroberung Siziliens durch Araber aus Nordafrika begonnen hatte – das durch den Thōmas-Aufstand geschwächte Reich konnte den Verlust dieser beiden wichtigen Inseln nicht verhindern[167]–, setzten ab 830, unter dem Kalifen al-Ma'mūn, wieder systematische Einfälle in Kleinasien ein, die sich zunächst auf Südwestkappadokien konzentrierten, wo sich die Araber regelrecht festsetzen konnten. Nach einigen Erfolgen mußte Theophilos wiederholt Niederlagen hinnehmen[168]. Al-Ma'mūn verfolgte offensichtlich das Ziel, von dieser Basis aus zunächst die Schlüsselfestung Amorion einzunehmen und dann Konstantinopel selbst anzugreifen[169]. Daraus sollte jedoch nichts werden, denn er starb bereits auf dem Anmarsch in Podandos[170].

Da al-Ma'mūns Nachfolger al-Muʿtaṣim zu Beginn seiner Herrschaft mit inneren Schwierigkeiten zu kämpfen hatte und Theophilos in Sizilien beschäftigt war, herrschte in Kleinasien zunächst Ruhe[171]. 837 aber, nach einem Erfolg in Sizilien, fühlte sich Theophilos stark genug, um im Osten die Offensive zu ergreifen. Er errang mit der Eroberung bzw. Zerstörung von Melitēnē, Sōzopetra und sogar Arsamosata jenseits des Euphrat einen großen Prestigegewinn und kehrte im Triumph nach Konstantinopel zurück[172].

Im darauffolgenden Jahr (838) nahm al-Muʿtaṣim Rache. Ziel seiner Expedition war Amorion, die Heimat der herrschenden Dynastie[173]. In Kilikien teilte der Kalif sein Heer; während ein Teil seiner Truppen unter dem Feldherren al-Afšīn durch den Paß von al-Ḥadaṯ ins Thema Armeniakōn einfiel, rückte al-Muʿtaṣim selbst durch die Kilikische Pforte nach Westkappadokien vor. Die Vereinigung beider Truppenteile sollte in Ankyra stattfinden[174]. Theophilos war auf die Nachricht des arabischen Aufmarsches hin bis Dorylaion vormarschiert und hatte hier entgegen dem Vorschlag seiner Ratgeber, Amorion zu evakuieren, beschlossen, die Besatzung zu verstärken und als Oberkommandierenden den Strategen des Thema Anatolikōn, Aetios, einzusetzen, dem unter anderem Truppen des Thema Bukellariōn unter ihrem Strategen Theodōros Krateros untergeordnet wurden[175]. Er selbst wollte zunächst al-Muʿtaṣim beim Übergang über den Halys

[165] Vgl. die Analyse bei Lemerle, Thomas passim, bes. 284–290, 294f. (*Font, Lit*), der einige Irrtümer bei Vasiliev, Byzance I 22–49, richtigstellt, welcher u. a. die Rolle der Araber bei Thōmas' Erfolgen viel zu sehr betonte.

[166] Theoph. Cont. 71–73; Iō. Skyl. 41; vgl. Vasiliev, Byzance I 47f.; Lemerle, Thomas 278f.

[167] Ostrogorsky, Geschichte 172f.

[168] Vgl. F. Hild, *TIB* 2, 77f.; Vasiliev, Byzance I 98–123.

[169] Ibn Wāḍiḥ al-Yaʿqūbī II 573f. (Vasiliev, Byzance I 274); vgl. F. Hild, *TIB* 2, 78.

[170] Vasiliev, Byzance I 123.

[171] Vasiliev I 126.

[172] Vasiliev, Byzance I 137–141. Nach neuesten Forschungen sollte man diesen Feldzug nicht auf ein Schreiben von al-Muʿtaṣims innerem Gegner Bābak zurückführen, welches Theophilos frühestens gleichzeitig erreichte; vgl. Rekaya, Théophobe 55–60.

[173] Theoph. Cont. 125; Iō. Skyl. 75. Daß das von Theophilos zerstörte Sōzopetra die Heimat des Kalifen gewesen sei (Theoph. Cont. 124; Iō. Skyl. 74), ist eine um der Parallelität der Ereignisse willen später erfundene Legende; vgl. Vasiliev, Byzance I 141; F. Hild, *TIB* 2 s. v. Sōzopetra.

[174] aṭ-Ṭabarī III 1237 (Vasiliev, Byzance I 295); vgl. Vasiliev, Byzance I 148f.

[175] Theoph. Cont. 126; Iō. Skyl. 75; vgl. Vasiliev, Byzance I 146f. (*Font*), 158 A. 1.

überraschen, wandte sich aber dann gegen al-Afšīn, von dem er bei Dazimōn (Dazmana bei Turhal südöstlich von Amaseia) geschlagen wurde. Die Rettung seines Lebens verdankte Theophilos dem Anführer einer aus Persern bestehenden Hilfstruppe, Naṣ(ī)r, dem Theophobos der griechischen Quellen, der nach dem Mißlingen einer ḫurramitischen Revolte 833 mit seinen Anhängern auf byzantinisches Gebiet geflüchtet war und das Christentum angenommen hatte[176]. Als Theophilos erfuhr, daß Ankyra bereits von der Bevölkerung verlassen, also nicht mehr zu verteidigen war, zog er sich nach Dorylaion (oder sogar bis Nikaia) zurück, um hier Nachrichten über das Schicksal seiner Heimatstadt abzuwarten[177]. Al-Muʿtaṣim, dem es währenddessen nicht gelungen war, mit al-Afšīn Kontakt aufzunehmen, zog nun über Nyssa, also ohne den Halys zu überschreiten, bis Ankyra[178]. Nachdem sich hier beide Truppenteile plangemäß wieder vereinigt hatten, nahm al-Muʿtaṣim die Stadt ein und zerstörte sie[179]. Darauf wandten sich die Araber, ohne sich durch eine für Byzanz demütigende Bittgesandtschaft von seiten des Kaisers beeinflussen zu lassen, ihrem eigentlichen Ziel, Amorion, zu, das sie in sieben Tagen erreichten[180]. Nach nur zwölftägiger Belagerung fiel die Stadt, wahrscheinlich am 12. oder 13. August 838, durch Verrat[181]. Als nach der Verteilung der Beute das Gerücht aufkam, daß Theophilos selbst gegen sie marschieren oder wenigstens ein Heer entsenden wolle, zog al-Muʿtaṣim ihm einen Tagesmarsch weit entgegen. Er stieß aber auf keinen Feind und kehrte daher nach Amorion zurück, von wo die Araber mit reicher Beute und vielen Gefangenen durch das → Wādī l-Ǧauz den Rückzug nach Tarsos antraten. Bald machte ihnen der Wassermangel sehr zu schaffen. Die Gefangenen, die vor Durst nicht mehr weitermaschieren konnten, wurden enthauptet, und als einige andere ihre Bewacher umbrachten und entflohen, ließ al-Muʿtaṣim alle weniger prominenten Gefangenen, an die 6000, im Wādī l-Ǧauz und an einem anderen, nicht genannten Ort umbringen[182]. Die Höchstrangigen jedoch, darunter der Stratege von Anatolikōn und Oberkommandierende von Amorion, Aetios, und seine untergeordneten Befehlshaber wurden weiter mitgeführt und erlitten am 6. März 846 in Sāmarrā das Martyrium[183], obwohl Theophilos in einer weiteren Gesandtschaft den Rückkauf der Gefangenen angeboten hatte[184].

Von weiteren größeren Unternehmungen gegen Byzanz und insbesondere von dem geplanten Angriff auf Konstantinopel selbst mußte al-Muʿtaṣim allerdings wegen einer Verschwörung absehen[185]. Jedoch konnte sein Feldherr Abū Saʿīd 839 oder 840 in einer Schlacht im Wādī ʿAqarqas im Thema Bukellariōn (→ Akarkus) Theophilos' Retter,

[176] Vasiliev, Byzance I 154–158; Rekaya, Théophobe 61–63, 67.

[177] Vasiliev, Byzance I 158.

[178] Vasiliev, Byzance I 151–154, 159f.

[179] Vasiliev, Byzance I 159; Mich. Syr. III 95; Ibn Ḫurdāḏbih 101 (de Goeje 74); al-Masʿūdī bei Vasiliev, Byzance I 334. Die Zerstörung Ankyras wird von den griechischen Historikern völlig verschwiegen. Auf sie spielen jedoch die Inschriften an, die Reparaturen der Stadtmauern unter Michael III. im Jahre 859 bezeugen, s. unten S. 67. Ein Reflex findet sich eventuell im Digenēs-Akritēs-Epos (Digenēs Akritēs 349; vgl. Grégoire, Michel III 328.

[180] Vasiliev, Byzance I 160f.

[181] Vasiliev, Byzance I 162–170; Rekaya, Théophobe 64.

[182] aṭ-Ṭabarī III 1254f. (Vasiliev, Byzance I 301); vgl. Vasiliev, Byzance I 172f. Daß Gefangene bei → Pankaleia, einer Lokalität in der Nähe von Amorion, umgebracht wurden, berichten auch die Akten der 42 Märtyrer von Amorion; s. Vasil'evskij-Nikitin 44.

[183] Georg. Cont. 805; Sym. Mag. 639; Theoph. Cont. 131; aṭ-Ṭabarī III 1302 (Vasiliev, Byzance I 310); vgl. auch die verschiedenen Versionen der *passio* der 42 Märtyrer von Amorion bei Vasil'evskij-Nikitin 1–78; Vasiliev, Byzance I 147f. A. l., 176, 230; Grégoire, Inscriptions 443.

[184] Vgl. Vasiliev, Byzance I 174f.; F. Hild, *TIB* 2, 79.

[185] Vasiliev, I 175.

Naṣ(ī)r/Theophobos, der von byzantinischem Gebiet aus Razzien ins Kalifat durchführte, besiegen und töten[186].

Kaum hatte Theophilos' Witwe Theodōra zusammen mit einem Regentschaftsrat die Regierungsgeschäfte für ihren unmündigen Sohn Michaēl III. übernommen und mit der Wiederherstellung des Bilderkultes die Verhältnisse im Innern konsolidiert, nahmen Byzantiner und Araber die Kampfhandlungen zu Wasser und zu Lande in vollem Umfange wieder auf. Nach einem Mißerfolg auf Kreta[187] mußten die Byzantiner 844 auch in Kleinasien am Mauropotamos eine größere Niederlage hinnehmen. Obwohl nicht ganz klar ist, ob der Mauropotamos in Kappadokien oder in Bithynien zu suchen ist[188], scheinen die Araber, wieder unter Abū Saʿīd, die Themen Kappadokia, Anatolikōn, Bukellariōn und Opsikion, vielleicht sogar bis zum Bosporus, durchzogen und Dorylaion zerstört zu haben[189]. Da Byzanz nach diesen Niederlagen kein Interesse an einer Fortsetzung des Krieges hatte und die Araber wegen innerer Auseinandersetzungen ihre Siege nicht ausnützen konnten, kam es zu Verhandlungen und 845 zu einem Austausch der Gefangenen am Lamos in Kilikien, der die Feindseligkeiten in Kleinasien für einige Zeit beendete[190].

Nach einer rund zehnjährigen Friedensperiode und besonders nach dem Staatsstreich von 856, der Kaiser Michaēl III. die Ausübung der Herrschaft in seinem eigenen Namen ermöglichte, nahm Byzanz die Offensive im Osten gegen die Araber und die teilweise mit ihnen verbündete Sekte der Paulikianer wieder auf. Die Kämpfe selbst spielten sich sämtlich außerhalb von Lykaonien und Galatien ab; diese Gegend spielte aber eine gewisse Rolle als Durchzugs- und Aufmarschgebiet[191]. Insbesondere ist in diesem Zusammenhang der Aufenthalt Michaēls III. zusammen mit dem Spatharokandidatos Basileios (dem späteren Kaiser) in Ankyra 859 anläßlich eines Feldzugs ins Euphratgebiet zu vermerken; bei dieser Gelegenheit wurde nach Ausweis mehrerer Inschriften die 838 zerstörte Zitadelle neu errichtet[192]. Für die weitere Geschichte Kleinasiens bildet ein Sieg, den der Stratege von Thrakēsion, Petrōnas, 863 an der Grenze der Themen Paphlagonia und Armeniakōn über den Emir von Melitēnē ʿUmar errang, den entscheidenden Wendepunkt; er leitet zur Phase der großen byzantinischen Offensiven gegen die Araber über, die in der zweiten Hälfte des 10. Jahrhunderts den Gipfelpunkt erreichen sollten[193]. Das Kalifat war demgegenüber durch die Intrigen der Türken am ʿAbbāsidenhof geschwächt, so daß vorerst (bis 871) kaum arabische Einfälle auf byzantinisches Gebiet stattfanden[194].

Die Ostprovinzen des byzantinischen Reiches fanden allerdings auch in diesen Jahren keine Ruhe, denn nun waren es die Paulikianer, die unter ihrem Anführer Chrysocheir auf ihren Razzien Kleinasien bis Nikaia, Nikomēdeia und Ephesos durchstreiften[195]. Versuche Kaiser Basileios', eine Lösung durch Verhandlungen zu finden – er schickte zu diesem Zwecke 869 Petros Sikeliōtēs nach Tephrikē, der hier während eines neunmonatigen Aufenthaltes Geschichte und Bräuche der Paulikianer kennenlernte und in einem

---

[186] Mich. Syr. III 96; vgl. Vasiliev, Byzance I 175; M. Canard in: Vasiliev, Byzance I 399–408; Rekaya, Théophobe 65.

[187] Vasiliev, Byzance I 194f.

[188] Vgl. Vasiliev, Byzance I 196–198; F. Hild, *TIB* 2, 79.

[189] Vasiliev a. O.; M. Canard in: Vasiliev, Byzance I 400, 404.

[190] Vgl. Vasiliev, Byzance I 198–204.

[191] Vgl. die knappe Zusammenfassung bei F. Hild, *TIB* 2, 79f.

[192] Grégoire, Inscriptions 437–449; Grégoire, Michel III 327f., 340–343; Foss, Ankara 79.

[193] Vgl. F. Hild, *TIB* 2, 80.

[194] Vgl. Vasiliev, Byzance II 1, 6–9.

[195] Vgl. Vasiliev, Byzance II 1, 27f.; Lemerle, Pauliciens 97f., 103.

Geschichtswerk beschrieb[196] – blieben, von einem Austausch von Gefangenen abgesehen, erfolglos, da die Paulikianer die Herrschaft über ganz Kleinasien für sich beanspruchten[197].

Basileios entschloß sich daraufhin, den Schwerpunkt seiner Anstrengungen vom Westen (Sizilien und Unteritalien) nach Osten zu verlegen und, im Frühjahr 871, selbst gegen die Paulikianer zu ziehen. Dieser Feldzug verlief unglücklich. Der Kaiser entging nur mit Mühe einer Gefangennahme, sah sich daher außerstande, die Hauptfestung der Paulikianer, Tephrikē, zu belagern und begnügte sich mit der Zerstörung einiger kleinerer Festungen der Umgebung, bevor er nach Konstantinopel zurückkehrte[198]. Chrysocheir nutzte den Mißerfolg des Basileios und unternahm im folgenden Jahr (872) einen Raubzug nach Galatien, auf dem er Ankyra und ta → Kommata, die Gegend zwischen Ankyra und dem Tuz Gölü (→ Tatta Limnē), erreichte, von wo er mit großer Beute wieder abzog[199]. Auf dem Rückweg wurde er allerdings von den Strategen der Themen Armeniakōn und Charsianon bei Bathys Ryax in Kappadokien (westlich von Sebasteia) gestellt und auf der Flucht getötet[200]. In den folgenden Jahren konnte dann Basileios mehrere erfolgreiche Vorstöße an die Ostgrenze unternehmen, die in der Zerstörung Tephrikēs, wahrscheinlich 878, gipfelten[201].

Die Leitung der Kriegführung gegen Byzanz auf arabischer Seite war infolge der Schwäche des Kalifats und der ständigen Bedrohung des Emirats von Melitēnē inzwischen weitgehend auf die Emire von Tarsos übergegangen[202]. Daher sind für die folgende Zeit einige arabische Gegenschläge zu verzeichnen, die von Tarsos aus gegen Südwestkappadokien und Lykaonien gerichtet waren.

878 fiel der Befehlshaber der Grenzmarken ʿAbdallāh b. Rašīd b. Kā'ūs in Westkappadokien und Südlykaonien ein (erwähnt sind Ḥāsīn [→ *TIB* 2 s. v. Sasima] im Gebiet von al-Maṭāmīr und → al-Maskanīn), wurde aber auf dem Rückweg von einem byzantinischen Heer unter der Führung des „Skythen" Andreas (nach aṭ-Ṭabarī unter der Leitung von fünf Patrikioi) bei Podandos geschlagen[203]. Wohl auf dasselbe Jahr 878 ist ein Einfall der Araber in das Thema Anatolikōn zu datieren, bei dem Mistheia in Lykaonien hart belagert wurde[204]. Um die Aufgabe der Belagerung zu bewirken, schickte der Kaiser den älteren Nikēphoros Phōkas zu einem Entlastungsangriff auf der sogenannten *Maurianischen Straße* nach Kilikien; die Araber zogen daraufhin tatsächlich aus Lykaonien ab[205].

Die meisten Vorstöße der Araber während der Regierungszeit Leōns VI. richteten sich weiterhin gegen Kappadokien. Im Jänner/Februar 888 jedoch erreichte der damals von der ʿabbāsidischen Zentralregierung praktisch unabhängige Emir von Tarsos, Yāzamān, auf einem erfolgreichen Beutezug wiederum → al-Maskanīn[206]. Ein weiteres Mal

[196] Neuedition in *TM* 4 (1970) 3–67.

[197] Iōs. Gen. 86; vgl. Vasiliev, Byzance II 1, 26–32.

[198] Vasiliev, Byzance II 1, 32f.; Lemerle, Pauliciens 103.

[199] Iōs. Gen. 86; vgl. Vasiliev, Byzance II 1, 34; Lemerle, Pauliciens 98, 103. Von einer Eroberung Ankyras hören wir nichts (anders Foss, Ankyra 80).

[200] Vasiliev, Byzance II 1, 34–38; vgl. Lemerle, Pauliciens 98, 100, 103 u. die Zusammenfassung der Ereignisse bei F. Hild, *TIB* 2, 81.

[201] Lemerle, Pauliciens 103–108; F. Hild, *TIB* 2, 81–83.

[202] Theoph. Cont. 284 (mit etwas anderer Begründung): Ἤδη δὲ τοῖς οἰχομένοις χρόνοις ἀπανθησάσης καὶ παντάπασιν ἀπεσβηκυίας τῆς Τεφρικῆς, ἡ τῶν Ταρσιτῶν ἰσχὺς ἀναθάλλειν καὶ αὐξάνεσθαι ἤρχετο, καὶ πάλιν ὑπὸ τούτων αἱ τῶν Ῥωμαϊκῶν ὁρίων ἐσχατιαὶ συνεχῶς ἐπιέζοντο. Vgl. Lemerle, Pauliciens 107f.

[203] aṭ-Ṭabaraī III 1917 (Vasiliev, Byzance II 2, 7); vgl. Vasiliev, Byzance II 1, 82–85.

[204] De velit. bell. 241f. Es ist nicht auszuschließen, daß aṭ-Ṭabarī den Namen Mistheia zu dem ihm geläufigeren al-Maskanīn umgebildet hat u. daß es sich überhaupt um einen und denselben Einfall handelt.

[205] Vgl. Grégoire, Nicéphore Phocas 244–245; Vasiliev, Byzance II 1, 85, 139; Hild, Straßensystem 57.

[206] aṭ-Ṭabarī III 2113 (Vasiliev, Byzance II 2, 10); vgl. Vasiliev, Byzance II 1, 121.

stießen die Araber 894, diesmal im Auftrag der ägyptischen Ṭūlūniden, von Tarsos aus auf der üblichen Diagonalstraße ins Thema Anatolikōn vor. Sie erreichten T-rāyūn (wohl Tyraion, heute Ilgın in Nordostpisidien) und eroberten einen sonst unbekannten Ort M-l-w-riya, der nach al-Masʿūdī[207] in der Nähe von Burġuṯ (→ Barata) zu suchen ist[208].

Den im nächsten Jahr vereinbarten Waffenstillstand mit anschließendem Gefangenenaustausch hatte besonders Byzanz wegen Auseinandersetzungen mit den Bulgaren bitter nötig, aber auch in Tarsos gab es eine schließlich erfolgreiche Partei, die das von den Ṭūlūniden abhängige Emirat wieder dem ʿAbbāsidenkalifat unterstellen wollte und so die arabischen Kräfte schwächte[209].

Bereits ab 897 begannen wieder arabische Einfälle nach Kappadokien. Die Byzantiner, die zu der Zeit an der bulgarischen Front Ruhe hatten, antworteten im Jahre 900 mit einer siegreichen Offensive in Kilikien. Sie nahmen den Emir von Tarsos, Abū Ṯābit, gefangen und brachten ihn zuerst auf die „Festung von Qūniya", also wohl auf die Burg → Kabala bei Ikonion, später nach Konstantinopel[210]. 901 erreichten sie, wahrscheinlich auf einer kombinierten Land- und See-Expedition, Kaisūm in Nordsyrien[211]. Ende 904 errang der byzantinische General Andronikos Dukas bei Germanikeia (Marʿaš) einen großen Sieg über die vereinten Truppen von al-Maṣṣīṣa und Ṭarasūs, die zum Entsatz der Stadt gekommen waren. Doch bereits im folgenden Jahr versuchte er, vielleicht Opfer einer Intrige des mächtigen Samōnas, eine Revolte gegen den Kaiser, die insgeheim auch vom Patriarchen Nikolaos Mystikos unterstützt wurde. Als Andronikos bemerkte, daß er entdeckt war, floh er mit seiner Familie und beträchtlichem Anhang auf die Burg → Kabala bei Ikonion. Er ließ sich durch Amnestieversprechungen Kaiser Leōns nicht zur Umkehr bewegen, sondern knüpfte Beziehungen zu den Arabern an, von denen er die amān (Sicherheitsgarantie) erhielt. Schließlich sandte der Kaiser im Winter 905/906 eine Armee unter Grēgorios Ibēritzēs aus, die Andronikos auf der Festung einschloß. Mit Hilfe des ihm verbliebenen Anhanges und weiterer zweihundert von ihm bewaffneter, auf Kabala festgehaltener muslimischer Gefangener gelang es diesem, den Belagerungsring zu durchbrechen, sich mit einem zu seiner Befreiung inzwischen eingetroffenen arabischen Heer unter dem jüngst ernannten Emir von Tarsos, Rustum b. Baradū, zu vereinen und mit diesem nach Tarsos (später nach Baġdād) zu entkommen. Die Araber brannten bei dieser Gelegenheit nach aṭ-Ṭabarī Qūniya (Ikonion), also wohl die Stadt selbst nieder, und nicht oder nicht nur, wie meist angenommen, die Festung Kabala[212].

Trotz einer Reihe militärischer Mißerfolge, die das byzantinische Reich während der Regierungszeit Leōns VI. und seiner unmittelbaren Nachfolger an allen Fronten hinnehmen mußte, schritt die Rückeroberung der an die Muslime verlorenen Gebiete Ostkappadokiens voran, die nun auch in die Themenordnung eingebaut wurden. Mit dem Umstand, daß die großen zentralkleinasiatischen Themen, besonders Anatolikōn und Bukellariōn, von arabischen Kommandounternehmungen nur noch äußerst selten erreicht wurden und sich auch das Aufmarschgebiet für die weitere byzantinische Offensive nach Osten verschob, dürfte es zusammenhängen, daß Leōn durch die bereits geschilderte Abtretung von Teilen dieser Themen an die jüngeren, östlich angrenzenden Themen Kappadokia und vor allem Charsianon diese aufwertete.

[207] al-Masʿūdī, Murūǧ VIII 146 (Vasiliev, Byzance II 2, 42).

[208] Vasiliev, Byzance II 1, 124 (*Font*).

[209] Vgl. Vasiliev, Byzance II 1, 124f., 133.

[210] aṭ-Ṭabarī III 2193 (Vasiliev, Byzance II 2, 13f.); vgl. Vasiliev, Byzance II 1, 137.

[211] Vasiliev, Byzance II 1, 141f.

[212] Georg. Cont. 866–868; Geōrg. Mon. Istrin 34f.; Sym. Mag. 710f.; Theoph. Cont. 371–373; Iō. Skyl. 186.; Iō. Zōn. III 449–451; Vita Euthymii 20–28 (*Font, Lit*), 59–61, 69–71, 89–91; aṭ-Ṭabarī III 2276 (Vasiliev, Byzance II 2, 20f.); vgl. Canard, Deux épisodes 51–62; Vasiliev, Byzance, II 1, 183–190; Karlin-Hayter, Andronicus Ducas 23–25; Belke, Lykaonien 112–115.

Fortgang, Stillstand oder auch Rückschläge dieser Offensive hingen freilich außer vom inneren Zustand des Kalifats immer auch vom Stand der Beziehungen zu den anderen Nachbarn von Byzanz, in dieser Zeit besonders zu den Bulgaren, ab, und erst nachdem 927 mit diesen ein dauerhafter Friede geschlossen war, konnte der byzantinische Feldherr Iōannēs Kurkuas in Armenien und Nordostkappadokien größere Erfolge erringen. Die militärische Schlagkraft der Emire von Tarsos war hingegen noch weitgehend ungebrochen. Nach einem erfolgreichen Feldzug im Frühjahr 931, wahrscheinlich im Bereich des Taurus, operierte der Emir Ṯamal im Sommer desselben Jahres nochmals drei Monate lang auf byzantinischem Gebiet. Er steckte das nach der Katastrophe von 838 wieder aufgebaute Amorion, das nun auf die bloße Nachricht von Ṯamals Anmarsch von seiner Besatzung verlassen wurde, in Brand und marschierte dann plündernd und brandschatzend nach Ankyra; von hier zogen sich die Araber, ohne auf Widerstand zu treffen, mit reicher Beute nach Tarsos zurück[213].

Einen wichtigen Schritt zur Rückgewinnung der Ostgebiete stellt die Eroberung von Malaṭya (Melitēnē) im Jahre 934 dar[214]. Als Hauptgegner des byzantinischen Reiches profilierte sich in den nächsten Jahrzehnten die Dynastie der Ḥamdāniden, besonders Saifaddaula, der seit 944 auch Herr von Aleppo war. Auch das Emirat von Tarsos mußte zeitweilig seine Oberhoheit anerkennen. Saifaddaula führte zwar zahlreiche, großenteils erfolgreiche Einfälle nach Kappadokien durch, erreichte aber nicht mehr die Grenze zu Lykaonien oder Galatien[215]. In den letzten Jahren seiner Herrschaft mußte er eine Reihe von Niederlagen hinnehmen, die in der Einnahme seiner Hauptstadt Ḥalab (Aleppo) im Dezember 962 durch den Feldherrn und späteren Kaiser Nikēphoros Phōkas gipfelten[216]. Nach dem Fall von Aleppo und der Schwächung der Ḥamdāniden konnte der Emir von Tarsos noch einmal die Initiative an sich reißen. Im Herbst 963 machten die Tarsioten einen Einfall nach Kappadokien und Lykaonien, bei dem sie bis vor die Tore Ikonions kamen[217]. Dies war allerdings der letzte einer langen Serie von arabischen Einfällen, die von Tarsos ausgingen. Bereits im Winter dieses Jahres operierten die Byzantiner unter Iōannēs Tzimiskēs in Kilikien, aber erst 965 gelang die Eroberung von Mopsuestia und Tarsos unter der persönlichen Führung des Kaisers Nikēphoros Phōkas[218].

Nach der Beseitigung der von den Arabern Kilikiens und Nordwestsyriens ausgehenden Gefahr waren Galatien und Lykaonien wieder byzantinisches Binnenland, das etwa hundert Jahre von äußeren Feinden verschont blieb. Von dem wirtschaftlichen Aufschwung, der nun möglich wurde und der auch vorauszusetzen ist, hören wir allerdings nur in wenigen verstreuten Nachrichten[219]; eine Reorganisation und Neubesiedlung durch Armenier oder Syrer, wie wir sie von den ostkappadokischen Grenzgebieten kennen[220], ist hier nicht notwendig gewesen, da die Gegend nie zur Schaffung eines Niemandslandes systematisch entvölkert worden war.

---

[213] Ibn al-Aṯīr VIII 234 (Vasiliev, Byzance II 2, 152f.); aḏ-Ḏahabī bei Vasiliev, Byzance II 2, 238; vgl. Vasiliev, Byzance II 1, 265f.

[214] Vgl. F. Hild, *TIB* 2, 86.

[215] Vgl. die Übersicht bei F. Hild, *TIB* 2, 86–89.

[216] F. Hild, *TIB* 2, 90; Canard, H'amdanides 809–817.

[217] Canard, H'amdanides 818 (*Font*).

[218] Canard, H'amdanides 817–823; vgl. auch S. Apostolopoulou, Ἡ ἅλωση τῆς Μοψουεστίας (±965) καὶ τῆς Ταρσοῦ (965) ἀπὸ βυζαντινὲς καὶ ἀραβικὲς πηγές. *Graeco-Arabica* 1 (1982) 157–167.

[219] Laurent, Byzance 105 mit A. 1; zum Wohlstand von Ikonion vor den türkischen Invasionen vgl. Mich. Att. 135; Iō. Skyl. Cont. 137.

[220] Vgl. F. Hild, *TIB* 2, 91f.

IV. VOM ENDE DER ARABERINVASIONEN BIS ZUR EROBERUNG DURCH DIE TÜRKEN. DIE KREUZZÜGE UND DIE SELDSCHUKISCHE STAATENBILDUNG

Iōannēs Tzimiskēs, der nach der Ermordung des Nikēphoros Phōkas 969 den Kaiserthron bestiegen hatte, mußte sich in Kleinasien erst mit Waffengewalt durchsetzen, da sich Bardas Phōkas, ein Neffe des ermordeten Kaisers, im kappadokischen Kaisareia zum Gegenkaiser hatte ausrufen lassen[221]. Lykaonien diente wieder einmal für beide Armeen als Durchzugsgebiet. Die Aufständischen waren von Kappadokien nach Westen bis Bardaētta (wohl volksetymologisch aus dem spätantik belegten *Pareththa* umgebildet, heute wahrscheinlich Sarayönü, etwa 10 km nördlich von Laodikeia Katakekaumenē [Lâdik], also im äußersten Nordosten des byzantinischen Pisidien)[222] vorgestoßen, während der vom Kaiser gegen Phōkas in Marsch gesetzte Bardas Sklēros im phrygischen Mesanakta (wohl nordwestlich von Philomēlion) abwartete[223]. Als Phōkas' Heer in Bardaētta allmählich zusammenschmolz, zog dieser sich heimlich mit wenigen seiner Anhänger nach Kappadokien auf die Festung Antigus (→ *TIB* 2 s. v.) zurück. Daraufhin ließ Bardas Sklēros zunächst die in Bardaētta gebliebenen Anhänger des Phōkas an einem Ort mit dem ebenfalls sprechenden Namen *Typhlobibaria*, der wohl im pisidisch-lykaonischen Grenzgebiet in der Nähe von Bardaētta zu suchen ist, blenden; dann nahm er Bardas Phōkas bei Antigus gefangen[224].

Nach dem frühen Tod des Iōannēs Tzimiskēs 976, der nach der Niederwerfung des Phōkas-Aufstandes durch einen Sieg über die Russen auch Bulgarien wieder der byzantinischen Herrschaft unterworfen und in Mesopotamien, Syrien und Palästina die Eroberungen seines Vorgängers bedeutend erweitert hatte, fiel die Kaiserkrone wieder an die legitimen Erben der makedonischen Dynastie, Basileios II. und Konstantin VIII.[225]. Von dem daraufhin ausgebrochenen Bürgerkrieg gegen Bardas Sklēros, der sich seinerseits im Frühjahr 976 in Melitēnē zum Kaiser hatte ausrufen lassen[226], wurden wiederum Lykaonien und Südgalatien in Mitleidenschaft gezogen. Im Sommer 977 waren bereits große Teile Kleinasiens in der Hand des Sklēros; durch einen Sieg über die kaiserlichen Truppen bei *Rageai* (wohl in der Nähe von Dipotamon) im Herbst konnte er seine Position weiter ausbauen, schließlich selbst Nikaia erobern[227]. Angesichts dieser Gefahr ernannte die Zentralregierung in Konstantinopel, die unter der faktischen Leitung des Eunuchen und Parakoimōmenos Basileios stand, den ehemaligen Usurpator Bardas Phōkas zum neuen Oberbefehlshaber im Kampf gegen Sklēros. Phōkas gelang es, unbemerkt nach Kaisareia in Kappadokien zu gelangen und ein Heer aufzustellen, mit dem er Bardas Sklēros bis in die Nähe von Amorion entgegenzog. Sklēros wandte sich sofort gegen den neuen Feind; in der Schlacht von Pankaleia bei Amorion am 19. Juni 978 blieb er Sieger, mußte aber doch schwere Verluste hinnehmen[228]. Die Entscheidung fiel im Frühjahr 979 bei *Sarvenisni* (→ *TIB* 2 s. v. Aquae Saravenae) im Thema Charsianon mit Hilfe iberischer Kavallerietruppen gegen Sklēros, der auf arabisches Gebiet flüchten mußte[229].

---

[221] Ostrogorsky, Geschichte 244; Seibt, Skleroi 32.

[222] Ramsay, Bardas Phocas 232f.; zuletzt Mersich, Pisidien 92 (*Lit*).

[223] Leōn Diak. 120–122; vgl. Seibt, Skleroi 32f.

[224] Leōn Diak. 125; vgl. Iō. Skyl. 291–294.

[225] Ostrogorsky, Geschichte 244–247.

[226] Seibt, Skleroi 36f.

[227] Iō. Skyl. 321f.

[228] Iō. Skyl. 324f.; Leōn Diak. 170; Yaḥyā b. Saʿīd 375; vgl. Seibt, Skleroi 40–43.

[229] Adontz, Tornik 143–145; Seibt, Skleroi 47f. Die Angabe von Iō. Skyl. 326, daß die Schlacht bei Pankaleia nahe dem Halys stattgefunden habe, beruht auf Verwechslung mit dem Schlachtort des Vorjahres; vgl. Adontz u. Seibt a. O.

Als durch die Entlassung des Parakoimōnenos Basileios 985 und im Anschluß daran auch des Domestikos Bardas Phōkas sowie durch eine byzantinische Niederlage gegen die Bulgaren 986 die Situation für das Reich schwierig wurde und zudem der großgrundbesitzende Adel gegen die auf seine Entmachtung abzielende Politik Basileios' II. heftig opponierte, versuchte Bardas Sklēros Anfang 987 eine neuerliche Usurpation. Zum Domestikos des Ostens ernannte Basileios II. wiederum Bardas Phōkas, der sich aber in Charsianon ebenfalls zum Kaiser ausrufen ließ. Eine zunächst angestrebte Einigung der beiden Thronprätendenten währte nicht lange; der wesentlich stärkere Bardas Phōkas ließ Sklēros festnehmen und internieren. Damit wurde wiederum der größte Teil Kleinasiens, im Westen bis Dorylaion und zur Küste[230], von Bardas Phōkas beherrscht. Als er aber während einer Schlacht gegen Basileios II. 989 in Abydos plötzlich verstarb, ergriffen seine Truppen die Flucht; ein letztes Aufflackern der Rebellion unter dem inzwischen freigelassenen Bardas Sklēros endete bald unblutig, da dieser sich keine Erfolgsaussichten mehr ausrechnen konnte[231].

In Zentralkleinasien herrschte nun für längere Zeit Ruhe. Vordringlichste Aufgabe des Reiches war die Bekämpfung der Bulgaren unter Zar Samuel, der sich Basileios mit aller Energie und nur kürzeren Unterbrechungen bis zu dem entscheidenden Sieg 1014 widmete[232]. Zweimal, 995 und 999, leitete Basileios persönlich die Kämpfe gegen die ägyptischen Fāṭimiden in Syrien. 1001 führte dann ein zunächst auf zehn Jahre abgeschlossener und später verlängerter Waffenstillstand zu einer über ein halbes Jahrhundert andauernden Periode relativen Friedens an dieser Front[233].

Teils durch geschickte Diplomatie, teils mit Gewalt vermochte Basileios die Reichsgrenzen im Bereich von Armenien und Georgien weit nach Osten zu verschieben, deren Besitz Byzanz vor allem aus strategischen Gründen anstrebte. Als der Kaiser nach dem Syrienfeldzug von 999 in Tarsos von der Ermordung des Kuropalatēs Dawitʿ von Taikʿ (Ṭao) erfuhr, begab er sich sofort nach Armenien, um Dawitʿs Nachfolge anzutreten; dieser hatte nämlich als Strafe für seine Unterstützung der Usurpation des Bardas Phōkas 987 den byzantinischen Kaiser als seinen Erben einsetzen müssen[234].

Die Geschichte der nächsten Annexion, derjenigen von Vaspurakan (Asprakania), zeigt bereits im Ansatz die neuen Gefahren, die im Laufe dieses Jahrhunderts ganz Kleinasien bedrohen sollten. Anlaß war eine schwere Niederlage, die Dawitʿ Senekʿerim, der Sohn des Königs Senekʿerim Yovhannēs von Vaspurakan, 1017 gegen ein turkmenisches Heer erlitt; um Hilfe von Byzanz zu erlangen, verzichtete er für sich persönlich auf seine Erbansprüche und ordnete sich als Patrikios und Stratēgos von Kappadokia in die byzantinische Hierarchie ein. Die eigentliche Übergabe von Vaspurakan an Byzanz erfolgte dann 1022, als die Arcrunier während Basileios' georgischer Feldzüge 1021 und 1022 das Land gegen die anstürmenden turkmenischen Scharen nicht mehr halten konnten[235]. Zusätzlichen Druck auf die Arcrunier dürfte Basileios wegen einer Verwicklung Dawitʿs in eine Verschwörung des Nikēphoros Phōkas (des Sohnes des uns schon bekannten Bardas Phōkas) und des Stratēgos tōn Anatolikōn Nikēphoros Xiphias ausgeübt haben. Daß Dawitʿ rechtzeitig die Seite wechselte und an der Ermordung des Nikēphoros beteiligt war, war wohl zu spät bekannt geworden. Der Aufstand wurde dann im Sommer

230 Yaḥyā b. Saʿīd 423.
231 Seibt, Skleroi 50–55; Ostrogorsky, Geschichte 251f.
232 Ostrogorsky, Geschichte 255–257.
233 Vgl. Felix, Byzanz 47–49.
234 Felix, Byzanz 132, 134.
235 Seibt, Vaspurakan 50–58; Felix, Byzanz 138–140.

1022 durch den zum neuen Strategen der Anatoliken ernannten Theophylaktos Dalassēnos[236] niedergeworfen[237].

Auch das Reich von Ani hatte sich bereits Basileios II. testamentarisch vermachen lassen, doch konnte dieses erst 1045, mehrere Jahre nach dem Tod Yovhannēs Smbats (1041), besetzt werden[238].

Für das Jahr 1032 vermerken die byzantinischen Chronisten eine von einer Seuche begleitete Hungersnot in Kappadokien und Nordkleinasien (Paphlagonien, Armeniakōn, Honōrias), die viele Bewohner zur Auswanderung zwang. Nicht nur der Kaiser (Rōmanos III. Argyros), sondern auch der damalige Metropolit von Ankyra, Michaēl, suchte nach Kräften die Leiden der Betroffenen zu lindern[239]. 1035 verursachte ein Erdbeben im Thema Bukellariōn schwere Schäden und zerstörte fünf Dörfer vollständig[240].

Die erwähnten Gebietsabtretungen im armenisch-georgischen Raum hatten die militärische Abwehrkraft des byzantinischen Reiches an der Ostgrenze nicht in dem erwarteten Ausmaß gestärkt, vielmehr durch wachsende Unzufriedenheit der einheimischen Bevölkerung mit dem byzantinischen Regime – nicht zuletzt wegen der religiösen Differenzen – und die Vernachlässigung des ortsansässigen Militärs sogar geschwächt[241]. So fanden türkische Scharen, die seit den 40er Jahren unter der Führung der Seldschuken standen, die byzantinische Ostgrenze nur unzureichend verteidigt; besonders Armenien wurde unter Ṭuġril Beg (gestorben 1063) häufig verheert[242]; unter seinem Nachfolger Alp Arslan (1063–1072) drangen die Türken bereits tief nach Kleinasien ein.

Da aufgrund des Bürgerkrieges zwischen Michaēl VI. und Isaak Komnēnos (1057) und der Vernachlässigung jeglicher Verteidigungsanstrengung unter Konstantin X. Dukas die Ostgrenze weitgehend von Truppen entblößt war, fanden die türkischen Führer Samuḫ und Salār von Chorasan keinen Widerstand, als sie, wohl um 1059, einen breiten Streifen von Nordostkleinasien (genannt werden die Themen Mesopotamia, Chaldia, Melitēnē, Kolōneia und die Euphratstädte) verwüsteten[243]. Hingegen konnte offensichtlich, im Gegensatz zur manchmal vorgetragenen Meinung[244], ein erster Vorstoß auf Zentralkleinasien (Galatien, Honōrias und Phrygien) gerade noch einmal abgewehrt werden[245].

Erst Rōmanos IV. Diogenēs, der am 1. Jänner 1068 an die Macht gekommen war, bemühte sich um die Reorganisation des Heeres. Bereits im Frühjahr mußte er an der Spitze einer eilends aufgestellten Truppe, die er unterwegs noch beträchtlich aufstocken konnte, nach Osten marschieren, da neue Türkeninvasionen drohten. Der Sammelplatz der Truppen lag im phrygischen Teil des Thema Anatolikōn[246].

Während Rōmanos selbst erfolgreich in Ostkappadokien und Nordsyrien operierte, versagte der mit der Verteidigung Kappadokiens betraute Ausinalios völlig. So konnte ein türkischer Stoßtrupp unter Afšīn ungehindert durch Kappadokien bis Amorion

---

236 Zu dessen Karriere vgl. V. S. Šandrovskaja, Neizvestnyj pravitel' vizantijskoj femy Iberija. *Vestnik obščestv. nauk AN Arm. SSR* 1976, 81ff.; Felix, Byzanz 66 A. 71; Seibt, *BZ* 70 (1977) 585f.

237 Seibt, Vaspurakan 59; Felix, Byzanz 139f. A. 24.

238 Felix, Byzanz 141, 154–157.

239 Iō. Skyl. 386; Iō. Zōn. III 580; vgl. Foss, Ankara 82.

240 Iō. Skyl. 398; vgl. Foss, Ankara 82.

241 Vgl. F. Hild, *TIB* 2, 98.

242 Vgl. die Darstellung bei Felix, Byzanz 142 mit A. 31, 150f., 161–180.

243 Mich. Att. 78; Iō. Skyl. Cont. 112f.

244 Chalandon, Les Comnène I 11; Laurent, Byzance 24; Zakythinos, Geschichte 257; vorsichtig Dédéyan, Immigration 110.

245 Mich. Att. u. Iō. Skyl. Cont. a. O.

246 Mich. Att. 103; Iō. Skyl. Cont. 125.

vorstoßen und die Stadt selbst einnehmen und plündern[247]. Rōmanos, den die Nachricht vom Zug Afšīns bei der Durchquerung des Taurus im Dezember 1068 erreichte, konnte wegen des einsetzenden Winters nicht mehr eingreifen und kehrte nach Konstantinopel zurück.

Im folgenden Jahr (1069) mußte Rōmanos zunächst einen Aufstand des fränkischen Söldnerführers Krispinos unterdrücken, der sich im Gebiet des Thema Armeniakōn festgesetzt hatte[248], bevor er in Kappadokien und Armenien die Türken bekämpfen konnte. Wie im Vorjahr teilte er das Heer; die größere Abteilung sollte unter der Führung des Philaretos Brachamios die über Melitēnē führende Einfallsroute nach Kappadokien schützen, während er selber in die Keltzēnē (Kelesinē, die Gegend von Erzincan am nördlichen Euphratufer) vorstieß. Philaretos konnte jedoch die vorrückenden Türken nicht aufhalten; er wurde geschlagen, und die Reste seines Heeres flohen, eine Weile von den Türken verfolgt, zum kaiserlichen Lager[249]. Diese wagten nicht, den Kaiser selbst anzugreifen; statt dessen wandten sie sich nach Westen, durchzogen plündernd das Thema Kappadokia und eroberten die zu dieser Zeit blühende Stadt Ikonion. Rōmanos wollte zunächst die Türken an der Überquerung des Euphrat hindern; erst in Sebasteia erfuhr er ihre eigentliche Stoßrichtung. Er zog daher seinerseits nach Westen, um ihnen in den Rücken zu fallen. Als er in Hērakleia (Westkappadokien, → *TIB* 2 s. v.) hörte, daß Ikonion bereits erobert und geplündert war und die Türken aus Angst vor Verfolgung durch den Kaiser nach Kilikien flohen, wollte er sie wenigstens hier mit Unterstützung durch die im Taurus angesiedelten Kleinarmenier und den Dux von Antiocheia aufreiben, doch schlug auch dieses Unternehmen fehl[250].

Während Rōmanos IV. im Jahre 1070 die Verhältnisse in der Hauptstadt zu ordnen suchte, betraute er Manuēl Komnēnos mit der Verteidigung der Ostgrenze. Gleichzeitig führten Verhandlungen mit Alp Arslan, dem an der Eroberung Ägyptens weit mehr als an einem Krieg mit Byzanz gelegen war, zu einem Waffenstillstand. Jedoch wurde Manuēl, der auf Befehl des Kaisers einen Großteil seiner Truppen nach Syrien hatte entsenden müssen, von einer türkischen Schar unter einem Chrysoskulos gefangengenommen. Dieser befand sich auf der Flucht vor Alp Arslan, war also gegen ihn eingestellt, ein Umstand, der Manuēl zunächst verborgen blieb. Erst als dies sich klärte, ließ Chrysoskulos Manuēl unter der Bedingung frei, daß er ihn gegen Alp Arslan unterstütze. Daraufhin zogen beide nach Konstantinopel, wo Rōmanos IV. die Türken in byzantinischen Dienst nahm[251]. Durch den Abzug Manuēls blieb die Ostgrenze wiederum nur unzureichend verteidigt. Die Gelegenheit nutzte der Türke Afšīn, der unter dem Vorwand, die Byzantiner hätten Chrysoskulos unter ihren Schutz gestellt und so den Waffenstillstand mit Alp Arslan gebrochen, einen Einfall nach Kappadokien machte und darüber hinaus, notwendigerweise quer durch Lykaonien oder Galatien[252], bis nach Chōnai in Phrygien vorstieß, wo er unter der Bevölkerung ein Blutbad anrichtete und das berühmte Heiligtum des Erzengels Michaēl verwüstete[253].

---

[247] Mich. Att. 121f.; Iō. Skyl. Cont. 133; Bar Hebraeus, Chronography 218; vgl. Cahen, Pénétration 25; Cahen, Mantzikert 624; Cahen, Pre-Ottoman Turkey 27; Vryonis, Decline 95.

[248] Mich. Att. 124f.; Iō. Skyl. Cont. 134f.; vgl. Vryonis, Decline 91f.

[249] Vgl. F. Hild, *TIB* 2, 101.

[250] Mich. Att. 135–138; Iō. Skyl. Cont. 137–139; vgl. Cahen, Pénétration 27; Cahen, Pre-Ottoman Turkey 28; Vryonis, Decline 95f.

[251] Vgl. F. Hild, *TIB* 2, 102.

[252] Da Rōmanos auf seinem Türkenfeldzug von 1071 (s. u.) nach der Überquerung des Sangarios auf der Zompu-Brücke Reste der von den Türken zerstreuten Truppen, die sich hier versteckt hielten, einsammelte, scheint Afšīn eher den Weg durch Südgalatien gewählt zu haben.

[253] Mich. Att. 140f.; Iō. Skyl. Cont. 140; vgl. Cahen, Mantzikert 626; Cahen, Pénétration 28; Vryonis, Decline 96.

Während Alp Arslan diesen Vorfällen keine große Bedeutung zumaß, von Afšīns Zug wohl auch noch gar nichts wußte, da dieser in Kappadokien überwinterte[254], und daher zu Beginn des Jahres 1071 zu seinem lange geplanten Ägyptenfeldzug aufbrach, war von Seiten der Byzantiner an eine Einhaltung des Waffenstillstandes nicht mehr zu denken. Mit einem bedeutenden Heer, in dem neben Griechen auch viele ausländische Söldner dienten, brach Rōmanos IV. im März 1071 zu seinem dritten Türkenfeldzug auf, der in die katastrophale Niederlage bei Mantzikert münden sollte. Von Helenopolis (am Südufer des Golfes von Nikomēdeia) zog er auf dem üblichen Weg über Dorylaion[255] ins Thema Anatolikōn und überquerte den Sangarios auf der *Gephyra tu* → *Zompu* (*Tzumpu*), womit er das Gebiet des unter Leōn VI. bis hierher erweiterten Thema Kappadokia erreichte[256]; dann nahm er ausgewählte Reste der vom letzten Türkeneinfall zerstreuten Truppen, die sich hier auf Bergen, in abgelegenen Tälern und in Höhlen verborgen hatten, in sein Heer auf[257]. Quer durch Südgalatien marschierte er weiter zum Halys, der Grenze zum Thema Charsianon, den er, einige Tage später als das Hauptheer, wahrscheinlich auf der Kesik Köprü (→ Saniana) überquerte[258]. Nicht über Kaisareia, sondern direkt über Krya Pēgē (→ *TIB* 2 s. v. Bathys Ryax), Sebasteia und Theodosiupolis (Erzurum) erreichte er Armenien. Alp Arslan hatte inzwischen von dem byzantinischen Einfall gehört, seinen Vormarsch auf Damaskus abgebrochen und erschien völlig überraschend in Armenien. Zur Katastrophe bei Mantzikert kam es vor allem, da erstens Rōmanos, der von Alp Arslans Herannahen nichts wußte, den größeren Teil seines Heeres zur Eroberung von Chliat (Ahlat am Van-See) vorausgeschickt hatte, während er selbst erst Mantzikert einnahm, und sich zweitens bei der Schlacht selbst gewisse Befehlshaber und Truppenteile, darunter Andronikos Dukas und die „Kappadokier" (also Truppen aus dem bis zum Sangarios erweiterten Thema Kappadokia)[259] unloyal verhielten bzw. desertierten; auch die nach Chliat vorausgeschickten Truppen unter Josēph Tarchaneiōtēs und Roussel von Bailleul waren auf die Nachricht von der Ankunft des Sultans hin nach Mesopotamien und ins Innere Anatoliens geflohen. Der verbliebene Rest der byzantinischen Armee wurde geschlagen, Rōmanos IV. selbst verwundet und gefangengenommen. In einem Akt der Großzügigkeit gewährte Alp Arslan dem Kaiser einen Vertrag, der ihm gegen Erfüllung gewisser Bedingungen die Freiheit wiedergab[260].

Zum Unglück für Byzanz konnte sich Rōmanos nicht gegen den unterdessen in Konstantinopel auf den Thron erhobenen Michaēl VII. durchsetzen. Truppen des neuen Kaisers belagerten ihn in Dokeia (Tokat) im Thema Armeniakōn; mit Mühe konnte er sich nach Kappadokien auf die Festung Tyropoion (→ *TIB* 2 s. v. Trypia) retten. Von hier brachte ihn der Katepanō von Antiocheia, Chataturios, der ihn eigentlich im Auftrage Michaēls VII. hätte bekämpfen sollen, nach Kilikien in Sicherheit[261]. Besser wäre es freilich gewesen, vermerkt Attaleiatēs, hätte sich Rōmanos sofort nach dem Abzug der kaiserlichen Truppen Zentral- und Nordwestkleinasiens (aufgezählt werden Pisidien, Isaurien, Lykaonien, Paphlagonien, Honōrias und Bithynien) bemächtigt und dadurch verhindert, daß Michaēl VII. neue Truppen sammeln konnte[262]. So aber schickte dieser

[254] Cahen, Mantzikert 626f.

[255] Nik. Bryenn. 105.

[256] Vgl. Mich. Att. 184, wo die Zompu-Brücke über den Sangarios als Verbindung von Anatolikōn und Kappadokia ausdrücklich genannt ist; F. Hild, *TIB* 2, 76.

[257] Mich. Att. 144–146; Iō. Skyl. Cont.. 142f.

[258] Mich. Att. 146; Iō. Skyl. Cont. 143; vgl. F. Hild, *TIB* 2, 103.

[259] Mich. Att. 162; Iō. Skyl. Cont. 149; vgl. Dédéyan, Immigration 115; F. Hild, *TIB* 2, 104.

[260] Schilderung der Ereignisse bei Vryonis, Decline 96–103 (*Font, Lit*); vgl. auch Ostrogorsky, Geschichte 284.

[261] Mich. Att. 169–172; Iō. Skyl. Cont. 152f.

[262] Mich. Att. 172f.

im nächsten Jahr eine neue Armee unter Andronikos Dukas nach Kilikien, die zuerst Chataturios besiegte, dann Rōmanos in Adana gefangennahm. Rōmanos legte die Kaiserwürde ab und ließ sich zum Mönch scheren, wurde aber trotzdem als Gefangener Richtung Konstantinopel mitgeführt, diesmal wohl auf dem üblichen Weg über die Kilikische Pforte und Ikonion[263]. In Kotyaeion (Kütahya) in Phrygien ließ Michaēl ihn trotz vorher gegebener Garantien für seine persönliche Sicherheit grausam blenden; an diesen Wunden starb Rōmanos wenig später[264].

Von nun an war Kleinasien den türkischen Invasoren preisgegeben; es gab keine, vor allem keine zentrale Macht mehr, die sie hätte abhalten können. Unklar ist, ob der zwischen Alp Arslan und Rōmanos IV. vor Mantzikert geschlossene Vertrag nach der Machtergreifung durch Michaēl VII. als hinfällig betrachtet wurde; jedenfalls gab es türkische Banden, die mit oder ohne Zustimmung des Sultans unter dem Vorwand, Rōmanos rächen zu wollen, Raubzüge auf byzantinischem Gebiet durchführten[265]. Auf byzantinischer Seite ist das nächste Jahrzehnt durch eine fast ununterbrochene Folge von Rebellionen, Bürgerkriegen und Usurpationen gekennzeichnet, die jede organisierte Verteidigung unmöglich machten. Im Gegenteil, türkische Scharen wurden von den einander bekämpfenden Parteien als Bundesgenossen geworben, als Garnisonen in die Städte gelegt und so erst langsam dazu animiert, das Land, das sie bisher nur plündernd durchzogen hatten, auch in Besitz zu nehmen[266].

Sehr gefördert wurde diese Entwicklung durch den Aufstand des fränkischen Söldnerführers Roussel von Bailleul[267]. Dieser war einem Heer zugeteilt, das Michaēl VII. 1073 unter dem Oberbefehl des Isaak Komnēnos gegen die Türken, die Anatolien plünderten, ausgesandt hatte. In Ikonion (oder Kaisareia) verließ Roussel nach einem Streit das byzantinische Heer und zog mit seinen Franken auf eigene Faust nach Melitēnē (bzw. Sebasteia), wo er eine Schar Türken besiegte[268]. Isaak Komnēnos geriet unterdessen bei Kaisareia in einen türkischen Hinterhalt und wurde gefangengenommen, jedoch gegen Lösegeld in der Nähe von Ankyra freigelassen, das damals noch in byzantinischer Hand war und wohin sich auch sein Bruder Alexios (der spätere Kaiser) begeben hatte, um ihn freizukaufen[269].

Roussel war inzwischen wohl vor den Türken nach Westen zurückgewichen, hatte sich in Galatien und Lykaonien teils mit Gewalt, teils durch Überredung Städte und Dörfer untertan gemacht und auch Gelder eingetrieben; kurz, er versuchte, sich ein eigenes Fürstentum zu erobern[270]. Ein Versuch des *Kaisar* Iōannēs Dukas, Roussel zu unterwerfen, schlug an der *Gephyra tu* → *Zompu* am mittleren Sangarios fehl; Iōannēs Dukas wurde geschlagen und gefangengenommen[271]. Roussel nahm nun auch die am Sangarios gelegenen Städte ein, setzte sich in Bithynien fest und brannte sogar Chrysopolis (Üsküdar) nieder. Als er, um selbst in den Besitz von Byzanz zu kommen, den gefangenen *Kaisar* Iōannēs Dukas zum Kaiser ausrufen ließ, wußte sich Michaēl VII. nicht mehr anders zu helfen, als daß er den türkischen Emir Artuch, der sich noch in

---

[263] Nach Mich. Att. 173f. hatte Andronikos Dukas auf dem Hinweg die Kilikische Pforte gemieden und war quer durch die isaurischen Berge gezogen.

[264] Mich. Att. 174–179; Iō. Skyl. Cont. 153f.; Nik. Bryenn. 137–141; Iō. Zōn. III 705f.; vgl. Vryonis, Decline 104; Ostrogorsky, Geschichte 285.

[265] So Iō. Zōn. III 709; Nik. Bryenn. 145; vgl. Cahen, Pre-Ottoman Turkey 73.

[266] Vgl. Cahen, Pénétration 31f.; Cahen, Pre-Ottoman Turkey 76.

[267] Vgl. Vryonis, Decline 111.

[268] Mich. Att. 183; Iō. Skyl. Cont. 157; Nik. Bryenn. 147–149.

[269] Nik. Bryenn. 155–157; vgl. Foss, Ankara 82f.

[270] Nik. Bryenn. 167; vgl. Hoffmann, Rudimente 17.

[271] Mich. Att. 184–186; Iō. Skyl. Cont. 158; Nik. Bryenn. 167–173.

Ostanatolien aufhielt, zum Kampf gegen Roussel engagierte[272]. Artuch folgte der Aufforderung bereitwillig, besiegte die Franken am Sophōn-See (Sapanca Gölü) in Bithynien und nahm sowohl den *Kaisar* als auch Roussel gefangen. Als gefährliche Gegner wollte der Kaiser beide freikaufen und bestrafen. Das Lösegeld für Roussel brachte jedoch dessen Frau auf, und so konnte sich dieser ins Thema Armeniakōn zurückziehen, das er weitgehend von türkischen Eindringlingen befreite. Er nahm auch die früher in seinem Besitz gewesenen Burgen (also wohl auch die in Lykaonien und Galatien) wieder ein[273]. Erst Alexios Komnēnos gelang es (1075 oder 1076)[274], mit Hilfe des Tutuch, eines weiteren, zu Plünderungszügen aus Persien gekommenen Türken, Roussels in Amaseia habhaft zu werden und die byzantinische Autorität wenigstens über die pontischen Städte wiederherzustellen, während das flache Land, wie sich auf dem Rückweg herausstellte, bereits bis zum Bosporus von türkischen Scharen überschwemmt war[275].

Die Usurpationen und Bürgerkriege der nächsten Jahre bis zur Thronbesteigung Alexios' I. Komnēnos[276] bewirkten, daß auch die festen Städte Zentral- und Westanatoliens weitgehend unter türkische Kontrolle kamen. Ausdrücklich ist uns dies für die Erhebung des Nikēphoros Melissēnos (1080 oder 1081)[277] bezeugt, der aus Mangel an eigenen Truppen in die Städte Asiens, Phrygiens und Galatiens, die ihm die Tore öffneten, türkische Garnisonen legen mußte[278]. Schon ab 1077 war Sulaimān b. Qutlumuš, der Begründer der Dynastie der *Rumseldschuken,* Herr von Nikaia, von wo er ein erstes türkisches Staatswesen in Anatolien aufzubauen trachtete. Seit etwa 1080 führte er auch den (angemaßten) Titel Sultan, der offiziell nur Malik Šāh gebührte[279].

Über die türkischen Eroberungen in Lykaonien schweigen die historischen Quellen völlig. Nur das anonyme *Selǧuqnāme* (Ende 13. Jh.), eine Quelle, die sich im wesentlichen auf mündliche Traditionen stützt und Historisches mit Romanhaftem vermischt, weiß zu berichten, daß Sulaimān selbst die Stadt → Ikonion und die nahegelegene Festung → Kabala eroberte[280]; da Sulaimān von 1084 bis zu seinem Tod (1086) nur noch auf östlichen Schauplätzen anzutreffen ist, wo seine eigentlichen Interessen lagen, wird die Eroberung Ikonions spätestens 1084, wahrscheinlich schon einige Jahre früher anzusetzen sein[281].

Bevor Alexios I. sich der Bekämpfung der Türken in Kleinasien widmen konnte, mußte er alle verfügbaren Streitkräfte im Westen gegen die über Dyrrachion eindringenden Normannen unter Robert Guiscard einsetzen und auch Teile der letzten in Anatolien verbliebenen Truppen abziehen. Er wandte sich an verschiedene Kommandanten; genannt werden Diabatēnos, *topotērētēs* des pontischen Hērakleia und Paphlagoniens, und Burtzēs, *toparchēs* von Kappadokia und Chōma (in Phrygien), denen er befahl, mit möglichst vielen Truppen persönlich in Konstantinopel zu erscheinen[282]. Unter Kappadokia können hier wieder nur die auf galatischem und lykaonischem Gebiet befindlichen Teile des unter Leōn VI. nach Westen erweiterten Themas Kappadokia verstanden

[272] Mich. Att. 188f.; Iō. Skyl. Cont. 158f.; Nik. Bryenn. 177–179; vgl. Vryonis, Decline 107.

[273] Mich. Att. 189–193, 198f.; Iō. Skyl. Cont. 159–161; Nik. Bryenn. 179–183. Vgl. Vryonis, Decline 111; Hoffmann, Rudimente 17f.

[274] Vgl. Nik. Bryenn. 193 A. 2, 194 A. 1.

[275] Nik. Bryenn. 195–201; Mich. Att. 199, 206f.; Iō. Skyl. Cont. 161; vgl. Hoffmann, Rudimente 18–20; Vryonis, Decline 107f., 111f.

[276] Vgl. Ostrogorsky, Geschichte 288f.

[277] Vgl. Nik. Bryenn. 300 A. 1.

[278] Nik. Bryenn. 301; vgl. Cahen, Pénétration 43; Vryonis, Decline 106, 113.

[279] *EI* 4 (1934) 226; Cahen, Pénétration 44; Cahen, Pre-Ottoman Turkey 75f.

[280] Cahen, Seljuknāmeh 97f.

[281] Cahen, Pénétration 45–48.

[282] Anna I 131; vgl. Chalandon, Les Comnène I 61; Vryonis, Decline 114.

werden, die vom phrygischen Chōma nicht allzu weit (etwa 150 km) entfernt sind[283]. Somit war spätestens um die Mitte der 80er Jahre das Gebiet von Lykaonien und Galatien der byzantinischen Kontrolle völlig entzogen. Lediglich im äußersten Westen Galatiens, in der Gegend von → Germia, treffen wir um 1116 noch einmal auf Spuren byzantinischer Grenzverteidigung. Es bleibt uns noch, von den verschiedenen – letztlich erfolglosen – Versuchen der Rückgewinnung der verlorenen Gebiete durch die Komnenenkaiser und die Kreuzfahrer zu berichten.

In Nikaia hatte Sulaimān den Emir Abū l-Qāsim als seinen Stellvertreter zurückgelassen. Als dieser auf Betreiben Malik Šāhs, der bemüht war, die ihm entglittene Autorität über die Türken Kleinasiens wiederherzustellen, ermordet wurde, folgte ihm sein Bruder Buldağı (1092/93) nach[284]. Nach einer kurzen Zeit der Selbständigkeit mußte er Qılıǧ Arsḷan, dem Sohn Sulaimāns, weichen, der nach dem Tod Malik Šāhs (1092) aus der persischen Haft entlassen worden war und nun Anatolien unter seiner Führung einen wollte[285]. Dies gelang ihm nur teilweise, denn in Nordkappadokien und in Teilen von Pontos hatte inzwischen Emir Dānišmend das durch Sulaimāns Tod entstandene Machtvakuum ausgefüllt[286]. Ein zweimaliger Vorstoß Qılıǧ Arslans auf Melitēnē (1096 und 1097), wo noch der von Philaretos Brachamios eingesetzte Gouverneur Gabriel herrschte, wurde mit Dānišmends Hilfe abgewehrt; danach führte die Bedrohung Nikaias durch das Heer des Ersten Kreuzzuges zu einem Bündnis zwischen Dānišmend und Qılıǧ Arslan, da sich nun beide in ihrer Existenz bedroht sahen[287].

Obwohl Qılıǧ Arslan in Eilmärschen quer durch Anatolien gegen Nikaia zog, kam er zu spät, um die türkische Besatzung zu verstärken, welche sich den Byzantinern, die von der Seeseite her eindrangen, ergab. Ein Sieg über die vereinten Truppen Qılıǧ Arslans und Dānišmends bei Dorylaion öffnete den Kreuzfahrern den Weg durch das anatolische Hochland[288]. Sie wählten eine Variante der Diagonalverbindung, die Galatien südlich umging, und bogen bis Antiocheia in Pisidien aus, um sich in dessen fruchtbarer, von den Türken offensichtlich noch nicht zerstörter Umgebung von den vorangegangenen Strapazen zu erholen[289]. Nach Albert von Aachen und Wilhelm von Tyrus haben sich Tankred und Balduin von Boulogne bereits vor oder beim pisidischen Antiocheia vom Hauptheer getrennt, um über Philomēlion und *Stancona* (Ikonion) Hērakleia in Kappadokien zu erreichen und sich von hier direkt nach Kilikien zu begeben[290]; tatsächlich erfolgte diese Trennung erst im kappadokischen Hērakleia[291]. Das gesamte Kreuzheer zog ohne Feindberührung vom pisidischen Antiocheia nach Ikonion, wo es von den freundlich gesinnten Einwohnern den Rat erhielt, sich wegen der bevorstehenden Durchquerung trockener Gebiete (südliche Konya Ovası), mit Trinkvorräten einzudecken[292]. Es ist keineswegs notwendig, mit Runciman anzunehmen, die Kreuzfahrer hätten von Antiocheia zunächst

[283] F. Hild, *TIB* 2, 108.

[284] Cahen, Pénétration 51f.; Cahen, Pre-Ottoman Turkey 80.

[285] Anna II 78f.; vgl. Cahen, Pénétration 52; Cahen, Pre-Ottoman Turkey 80f.; Mélikoff, La Geste I 87.

[286] Vgl. Mélikoff, La Geste I 88–90; Mélikoff, Dāni<u>sh</u>mendides 112; Cahen, Pre-Ottoman Turkey 78, 82f.

[287] Mélikoff, La Geste I 90f.

[288] Mélikoff, La Geste I 91f.; Runciman, Kreuzzüge I 169–177.

[289] Fulcher 199–201; Alb. Aqu. 340; Wilh. Tyr. 290.

[290] Alb. Aqu. 340; Wilh. Tyr. 290f.; vgl. Mersich, Pisidien 46.

[291] Vgl. Runciman, Kreuzzüge I 180, 187f.; Hagenmeyer, Chronologie 104.

[292] Gest. Franc. 213f.; Fulcher 200f.; Wilh. Tyr. 292; vgl. Hagenmeyer, Chronologie 501 (*Font*); die Nachricht Wilhelms von Tyrus (übernommen von Runciman, Kreuzzüge I 178, u. Runciman in Setton, Crusades 295), daß Ikonion nicht nur von seiner türkischen Besatzung, sondern auch von allen Bewohnern verlassen war, widerspricht den zeitgenössischen Berichten und ist unglaubwürdig; vgl. Hagenmeyer in Gest. Franc. u. Fulcher a. O. (Kommentar).

wieder die Sultan Dağları nach Philomēlion durchquert und seien an deren trockenem Nordrand entlang über Laodikeia Katakekaumenē nach Ikonion gezogen[293]. Sie werden vielmehr zuerst der alten *Via Sebaste* und dann der Verbindung Mistheia-Ikonion gefolgt sein[294]. Gerade der Abschnitt vor Ikonion wird in den *Gesta*[295] als fruchtbar geschildert.

Hinter Ikonion überquerten die Kreuzfahrer einen Fluß (Çarşambasuyu, → Nahr al-Aḥsā')[296] und erreichten auf der Diagonalverbindung A 2 Hērakleia in Kappadokien, wo sie abermals auf die vereinten Streitkräfte Qılıǧ Arslans, Dānišmends und des kappadokischen Lokalherrschers Ḥasan trafen, diese aber wiederum in die Flucht schlugen[297]. Danach konnten die Türken den Durchzug des Kreuzheeres durch Kappadokien nach Kilikien und Syrien und in der Folge die Bildung christlicher Staaten im Nahen Osten nicht mehr verhindern. Diese Kreuzfahrerstaaten sowie das aufblühende kleinarmenische Reich schnitten gleichzeitig die Seldschuken Kleinasiens im Südosten von ihren muslimischen Nachbarn, besonders den Großseldschuken, ab und förderten so indirekt die Konsolidierung des rumseldschukischen Staates in Anatolien[298].

Der Erfolg des Ersten Kreuzzuges, der in der Eroberung von Jerusalem 1099 gipfelte, und die Einsicht, daß sich die neugegründeten christlichen Staaten des Orients nur würden halten können, wenn sie Nachschub vor allem an Siedlern und Kriegern aus Europa erhielten, veranlaßte weitere Scharen, besonders aus Norditalien, Frankreich und Deutschland, das Kreuz zu nehmen[299].

Eine erste Gruppe, die hauptsächlich aus Lombarden sowie einigen Franzosen, Deutschen und einem byzantinischen Kontingent bestand, brach im Mai 1101 von Nikomēdeia auf, um der Route des Ersten Kreuzzuges zu folgen. Bald jedoch setzten die Lombarden gegen alle anderen ihre Absicht durch, zunächst den von Dānišmend in Neokaisareia (Niksar) gefangengehaltenen Bohemund von Antiocheia zu befreien. Man zog daher direkt gegen *Ancras* (Ankyra), das, von nur etwa 200 Türken verteidigt, leicht im Sturm genommen und vertragsgemäß der kaiserlichen Verwaltung unterstellt wurde[300]. Die Erstürmung Gangras mißlang, und nach einem merkwürdigen Zickzackkurs durch Paphlagonien wurde dieses Kreuzfahrerheer bei Merzifon östlich des Halys von den vereinigten Truppen Qılıǧ Arslans, Dānišmends und anderer Emire fast vollständig vernichtet[301].

Wenig später folgte ein französisches Heer unter Wilhelm von Nevers, der sich mit den Lombarden vereinen wollte und daher ebenfalls nach Ankyra zog, das noch in byzantinischer Hand war. Da hier über den Verbleib der ersten Gruppe nichts in Erfahrung zu bringen war, wandten sich die Franzosen nach Süden Richtung *Stancona* (Ikonion), wobei sie bereits erste Verluste durch türkische Angriffe erlitten. Ikonion selbst konnten sie wegen der starken türkischen Besatzung und der Mauern nicht einnehmen. Ohne auf Wasser zu stoßen, marschierten sie nach Hērakleia weiter, wo sie von Qılıǧ Arslan und Dānišmend, die von der Schlacht bei Merzifon in Eilmärschen nach Süden gezogen waren, aufgerieben wurden[302].

---

293 Runciman, Kreuzzüge I 178 u. Runciman in Setton, Crusades 295.

294 Gest. Franc. 213.

295 Vgl. Mersich, Pisidien 47ff.

296 Gest. Franc. 214; vgl. Hagenmeyer, Chronologie 501 (*Font*).

297 Anna III 18f.; Mélikoff, La geste I 92f.; vgl. Hagenmeyer, Chronologie 502ff. (*Font*).

298 Vgl. *EI* 4 (1934) 227.

299 Vgl. Runciman, Kreuzzüge II 18; Cate, Crusade of 1101, 343f.

300 Alb. Aqu. 563f.; Anna III 37; vgl. Runciman, Kreuzzüge II 21; Cate, Crusade of 1101, 354f.; Foss, Ankara 83.

301 Alb. Aqu. 564–574; Anna III 37f.; vgl. Runciman, Kreuzzüge II 22–24; Cate, Crusade of 1101, 355–358; Mélikoff, La geste I 96f.

302 Alb. Aqu. 575–577; vgl. Runciman, Kreuzzüge II 25f.; Cate, Crusade of 1101, 358f.; Mélikoff, La geste I 97.

Noch im selben Jahr versuchte ein drittes Kreuzheer unter Wilhelm IX. von Aquitanien und Welf von Bayern, Kleinasien zu durchqueren. Sie folgten etwa dem Weg des Ersten Kreuzzuges. Philomēlion und → Salimia wurden unterwegs zerstört; *Stancona* (Ikonion) fanden sie von der Besatzung und von den Einwohnern verlassen und ohne Lebensmittel vor. Wie die letzte Gruppe erreichten sie halb verdurstet die Gegend von Hērakleia. Hier gerieten sie an einem Wasserlauf (nach Matthäus von Edessa in der Ebene von *Aulos,* → Awlaws, wohl noch in Lykaonien)[303] in einen türkischen Hinterhalt und wurden ebenfalls vernichtend geschlagen[304].

Während die Kreuzzugsaktivitäten nun längere Zeit ruhten bzw. (Zweiter Kreuzzug) westlich des Gebietes von Galatien und Lykaonien stecken blieben, versuchten die Komnenenkaiser wiederholt, wenigstens Teile des an die Türken verlorengegangenen zentralkleinasiatischen Hochlandes zurückzugewinnen. Zeitweise konnte Byzanz dabei die Rivalitäten der wichtigsten türkischen Dynastien in Kleinasien, der Seldschuken und der Dānišmendiden, ausnutzen.

Um einer von den Türken geplanten Offensive gegen byzantinisches Territorium zuvorzukommen, unternahm Alexios I., selbst schon schwer krank, einen Vorstoß gegen Ikonion, das damals höchstwahrscheinlich schon Hauptstadt des Seldschukensultanats war[305]. Während der Kaiser noch in Bithynien weilte, erfochten zwei byzantinische Feldherren, denen die Bewachung der Anhöhen von → Germia (südöstlich von Sivrihisar) oblag, einen Sieg über die zurückflutenden Türken. Ein Streifen Westgalatiens war also noch (oder wieder) in byzantinischer Hand[306]. Von Santabaris in Phrygien schickte Alexios eine Abteilung seines Heeres zur Säuberung der Gebiete von Kedrea und Polybōtos (westlich bzw. südlich von Amorion) aus, eine andere unter Styppeiōtēs in die Gegend von Amorion selbst[307]. Eine dritte Gruppe unter Bardas Burtzēs besiegte in der Ebene von Amorion eine größere Schar Türken, die über die → Zompu- (Zompē-)Brücke herandrängten[308].

Da die Türken unter Malik Šāh (Šāhinšāh) alle Felder und Lebensmittel verbrannt hatten, Alexios daher um die Versorgung seiner Truppen bei einem weiteren Vordringen besorgt sein mußte und zudem das Herannahen eines weiteren türkischen Heeres (vielleicht Dānišmendiden) bekannt wurde, gab er den Marsch auf Ikonion auf und begnügte sich mit der Einnahme Philomēlions und der Entsendung von Streifscharen in die Umgebung Ikonions, bevor er mit vielen Gefangenen und einem Großteil der griechischen Bevölkerung, die er auf sicheres byzantinisches Territorium umsiedelte, den Rückzug antrat[309].

Alexios' Nachfolger Iōannēs II. Komnēnos kämpfte hauptsächlich im Westen, Norden und Süden des hier behandelten Gebietes. Im Zusammenhang mit den bekannten Rückeroberungen von Laodikeia am Lykos (Phrygien) und Sōzopolis (heute Uluborlu in Pisidien) zu Beginn seiner Regierungszeit[310] erwähnt Theodōros Prodromos in einem

---

[303] Math. v. Edessa 243.

[304] Alb. Aqu. 580f.; vgl. Runciman, Kreuzzüge II 27–29; Cate, Crusade of 1101, 360–362; Mélikoff, La geste I 98.

[305] Anna III 187; vgl. Belke, Lykaonien 92 mit A. 2. Nach Cahen, Ḳonya 251, setzte die Entwicklung als Hauptstadt erst unter Sultan Masʿūd (1118–1155) ein.

[306] Anna III 192; zur ungefähren Grenzlinie zwischen türkischem u. byzantinischem Machtbereich in Anatolien um 1116 vgl. Chalandon, Les Comnène I 271.

[307] Anna III 199.

[308] Anna III 201.

[309] Anna III 200–204; vgl. Chalandon, Les Comnène I 270; Cahen, Pre-Ottoman Turkey 91f.

[310] Vgl. Chalandon, Les Comnène II 46–48; Vryonis, Decline 119.

Gedicht auch einen Sieg bei Amorion, den die Historiker nicht verzeichnen; es wird sich wohl um einen kleineren Streifzug gehandelt haben[311].

Während Byzanz mit der Kriegführung auf dem Balkan beschäftigt war (1122–1130 mit Unterbrechungen), bekämpften sich in Kleinasien Dānišmendiden und Seldschuken sowie seldschukische Prinzen untereinander. Im Verlaufe dieser Auseinandersetzungen wurde im Jahre 1127 auch Ankyra, das wohl schon bald nach der Eroberung durch das Kreuzfahrerheer von 1101 wieder türkisch geworden war, von den Dānišmendiden den Seldschuken entrissen; endgültig in seldschukischen Besitz gelangte es dann um 1143 nach dem Tod des Dānišmendiden Malik Muḥammad Ġāzī (Ġāzī II.)[312].

Bei mehreren Feldzügen in Paphlagonien zwischen 1130 und 1135, auf denen Iōannēs Komnēnos wiederholt Kastamōn (Kastamonu) und kurzfristig auch Gangra (Çankırı) eroberte und sogar den Halys überschritt[313], dürfte der Kaiser Galatien kaum berührt haben. Den Rest seines Lebens war er überwiegend um die Rückgewinnung der an die Kleinarmenier und die Kreuzfahrer verlorengegangenen Gebiete Kilikiens und Nordsyriens bemüht. Wenigstens zweimal streifte oder durchzog er dabei Randgebiete von Lykaonien und Galatien, freilich ohne daß es zu dauernden Unterwerfungen gekommen wäre. Auf dem Rückmarsch aus Kilikien 1138 focht er einige Scharmützel mit dem Sultan von Ikonion aus[314] und überschritt dann den Sangarios (auf der Zompu-Brücke?) und den Tembros (heute Porsuk Çay), wohl bei Dorylaion[315]. Wahrscheinlich hat er demnach Konstantinopel über den Süd- und Westrand von Lykaonien erreicht[316].

Auf dem Anmarsch zu seinem letzten Kilikienfeldzug 1142 vertrieb er durch das bloße Erscheinen seiner Armee einige türkische Banden aus der Gegend von Sōzopolis (Uluborlu in Pisidien); dann zog er an die → Pusgusē Limnē (Beyşehir Gölü) und eroberte die Inseln des Sees mit Gewalt, da die Einwohner, obwohl Romäer und Christen, durch die engen Beziehungen zum Sultanat von Ikonion sich bereits den Türken eher zugehörig fühlten als den Byzantinern[317].

Zweimal versuchte Kaiser Manuēl I., den Seldschukenstaat in seinem Zentrum Ikonion zu treffen. 1146 marschierte er über Akroinon nach Philomēlion, das er im Sturm nahm, und rückte von hier auf der direkten Verbindungsstraße über das pisidische Adrianupolis (heute Adaras am Nordabhang der Sultan Dağları) und die Festung → Kabala gegen die seldschukische Hauptstadt vor[318]. Die türkischen Heere zogen sich teils hinter die Mauern von Ikonion, teils noch weiter östlich zurück (Sultan Masʿūd angeblich bis *ta Taxara*[319] = Aqṣarā, heute Aksaray, → *TIB* 2 s. v. Kolōneia), machten aber den Byzantinern durch Hinterhalte zu schaffen. Erstaunlicherweise beschränkte sich Manuēl auf die Plünderung der Vororte und begann den Rückzug, noch bevor es zu einer regelrechten Belagerung von Ikonion kam, dessen Einnahme doch das Ziel der Expedition gewesen war. Der Hauptgrund für den Abbruch des Unternehmens wird eher in den Verstärkungen zu sehen sein, mit denen der Sultan jetzt heranrückte, als in dem Gerücht, daß westliche Völker (die Heere des Zweiten Kreuzzuges) einen Einfall in das

---

311 Theod. Prodr., Hist. 208 (IV 273), 212.

312 Mich. Syr. III 224; vgl. Taeschner, Anḳara. *EI* nouv. éd. 1 (1960) 525; Mélikoff, La geste I 111; Wittek, Angora 339f.

313 Vgl. Chalandon, Les Comnène II 82–91; Vryonis, Decline 119; Cahen, Pre-Ottoman Turkey 95f.

314 Nik. Chōn. 31.

315 Theod. Prodr., Hist. 256ff. (XI 101, 116, 169), 279 (XVI 70), vgl. 260.

316 Vgl. die Rekonstruktion des Itinerars bei Chalandon, Les Comnène II 151f.

317 Iō. Kinn. 22; Nik. Chōn. 37f.; vgl. Chalandon, Les Comnène II 181f.; Vryonis, Decline 120.

318 Iō. Kinn. 38–42; vgl. Chalandon, Les Comnène II 249–253. Zum Itinerar vgl. zuletzt Mersich, Pisidien 96f.

319 Nik. Chōn. 53.

byzantinische Reich vorbereiteten, eine Nachricht, die Manuēl kaum schon erreicht haben konnte[320].

Der Rückweg selbst, auf dem die Byzantiner von Seiten der verfolgenden Türken insbesondere bei der Schlucht → Tzibrēlitzēmani westlich von Ikonion einige Verluste hinnehmen mußten, erfolgte über die → Pusgusē Limnē (Beyşehir Gölü) und die Mäanderquellen[321].

In einem Frieden, den Manuēl und Masʿūd erst im folgenden Jahr (1147) unter dem Eindruck der gemeinsamen Bedrohung durch das neue Kreuzheer abschlossen, gab Masʿūd seine jüngsten Eroberungen, besonders Prakana in Kilikien, an die Byzantiner zurück, das eigentliche Ziel des Unternehmens war aber nicht erreicht worden[322].

Nach dem erfolgreichen Kilikienfeldzug von 1158/59 wollte Manuēl wegen schlechter Nachrichten aus dem Westen den Rückweg nach Konstantinopel möglichst rasch hinter sich bringen; er mied daher den Umweg über Pamphylien (Attaleia), erschien überraschend in → Laranda und erzwang gegen den Protest Sultan Qılığ Arslans II., der einen Angriff auf Ikonion befürchtete, den Durchzug mitten durch Lykaonien. Erst als sich die Türken von Manuēls friedlichen Absichten überzeugt hatten, ließen sie von ihrem Widerstand ab und boten Lebensmittel[323].

Die byzantinisch-seldschukischen Beziehungen, die nach dem berühmten Besuch Qılığ Arslans II. in Konstantinopel 1162[324] trotz ständiger Grenzkriege gegen türkische Nomaden relativ gut gewesen waren, verschlechterten sich nach 1174 rasch. Manuēl sammelte daher noch einmal eine große Armee, mit der er 1176 nach Ikonion vorstoßen und den Sultan selbst gefangennehmen wollte[325]. Das Unternehmen mündete jedoch schon auf dem Anmarsch in einem Engpaß bei Myriokephalon in Pisidien[326] in eine Katastrophe, die oft in ihrer Auswirkung der Niederlage bei Mantzikert hundert Jahre zuvor gleichgesetzt wurde[327].

Während sich die byzantinisch-türkischen Auseinandersetzungen nach der Schlacht bei Myriokephalon ausschließlich außerhalb der Grenzen von Galatien und Lykaonien abspielten, bahnten sich die deutschen Truppen des Dritten Kreuzzuges 1190 unter Friedrich Barbarossa noch einmal den Weg durch das Seldschukenreich auf einer modifizierten Diagonalverbindung (Ausweichen nach Süden bis zum Mäander, um möglichst lange auf byzantinischem Gebiet zu bleiben). Nach den zwischen Friedrich Barbarossa und Qılığ Arslan getroffenen Vereinbarungen hätte der Durchzug friedlich erfolgen sollen[328]; Eroberungen in Kleinasien waren von deutscher Seite nicht geplant. Es gab jedoch schon ab Philadelpheia (Alaşehir) ständig Zusammenstöße mit Turkmenengruppen, die auf eigene Faust mehr oder weniger unabhängig von der seldschukischen Zentralgewalt operierten[329]. Als das Kreuzheer bei Myriokephalon den Westteil der Sultan Dağları überwunden hatte und in die Ebene von Philomēlion herabstieg, mußte es bemerken, daß auch zunehmend reguläre seldschukische Streitkräfte angriffen. Qılığ

[320] Iō. Kinn. 45f.; vgl. Chalandon, Les Comnène II 253–255.

[321] Iō. Kinn. 47–59; vgl. Chalandon, Les Comnène II 255–257.

[322] Iō. Kinn. 66; Chalandon, Les Comnène II 257f.; Vryonis, Decline 121.

[323] Iō. Kinn. 190f.; vgl. Chalandon, Les Comnène II 455f.

[324] Vryonis, Decline 122; Cahen, Pre-Ottoman Turkey 102f.

[325] Iō. Kinn. 299f.; Nik. Chōn. 177f.; vgl. Chalandon, Les Comnène II 507.

[326] Zur Lage von Myriokephalon vgl. zuletzt Eickhoff, Barbarossa 173–179, zum Schauplatz der Schlacht selbst N. Mersich, Tzibritze. Zum Austragungsort der Schlacht von Myriokephalon (1176), in: Festschrift H. Hunger. Wien 1984 (im Druck).

[327] Nik. Chōn. 178–191; Chalandon, Les Comnène II 507–513; Vryonis, Decline 123–126; eine zurückhaltendere Beurteilung der Folgen bietet R.-J. Lilie, Die Schlacht von Myriokephalon. Auswirkungen auf das byzantinische Reich im ausgehenden 12. Jahrhundert. *REB* 35 (1977) 257–275.

[328] Vgl. Eickhoff, Barbarossa 43.

[329] Eickhoff, Barbarossa 97, 107–112.

Arslan II. hatte 1188 oder 1189 sein Reich zunächst unter seine neun Söhne, einen Bruder und einen Neffen aufgeteilt und sich mit dem Sultanstitel nur eine Art Oberhoheit über Ikonion vorbehalten; dann aber (1189) besiegte Quṭbaddīn seinen Vater, etablierte sich ebenfalls in Ikonion und leitete praktisch die Geschicke des Staates[330]. Quṭbaddīn ist wohl für die feindliche Haltung der Seldschuken gegenüber dem Kreuzheer verantwortlich[331].

Unter ständigen Abwehrkämpfen marschierten die Kreuzfahrer von Philomēlion über *Firmin* (Ilgın) an der Nordflanke der Sultan Dağları entlang und erreichten um den 15. Mai 1190 die Konya Ovası von Norden[332]. Am 18. Mai wurde Ikonion erstürmt, jedoch blieb die Zitadelle, wo sich Qılıǧ Arslan verschanzt hatte, in türkischer Hand. Friedrich Barbarossa beschränkte sich darauf, die Lieferung von Lebensmitteln sowie freien Durchzug durch Lykaonien auszuhandeln, d. h. die früheren Vereinbarungen wieder in Kraft zu setzen[333].

Nach einwöchiger Rast vor den Toren Ikonions erfolgte der Weitermarsch auf der Nord-Süd-Verbindung (Route D) über eine nicht genauer lokalisierbare Station *quadraginta fontes,* einen Übergang über den Çarşamba Suyu (→ Nahr al-Aḥsā') und das Bistum → Pyrgoi nach → Laranda in der Nähe der seldschukisch-kleinarmenischen Grenze[334]. Hinter Laranda trafen die Kreuzfahrer auf erste kleinarmenische Siedlungen, die aber noch im Machtbereich der Seldschuken lagen[335]. Sie überquerten den Taurus nicht auf der Trasse der heutigen Staatsstraße 35 über den Sertavul Geçidi, sondern verließen diese knapp einen Tagesmarsch südlich von Laranda, um auf schwierigen Bergpfaden über Dağpazarı (wahrscheinlich Koropissos) und Sibilia (Mavga Kalesi, beide bereits in Isaurien) das Tal des Gök Su (antik Kalykadnos, mittelalterlich *Saleph, Salephica* und ähnlich) zu erreichen, in dem Friedrich Barbarossa am 10. Juni 1190, nur wenige Kilometer vor Seleukeia, ertrank[336]. Bleibende Folgen für die Entwicklung Inneranatoliens hatten der Durchzug des Kreuzfahrerheeres durch Lykaonien und die vorübergehende Besetzung Ikonions nicht.

Zu Beginn des 13. Jahrhunderts kam noch einmal ganz kurzfristig ein kleiner Streifen Südlykaoniens unter christliche (kleinarmenische) Herrschaft. Im August 1210 hatte König Leon II. von Kleinarmenien versprochen, die zu dieser Zeit seldschukische Stadt → Laranda den Johannitern zu übergeben, wenn er sie den Heiden entreißen könne[337]. 1211 eroberte er tatsächlich einen Streifen Südlykaoniens und Kappadokiens mit Laranda und Hērakleia (→ *TIB* 2 s. v.) und stieß sogar bis Ikonion vor[338], jedoch erfüllte er sein Versprechen nicht. Vielmehr gab er 1216 die beiden Städte für eine Geldzahlung dem Seldschukensultan ʿIzzaddīn Kaikā'ūs zurück[339].

Mit diesem kleinarmenischen Zwischenspiel ist der letzte Rest christlicher Herrschaft auf dem Gebiet von Galatien und Lykaonien erloschen. Trotz bald auftretender separatistischer Bewegungen bildete es für einige Zeit zur Gänze einen Bestandteil des Reiches der Rumseldschuken von Konya. Diese führten das Land rasch zu einer erstaunlichen wirtschaftlichen und kulturellen Blüte, die bis zu den Mongolenstürmen um die Mitte des 13. Jahrhunderts andauerte.

---

330 Wittek, Toponymie 12–18; Cahen, Pre-Ottoman Turkey 111f.

331 Eickhoff, Barbarossa 120f.

332 Chroust, Quellen 78–83, 159–166, 175f.; Tageno 412f.; Eickhoff, Barbarossa 129–131.

333 Chroust, Quellen 84–88, 169–171, 177; Nik. Chōn. 413f.; Eickhoff, Barbarossa 133–136.

334 Chroust, Quellen 88f., 171, 177; Tageno 415.

335 Chroust, Quellen 89; Tageno 415.

336 Eickhoff, Barbarossa 139–160.

337 Delaville le Roulx, Cartulaire II 115; vgl. Alishan, Sissouan 342.

338 Vahram 511.

339 Sempad 644; vgl. Eickhoff, Barbarossa 144f.; Alishan, Sissouan 342f.

D. DIE KIRCHE

Die Christianisierung Lykaoniens und vielleicht auch Galatiens geht weitgehend auf den Apostel Paulus zurück, der das Gebiet auf drei Missionsreisen um die Mitte des 1. Jahrhunderts durchquerte[1]. Durch die Apostelgeschichte ist die Gründung christlicher Gemeinden in → Ikonion, → Lystra und Derbē bezeugt[2]. Die alte Streitfrage, ob unter der Galatikē chōra, die anläßlich Paulus' zweiter und dritter Missionsreise erwähnt wird, das eigentliche Galatien oder nur die zur römischen Provinz Galatien gehörigen Gebiete (Lykaonien, Pisidien usw.) zu verstehen sind und damit zusammenhängend, wer die Adressaten des Galaterbriefes sind, kann im Rahmen dieser Arbeit nicht aufgegriffen werden und muß m. E. auch weiter offenbleiben[3]. An der Missionierung des eigentlichen Galatien hatte vielleicht auch der Apostel Petrus Anteil[4].

Die Ausbreitung des Christentums scheint eher rasch erfolgt zu sein. Von Märtyrerlegenden von sehr unterschiedlichem Wert abgesehen[5], beziehen sich die frühesten kirchengeschichtlichen Nachrichten auf Auseinandersetzungen der im Entstehen begriffenen Großkirche mit verschiedenen häretischen Bewegungen, die deshalb einleitend von den Anfängen bis zum Mittelalter behandelt werden sollen; die meisten gehen auf das 2. und 3. Jahrhundert zurück, waren aber noch in frühbyzantinischer Zeit weit verbreitet. Bereits vor der Wende vom 2. zum 3. Jahrhundert hatte sich der Montanismus (nach seinem Entstehungs- und Hauptverbreitungsgebiet oft als phrygische oder kataphrygische Häresie bezeichnet) nach Ankyra in Galatien verbreitet und dort heftige Diskussionen ausgelöst[6]; in Galatien ist er auch im 4. Jahrhundert noch bezeugt[7]. In den 20er oder 30er Jahren des 3. Jahrhunderts wurde in Ikonion eine der frühesten größeren Synoden abgehalten, die sich mit der Wiedertaufe von Häretikern, d. h. im wesentlichen von Montanisten, beschäftigte[8]. Die römische Kirche hatte sogar um die Mitte des 3. Jahrhunderts wegen der Wiedertaufe von Häretikern die Beziehungen zu verschiedenen östlichen Kirchen, darunter auch der galatischen, abgebrochen[9]. Dieselbe Frage griff dann Basileios von Kaisareia in einem Brief an den Metropoliten von Ikonion, Amphilochios, wieder auf; es zeigt sich, daß die Montanisten (hier nach dem heiligen Ort der Montanisten Pepuza in Phrygien *Pepuzaner* genannt) auch im Lykaonien des 4. Jahrhunderts noch Anhänger hatten[10].

---

[1] Act. Ap. 13, 13–14,24; 15, 41–16,8; 18,22f. Zur zeitlichen Einordnung vgl. Janin–Stiernon, Galatie 716 (abweichend Bérnard, Saint Paul 58 A. 1).

[2] Act. Ap. 14, 1–22; 16, 1–5.

[3] Darstellung der Standpunkte mit Stellungnahme für die „nordgalatische Theorie" (ohne Begründung) bei Janin–Stiernon, Galatie 716f. (*Lit*).

[4] 1. Petrusbrief 1, 1; Euseb., Hist. Eccl. III, I, 2 (I 97 Bardy), III, IV, 2 (I 100 Bardy); vgl. Harnack, Mission I 86f.; Janin–Stiernon, Galatie 717.

[5] Für Galatien zusammengestellt bei Janin–Stiernon, Galatie 717f.

[6] Euseb., Hist. Eccl. V, XVI 4 (II 47 Bardy); vgl. Harnack, Mission 466.

[7] Epiphanios, Panarion haer. 48, 14, 2.

[8] Euseb., Hist. Eccl. VII, VII 5 (II 172 Bardy); Cyprien, Correspondance II, Brief 75, 5; vgl. Hefele, Histoire I 159ff.; G. Bardy, Montanisme. *DThC* 10/2 (1929) 2367.

[9] Euseb., Hist. Eccl. VII, V 4 (II 169 Bardy); vgl. Janin–Stiernon, Galatie 718.

[10] Basileios v. Kaisareia, ep. 188 (II 121–123 Courtonne).

Mit den Montanisten waren im 4. Jahrhundert in Teilen Kleinasiens die Novatianer (oder, wie sie sich selbst bezeichneten, Katharer) mehr oder weniger verschmolzen[11]. Auch sie hatten sowohl in Galatien als auch in Lykaonien einen gewissen Zulauf[12]. Im pisidisch-lykaonischen Grenzgebiet sind sie auch inschriftlich bezeugt[13]. Dieselbe Gegend war auch Zentrum verschiedener, stark asketisch geprägter häretischer Bewegungen, die unter den Bezeichnungen Enkratiten, Sakkophoren, Apotaktiten und Hydroparastaten aufscheinen[14].

Eine Zeit lang konnte, besonders in Galatien, der Arianismus Fuß fassen, der durch die Kaiser Kōnstantios und Valens auch von staatlicher Seite gefördert wurde; in Ankyra war der Metropolitenstuhl zeitweise von Arianern besetzt. In erster Linie ist hier Basileios zu nennen, der 336 anstelle des ursprünglich orthodoxen, später selbst einer eigenen Häresie verdächtigten Markellos Metropolit von Ankyra wurde und sich als einer der Anführer der Arianer profilierte. Zwar mußte er 344 nochmals Markellos weichen, doch setzte ihn Kōnstantios 351/352 wieder in sein Amt ein. Bei der Spaltung der Arianer übernahm er die Führung der gemäßigten sog. Semiarianer. Eine Synode in Konstantinopel 360 ersetzte ihn unter dem Vorwand des Amtsmißbrauches durch den orthodoxen Athanasios, jedoch erhielt dieser nochmals einen arianischen Nachfolger, der wahrscheinlich 381 noch im Amt war; so erklärt es sich wohl, daß aus Galatien kein einziger Bischof am ersten Konzil von Konstantinopel teilnahm[15]. Aufgrund seines eifrigen Kampfes gegen die verschiedenen Häretiker wurde 381 der Metropolit von Ikonion, Amphilochios, zusammen mit Optimos von Pisidien zu einer Art Wächter der Orthodoxie in der asianischen Diözese und speziell der Provinz Asia eingesetzt[16].

Einflüsse des Monophysitismus sind in Galatien überhaupt nicht, in Lykaonien nur spärlich nachzuweisen, insbesondere ging kein einziges Bistum in monophysitische Hand über[17]. Aus Lykaonien kamen immerhin monophysitische Mönche, denen die Kaiserin Theodōra in Konstantinopel Zuflucht bot[18], und Lykaonien wird auch unter den Provinzen genannt, in denen der monophysitische Metropolit von Edessa, Iakōbos Baradaios (Yaʿgōbh Būrdeʿanā), seine missionarische Tätigkeit entfaltete[19].

Aus mittelbyzantinischer Zeit gibt es nur noch vereinzelte Nachrichten über nichtorthodoxe Bewegungen in Lykaonien und Galatien. Auf dem Konzil von Nikaia 787 zeigte sich, daß die Metropoliten von → Ankyra, → Pessinus und → Ikonion sowie der Erzbischof von → Amorion Ikonoklasten gewesen waren; sie übten jedoch Reue und durften schließlich ihre Sitze behalten[20].

Im 9. Jahrhundert war in Phrygien und Lykaonien die Sekte der *Athinganoi* verbreitet, die, wohl zu Unrecht, oft in enge Verbindung mit den Paulikianern einerseits, mit den Juden andererseits gebracht wurden[21]. Die Polemik des Theophanēs läßt Kaiser Nikēphoros I. zum eifrigen Freund der Paulikianer und Athinganoi „in Phrygien und

---

[11] Vgl. Sōkratēs 540A; É. Amann, Novatien. *DThC* 11/1 (1931) 843f.; Calder, Epigraphy 64.

[12] Sōkratēs 729A; Basileios v. Kaisareia, ep. 188 (II 122f. Courtonne).

[13] Calder, Epigraphy 74–84.

[14] Epiphanios, Panarion haer. 46, 1,1; Basileios v. Kaisareia, ep. 188 (II 122f. Courtonne), 199 (II 163 Courtonne); inschriftliche Belege bei Calder, Epigraphy 71, 86f.; Robinson, Inscriptions 198.

[15] Foss, Ankara 37f.; M.-D. Chenu, 4. Marcel d'Ancyre. *DThC* 9/2 (1927) 1993–1998; R. Janin, 42. Basile. *DHGE* 6 (1932) 1104–1107; G. Levenq, 25. Athanase. *DHGE* 4 (1930) 1351f.; Karalevsky, Ancyre 1540.

[16] Cod. Theodos. XVI 1,3; Holl, Amphilochius 27f.

[17] Honigmann, Évêques 136.

[18] Honigmann, Évêques 158; Johannes v. Ephesos, Lives of the Eastern Saints, herausgegeben u. übersetzt von E. W. Brooks. *PO* 18, 677 [475].

[19] Honigmann, Évêques 168; Johannes v. Ephesos, Lives of the Eastern Saints. *PO* 19/2, 154 [500].

[20] Speck, Konstantin VI. I 56.

[21] Vgl. Starr, Athinganoi 93–107.

Lykaonien“ werden[22]. Die Gesetzgebung Michaēls I. sah die Todesstrafe für dieselben Häretiker vor[23], jedoch begnügte er sich unter dem Einfluß besonders des Theodōros Studitēs im wesentlichen mit milderen Maßnahmen[24]. Die Athinganoi belegte er mit Konfiskation ihres Vermögens und Verbannung; mit der Durchführung der Bestrafung beauftragte er den räumlich zuständigen Strategen des Thema Anatolikōn, Leōn[25].

Einige Erwähnungen von Paulikianern und Athinganoi zusammen (z. T. mit dem Zusatz „in Phrygien und Lykaonien“)[26] sind zwar kein Beweis für eine innere Verwandtschaft beider Sekten, zeigen aber, daß unser Gebiet auch von Paulikianern infiltriert war[27].

Besonders schlechten Ruf als Brutstätte von Häresien genoß Amorion; da hier neben Athinganoi auch viele Juden wohnten (beides berichtet im Zusammenhang mit der Herkunft des bei der späteren Geschichtsschreibung als Ikonoklast unbeliebten „Amoriers“ Michaēls II.[28]) entstand die Sage, daß die beiden Glaubensrichtungen einander besonders naheständen[29].

Schließlich begründete in der 2. Hälfte des 10. Jahrhunderts in Lykaonien der Mönch Eleutherios an einem ansonsten unbekannten Ort → Mōrokampos (wohl in der Nähe von → Lystra) ein Kloster, das zur Keimzelle einer Häresie wurde, welcher die einzige dazu erhaltene Quelle paulikianische und messalianische Gedanken und Praktiken zuschreibt. Während Eleutherios bereits unter dem Patriarchen Polyeuktos (956–970) verurteilt wurde, verbreiteten sich seine Anhänger über mehrere Provinzen; ihnen wurde unter dem Patriarchen Alexios Studitēs (1025–1043) der Prozeß gemacht[30].

Bis zum Beginn des 4. Jahrhunderts hatte sich in der kirchlichen Organisation Kleinasiens als Angleichung an die politische Situation die Metropolitanverfassung vollständig durchgesetzt; als oberste kirchliche Instanz wurde zunächst, wenn auch nicht ganz unangefochten, der „Patriarch“ des syrischen Antiocheia angesehen. Erst nach dem Konzil von 381 konnte Konstantinopel allmählich seine Jurisdiktionsrechte auf die pontische und asianische Diözese ausdehnen[31].

Auf dem Konzil von Nikaia 325 war Galatien mit den Bischöfen von → Ankyra, → Tabia, → Gdanmaa (wurde später an Lykaonien abgegeben) und → Iuliupolis, wahrscheinlich auch von → Kinna vertreten. Lykaonien gehörte größtenteils zur Provinz Pisidien; aus dem Gebiet der späteren Provinz Lykaonien nahmen die Bischöfe von → Ikonion, → Amblada und → Uasada, wahrscheinlich auch von → Mistheia am 1. Nizänum teil. Aus dem Südstreifen Lykaoniens, der noch zu Isaurien gehörte, kamen die Bischöfe von → Barata, Mētropolis (gemeint ist wahrscheinlich Isaura Palaia, → Leontopolis), → Umanada, → Laranda und → Ilistra nach Nikaia. Bereits das 2. Ökumenische Konzil bestätigt die unter Kaiser Valens erfolgte Neueinteilung[32]: Die

[22] Theoph. 488; vgl. Lemerle, Pauliciens 80; Starr, Athinganoi 93f.

[23] Theoph. 495.

[24] Lemerle, Pauliciens 81f.; Starr, Athinganoi 94; Grumel, Reg. 383, 384.

[25] Theoph. 497; Lemerle, ebenda; vgl. auch Th. Korres, Οἱ διώξεις τῶν Παυλικιανῶν ἐπὶ Μιχαὴλ Α'. *Byzantina* 10 (1980) 205–215.

[26] Neben den genannten Quellen (Theoph. 488, 495) s. auch das Textstückchen bei Ficker, Erlasse 22 A. 1; vgl. Starr, Athinganoi 97 mit A. 19.

[27] Vgl. auch Vryonis, Decline 61.

[28] Iōs. Gen. 23; Theoph. Cont. 42f.

[29] Vgl. Starr, Athinganoi 95f., 104f.; Starr, The Jews in the Byzantine Empire, 641–1204 (*Texte und Forschungen zur Byzantinisch-Neugriechischen Philologie* 30). Athen 1939, 48.

[30] G. Ficker, Der Häretiker Eleutherius. *Theologische Studien und Kritiken* 79 (1906) 591–614; Grumel, Reg. 850; Gouillard, Procès 6, 8–19, 44–52.

[31] Vgl. Beck, Kirche 27–31.

[32] S. oben S. 55; vgl. Holl, Amphilochios 16f.

neue (Kirchen-)Provinz Lykaonien mit Ikonion als Mētropolis entsandte 381 dreizehn Bischöfe nach Konstantinopel.

Schwierigkeiten bereitete allerdings noch längere Zeit die kirchliche Verwaltung von „Isaurien", d.h. Isaura (Palaia) mit seiner Umgebung, in der das kirchliche Leben wahrscheinlich als Folge der Isaureraufstände von 354[33] weitgehend zum Erliegen gekommen war. Einem Rat Basileios' des Großen von Kaisareia an den für diese Gegend zuständigen Metropoliten von Ikonion, Amphilochios, aus dem Jahre 374 zufolge sollten die traditionell sehr weitreichenden Befugnisse des Bischofs von Isaura möglichst eingeschränkt, eventuell der Sitz überhaupt vorerst nicht besetzt werden, damit langsam eine gegenüber Amphilochios loyale Hierarchie aufgebaut werden könne[34]; ein Jahr später begab sich Basileios selbst nach „Pisidien" (= Lykaonien), um mit Amphilochios die isaurische Angelegenheit zu regeln[35]. Die weitere Entwicklung scheint ungefähr nach Basileios' Vorstellung verlaufen zu sein. Um die Mitte des 5. Jahrhunderts besaß Isaura (Palaia) offensichtlich nicht nur keinen Bischof, sondern hatte auch sein Stadtrecht verloren; einem Gesetz Kaiser Zēnōns zufolge sollte das erst kürzlich zu Ehren des Märtyrers Konōn zur Stadt erhobene → Leontopolis[36] keinen eigenen Bischof erhalten, sondern auf immer dem Bischof von → Isauropolis in Lykaonien unterstellt bleiben[37]. Tatsächlich ist ein Bischof von Leontopolis zum ersten Mal auf dem Konzil von Konstantinopel 680 bezeugt, der hier allerdings gleich unter den Autokephalen sitzt und ausdrücklich der Provinz Isaurien zugerechnet wird[38]. Leontopolis kann m. E. nur als Neugründung an der Stelle des seiner Stadtrechte verlustig gegangenen Isaura (Palaia) aufgefaßt werden[39].

Kurz vor 400 wurde Galatien in eine Galatia I mit der alten Metropole Ankyra und eine Galatia II oder Salutaris (griechisch *Salutaria*) mit → Pessinus als neuer Mētropolis geteilt[40]; diese Teilung Galatiens ist in kirchlichen Quellen zuerst im Zusammenhang mit den Verfolgungen des Chrysostomos nach 403 belegt, bei denen Bischof Dēmētrios von Pessinus der Galatia II einer von dessen treuesten Freunden war[41].

Bis hierher sind die staatliche und die kirchliche Entwicklung vollkommen parallel gegangen. Als jedoch im Zuge des Abwehrkampfes gegen die arabischen Invasionen vom 7. Jahrhundert an das Land neu gegliedert wurde und die alten politischen Provinzen (Eparchien) allmählich in den neuen militärisch-administrativen, den sogenannten Themen aufgingen, machte die Kirche diese Veränderungen nicht mehr mit; sie hielt vielmehr bis zum Ende der byzantinischen Herrschaft in Zentralkleinasien an der später nur noch geringfügig geänderten spätrömischen Provinzialeinteilung fest.

Vom 5. Jahrhundert an finden wir demnach folgendes Bild der Kirchenprovinzen auf dem Boden von Galatien und Lykaonien vor:

Galatia I: Mētropolis Ankyra; Suffragane: Aspona, Iuliupolis (später in Basilaion umbenannt), Kinna, Lagania (in Anastasiupolis umbenannt), Mnizos und Tabia; später kommen Bērinupolis (= Stauros) und Kalumnē hinzu.

---

33 Vgl. oben S. 54f.

34 Basileios v. Kaisareia, ep. 190 (II 141f. Courtonne); vgl. Holl, Amphilochios 17ff.

35 Basileios v. Kaisareia, ep. 216 (II 207 Courtonne); Holl a. O.

36 Dem Namen nach wahrscheinlich unter Kaiser Leōn I. (457–474); vgl. Ramsay, Lycaonia 78.

37 Cod. Iust. I 3, 35 (36); vgl. Chrysos, Erzbistümer 268–270.

38 Mansi XI 645B; vgl. Chrysos a. O. Leontopolis ist auch von den Notitiae episcopatuum von Anfang an unter den Autokephalen (ebenfalls zur Provinz Isauria gerechnet) verzeichnet, Darrouzès Notitiae 1, 44 und passim.

39 Belke, Lykaonien 135–139.

40 Vgl. oben S. 55 mit A. 70.

41 Palladius, De vita S. Ioannis Chrysostomi. *PG* 47, 8 als Δημήτριος δευτέρας Γαλατίας bezeichnet, an anderen Stellen nur als Bischof von *Pisinus*.

Galatia II: Mētropolis Pessinus; Suffragane: Amorion, Eudoxias, Germia, Germokolōneia, Klaneos, Myrikiōn (= Hagios Agapētos), Orkistos, Pitanissos und Troknada; dazu kommen später Lōtinon und Synodia.

Lykaonia: Mētropolis Ikonion; Suffragane: zunächst Amblada, Barata, Derbē, Gdanmaa (Eudokias), Hydē, Ilistra, Isauropolis, Kana, Korna, Laranda, Lystra, Mistheia, Perta, Posala, Sabatra, Uasada und Umanada; später auch Psibēla (Berinupolis), Pyrgoi und Tibassada, während Derbē, Hydē, Isauropolis und Korna von den Listen verschwinden.

Alle Metropolitansprengel mußten im Laufe der Zeit Verluste infolge von Erhebungen von Suffraganen zu autokephalen Erzbistümern oder Metropolen (meist ohne Suffragane) hinnehmen. In der Galatia II erscheint → Germia bereits in der frühesten Notitia unter den Autokephalen[42], im 11. Jahrhundert wurde die Stadt zur Mētropolis ohne Suffragane erhoben[43]. Auch Amorion wurde bereits im 8. Jahrhundert autokephal[44] und im 9. Jahrhundert zur zweiten Mētropolis der Galatia II erhoben[45]. Sie erhielt als einzige aus der Reihe dieser späteren Erhebungen auch Suffragane, nämlich → Klaneos (vorher Galatia II), Philomēlion und Pissia (vorher Pisidien) sowie Dokimion und Polybōtos (vorher Phrygia Salutaria)[46]. Dieser ganze Metropolitansprengel wurde allerdings vom 10. Jahrhundert an nicht mehr zu Galatien, sondern zu Phrygien, der Landschaft, in der er rein geographisch immer lag, gerechnet[47]. In Lykaonien wurde → Mistheia ebenfalls im 8. Jahrhundert autokephal[48]; → Leontopolis, das wohl immer mehr zu Isaurien gerechnet wurde, konnte sich aus der Abhängigkeit vom Bischof von → Isauropolis befreien und erscheint bereits in der frühesten Notitia unter den Erzbistümern[49]. In der Galatia I löste die Erhebung von Basilaion (→ Iuliupolis) zur Mētropolis durch Kaiser Kōnstantinos X. (bestätigt durch Michaēl VII.) einen Streit zwischen Alexios I. und dem Metropoliten von Ankyra, Nikētas, um die künftige Stellung von Basilaion aus, da die Erhebung eigentlich auf die Lebenszeit eines besonders geehrten Prälaten (wahrscheinlich Sisinnios) beschränkt bleiben sollte; schließlich behält jedoch Basilaion seinen erhöhten Rang[50]. Auch → Aspona und → Bērinupolis scheiden im 13. Jahrhundert kurzfristig als Autokephale (oder sogar Metropolen) aus dem Metropolitanverband der Galatia I aus[51].

Unter den Araberinvasionen vom 7. bis zum 10. Jahrhundert scheint die kirchliche Organisation in unserem Gebiet relativ wenig gelitten zu haben. Allenfalls könnten sie für das Verschwinden der beiden lykaonischen Bistümer → Derbē und → Hydē verantwortlich gemacht werden, die beide einigermaßen ungeschützt an oder in der Nähe wichtiger Einfallsrouten lagen[52]. Bei den geschickten Verhandlungen des Strategen des Thema Anatolikōn und späteren Kaisers Leōn, die 716 zur Rettung der fast nicht verteidigten Stadt Amorion vor der Armee des arabischen Feldherrn Sulaimān führten, spielte auch

---

[42] Darrouzès, Notitiae 2, 48 und passim.

[43] Darrouzès, Notitiae 11, 69 und passim.

[44] Darrouzès, Notitiae 2, 77.

[45] Darrouzès, Notitiae 4, 39; zum Datum vgl. Laurent Notitia 464–467.

[46] Darrouzès, Notitiae 4, 477–482.

[47] Darrouzès, Notitiae 4, 39 u. 477 sowie 8, 48 haben Galatia (II); 7, 654 und alle folgenden Notitiae ab 9, 528 haben Phrygia ohne Zusatz (geographisch wäre nur *Salutaria* möglich). Das weist darauf hin, daß nur noch an eine Landschaftsbezeichnung gedacht ist, nicht aber ein mehrfacher Wechsel der Provinzzugehörigkeit ausgedrückt wird.

[48] Darrouzès, Notitiae 2, 81 und passim.

[49] Darrouzès, Notitiae 1, 44 und passim.

[50] Janin–Stiernon, Galatie 725 *(Font, Lit)*.

[51] Darrouzès, Notitiae 165 A. 1, 170 mit A. 1; 15, 179, 180.

[52] Beide zuletzt belegt im 9. Jh. (Darrouzès, Notitiae 4, 379, 380); vgl. Ramsay, Lycaonia 74, 86f.

der nicht beim Namen genannte Bischof der Stadt eine bedeutende Rolle[53]; nach der katastrophalen Eroberung und Zerstörung von 838 hatte die Stadt wahrscheinlich keinen Oberhirten, doch wenig später finden wir sie zur Mētropolis erhoben[54]. Auch aus Pessinus, der Mētropolis der Galatia II, hat sich möglicherweise der Bischof kurzfristig auf einen besser geschützten Platz zurückgezogen. So erklärt es sich wohl, daß dem Suffragan → Spaleia (heute wohl Sivrihisar mit seiner mächtigen Festung unmittelbar oberhalb der Stadt[55], vielleicht aber einer der Orte am Fuße des Arayit Dağı [→ Dindymon], der ebenfalls eine mächtige byzantinische Burg trägt) im 9. Jahrhundert einmal der Beiname Iustinianupolis beigelegt wird[56], der sonst in Galatien nur Pessinus (seit dem 6. Jahrhundert) zukommt. Ramsay geht aber sicher zu weit, wenn er annimmt, daß Spaleia unter dem Namen Pessinus/Iustinianupolis um 700 das eigentliche Pessinus als wirkliches Zentrum der Galatia II und als Sitz des Metropoliten abgelöst habe[57]; gerade in den Jahren nach der Katastrophe von Amorion finden wir einen Metropoliten von Pessinus, der offensichtlich in seiner Mētropolis residierte[58].

In der kirchlichen Entwicklung während und nach der türkischen Landnahme können wir mehrere Perioden feststellen, die sich durch die größere oder geringere Toleranz der neuen Herrscher gegenüber der christlichen Bevölkerung unterscheiden.

Die erste Phase während der Eroberung des Landes (2. Hälfte 11./1. Hälfte 12. Jahrhundert) ist durch Zerstörungen, Plünderungen und den hauptsächlich von den Turkmenen aufrecht erhaltenen Zustand des Glaubenskrieges (ǧihād) gekennzeichnet. Die meisten Metropoliten wurden von ihren Sitzen vertrieben bzw. konnten sie gar nicht erst erreichen; sie mußten in Konstantinopel bleiben und von relativ bescheidenen Einkünften leben oder bekamen manchmal einen anderen vakanten Sitz in einer sichereren Gegend zugewiesen[59]. Ausdrücklich bezeugt ist ein solches Schicksal für den greisen Metropoliten Nikētas von Ankyra, der 1072 auf einer Synode in Konstantinopel anwesend war und danach wahrscheinlich seine Stadt nicht mehr erreichen konnte; er residierte dann ganz in der Hauptstadt und legte schließlich auch formell sein Amt nieder[60]. Auch der Metropolit von Ikonion war zu einem nicht näher bestimmbaren Zeitpunkt im 12. Jahrhundert nicht in der Lage, seinen Sitz tatsächlich einzunehmen[61]. Wahrscheinlich sind auch bereits in dieser Periode die meisten Suffraganbistümer in Galatien und Lykaonien untergegangen. Sie werden in keiner Quelle mehr als Bistümer erwähnt; die späteste für dieses Gebiet überlieferte Suffraganliste wurde zwar im 12. Jahrhundert kompiliert, sie reproduziert aber weitgehend ältere Muster und ist somit nicht unbedingt aussagekräftig[62]. Als Ausnahme können → Aspona und → Bērinupolis in der Galatia I gelten, deren Überleben durch ihren bereits erwähnten Aufstieg zu Erzbistümern im 13. Jahrhundert bezeugt ist[63].

Mit der Konsolidierung des Seldschukenreiches, dessen Herrscher sich den christlichen Untertanen gegenüber stets toleranter zeigten als die Turkmenenstämme, trat eine gewisse Erleichterung ein, die für die zweite Periode charakteristisch ist. Es scheint, daß Kaiser Manuēl sogar ein Abkommen mit Qılıǧ Arslan aushandeln konnte, das die Rück-

---

[53] Theoph. 388; vgl. Vailhé, Amorium 1331.
[54] Laurent, Notitia 466f.
[55] So Ramsay, Asia Minor 163, 223.
[56] Darrouzès, Notitiae 4, 261; in Notitia 7, 326 und 13, 259 in einem Teil der Überlieferung.
[57] Ramsay, Asia Minor 223f.
[58] Vita Blasii, *AASS* Nov. IV 659f.; vgl. Laurent, Notitia 466f.
[59] Vryonis, Decline 200–205.
[60] Darrouzès, Documents inédits 40f., 46.
[61] Balsamōn, Rallēs–Potlēs II 390; vgl. Vryonis, Decline 201.
[62] Darrouzès, Notitiae 13, 71–82, 250–259, 375–391, 697–703; vgl. S. 140f.
[63] Darrouzès, Notitiae 15, 179, 180; vgl. oben S. 88.

kehr vieler vertriebener Kleriker ermöglichte[64]. Für die Mētropolis Ankyra scheint die Auswirkung gering gewesen zu sein. Der Sitz wurde im 12. Jahrhundert an Nazianz in Kappadokien übertragen[65]; 1173 durfte der Metropolit Michaēl von Ankyra wegen der aufgrund der türkischen Besetzung unerträglichen (aber wohl übertrieben schlecht dargestellten) Lage den vakanten Sitz von Kerasus einnehmen[66].

Anders in Ikonion. Hier konnte sich unter dem Schutz der Sultane eine für den Seldschukenstaat charakteristische islamisch-christliche Symbiose entwickeln, die es u. a. Christen ermöglichte, in hohe Staatsstellungen aufzusteigen und anspruchsvolle Berufe (Ärzte, Architekten) auszuüben[67]. Es konnten wieder Kirchen gebaut bzw. restauriert werden. Am Ende des 12. oder Anfang des 13. Jahrhunderts entstand in der Nähe von Ikonion eine Georgskirche[68]; inschriftlich bezeugt ist die Restaurierung des sogenannten Platōn- oder Charitōn-Klosters (eigentlich ein Kloster der → Theotokos Spēlaiōtissa) bei → Sillē westlich von Ikonion im Jahre 1288/9. In dieser Inschrift findet sich die auch für Westkappadokien charakteristische Doppeldatierung[69], in der sogar noch vor dem regierenden Sultan (Masʿūd II., 1282–1304/5 mit Unterbrechungen) der amtierende Patriarch (Grēgorios II., 1283–1289) und der herrschende Kaiser (Andronikos II., 1282–1328) genannt werden[70].

Von nicht geringer Bedeutung für die Entwicklung dieser liberalen Haltung war der von Ǧelāladdīn Rūmī und seinen Nachfahren ins Leben gerufene, mystisch geprägte Mevlevi-Orden, der, nach dem Vorbild seines Begründers, bei allem missionarischen Eifer[71] doch beste Beziehungen mit der christlichen Bevölkerung und besonders mit dem erwähnten „Charitōn"- oder, nach islamischer Überlieferung, „Eflāṭūn"- (= Platōn-)Koster pflegte, die bis in die Neuzeit bestanden[72]. Andere Kultstätten wie die heute verschwundene Amphilochioskirche in Ikonion, die ebenfalls mit Eflāṭūn-Platōn in Verbindung gebracht wurde, dienten, obgleich zur Moschee umgewandelt, zeitweilig beiden Kulten gleichzeitig[73], und neben dem Grab des verehrten Ordensgründers Ǧelāladdīn Rūmī selbst wird das Grab eines Christen, angeblich eines Abtes des Charitōnklosters von Sillē (nach anderer Überlieferung eines Bischofs von Ikonion) gezeigt[74]. Diesen Verflechtungen auf geistig-religiösem Gebiet entsprechen zahllose christlich-muslimische Verschwägerungen im Umkreis des Seldschukenhofes, die ebenfalls ein gewisses gegenseitiges Verständnis förderten[75].

Eine dritte Periode, in der die Kirche in Zentralanatolien wieder mit größeren Schwierigkeiten zu kämpfen hatte, begann mit dem Niedergang der seldschukischen Zentralgewalt infolge innerer Auseinandersetzungen und besonders der Okkupation

---

[64] Euthymios Tornikēs, Rede an Kaiser Manuēl I., in: A. Papadopoulos-Kerameus, Noctes Petropolitanae. St. Petersburg 1913 (Leipzig 1976), 182f.; vgl. Vryonis, Decline 208.

[65] Balsamōn, *PG* 137, 320B; vgl. Janin–Stiernon, Galatie 775f.

[66] Grumel, Reg. 1126; vgl. Janin–Stiernon, Galatie 726; Vryonis, Decline 206f.

[67] Vgl. Vryonis, Decline 229–238. In diesem Zusammenhang ist auch die aus dem → Theotokos Spēlaiōtissa-Kl. bei Sillē stammende Grabinschrift des jungen *Amiraslanēs* Michaēl aus der Komnenenfamilie vom Jahre 1297 zu erwähnen, dessen Urgroßvater am Seldschukenhof eine bedeutende Rolle spielte, s. P. Wittek, *Byz* 10 (1935) 505–515 und *Byz* 12 (1937) 207–211.

[68] Grumel, Reg. 1297, 1298.

[69] Vgl. F. Hild, *TIB* 2, 121.

[70] Bees, Inschriftenaufzeichnung 7; Hasluck, Christianity and Islam 381f. nach Patriarch Kyrillos IV., Περιγραφὴ τοῦ ἐν Βιέννῃ προεκδοθέντος χωρογραφικοῦ πίνακος τῆς μεγάλης Ἀρχισατραπίας Ἰκονίου. Konstantinopel 1815 (mir unzugänglich). Eyice, Akmanastır 166.

[71] Vgl. Vryonis, Decline 386–391 mit Beispielen von Bekehrungen.

[72] Hasluck, Christianity and Islam 372–375 (*Lit*); Bees, Inschriftenaufzeichnung 64f.

[73] Khitrovo, Itinéraires 256; vgl. Hasluck, Christianity and Islam 22f.

[74] Hasluck, Christianity and Islam 375; Bees, Inschriftenaufzeichnung 65.

[75] Zusammenstellung bei Vryonis, Decline 227; vgl. auch Bees, Inschriftenaufzeichnung 61f.

durch die Mongolen, die nach ihrem Sieg am Köse Dağ 1243 das Seldschukenreich zunächst indirekt durch Statthalter beherrschten; nach dem Tod des letzten Seldschukensultans, Masʿūds III. (1307/8), unterstand das Gebiet direkt den mongolischen Ilḫanen. Größeren Einfluß erlangte in dieser Zeit der Instabilität auch wieder das traditionell christenfeindliche Element der Turkmenen, die von den Sultanen oft nur mit Mühe niedergehalten worden waren[76]. Die Auswirkungen der neuen Situation auf die Kirche lassen sich bis zu einem gewissen Grad den für das 14. Jahrhundert in etwas größerem Umfang erhaltenen Dokumenten entnehmen. Nachdem bereits alle Suffraganbistümer untergegangen waren, verschwanden nun auch die kleineren, jüngeren Metropolen[77], und auch die Sitze der großen (Ankyra und Ikonion) können nur mit großen Schwierigkeiten und nur sporadisch besetzt werden. 1369 wurde das lykaonische Erzbistum → Mistheia auch offiziell aufgegeben und die Verwaltung dem Metropoliten von Pisidien übertragen[78]. Ankyra war um die Wende vom 13. zum 14. Jahrhundert von seinem Oberhirten verlassen[79]; etwa zur selben Zeit erlitt Nikētas, *anagnōstēs* einer Kirche in Ankyra, mit zweien seiner Begleiter in Nyssa in Kappadokien das Martyrium; sie hatten allerdings durch demonstratives Essen während des Ramaḍān zu verbotener Zeit die türkischen Behörden provoziert, und als sie zurechtgewiesen wurden, den Propheten verhöhnt[80].

1310 und 1314 erhält der Metropolit Babylas von Ankyra die europäischen Sitze Philippoi und Chrysopolis zur Verwaltung, während Gangra die Verwaltung von Ankyra übertragen bekommt[81].

Auch in Ikonion wurde der Umschwung allmählich spürbar. Hatte sich Ende des 13. Jahrhunderts noch ein Metropolit bereit gefunden, sich tatsächlich in seine Diözese zu begeben[82], so war diese im 14. Jahrhundert öfter verwaist. 1327 und nochmals 1365 wurde deshalb die Verwaltung dem Metropoliten von Kaisareia übertragen[83]. 1370 war ein neuer Metropolit von Ikonion gewählt[84]; noch bevor jedoch dieser sein Amt tatsächlich antreten konnte, mußten dringend die Machenschaften des Mönches Paulos Tagaris untersucht werden, der sich selbst zum Metropoliten von Ikonion aufgeworfen und Priester geweiht hatte. Mit dieser Untersuchung wurden die Metropoliten von Kaisareia und Mōkissos in Kappadokien betraut. Endgültige Entscheidungen über Priester, die sich im guten Glauben hatten weihen lassen, wurden dem künftigen Metropoliten vorbehalten[85]. Allgemein sinkende kirchliche Disziplin zeigen die Vorfälle um die nächsten bekannten Metropoliten. 1379 wurde Markellos wegen Verfehlungen, die er als Abt eines Klosters wohl in Konstantinopel begangen hatte, von der Synode abgesetzt[86]. Ein 1382 ernannter (anonymer) Nachfolger[87] wurde bereits 1385 von seinem Amt suspendiert

---

[76] Vgl. Vryonis, Decline 244f., 258–285; Cahen, Pre-Ottoman Turkey 133–138, 269–303, 326–328.

[77] → Amorion, Basilaion (→ Iuliupolis) und → Germia werden zuletzt bei Darrouzès, Notitiae 19, 62, 87 und 94 aufgeführt, Pessinus in Notitia 20, 19; vgl. Vryonis, Decline 294.

[78] *MM* I 509; Darrouzès, Reg. 2558.

[79] A.-M. Talbot, The Correspondence of Athanasius I, Patriarch of Constantinople (*CFHB* 7). Washington 1975, 144; Laurent, Reg. 1704.

[80] Delehaye, Nicétas 206, 208f.

[81] Laurent, Reg. 1704; Darrouzès, Reg. 2016, 2020.

[82] Laurent, Reg. 1533.

[83] *PRK* I 542–545; Darrouzès, Reg. 2133, 2487; vgl. Vryonis, Decline 292.

[84] Darrouzès, Reg. 2594.

[95] Darrouzès, Reg. 2598; vgl. Vryonis, Decline 335.

[86] Darrouzès, Reg. 2696, 2706. Entgegen der Meinung von Vryonis, Decline 334, und Janin, Églises 502, scheint sich die ganze Affäre in Konstantinopel abgespielt zu haben (vgl. auch H. Hunger, *JÖBG* 7 [1958] 138; Dölger, Reg. 3161); Markellos hatte demnach sein Amt nicht effektiv ausgeübt.

[87] Darrouzès, Reg. 2745, 2749, 2767.

und zur Verantwortung vor die Synode zitiert, da er sich eigenmächtig nach Attaleia begeben und dort bischöfliche Funktionen ausgeübt hatte[88].

Etwas geregeltere Verhältnisse traten erst wieder nach der Einigung Kleinasiens unter der Herrschaft der Osmanen ein; unter ihnen konnten wenigstens die Diözesen Ankyra und Ikonion bis zum griechisch-türkischen Bevölkerungsaustausch 1922 überleben.

---

[88] Darrouzès, Reg. 2784.

E. DIE STRASSEN

Wie der umseitigen Routenübersicht entnommen werden kann, wurden in Anlehnung an das von F. Hild ausgearbeitete Schema[1] die durch Galatien und Lykaonien führenden byzantinischen Straßen in Nordwest-Südost-Diagonalverbindungen (Routen A 1, A 2 und A 3), die Südwest-Nordost-Diagonalverbindung (Route B), West-Ost-Verbindungen (Routen C 1, C 2 und C 3) sowie die Nord-Süd-Verbindung (Route D) eingeteilt. Kürzere Verbindungen, die oft die Funktion von „Zubringern" erfüllten, wurden im allgemeinen diesen Hauptrouten zugeordnet.

I. DIE NORDWEST–SÜDOST-DIAGONALVERBINDUNGEN (ROUTEN A 1, A 2 UND A 3)

Solange sich die geistigen und wirtschaftlichen Zentren Kleinasiens auf die griechischen Städte der Westküste konzentrierten, standen im hier behandelten Raum West-Ost-Verbindungen im Vordergrund. In erster Linie ist die große Straße (*koinē hodos*) von Ephesos nach Kaisareia und zum Euphrat zu nennen, die Strabōn nach Artemidōros (2./1. Jahrhundert vor Christus) beschreibt (Route C 2)[2]. In der frühen Kaiserzeit kam eine nördlichere West-Ost-Verbindung über Ankyra hinzu, die zunächst hauptsächlich militärischen Zwecken diente (Route C 1)[3]. Mit der Verlegung des Schwerpunktes des Römischen Reiches nach Osten ging auch eine Umorientierung des Straßensystems vonstatten, die mit der Gründung Konstantinopels als neuer Reichshauptstadt noch beschleunigt wurde. Die wichtigsten durch Kleinasien führenden Straßen strahlten nun von der neuen Hauptstadt bzw. von den von Konstantinopel leicht erreichbaren Häfen auf der asiatischen Seite aus[4].

In diesem byzantinischen Straßensystem spielte die Diagonalverbindung zwischen Konstantinopel und Syrien durch die Kilikische Pforte eine besonders wichtige Rolle, was sich durch die herausragende Stellung des syrisch-palästinensischen Raumes in wirtschaftlicher und, während langer Zeitabschnitte der byzantinischen Geschichte, auch in militärischer Hinsicht (Kämpfe gegen Perser und Araber) erklärt.

Wie einige erhaltene Berichte zeigen, vermittelte in frühbyzantinischer Zeit die nördliche Variante dieser Diagonalverbindung über Ankyra (Route A 1) den Pilgerverkehr zwischen Konstantinopel und den heiligen Stätten Palästinas[5]; sie ist daher unter

---

[1] Vgl. Hild, Straßensystem 10, 32 *Fig.* 1.

[2] Strabōn XIV 2, 28.

[3] Vgl. French, Road-system 707–711 mit Karte 2.

[4] Vgl. Ramsay, Asia Minor 74; Taeschner, Wegenetz I 86; Hild, Straßensystem 33; French, Road-system 711.

[5] Zum Itinerarium Burdigalense, das den Weg von Bordeaux (Burdigala) nach Jerusalem enthält, und dem Bericht der Egeria, deren detaillierte Schilderung des Hinweges durch Kleinasien leider verlorengegangen ist (anläßlich des Rückweges beschränkt sie sich auf die Feststellung, daß sie auf demselben, schon bekannten Weg durch Kappadokien, Galatien und Bithynien Chalkēdōn erreicht habe), ist auch die Schilderung des Weges der hl. „Melanium" (Rampolla, Santa Melania 32) zu vergleichen, der einige Einzelheiten zu Galatien enthält (→ Malogordis, → Modicus mons).

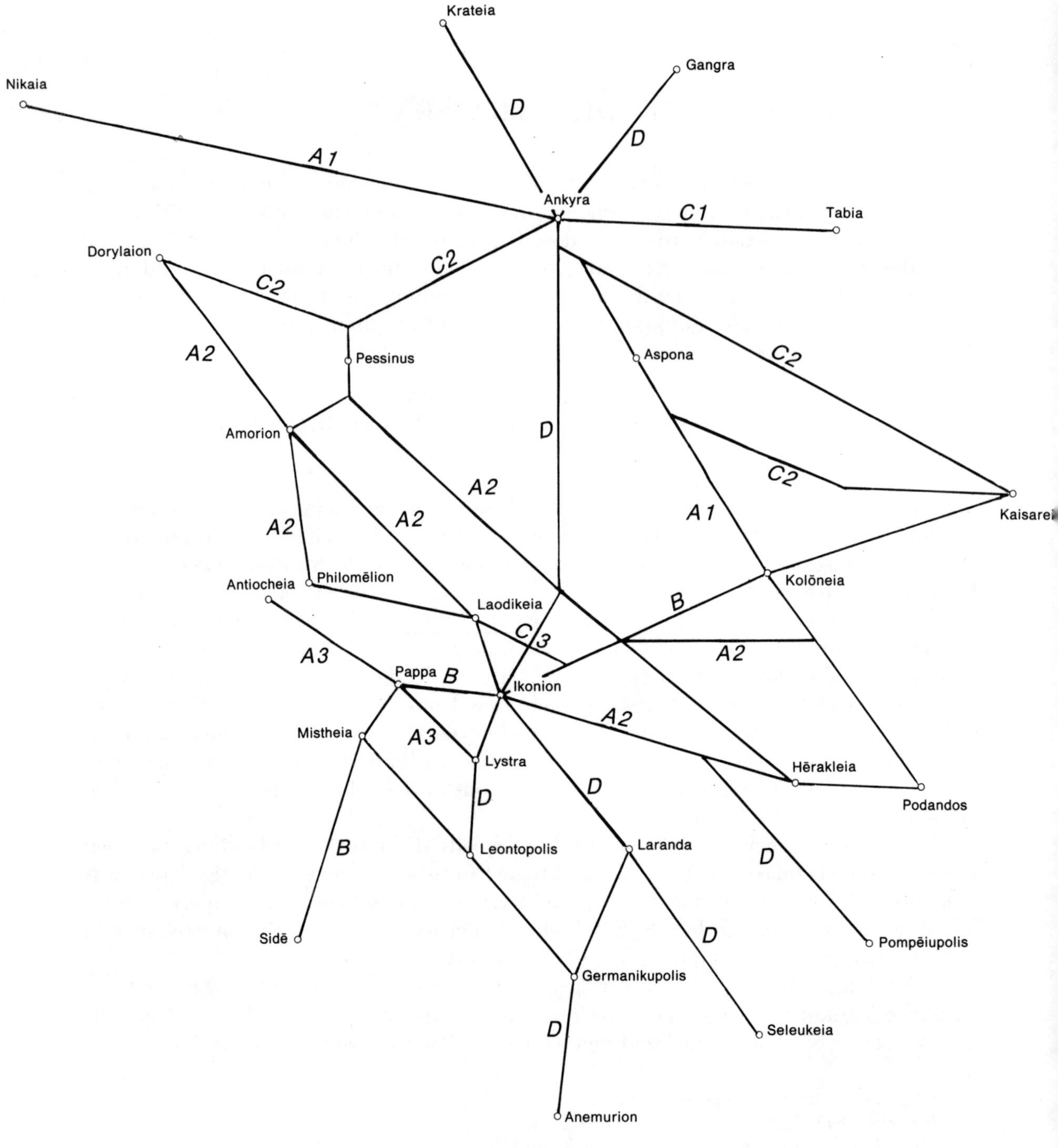

Abb. 1: Schematische Übersicht über die byzantinischen Verkehrsverbindungen

dem Namen „Pilgerstraße“ in die moderne Literatur eingegangen. Die südlichere Variante (Route A 2) diente hingegen den Arabern als Haupteinfallspforte bei vielen Unternehmungen gegen Zentral- und Westkleinasien. Die Aufspaltung in zwei Varianten ist durch das größte natürliche Hindernis auf dem Weg von Konstantinopel zur Kilikischen Pforte, den Großen Salzsee (Tuz Gölü, → Tatta Limnē) bedingt, der nördlich (über Ankyra und Kolōneia) oder südlich (über Amorion und Ikonion) umgangen werden mußte. Erst kurz vor der Kilikischen Pforte kamen die beiden Routen wieder zusammen.

Route A 1: Nikaia–Ankyra–Kolōneia

Da über die Route A 1, die sogenannte Pilgerstraße, eine ganz neue Monographie herausgekommen ist[6], braucht hier der Routenverlauf nur knapp beschrieben zu werden. Für die Rekonstruktion des Straßenverlaufes stehen uns drei spätantike bzw. frühbyzantinische Itinerarien zur Verfügung[7], von denen das Itinerarium Burdigalense die meisten Stationen enthält und daher als Grundlage der Beschreibung dient, weiters eine größere Anzahl römischer Meilensteine[8] sowie Hinweise bei verschiedenen Schriftstellern. Außerdem konnte der Verlauf der befestigten und gepflasterten römischen Straße auf weite Strecken im Gelände beobachtet werden[9].

1. Nikaia–Ankyra

Nach den Ergebnissen von French nahm dieser Abschnitt der Pilgerstraße zu Beginn einen wesentlich südlicheren Verlauf als bisher angenommen wurde, bog aber im letzten Viertel vor Ankyra weiter nach Norden aus[10]. Sie führte von Nikaia aus in grob ostsüdöstliche Richtung über Osmaneli (früher Lefke, byzantinisch Leukai) nach Gölpazarı, wo French die Station *Tutaion* annimmt[11]. Von hier strebte die Straße, von einigen geringfügigen, durch das Gelände oder durch bereits vorhandene Siedlungen bedingten Ausbuchtungen nach Norden und Süden abgesehen, in etwa östlicher Richtung auf Ankyra zu.

Die Grenze zu Galatien wurde bei der bereits auf galatischem Gebiet liegenden *mutatio* → Fines erreicht[12], die wohl in der Nähe des Dorfes Ericek (etwa 34 km westlich von Nallıhan) zu suchen ist[13]. Auch die nächsten Stationen, das hauptsächlich als Todesort des Kaisers Jovian (364) bekannt gewordene Städtchen → Dadastana (zu suchen bei Karahisar, etwa 19 km w. von Nallıhan) und die *mansiones* → Trans Monte (bei Bağlıca/ Saçak Dere, 3–4 km westlich von Nallıhan) und → Milia (bei Eymir, 12 km osö. von Nallıhan) scheinen im Gelände keine Spuren hinterlassen zu haben[14]. Bei der Stadt → Iuliupolis (Flurname *Eskişehir* 24 km sö. von Nallıhan) kreuzte die Pilgerstraße den → Skopas (Aladağ Çayı) auf der wohl mittelalterlichen Sarılar Köprüsü, die heute, ebenso wie ein Teil des Siedlungsgebietes, in den Fluten des Sarıyar-Stausees versunken ist[15]. Der → Siberis (antik *Hieros flumen*, heute Girmir Çayı) wurde bei der Ortschaft → Sykeōn

[6] French, Pilgrim's Road.
[7] Für den galatischen Abschnitt Itin. Ant. 142, 1–143, 4; Itin. Burdig. 574, 3–576, 3; Tab. Peut. IX 5–X 1 (Miller, Itineraria 658–660).
[8] French, Pilgrim's Road 63–86.
[9] French a. O. 15–19.
[10] Zur älteren Hypothese vgl. Calder–Bean, Classical Map.
[11] French a. O. 23, 31.
[12] Itin. Burdig. 574, 2–4.
[13] French a. O. 31.
[14] French a. O.
[15] French a. O. 33–48; Karte 1.

überschritten, wo Kaiser Justinian I. eine Brücke bauen ließ[16]. Die genaue Stelle des Überganges ist nicht mehr festzustellen, da im hier ziemlich breiten Flußtal alle Reste weggespült oder mit Sand überdeckt sind[17]. Östlich des Siberis führte die Pilgerstraße über eine leicht gewellte Hochfläche mit der Stadt Lagania (später umbenannt in → Anastasiupolis, heute Siedlungsstelle Dikmenhüyük etwa 8 km südlich des Dorfes Dikmen[18]) und den Stationen → Petobrogen (wohl bei Perli Çiftlik, 20 km wsw. von Ayaş) und → Mnizos (bei Balçiçek Çiftliği[19]). Östlich von Ayaş machte der Übergang über den → Modicus mons (Abdüsselâm bzw. Ahmaşık Dağı) einen Umweg nach Norden erforderlich; auf seiner Westseite lag die Station → Prasmon (wohl nahe einer *çeşme* an der modernen Ayaş-Straße[20]), auf der Ostseite, bereits am Rand der Murtad Ovası, → Malogordis (bei Avdan [Odan] Çiftlik, 19,5 km onö. von Ayaş[21]).

Die Murtad Ovası und wohl auch der Ova Çayı (Murtad Çayı) selbst wurden auf einem Damm überquert, dessen Ostende nahe der Yeregiren Çiftliği noch gut erhalten ist[22]. Auf der verbleibenden Strecke nach Ankyra, die heute im Gelände kaum mehr zu verfolgen ist, lag noch die Station → Cenaxem Palidem, die vielleicht bei Çakirlar Çiftliği (oder Macum Çiftliği[23]) zu suchen ist.

2. Ankyra–Parnassos (–Kolōneia)

Die Pilgerstraße verließ Ankyra in südlicher Richtung etwa auf der Trasse der modernen Schnellstraße, zunächst zusammen mit der Verbindung nach Ikonion (Konya, D 1) und der nördlichen Straße nach Kaisareia (C 2)[24]. Die erste Station, *Delemna* (→ Dilimnia), lag wohl trotz ihres Namens nicht unmittelbar in der Nähe der beiden Seen, des Muğan Gölü und des Emir Gölü, sondern etwas nördlich auf der kleinen Paßhöhe Kepeliboğaz[25]. An → Gorbeus (bei Çakal, heute Oğulbey an der Einmündung der heutigen Staatsstraße 60 von Kırşehir in die E 1 Richtung Aksaray[26]) führte die Straße wohl etwa 1 km westlich vorbei. Kurz vor → Rosolodiaco biegt die Pilgerstraße von der Trasse der E 5 nach Südosten ab, während ihr die Verbindung nach Ikonion (D) weiter in südlicher Richtung folgt[27]; wohl bei dieser Station, die in der Nähe von Deliler Çiftliği[28], 15 km sö. von Oğulbey lag, gabelte sich die alte Straße wiederum: von der weiter nach Südosten verlaufenden Pilgerstraße zweigte nach Osten eine Verbindung nach Kaisareia (C 2) ab, die den Halys wahrscheinlich auf der Kesik Köprü (→ Saniana) kreuzte[29]. Nach einer weiteren Station, → Aliassum (bei Afşar, 12 km ssw. von Ba-

[16] Prok. aed. V 4, 1–4.

[17] French a. O. 44f.

[18] A. O. 43f.

[19] A. O. 29, 31.

[20] A. O. 17, 24,29. Die genaue Stelle konnte von uns nach den einander etwas widersprechenden Lageangaben bei French nicht gefunden werden.

[21] A. O. 17, 24, 29.

[22] A. O. 17f., 27.

[23] A. O. 18, 24, 31.

[24] Vgl. Mitchell, North Galatia, Karte; zum ganzen Straßenabschnitt auch Hild, Straßensystem 35–39, mit leichten Korrekturen durch French, Pilgrim's Road.

[25] French, Pilgrim's Road 18, 25, 31.

[26] Die Lage von Gorbeus ist bei French a. O. 25 unrichtig angegeben; der Festungshügel liegt tatsächlich gut 1 km östlich der genannten Straßenkreuzung unmittelbar südlich der Kırşehir-Straße.

[27] Mitchell, North Galatia, Karte.

[28] French a. O. 25, 30.

[29] So French a. O., Karte 5 und Mitchell, North Galatia, Karte. Bei Hild, Straßensystem 37, 77, 81f. und Karte 1 zweigte in Anlehnung an das moderne Straßensystem diese Straße bereits bei Gorbeus ab.

lâ[30]), erreichte die Pilgerstraße → Aspona, die südöstlichste Stadt Galatiens (Şedithüyük); nach zwei weiteren, wohl wenig bedeutenden *mutationes* (→ Galea, wahrscheinlich nahe Büyük Bıyık[31] und → Andrapa, heute Keles Hüyük, etwa 10,5 km nnw. von Parnassos[32]) wurde, wie das Itinerarium Burdigalense ausdrücklich vermerkt[33], die Grenze zu Kappadokien und bald darauf die erste kappadokische Stadt, Parnassos (Parlasan, amtlich Değirmenyolu), erreicht[34].

Route A 2: Dorylaion–Amorion–Ikonion–Hērakleia

Wie schon vermerkt, wird unter der Bezeichnung A 2 ein System von Diagonalverbindungen zusammengefaßt, die meist Dorylaion zum Ausgangspunkt haben und die Tatta Limnē (Tuz Gölü) südlich umgehen. Einige Varianten konvergieren in Ikonion, andere umgehen diese Stadt nördlich und östlich. Die Quellenlage ist wesentlich ungünstiger als für die A 1, da wir an spätantiken Itinerarien nur die recht unzuverlässige Tabula Peutingeriana zur Verfügung haben[35]; ein wenig wird dieses Manko durch einige allerdings ebenfalls nur schwer zu interpretierende arabische Itinerarien des 9.–12. Jahrhunderts ausgeglichen[36]. Teilstücke dieses Straßenzuges lassen sich auch anhand einer Reihe von Hanbauten aus seldschukischer Zeit rekonstruieren[37].

1. Dorylaion–Amorion–Ikonion

Auf die Streckenvarianten zwischen Dorylaion (Eskişehir) und Amorion kann hier im einzelnen nicht eingegangen werden; sie liegen auch großenteils noch außerhalb Galatiens. Der Zugang nach Amorion erfolgte wohl entweder über Nakoleia (Seyitgazi) und Santabaris (Bardakçı) oder über → Orkistos, von wo eine Verbindung nach Amorion inschriftlich bezeugt ist[38], oder aber auf einer Trasse, die zwischen beiden Orten hindurchführte; der in Kıravdan (18,5 km südlich von Dorylaion) *in situ* gefundene Meilenstein und die Ruine einer römischen Brücke über den *Sedisuyu* (= Seyit Çayı)[39] lassen für den römischen Straßenverlauf keine klare Entscheidung zu, sprechen aber wohl für die letzte Variante[40]. In mittelbyzantinischer Zeit wurde auch die westliche Variante über Nakoleia und Santabaris begangen[41]. Darüber hinaus verfügte Amorion über einen

---

[30] Hild, Straßensystem 37f.; French, Pilgrim's Road 31.

[31] French a. O.

[32] French a. O. 26, 30.

[33] Itin. Burdig. 576, 3.

[34] Zum weiteren Verlauf vgl. Hild, Straßensystem 39ff.

[35] Tab. Peut. IX 3–X 2 (Miller, Itineraria 688–691).

[36] Vor allem Ibn Ḫurdāḏbih 100f., 113 (de Goeje 73f., 85f.).

[37] Vgl. Erdmann, Karavansaray, Karte.

[38] Nach der sog. Charta von Orkistos lag diese Stadt am Kreuzungspunkt von vier Straßen, von denen nur die nach Pessinus (Sangariosübergang über die Çandır Köprüsü oder bei Abrostola [Veletler]) und die nach Amorion sicher genannt sind; eine dritte ist fragmentarisch erhalten (vielleicht Midaion, heute wahrscheinlich Karahüyük im Porsuk Çayı-Tal), die vierte ist gar nicht genannt: *MAMA* VII 71f.; vgl. Ramsay, Asia Minor 229f.

[39] Starr, Mapping Ancient Roads 165; Starr, Tracks 859; Starr gibt leider nicht an, an welcher Stelle die von ihm genannte Brücke den Seyit Çayı überquerte.

[40] Vgl. auch Calder, *MAMA* VII, XXII; Calder–Bean, Classical Map.

[41] Ibn Ḫurdāḏbih 101f. (de Goeje 74) beschreibt eine Verbindung, die von Amorion über zwei nicht sicher identifizierbare Zwischenstationen nach Sandābārī (Santabaris, heute Bardakçı) und direkt weiter nach Dorylaion führt. Kaiser Alexios I., der allerdings die von stärkeren türkischen Kräften besetzten Gebiete meiden mußte, rückte auf dem Feldzug von 1116 gegen Philomēlion über Dorylaion und Santabaris vor, von wo er den Styppeiōtēs gegen Amorion sandte (Anna III 198ff.).

Zugang auch von Nordosten von Pessinus (über Abrostola, heute wahrscheinlich Veletler am Sangarios, wo demnach ein Übergang über den Fluß anzunehmen ist), den die Tabula Peutingeriana verzeichnet[42]. Als lokale Verbindung dürfte sie auch im Mittelalter noch in Gebrauch gewesen und z. B. vom hl. Blasios benutzt worden sein, der im 9. Jahrhundert aus seiner Heimat bei Amorion zu Eustratios, dem Metropoliten von Pessinus, gebracht wurde[43].

Auch zwischen Amorion und Ikonion sind mehrere Varianten zu unterscheiden. Die Tabula Peutingeriana verzeichnet ohne Zwischenstationen eine Route von Amorion nach Laodikeia Katakekaumenē (Lâdik); sie läßt dann allerdings die direkte Fortsetzung nach Ikonion aus und zeigt stattdessen eine Variante, die Ikonion nördlich umgeht und über → Caballucome (Kulak Murat Hanı) nach → Sauatra führt. Von hier gab es nach der Tabula eine direkte Verbindung (von sicher nur lokaler Bedeutung) nach Ikonion; die Fortsetzung nach Hērakleia in Kappadokien ist wiederum nicht verzeichnet[44]. Eine Bestätigung für die Existenz des Abschnittes Amorion–Laodikeia in byzantinischer Zeit bringt ein arabisches Itinerar, das (in umgekehrter Reihenfolge) die Stationen ʿAmmūrīya, → Wādī l-Ǧauz, Abrūmasnāna, → al-ʿAlamain, Qūniya aufführt[45]. Wādī l-Ǧauz ist wahrscheinlich am östlichen Ausgang der Ebene → Pankaleia (östlich oder südöstlich von Amorion) zu suchen, al-ʿAlamain in der Nähe von Laodikeia am Paßübergang über den nördlichen Bozdağ nach Ikonion; damit ergibt sich als wahrscheinlichste Streckenführung die Linie Amorion–Aşağı Piribeyli–Yunak–Atlantı (amtlich auch Dokuzaltı)–Laodikeia[46].

Die wahrscheinlich besser ausgebaute Verbindung zwischen Amorion und Laodikeia führte aber über Philomēlion, und hier wiederum konnte der „See der 40 Märtyrer" (Eber Gölü/Akşehir Gölü) entweder östlich[47] oder westlich über Polybōtos (Bolvadin) und Çay umgangen werden. Die zweite Variante war die in byzantinischer Zeit weitaus bedeutendere, jedenfalls einzig nachweisbare[48].

Das letzte Teilstück von Laodikeia Katakekaumenē nach Ikonion deckt sich weitgehend mit der modernen Straße. Sie überwand die Gebirgsschwelle, die die Konya Ovası im Nordwesten abschloß, bei den Dörfern Bağrıkurt und Bahçesaray (Nevine), in deren Nähe ein Meilenstein aus der Zeit Julians gefunden wurde[49]. Für das spätere Mittelalter ist die Trasse, ebenso wie die Fortsetzung nach Philomēlion, durch eine Reihe seldschukischer Hanbauten belegt[50].

Zwischen Philomēlion und Ikonion ist noch eine direkte Verbindung anzuführen, die in mittelbyzantinischer Zeit einige Bedeutung hatte. Sie führte zunächst unmittelbar am

---

[42] Tab. Peut. IX 4 (Miller, Itineraria 689, 691).

[43] Vita Blasii, *AASS* Nov. IV 660A.

[44] Tab. Peut. IX 4–X 2 (Miller, Itineraria 691). Es handelt sich um die „südlichere Diagonalverbindung durch Lykaonien" („South Lycaonian Road"), die Ballance, Roads in Lycaonia 229–232 rekonstruierte.

[45] Ibn Ḫurdāḏbih 101 (de Goeje 73), mit einigen Varianten wiederholt bei al-Idrīsī 809f. (Jaubert II 307). Zwischen al-ʿAlamain und ʿAmmūrīya führt Ibn Ḫurdāḏbih a. O. (de Goeje 73f.) eine zweite Variante mit anderen Stationen an, die sich einer genauen Deutung entzieht; wahrscheinlich ist die längere Strecke über den Akşehir Gölü (oder sogar um den Eber Gölü herum) gemeint, vgl. Ramsay, Lycaonia 119; Belke, Lykaonien 58f.

[46] So plausibel Ballance, Roads in Lycaonia 229; vgl. auch Mersich, Pisidien 43.

[47] Bei Calder–Bean, Classical Map, als römische Straße eingezeichnet.

[48] Bei Calder–Bean a. O. als nicht-römische Straße eingetragen; von al-Idrīsī 811f. (Jaubert II 310) mit den Stationen: ʿAmmūrīya, Bulwaṭin (Polybōtos), Buḥairat Būsaranda (See der 40 Märtyrer), Falūmī (Philomēlion), Lāḏīqiya (Laodikeia Katakekaumenē), Qūniya beschrieben. Wie der bereits angeführte Feldzug von Kaiser Alexios I. 1116 beweist, gab es von Dorylaion eine (kürzere) Variante, die westlich an Amorion vorbeiführte.

[49] Vgl. Ballance, Roads in Lycaonia 224, 229f.

[50] Erdmann, Karavansaray I Nr. 31, 4, 17, 10, 86, 2.

Nordrand der Sultan Dağları entlang über eine Reihe alter Siedlungen zur pisidischen Stadt Adrianupolis (heute Flurname Adaras bei Balkı, etwa 18 km südwestlich von Ilgın). Hinter Aşağıçığıl und Derbent erreichte sie eine Paßhöhe, die Grenze zu Lykaonien, und folgte dann dem Tal des Başara Su bis zur Einmündung in die Beyşehir-Konya-Straße (B) beim Altınapa Han, der sie dann bis Ikonion folgte[51].

2. Ikonion–Hērakleia (–Pylai Kilikias)

Die Fortsetzung dieser Diagonalverbindung von Ikonion nach Hērakleia (= Kybistra) in Kappadokien und zur Kilikischen Pforte[52] führte nicht wie die moderne Staatsstraße durch die wasserarme Salzsteppe über Karapınar – diese Route erlangte wohl erst in osmanischer Zeit als Pilgerstraße größere Bedeutung [53]–, sondern sie verließ Ikonion in südöstlicher Richtung, querte nach zwei Tagesmärschen den Çarşamba Suyu[54] und erreichte dann, nach den Itinerarien, das wichtige Bistum → Barata (= ʿAin Burġūṯ), dessen Lokalisierung daher für den Straßenverlauf entscheidend sein muß. Ich halte an der traditionellen Identifizierung von Barata mit Binbirkilise (Madenşehir im nördlichen Kara Dağ) fest und glaube daher, daß im Mittelalter der Bataklık Gölü südlich umgangen wurde. **Abb. 4, 5** French beobachtete einen alten Straßenverlauf, der weit nördlich am Kara Dağ vorbeiführte und den Nordzipfel des Bataklık Gölü auf einem Damm durchquerte; er lokalisiert deswegen Barata weiter nördlich, am Südostzipfel des Bataklık Gölü (Kızıl Kale, eine bedeutende Siedlungsstelle mit prähistorischen und römischen Resten) und nimmt an, daß die gleichnamige Straßenstation der Tabula direkt an der Straße zu suchen wäre[55].

Der weitere Verlauf der Straße östlich von Barata ist wohl durch die Reihe der römisch-byzantinischen Siedlungen → Çoğlu, → Akçaşehir[56], → Kaleköy und → Anbar bestimmt. Sie führte dann wie die osmanische Heeresstraße südlich am Ak Göl vorbei über Ereğli und Hērakleia (Tont Kalesi) zur Kilikischen Pforte, womit der Anschluß an das kappadokische Straßennetz gegeben ist[57].

3. Die Ikonion nördlich umgehenden Varianten

Eine in spätrömischer Zeit belegte Diagonalverbindung zweigte wohl bei Abrostola (Veletler) von der bereits genannten Strecke Pessinus-Amorion nach Ostsüdosten ab[58].

[51] Zu dieser Strecke vgl. Sarre, Reise 107–116, der sie von Konya aus bereiste; Belke, Lykaonien 40–43; Mersich, Pisidien 50, 96; Benutzung noch in türkischer Zeit bezeugen der Eli Kesik Han und der in seiner heutigen Form neuzeitliche Yolcu Han (Erdmann, Karavansaray I Nr. 5 und 102), sowie eine zweibogige Brücke mit Spolien nahe dem Altınapa Han. Kaiser Manuēl I. erreichte auf diesem Weg 1146 Ikonion (Iō. Kinn. 41f.), und auch der vor seinem Bruder Masʿūd fliehende Sultan Šāhinšāh scheint ihn 1116 benutzt zu haben (Anna III 211; vgl. Mersich, Pisidien 51).

[52] Diese Strecke ist unvollständig in der Tabula Peutingeriana (X 2; Miller, Itineraria 728) verzeichnet, die nach *Barathe* (50 Meilen von Ikonion) Kybistra ausläßt und statt der direkten Fortsetzung zur Kilikischen Pforte die Abzweigung nach Tyana angibt. Genauere Angaben bieten die arabischen Itinerarien, welche nach Ikonion den → Nahr al-Aḥsāʾ (Çarşamba Suyu), ʿAin Buġrūṯ (→ Barata), → al-Maskanīn am Waliya-See (Ak Göl) sowie einige nicht identififzierbare Stationen nennen. Der Streckenabschnitt wurde bereits 51 v. Chr. von Cicero auf dem Weg nach Kilikien benutzt (vgl. L. W. Hunter, *JRSt* 3 [1913] 87ff.) und diente auch in frühosmanischer Zeit als Heeresstraße (Taeschner, Wegenetz I 132–135).

[53] Vgl. Taeschner, Wegenetz I 131f.; Hild, Straßensystem 61f.

[54] Zug des Ersten Kreuzzuges, vgl. Hagenmeyer, Chronologie 501 (*Font*).

[55] French, Roads and Sites 92 und Karte; mündliche Mitteilung im August 1982.

[56] Als Itinierarstation auch in osman. Heeresberichten genannt (Taeschner, Wegenetz I 134f.).

[57] Zum weiteren Verlauf vgl. Hild, Straßensystem 63f.

[58] Tab. Peut. X 4–5 (Miller, Itineraria 689, 691). Die fehlerhafte doppelte Nennung von Abrostola vor und nach *Amurio* ist mit Miller a. O. nur so zu deuten, daß sich bei Abrostola die Straße nach Amorion von der im folgenden beschriebenen nach Salaberina (südlich von Aksaray → *TIB* 2 s. v.) trennte (vgl. auch Calder, *MAMA* VII, XXIIff.).

Da die meisten der an dieser Straße verzeichneten Orte zumindest in frühbyzantinischer Zeit archäologisch oder literarisch noch belegt sind, behielten wohl wenigstens einzelne Abschnitte eine gewisse (lokale) Bedeutung. Bis zur ersten Station → Tolastochora (wahrscheinlich Ruinen etwa 1,5 km sö. von Gökpınar[59]) verlief die Straße wohl in einigem Abstand parallel zum Oberlauf des Sangarios; nach der nächsten Station Bagrum (Yüzükbaşı[60]) schwenkte sie nach Südost um und erreichte vor → Vetisso (wahrscheinlich bei Beşışıklı) lykaonisches Gebiet.

Der folgende Abschnitt bis zur Einmündung in die westlichste Variante der über Ankyra verlaufenden Diagonalverbindung A 1 beim kappadokischen Salaberina (*TIB* 2 s. v.)[61] ist auf der Tabula bis hin zu den Meilenzahlen relativ richtig dargestellt[62]. Die Straße querte über die Stationen *Egdava* (→ Gdanmaa, heute Çeşmelisebil), → Pegella (heute Azak) und → *Congusso* (Kongustos, heute Zıvarık, amtlich Altınekin[63]) die nordlykaonische Steppe und kreuzte bei Zıvarık die Verbindung Ankyra-Ikonion (D); bei → Perta zweigte eine andere Variante dieser Diagonalverbindung nach Südosten ab, welche wahrscheinlich über Karapınar Hērakleia erreichte (s. u.), während die „nördlichere Diagonalverbindung durch Lykaonien" in nun ziemlich genau östlicher Richtung über Obruk (hier Kreuzung mit der Verbindung Ikonion-Kolōneia), → Comitanasso (Ortakuyu) und → Ubinnaca (Malır Hüyük) bei Salaberina in das kappadokische Straßensystem einmündete[64].

Eine weitere Route der Tabula Peutingeriana, die Ikonion umgeht, wurde bereits kurz gestreift: die Fortsetzung der Strecke Amorion–Laodikeia über → Caballucome nach → Sauatra (Yağlıbayat)[65]. Sie führte aller Wahrscheinlichkeit nach von Laodikeia in östlicher Richtung nördlich am Boz Dağ und Fakra Dağ (dem Höhenzug, der die Konya Ovası im Norden abschließt) vorbei, traf bei Tutup (amtlich Yazıbelen) die alte und moderne Verbindung Ankyra-Ikonion, mit welcher sie gemeinsam über den Tutup Beli die Gebirgsschwelle überwand, und führte dann über die Station → Caballucome (Kulak Murat Hanı bei Eğribayat) am Nordrand der Konya Ovası entlang bis Akbaş, wo sie in die Straße Ikonion-Kolōneia (B) einmündete. Zusammen mit dieser überwand sie den östlichen Boz Dağ, um unmittelbar danach in südöstlicher Richtung nach *Sabatra,* dem Endpunkt dieser Straße nach der Tabula, abzubiegen. Unzweifelhaft führte aber dieser Straßenzug über → Kana (Geneköy, amtlich Beşağıl) und wahrscheinlich Karapınar ebenfalls nach Hērakleia weiter[66]. Für das Mittelalter ergibt sich dies aus einem recht verworren überlieferten arabischen Itinerar, das einen Weg von der Kilikischen Pforte nach Amorion beschreibt und, soweit feststellbar, eine Kombination von Teilstücken der beiden letztgenannten Wege der Tabula darstellt[67]. Obwohl von den im Itinerar ver-

---

[59] CALDER, Note zu Fd, der den Ansatz bei ANDERSON, Galatia 309, um etwa 11 km nach Südosten verschob.

[60] CALDER, Note zu Fd.

[61] HILD, Straßensystem 46f.

[62] Ausführlich behandelt bei CALDER, Notes (Appendix) und BALLANCE, Roads in Lycaonia 224–228 als „North Lycaonian Road" („Nördlichere Diagonalverbindung durch Lykaonien").

[63] So CALDER, Notes (Appendix); die traditionelle Lokalisierung von Pegella in Zıvarık (Congusso suchte man dann an einer abzweigenden Straße weiter nördlich) ist damit überholt.

[64] BALLANCE, Roads in Lycaonia 224–228.

[65] Tab. Peut. IX 5–X 1 (MILLER, Itineraria 691); bei BALLANCE, Roads in Lycaonia 229–232, als „South Lycaonian Road" („Südlichere Diagonalverbindung durch Lykaonien") ausführlich behandelt.

[66] Vgl. BALLANCE a. O. 229.

[67] Ibn Ḫurdāḏbih 113 (DE GOEJE 86) gibt folgende Stationen an: Lu'lu'a, Nahr aṭ-Ṭarfā' (beide in Kappadokien), Ḫirbat Fāriṭa, Ḥiṣn Qanna, ʿAbqarsūn (?), Ḥair Qarīna al-Aʿlā (?), Bilād al-Hidā, Fīlaq (?), Qaryat Fāriṭa, ʿAbrat Kanāṣ (?), Lāṭa, ʿAmmūrīya (die Fragezeichen markieren unsichere Lesung aufgrund fehlender diakritischer Punkte).

zeichneten Orten im lykaonisch-galatischen Abschnitt nur Ḫirbat bzw. Qaryat Fāriṭa (→ Perta), Ḥiṣn Qanna (→ Kana) sowie bilād al-Hidā (Gegend von → Hydē) einigermaßen sicher identifiziert werden können[68], ergibt sich eine Wegführung, die über Hydē (im Bereich des Karaca Dağ, vielleicht bei Gölören, weniger wahrscheinlich → Karapınar) und die Ostflanke des östlichen Boz Dağ, an der Kana, das im Itinerar nicht sicher genannte Sauatra[69] sowie Perta liegen, Amorion erreicht. Bis hinter Sauatra folgt sie dabei der auf der Tabula Richtung Hērakleia zu ergänzenden „südlicheren Diagonalverbindung durch Lykaonien", von Perta an fällt sie zumindest ungefähr mit der „nördlicheren Diagonalverbindung durch Lykaonien" zusammen.

Als eine „Diagonalverbindung besonderer Art" kann man die Feuerzeichenkette auffassen, über die arabische Militäraktionen vom Tauros nach Konstantinopel gemeldet werden konnten. Sie wurde unter Kaiser Theophilos eingerichtet, aber wahrscheinlich bereits von Michaēl III. zumindest im Bereich der Hauptstadt wieder außer Betrieb gesetzt. Zwei der überlieferten Zwischenstationen, → Isamos und → Aigilon, sind im Bereich von Lykaonien und Galatien zu suchen (vielleicht in der Nähe der → Karanlı Kale und im Bereich der Sivrihisar Dağları)[69a].

Route A 3: Antiocheia Pisidias–Pappa–Lystra (*Via Sebaste*)

Die *Via Sebaste,* deren Name uns von Meilensteinen ihres Erbauers Cornutus Aquila aus dem Jahre 6 v. Chr. bekannt ist, war ursprünglich eine reine Militärstraße, die die sogenannten „pisidischen" Kolonien des Augustus verband[70]. Für Lykaonien ist nur ihr östlicher Zweig bedeutsam, der als eine Diagonalverbindung im Kleinen betrachtet werden kann. Er führte von Antiocheia Pisidias aus nach Südwesten in Richtung Beyşehir Gölü; nordwestlich von Kıreli teilte sie sich in einen Zweig, der am Seeufer entlang nach → Mistheia (Beyşehir) und weiter über → Amblada, → Uasada und das Ostufer des Suğla Gölü (→ Trōgitis Limnē) nach Isaura (Palaia, → Leontopolis) führte[71], und einen, der über Görünmez (Fund einer römischen Brücke) und Selki die pisidische Stadt Pappa (heute Yunuslar) erreichte[72], wo er mit der von Mistheia kommenden Südwest-Nordost-Diagonalverbindung (Route B) zusammentraf. Zwischen dem Ostausgang des Bağırsakdere Boğazı und der alten Siedlung bei Kızılören bog die *Via Sebaste,* oder zumindest ein Zweig von ihr, nach Süden ab, um über Bulumya (amtlich Erenkaya) und → Kilistra (heute Kilisre, amtlich Gökyurt) → Lystra zu erreichen, während die Route B (in diesem **Abb. 1–3**
Abschnitt vielleicht identisch mit einem weiteren Zweig der *Via Sebaste*) nach Ikonion weiterführte[73]. Die Benutzung des nach Lystra führenden Zweiges noch in byzantinischer Zeit wird durch die christlichen Siedlungen, die an ihr lagen, besonders nahe Bulumya und → Kilistra, erwiesen.

---

[68] Vgl. Ramsay, Lycaonia 122, der Ḫirbat Fāriṭa von Qaryat Fāriṭa trennt und für Barata hält.

[69] Vielleicht ist eine der im arabischen Text korrupt überlieferten Formen mit Sauatra zu identifizieren.

[69a] Zur Feuerzeichenkette u. ihrer Problematik allgemein vgl. zuletzt P. Pattenden, The Byzantine Early Warning System. *Byz* 53 (1983) 258–299 (*Font, Lit*).

[70] Levick, Colonies 38ff.; French, Road-system 707f. mit Karte 2; Mersich, Pisidien 55–60.

[71] Dieser Zweig gehörte wohl nicht zum ursprünglichen System der *Via Sebaste.*

[72] Ramsay, Pisidia 253; Cronin, First Report I 109f.

[73] Daß Lystra an einem direkten Zweig der *Via Sebaste* lag, diese also nicht oder nicht ausschließlich über Ikonion nach Lystra führte, zeigen auf *TIB*-Bereisungen 1974, 1976 und 1978 gefundene Straßenreste westlich von Kızılören, zwischen Bulumya und → Kilistra sowie in Kilistra selbst.

II. DIE SÜDWEST–NORDOST-DIAGONALVERBINDUNG (ROUTE B)

Die Südwest-Nordost-Diagonalverbindung, die die pamphylische Küste mit Zentralkleinasien verband, stand in römischer und byzantinischer Zeit an Bedeutung hinter den Nordwest-Südost-Diagonalverbindungen sicher sehr zurück und ist für diese Zeit daher, von kleineren Abschnitten abgesehen, literarisch überhaupt nicht nachzuweisen. Großen Aufschwung nahm die Straße erst in seldschukischer Zeit, da sie nun die wichtigsten Zentren des rumseldschukischen Reiches (Antalya im Südwesten, Kayseri und Sivas im Nordosten) mit seiner Hauptstadt Ikonion verband.

Route B: Sidē–Ikonion–Kolōneia

1. Pamphylien–Mistheia–Ikonion

Eine römische Straße, die auch von der Tabula Peutingeriana überliefert wird, verband Sidē (Ruinen von Eski Antalya bei Manavgat) mit Ikonion; nach etwas mehr als der Hälfte der Strecke ist eine Abzweigung nach Antiocheia Pisidias eingezeichnet, die bei → Mistheia (Beyşehir) oder bei Pappa/Tiberiupolis in Pisidien (Yunuslar) anzunehmen ist[74]. Die römische Straße verlief entweder über Erymna (Ormana, amtlich Ardıçpınar), also etwas westlicher als die moderne Straße über Akseki[75], oder sie folgte, wenigstens in ihrem nördlichen Abschnitt, der heutigen Akseki-Straße[76]. Das spätere Mittelalter kannte auch, wie eine Reihe seldschukischer Hanbauten erweist[77], eine noch weiter westlich geführte Variante, die wahrscheinlich den Beyşehir Gölü (→ Pusgusē Limnē) an seinem Südostende, nahe der Ivrim Kalesi erreichte und parallel zu seinem Ufer nach → Mistheia (Beyşehir) führte. Den Ausfluß des Beyşehir Gölü überquerte sie auf einer römischen Brücke, deren Reste bis zum Ende des 19. Jahrhunderts erhalten waren[78]. Hier kreuzte sie auch eine Lokalstraße, die bei Kıreli von der *Via Sebaste* abzweigte, parallel zum Ostufer des Beyşehir Gölü verlief und schließlich die Städte → Amblada (bei Kızılca), → Uasada (Bostandere), die Siedlungen um die → Trōgitis Limnē (Suğla Gölü) sowie Isaura Palaia (byzantinisch → Leontopolis) an das Fernstraßensystem anschloß[79].

Von Mistheia bis Ikonion verlief die Südwest-Nordost-Diagonalverbindung ungefähr auf der Trasse der modernen Straße, wie insbesondere die seldschukischen Hane an diesem Straßenabschnitt beweisen[80]. Sie verließ Beyşehir in nordöstlicher Richtung, traf bei Pappa (Yunuslar) mit der von Westen kommenden *Via Sebaste* zusammen und schwenkte hier nach Osten um; einige Kilometer vor Kızılören, einer antiken und mittelalterlichen Siedlung, die wohl noch zu Pisidien zu rechnen ist, zweigte die *Via Sebaste* wieder Richtung Lystra (Hatunsaray) ab. Beim Altınapa Han mündete die direkte Verbindung von Philomēlion nach Ikonion (A 2) ein. Der Abstieg in die Konya Ovası wich wohl von der modernen Trasse ab. Als sich Kaiser Manuēl mit seiner Armee nach der abgebrochenen Belagerung Ikonions 1146 zur Pusgusē Limnē zurückzog, mußte er zu-

---

[74] Tab. Peut. X 2 (Miller, Itineraria 731).

[75] So Calder–Bean, Classical Map.

[76] So Bean–Mitford, Journeys 1964–1968, 23.

[77] Vgl. Erdmann, Karavansaray I Nr. 57, 80, 78, 79, 54 und Karte.

[78] Ramsay, Pisidia 253; Cronin, First Report I 110; vgl. Sarre, Reise 110 (*Fig*).

[79] Die Straßen an der Südostecke des Beyşehir Gölü sind dargestellt bei Hall, Mistheia 121 (*Fig*).

[80] Erdmann, Karavansaray I Nr. 64, 9, 3, 1. Die Hanbauten enthalten reichlich (der Kızılören Han nur wenige) antike und mittelalterliche Spolien.

nächst die enge Schlucht → Tzibrēlitzēmani passieren, die nördlicher als die moderne Straße, d. h. näher am Tekeli Dağ zu suchen und vielleicht mit dem Wādī Ḏimārī gleichzusetzen ist, das ein arabisches Itinerar zwischen Ikonion und der ersten Station (Daqalyās) auf der direkten Strecke Richtung Philomēlion angibt[81].

Eine direktere Variante der Strecke Mistheia-Ikonion, an der eine Reihe römisch-byzantinischer Siedlungen liegen, verließ einige Kilometer südöstlich von Mistheia das Tal des Beyşehir Suyu und führte über Çavuş und Karacaören nach Bulumya (amtlich Erenkaya), wo die *Via Sebaste* gekreuzt wurde. Die Benutzung dieser Route noch in türkischer Zeit erweist die Ruine eines wahrscheinlich seldschukischen Hans etwa 4,5 km westlich von Bulumya[82]. Bei Hatip südwestlich von Ikonion mündete diese Straße in die direkte Verbindung Ikonion-Lystra (D).

Für die seldschukische Zeit überliefern al-Idrīsī (und summarisch Abū l-Fidā') eine Verbindung zwischen Qūniya und Anṭālya (Attaleia)[83], die wahrscheinlich insgesamt einen direkteren Verlauf nahm als die oben beschriebene Route; ob sie in ihrem letzten (lykaonischen) Teil dem Weg über Çavuş entsprach[84], muß offen bleiben, da keine der genannten Stationen sicher zu identifizieren ist.

2. Ikonion–Kolōneia

Die Fortsetzung dieses Straßenzuges nach Kolōneia, die wiederum von einer Reihe zum Teil prächtiger seldschukischer Hane begleitet wird[85], verließ Ikonion wohl gemeinsam mit der Straße nach Ankyra, bog aber in der Nähe des Sadettin Hans nach Nordosten ab, um über den Zincirli Han den leichten Übergang über den östlichen Boz Dağ (Akbaş Beli) zu erreichen[86], der gemeinsam mit der „südlicheren Diagonalverbindung durch Lykaonien" bewältigt wurde. Nach diesem Paßübergang wurde die Variante der Nordwest-Südost-Diagonalverbindung (A 2) gekreuzt, die an der Ostflanke des Boz Dağ entlanglief, bzw. es bog, nach der Tabula Peutingeriana, die „südlichere Diagonalverbindung durch Lykaonien" Richtung Sauatra wieder ab. Über den Sultan Han, eines der prächtigsten seldschukischen Karavansarays, gelangte man zum heute völlig zerstörten Akhan, der die Stelle von Koropassos einnimmt, das Strabōn als letzten Ort Lykaoniens vor dem bereits kappadokischen Garsaura (= Kolōneia) nennt[87]; zur Fortsetzung des Weges Richtung Kaisareia boten sich von hier wiederum zwei Varianten quer durch Kappadokien an[88].

III. DIE WEST–OST-VERBINDUNGEN (ROUTE C 1, C 2 UND C 3)

Die mit dem Buchstaben C gekennzeichneten West-Ost-Verbindungen durch Zentralkleinasien spielten, im Gegensatz zur römischen und zur vorrömischen Zeit, im Mittelalter keine überragende Rolle mehr. Vor allem ergeben sich – mit einer Ausnahme – keine

---

[81] Iō. Kinn. 47; Ibn Ḫurdāḏbih 113 (de Goeje 85).

[82] Özergin, Selçuklu kervansarayları 161 (Nr. 111).

[83] al-Idrīsī 812 (Jaubert 310); Abū l-Fidā' 379, 381 (Guyard II 133, 135); die Stationen nach al-Idrīsī sind Amrūnī, Nahr Qūša, Ḫ-ḏ-w-š-ta, Faǧǧ ʿAmrūs, Kūṯ-ra, Anṭāliya.

[84] Vgl. Tomaschek, Kleinasien 54f.

[85] Erdmann, Karavansaray I Nr. 28, 70, 7, 66, 34, 62, 25, 60.

[86] Für einen Umweg nach Norden bis zum Kulak Murat Hanı, wie Ballance, Roads in Lycaonia 299 annimmt, besteht kein Grund; außerdem wäre in diesem Fall der Zincirli Han ohne Funktion.

[87] Strabōn XII 6, 1; vgl. Ruge, Koropassos. *RE* 11/2 (1922) 1435f.

[88] Vgl. Hild, Straßensystem 67ff.

überregionalen Straßenzüge mehr, sondern es handelt sich meist um kleinere Verbindungen zwischen einzelnen Städten.

Route C 1: Nikaia–Ankyra–Tabia

In der bereits unter den Flavierkaisern konzipierten West-Ost-Verbindung von Nikaia nach Tabia mit Fortsetzungen nach Neokaisareia, Satala und Sebasteia, die in erster Linie der militärischen Versorgung der Euphratgrenze diente, nahm Ankyra eine Schlüsselstellung ein[89]. In ihrem ersten Teil bis Ankyra fiel sie mit der Pilgerstraße zusammen und wurde bereits bei den Diagonalverbindungen (A 1) beschrieben.

Für die Fortsetzung dieser Route zwischen Ankyra und Tabia sind Stationen in zwei spätantiken Itinerarien überliefert, die bis auf eine nicht übereinstimmen[90]. Für die byzantinische Zeit gibt es überhaupt keine literarischen Hinweise auf eine bestimmte Streckenführung.

Aufgrund von Meilensteinfunden war es schon lange klar, daß von Ankyra 1) eine Straße nach Osten direkt auf Tabia zulief und 2) die Straße nach Gangra ungefähr bei Ravli (amtlich Akyurt) eine Abzweigung in Richtung → Malos (Kalecik) hatte, deren Fortführung nicht sehr klar ist[91]. Es scheint Hinweise zu geben, daß die Straße nach Malos am Halys entlang eine Fortsetzung nach Nordosten hatte[92]. Andererseits gab es knapp stromaufwärts (südlich) von Malos eine byzantinische Brücke über den Halys, die heute völlig verschwunden ist[93]. Es wäre daher noch zu untersuchen, ob nicht von hier eine alternative Route in östlicher Richtung nach Ecobrogis (Eccobriga), der einzigen gemeinsamen Station beider Itineraria, geführt haben könnte[94].

Bisher wurde meist angenommen, daß die direkte Verbindung nach Tabia ungefähr wie die moderne Straße nach Yozgat verlaufen sei und Tabia selbst über eine Abzweigung von der modernen Straße in der Nähe von Yerköy aus etwa südlicher Richtung erreicht habe[95]. Bolecasgus wurde als irrtümlicher Einschub im Itinerarium Antonini erklärt; dieser Ort sei aufgrund des Namensanklanges mit Balıkhisar (früher *Balyqassat* und ähnlich) auf der Gangra bzw. Malos-Straße zu identifizieren. Die römische Siedlung bei Elmadağ (früher Ası- oder Küçükyozgat) wurde mit Sarmalius gleichgesetzt[96], Ecobrogis bei Kırıkkale, einem bedeutenden, von prähistorischer bis in byzantinische Zeit benutzten Siedlungsplatz, lokalisiert[97]. Für Adapera gab es an dieser Route keine Lokalisierungsvorschläge.

Nach neuen Ergebnissen, die wohl im wesentlichen auf Beobachtungen von Straßenresten im Gelände beruhen, verlief die römische Straße auf weite Strecken weiter nördlich

[89] Vgl. French, Road-system 709–711 mit Karten 3 und 4.

[90] Itin. Ant. 203, 3–8: Ancyra XXIIII Bolecasgus XXIIII Sarmalius XX Ecobrogis XXIIII Adapera XXIIII Tavia und Tab. Peut. IX 4–X 1 (Miller, Itineraria 672f., der eine sicher unrichtige Streckenführung vorschlägt): (Ancyra) XXXVI Acitoriciaco XXXIII Eccobriga XXV Lassora XVIII Stabiu Tavio.

[91] Eine Straße zwischen Ankyra und Malos ist in der Vita des hl. Theodotos auch literarisch belegt: Franchi de'Cavalieri, Martirii 67, 84; vgl. Grégoire–Orgels, Théodote 183f.

[92] Bei Mitchell, North Galatia, Karte, als „Possible Roman Road" eingezeichnet.

[93] French–Mitchell, Ankara 95.

[94] Vgl. Anderson, Celtic Cult 164 A. 4; French–Mitchell a. O.

[95] So zuletzt Hild, Straßensystem und *TIB* 4, Thematische Karte.

[96] Anderson, Galatia 98f.

[97] Anderson, Galatia 99f.; von der Osten, Explorations 1926, 60–65. Die überlieferten 20 römischen Meilen stimmen mit der Entfernung Elmadağ-Kırıkkale genau überein, wenn man einen alten Halysübergang bei Yahşıhan annimmt und der älteren Straße über den Demirbel folgt.

als bisher vermutet[98]. Demnach folgte sie nicht dem Tal des Hatip Çayı, sondern umging das Massiv des Asar Dağı nördlich, um über Karapürçek Hasanoğlan und Yeşildereyayla (Bolecasgus?) zu erreichen[99]; der Halys wurde ungefähr an der Stelle der heutigen Eisenbahnbrücke überquert. Von Kırıkkale (Sarmalius?[100]) an verlief die römische Straße gemeinsam mit der modernen durch das Tal des Çoruhözü, trennte sich aber von dieser wohl nahe Balışeyh[101], um über Ecobrogis (nach MITCHELL, North Galatia [Karte] etwa = Sorsavuş) einen Bogen nach Norden zu beschreiben, den Delice Irmak etwa bei Evliyalı zu überschreiten und Tabia von Nordosten zu erreichen[102]. Die Fortsetzungen dieser Route von Tabia nach Osten erreichen sehr bald die galatische Grenze und werden hier nicht mehr behandelt.

Route C 2: Dorylaion–Germokolōneia–Ankyra und Ankyra–Kaisareia

Unter der Bezeichnung C 2 werden hier zwei Straßenzüge zusammengefaßt, die sowohl als südlichere Variante der Route C 1 betrachtet werden können als auch als nördlichere und damit mehr auf Konstantinopel bezogene Variante der antiken, von der Westküste Kleinasiens ausgehenden West-Ost-Verbindungen[103]. Ausgangspunkt ist, ebenso wie für die Diagonalverbindungen A 2, Dorylaion, das ja von Nikaia aus leicht zu erreichen war.

1. DORYLAION–ANKYRA

Die Straße, über deren Verlauf uns wiederum zwei spätantike Itinerarien mit verschiedenen Stationsangaben unterrichten[104], folgte wohl von Dorylaion aus dem Tal des → Tembros (Porsuk Çayı), wo sowohl die von der Tabula verzeichnete Station *Mideo* (das phrygische Bistum Midaion)[105] als auch die vom Itinerarium Antonini angegebene Station *Arcilaio* (bei Üyüztepe?) angesetzt werden. Wenn die keineswegs gesicherte Gleichsetzung der nur von der Tabula genannten Station *Tricomia* mit dem galatischen Bistum → Troknada richtig ist[106], müßte die römische Straße irgendwo zwischen Alpu und Kaymaz die relativ niedrige Gebirgsschwelle zwischen dem Tembros und dem Oberlauf des Sangarios überschritten haben, um dann an Sivrihisar vorbei *Germa* (→ Germokolōneia, heute Ruinen südlich von Babadat) zu erreichen. Offensichtlich wurden in der Nähe von Sivrihisar auch Reste einer von Westen kommenden Straße beobachtet[107]. In der frühen Neuzeit war jedoch auch eine andere Variante durchgehend

[98] Einzige Grundlage ist bisher MITCHELL, North Galatia, Karte, der einen Straßenverlauf und die Stationen Bolegasgus (bei Yeşildere Yayla), Sarmalius (Kırıkkale) und Ecobrogis (wohl bei Sorsavuş) einzeichnet. Eine Arbeit von FRENCH mit Begründungen für die Lokalisierungen ist angekündigt (MITCHELL a. O. 22).

[99] Die überlieferte Entfernung (24 Meilen = ca. 36 km) stimmt mit der gemessenen (38 km) relativ gut überein.

[100] Die Entfernung zwischen Yeşildere Yayla und Kırıkkale (30 km) stimmt mit der für Bolecasgus–Sarmalius überlieferten (20 Meilen) wiederum sehr gut überein.

[101] MITCHELL, Galatia, Karte, verzeichnet hier eine römische Siedlung.

[102] Die überlieferte Gesamtentfernung (zweimal 24 röm. Meilen = ca. 72 km) entspricht wiederum der auf der Karte gemessenen Entfernung. Eine Lokalisierung für die Zwischenstation Adapera wurde offensichtlich bis jetzt nicht vorgeschlagen.

[103] Vgl. HILD, Straßensystem 77.

[104] Itin. Ant. 202, 6–203, 2; die Tabula Peutingeriana (Tab. Peut. IX [MILLER, Itineraria 688f.]) verzeichnet nur ein Teilstück dieser Route von Dorylaion nach Pessinus.

[105] Gewöhnlich in Karahüyük, etwa 28 km ö. von Eskişehir angesetzt; vgl. RUGE, Midaion. *RE* 15/2 (1932) 1524–1526.

[106] Berechtigte Zweifel bei RUGE, Trikomia 4. *RE* 7 A/1 (1939) 152.

[107] MITCHELL, North Galatia, Karte.

mit Wagen befahrbar. Hans Dernschwam folgte 1555 mit der Gesandtschaft des Ogier Ghislen van Busbeek an Sultan Süleyman den Prächtigen auf dem Weg von Konstantinopel nach Amaseia dem Tal des Porsuk Çayı (bei ihm nach der Stadt Kütahya Kuthe Su) bis *Togrei* (Toğray) und bog hier, wohl durch das Kızılcaören und das Karaburhan Deresi, nach *Masut Kiew* (Masutköy, jetzt Mesudiye Çiftliği) ab[108]. An dieser Strecke lagen wohl einige byzantinische Siedlungen, denn Dernschwam erwähnt bei → Toğray außer (antiken) Inschriften[109] christliche Spolien, und im Kızılcaören Deresi erinnert vielleicht der Ortsname Alakilise an eine christliche Ortschaft.

Bei der römischen Kolonie Germa (byzantinisch → Germokolōneia) mündete von Süden eine Zubringerstraße von → Pessinus ein[110], deren Reste noch streckenweise im Gelände verfolgbar sind[111]. Der Übergang über den Sangarios erfolgte weiter nördlich als der der modernen Straße, bei der besonders durch den Zug Alexanders des Großen bekannt gewordenen vorrömischen Übergangsstelle Gordion (heute Yassıhüyük)[112], das wahrscheinlich mit der Station *Vindia* des Itinerarium Antonini zu identifizieren ist[113]. Die römische Straße führte dann etwa 5 km nördlich an Basri vorbei[114] über Karahüyük (ebenfalls eine prähistorische bis römische Siedlung) zur nächsten Station *Papyra*, die wohl bei Alaköy anzusetzen ist[115]. Wenig westlich von Papyra und „drei Stunden westlich von → Balıkuyumcu" kreuzte sie ein kleines Flüßchen, wahrscheinlich das Babayakup Deresi östlich von Temelli, auf einer Steinbrücke, die von einem Bischof Paulos (wohl von Ankyra, vielleicht mit dem in der Vita des hl. Theodōros von Sykeōn genannten Metropoliten von Ankyra identisch[116]) erbaut oder repariert wurde[117]. Von hier an bis Ankyra deckte sich wohl der Verlauf der römischen ungefähr mit dem der modernen Straße[118].

2. Ankyra–Kaisareia

Zwischen Ankyra und Kaisareia standen dem Reisenden zwei Routen zur Verfügung, die beide archäologisch und literarisch seit der Antike bzw. seit frühbyzantinischer Zeit bezeugt sind[119]. Die Bedeutung dieser West-Ost-Verbindung in mittelbyzantinischer Zeit wird durch zwei arabische Itinerarien unterstrichen, die eine Strecke von Melitenē über Kaisareia und Ankyra nach Konstantinopel beschreiben; in einem ist die Rede von einem kaiserlichen Postdienst zwischen Konstantinopel und Melitenē über Ankyra mit 108 Poststationen[120].

---

[108] Babinger, Hans Dernschwam's Tagebuch 171–177.

[109] Wieder ediert bei Mitchell, North Galatia 43ff. (Nr. 18–20).

[110] Itin. Ant. 201, 2–7. Die Strecke von Germa bis Ankyra ist im Itinerarium Antonini doppelt überliefert, mit verschiedenen Meilenzahlen zwischen Germa und Vindia als einziger Abweichung.

[111] Humann–Puchstein 28.

[112] Vgl. Ruge, Gordion. *RE* 7/2 (1912) 1590 (*Font*); Bittel, Kleinasiatische Studien 96ff.

[113] Mitchell, Galatia I 435 und North Galatia, Karte. Die auf der Strecke Pessinus-Ankyra zwischen Germa und Vindia überlieferte Meilenzahl XXIIII stimmt ziemlich genau, die auf der Strecke Dorylaion-Ankyra zwischen denselben Orten verzeichnete (XXXII) ist wesentlich zu groß.

[114] Mitchell, North Galatia 189 (zu Nr. 225).

[115] So Mitchell, Galatia I 435; nach seiner Karte wäre die römische Siedlung etwa 3 km nordwestlich von Alagöz zu suchen. Die von Vindia nach Papyra überlieferten XXXII römischen Meilen sind dann in XXVII zu verbessern.

[116] Vita Theod. Syk. I 49, 66; vgl. Foss, Ankara 59.

[117] Ramsay, Inscriptions 22; Mitchell, North Galatia 189f. (Nr. 226).

[118] Auch die überlieferte Meilenzahl (XXVII) stimmt gut mit der Wirklichkeit überein.

[119] Vgl. Ramsay, Asia Minor 255ff.; Hild, Straßensystem 77. Stationen der südlichen Variante in Itin. Ant. 205, 7–206, 7.

[120] Ibn Ḥauqal 129 (Kramers–Wiet 190f.); al-Muqaddasī 149f.; vgl. Honigmann, Un itinéraire arabe 270; Hild, Straßensystem 77, 104.

Beide Varianten verließen Ankyra zusammen mit der Pilgerstraße (A 1) in südlicher Richtung. Bei → Rosolodiaco bog die kürzere nördlichere Variante, die den Halys zweimal queren mußte und daher schwieriger zu passieren war, nach Osten Richtung Balâ ab[121]; die erste Halysüberquerung erfolgte wohl über die dem Baubefund nach ursprünglich römische Kesik Köprü (→ Saniana)[122]. In der Nähe des Ortes Kaman traf dann die alte Straße mit der modernen, über die Çeşnigir Köprüsü führenden Verbindung von Ankara über Kırşehir nach Kayseri zusammen, welche im folgenden wohl der alten Trasse mit nur geringfügigen Abweichungen über die bereits kappadokischen Orte Sēmaluos (Cemele), Aquae Saravenae (Kırşehir) und die Tekgöz Köprüsü (den zweiten Halysübergang) bis Kaisareia folgte[123].

Die südliche, längere Variante folgte dem Itinerarium Antonini zufolge der Pilgerstraße bis Parnassos in Kappadokien (= A 1). Eine Abzweigung wurde jedoch offensichtlich im Gelände bereits bei der letzten galatischen Station → Galea beobachtet[124]. Der weitere Straßenverlauf über Nyssa und Osiēna, zunächst in größerem, dann in geringem Abstand zum Halys lag bereits zur Gänze auf kappadokischem Gebiet[125].

Route C 3: Laodikeia Katakekaumenē (Pisidien)–Kolōneia (Kappadokien)

Die in der Antike so wichtige West-Ost-Verbindung, die von den Städten der Westküste Kleinasiens durch das Mäandertal das phrygisch-pisidische Hochland erreichte und quer durch Nordlykaonien nach Kappadokien und zum Euphrat führte[126], hatte, wie erwähnt, in byzantinischer Zeit ihre überregionale Bedeutung weitgehend eingebüßt; ihr lykaonischer Abschnitt wurde bereits großenteils bei den verschiedenen Diagonalverbindungen dargestellt (Routen A 2 und B), welche streckenweise der alten West-Ost-Verbindung folgten.

Die von Strabōn beschriebene Route erreichte bei Philomēlion die westlichste der über Amorion führenden Varianten der A 2, mit welcher sie gemeinsam bis Laodikeia Katakekaumenē (Lâdik) verlief. Hier mündete die direkt von Amorion kommende „südlichere Diagonalverbindung durch Lykaonien" ein; dieser folgte wohl die West-Ost-Verbindung über die Station → Caballucome (Kulak Murat Hanı) zum Akbaşbeli[127], wo sie in die von Ikonion kommende Südwest-Nordost-Diagonalverbindung (Route B) einmündete, um gemeinsam mit ihr durch den von Strabōn genannten lykaonischen Grenzort → Koropassos Kolōneia zu erreichen[128].

IV. DIE NORD-SÜD-VERBINDUNG (ROUTE D)

Die einzige größere Nord-Süd-Verbindung im Gebiet von Galatien und Lykaonien verband in erster Linie die beiden Provinzhauptstädte Ankyra und Ikonion, die ihrerseits zu den wichtigsten Straßenknotenpunkten in Zentralkleinasien zählten. Diese Achse

[121] So French, Pilgrim's Road, Karte 5, aufgrund von Beobachtungen im Gelände.

[122] Vgl. Hild, Straßensystem 81 f.; Mitchell, North Galatia, Karte, nimmt einen römischen Halysübergang (Furt oder Brücke?) etwa 6 km südlich der Çeşnigir Köprüsü an, die ihrerseits eine seldschukische Weiterentwicklung des mittelalterlichen Straßensystems darstellt.

[123] Einzelheiten s. Hild, Straßensystem 82–84.

[124] French, Pilgrim's Road, Karte 5.

[125] Einzelheiten bei Hild, Straßensystem 77–81.

[126] Strabōn XIV 2, 29.

[127] Vgl. oben S. 98 mit A. 44.

[128] Vgl. oben S. 103.

hatte aber Fortsetzungen nach Norden und Süden, die den Anschluß nach Paphlagonien, zur Honōrias und zur Südküste herstellten.

Route D: Krateia und Gangra–Ankyra–Ikonion–Laranda und Isaura–Südküste

1. Krateia–Ankyra

Die alte Verbindung zwischen Krateia (Gerede) und Ankyra[129] verlief westlicher und damit direkter als die moderne Schnellstraße nach İstanbul, die über Kızılcahamam führt. Sie muß, von Nordwesten kommend, das Tal des Girmir Çayı (→ Siberis) in unmittelbarer Nähe der Burg bei → Çeltikçi gequert und die Murtad Ovası bei *Grentius* (→ Krinteus), der letzten Station vor Ankyra, erreicht haben[130]. Der letzte Streckenabschnitt vor Ankyra wurde gemeinsam mit der Pilgerstraße (Route A 1) zurückgelegt.

2. Gangra–Ankyra

Die Route von Gangra nach Ankyra ist in keine Itinerarien eingegangen, kann aber durch Funde von römischen Meilensteinen und Resten der alten Straße rekonstruiert werden; sie verlief demnach fast geradlinig in südwestlicher Richtung, erreichte im Tal des oberen Terme Çayı galatisches Gebiet und folgte dann dem Westrand der Çubuk Ovası bis Ankyra[131]. Aus der Hagiographie ist sie durch den Leidensweg des heiligen Kallinikos bekannt, der die Strecke von Ankyra nach Gangra in Schuhen mit nach innen herausragenden Nägeln zurücklegen mußte[132]. Die in diesem Text genannten 70 Stadien (gemeint sind hier eindeutig Meilen) stimmen mit der tatsächlichen Entfernung (Luftlinie etwa 98 km) recht gut überein.

3. Ankyra–Ikonion

Die alte Verbindung von Ankyra nach Ikonion, die literarisch und archäologisch nur spärlich zu belegen ist[133], muß auf weite Strecken ungefähr wie die moderne Straße verlaufen sein. Sie verließ Ankyra gemeinsam mit der Pilgerstraße (A 1), von der sie kurz vor der Station → Rosolodiaco abzweigte. Sie führte dann durchgehend in südlicher Richtung knapp östlich am galatischen Karaca Dağ vorbei[134] über → Yaraşlı nach → Congusso (Zıvarık, amtlich Altınekin; in diesem Bereich lehnte sich die alte Straße mehr als die moderne an die nördlichen Ausläufer des Boz Dağ an), wo sie die „nördlichere Diagonalverbindung durch Lykaonien" (A 2) kreuzte. Gemeinsam mit der „südlicheren Diagonalverbindung durch Lykaonien" querte sie den nördlichen Boz Dağ (Fakra Dağ) durch den Tutup Beli, um dann geradewegs Ikonion zu erreichen. Für die byzantinische Zeit ist uns eine Benutzung dieser Strecke meines Wissens nur einmal überliefert, nämlich durch die französische Kreuzfahrergruppe unter Wilhelm von Nevers, die 1101 von Ankyra über *Stancona* (Ikonion) nach Hērakleia zog, wo sie von Qılığ Arslan und Dānišmend vernichtet wurde[135].

[129] Für die römische Zeit belegt im Itin. Ant. 200, 4–201, 2.

[130] Vgl. Mitchell, North Galatia, Karte; Krinteus ist nicht sicher lokalisiert.

[131] Vgl. Mitchell, North Galatia, Karte; Fundorte von Meilensteinen bei Macpherson, Roman Roads, Karte.

[132] *PG* 115, 484–488.

[133] Über mögliche, dieser Routen zuzuschreibende Meilensteine vgl. Ballance, Roads in Lycaonia 230 (Tabelle), 231f.

[134] So Mitchell, North Galatia, Karte, als „mögliche römische Strae"; eine alternative Streckenführung wäre auch westlich des galatischen Karaca Dağ auf einer von den byzantinischen Festungen → Güzelcekale und → Karanlı Kale beherrschten Route möglich (vgl. Anderson, Galatia 117).

[135] Alb. Aqu. 564–574, vgl. oben S. 79.

4. Ikonion–Laranda

Zwischen Ikonion und Laranda hielt sich die byzantinische Straße wahrscheinlich etwas näher am West- und Südrand der Konya Ovası als die moderne Straße, d. h. sie folgte etwa der Linie der alten Siedlungen Çarıklar, Alibeyköyü, → Kodylēssos, → Posala, → Pyrgoi und → Ilistra. Diese Strecke entspricht auch am besten den Angaben über den Weg des Dritten Kreuzzuges[136]; wo allerdings genau die *magna et potabilis aqua*, der Çarşamba Suyu (→ Nahr al-Aḥsā'), überschritten wurde, ist nicht mehr eindeutig festzustellen. Es kommen die wohl osmanische Tavşancı Köprüsü in Frage, die die heutige Straße benutzt, eine Stelle bei Balcıkhisar[137] oder auch die mit reichlicher Verwendung von Spolien errichtete Brücke von Dineksaray, die wohl eine ältere Vorgängerin hatte.

5. Ikonion–Lystra–Isaura

In Ikonion zweigte eine westliche Variante der Nord-Süd-Verbindung ab, die über → Lystra Isaura Palaia (→ Leontopolis) erreichte[138]. Sowohl nördlich als auch südlich von Lystra steht eine weitgehend aus Spolien erbaute mittelalterliche (?) Brücke[139]. Meilensteine, die bei Kavak (10 km südöstlich von Lystra) gefunden wurden, zeigen, daß auch ein Anschluß an die Straße Ikonion–Laranda bestand[140]. Von Lystra aus verlief die Straße nach Isaura vielleicht nahe am Ostrand des pisidischen Berglandes über die alten Siedlungen bei Akören oder Üçkese (amtlich Orhaniye), kreuzte den Çarşamba Suyu (→ Nahr al-Aḥsā') bei Apa (oder Dineksaray) und folgte von Dinek aus der modernen Straße nach Bozkır, jedoch sind auch andere Trassenführungen denkbar[141]. Einen hagiographischen Beleg für die Straße von Ikonion nach Isaura (Palaia) bietet die Lebensbeschreibung des hl. Konōn; danach zog der Statthalter von Ikonion, Magnos, über ein 20 Meilen entferntes Dorf Sorobon zum 40 Meilen entfernten Dorf → Bidana aus, um den Heiligen gefangenzunehmen. Bidana lag seinerseits in der Nähe (18 Stadien, hier = Meilen?) von Isaura Palaia und war mit dieser Stadt durch eine direkte Straße verbunden[142].

6. Übergänge über den Taurus

Der Weiterführung der Nord-Süd-Verbindung zur Südküste Kleinasiens stellt sich auf der ganzen Breite die Barriere des Taurus entgegen, der nur an einer begrenzten Anzahl von Stellen einigermaßen bequem zu überschreiten war. Hier können nur die wichtigsten Übergänge genannt werden; eine genaue Routenbeschreibung wird nach Abschluß der entsprechenden Vorarbeiten auf der Südseite des Taurus *TIB* 5 (Kilikien und Isaurien) enthalten.

Der westlichste von Lykaonien ausgehende Übergang von der Pusgusē Limnē nach Sidē wurde bereits bei der Südwest-Nordost-Diagonalverbindung (Route B) erwähnt.

Der nächste, ebenfalls von der Tabula Peutingeriana verzeichnete Übergang führte von Isaura (wohl Palaia) aus nach Anemurion (Anamur). Die Einzelheiten des Verlaufes

---

[136] Chroust, Quellen 88f.; vgl. Eickhoff, Barbarossa 137ff.; Tomaschek, Kleinasien 104f.

[137] Vgl. Ballance, *MAMA* VIII, XI.

[138] Diese Route ist unvollständig auf der Tabula Peutingeriana (X 2, Miller, Itineraria 731) wiedergegeben; sie ist hier über einen Ort *Taspa* geführt, in dem man vielleicht eine Verschreibung für Lystra sehen sollte (so Jüthner, Vorl. Bericht, Karte; vgl. Miller a. O.).

[139] Ramsay, Cities 407f. (*Fig*).

[140] *MAMA* VIII 2 (Nr. 6, 8); vgl. Ramsay, Cities 411.

[141] Ob es eine direktere Straßenführung über den Erenler Dağı gab, müßte untersucht werden.

[142] Trautmann–Klostermann, Konon 306, 315f.

sind noch nicht geklärt; die Straße muß jedoch über Germanikopolis (Ermenek) verlaufen sein, wo sie mit einem weiteren Übergang von Laranda aus zusammentraf[143]. Eine weitere Straße mit mehreren Varianten verband Laranda in südöstlicher Richtung mit Seleukeia (Silifke) am Kalykadnos; die im Mittelalter wohl wichtigste Strecke führte über Dağpazarı (wahrscheinlich Koropissos) nach Klaudiupolis (Mut). Ihr folgte 1190 das Heer des Dritten Kreuzzuges unter Friedrich Barbarossa[144]. Eine direktere Variante nach Klaudiupolis benutzte wohl wie die moderne Staatsstraße 35 den Sertavul Geçidi[145], während eine östliche das Tal des Kalykadnos (Göksu) gänzlich vermied und über Mağara (Kırobası) und Diokaisareia/Olba (Recepli) Seleukeia erreichte[146].

Der östlichste lykaonische Taurusübergang zweigte von der Nordwest-Südost-Diagonalverbindung (Route A 2) in der Nähe von → Kaleköy nach Süden ab und erreichte über Divle (amtlich Üçharman) oder direkt über Küçükkoraş den Scheitelpunkt bei → Dedeliyayla, wo eine ausgedehnte römisch-byzantinische Siedlung den Straßenverlauf markiert. Über eine weitere alte Siedlung (*Djadjik,* wohl in der Nähe der Yelkalesi) führte die Straße schließlich bei Pompēiupolis (westlich von Mersin) an die Südküste[147].

---

[143] Tab. Peut. X 2 (Miller, Itineraria 731f.); vgl. Bean–Mitford, Journeys 1964–1968, 189f., 205f.

[144] Vgl. Eickhoff, Barbarossa 140ff.

[145] Eickhoff a. O.

[146] Theodora S. Mackay, Olba in Rough Cilicia. Diss. Bryn Mawr College 1968, 44ff. Einen hagiographischen Beleg für diese Strecke bietet das Martyrium des hl. Papa, der sie mit an den Füßen festgenagelten Schuhen zurücklegen mußte; s. Synax. Cpl. 45f., vgl. Mackay, a. O.

[147] Jerphanion, Taurus 295–303.

F. VERTEIDIGUNGSANLAGEN

I. ALLGEMEINER ÜBERBLICK

Galatien und Lykaonien besaß als typisches Binnenland Kleinasiens – im Gegensatz etwa zum östlich benachbarten Kappadokien – während der ganzen Zeit der römischen und der byzantinischen Herrschaft keine Grenze zu potentiellen Feindstaaten. Das Land war daher nach der Pazifizierung durch Kaiser Augustus nur ganz selten und erst ab der Mitte des 3. Jahrhunderts Invasionen äußerer Feinde ausgesetzt, die, wie etwa die Goten von Nordosten oder vom Schwarzen Meer oder die palmyrenische Königin Zēnobia oder die Sasaniden von Südosten her, die eigentlichen Grenzprovinzen durchdrangen. In römischer Zeit waren deshalb hier keine Legionen stationiert. Abgesehen von einer Art Limes, der im 4. und 5. Jahrhundert Südlykaonien gegen die unruhigen Isaurier abschirmen sollte[1], und von einer Ummauerung einiger größerer Städte[2], die wohl teilweise eine Folgewirkung der genannten Ereignisse war, ist folglich in römischer und noch in der frühesten byzantinischen Zeit der Bau bedeutenderer Festungsanlagen nicht nachzuweisen. Auch die meisten der aus der hellenistischen Epoche stammenden Festungen sind wohl allmählich verfallen. Wenn sie in byzantinischer Zeit wieder benutzt oder wieder aufgebaut wurden (→ Peōn chōrion, → Güzelcekale oder die Festungen auf dem Baş Dağ [→ Boratinon Oros]), so war meist nicht viel mehr vorhanden als die Fundamente und in Einzelfällen Reste aufgehenden Mauerwerkes, die dann allerdings den Grundriß des byzantinischen Wiederaufbaues weitgehend festlegten. Eine Ausnahme machen die wiederum im unruhigen Isaurien gelegene Stadtfeste Isaura (Palaia, → Leontopolis) sowie die Festungen auf dem Baş Dağ, die wohl durchgehend sorgfältig instandgehalten wurden. Umso unvorbereiteter muß das Land von der persischen Katastrophe getroffen worden sein, die erst unter Kaiser Hērakleios in vollem Ausmaß hereinbrach und – in dem hier behandelten Bereich – in der Eroberung → Ankyras gipfelte.

Ob der Ausbau großer Städte wie Ankyra oder Amorion zu fast uneinnehmbaren Stadtfestungen bereits eine Reaktion auf die persischen Eroberungen oder erst auf die beginnenden arabischen Invasionen von der Mitte des 7. Jahrhunderts war, ist noch nicht endgültig geklärt[3].

An dem äußeren Verteidigungsgürtel, der vom 7. Jahrhundert an von den Byzantinern auf der Nordseite des östlichen Taurus und des Antitaurus gegen die Araber errichtet wurde, haben Lykaonien und Galatien keinen Anteil; unmittelbar südlich von Lykaonien wurde die Kleisura Seleukeia eingerichtet. War jedoch die Barriere des Taurus einmal (meist von Südost) durchbrochen, so boten sich in Fortsetzung der südwestkappadokischen[4] die südlykaonischen Vulkanmassive (Kara Dağ, Karaca Dağ und Tekeli

[1] S. H. A. XXIV 26, 5 (II 125 Hohl); hierzu vgl. Rougé, Isaurie 311f.

[2] Für Ankyra vgl. Foss, Ankara 62; bei → Pessinus gab es eine Myriangeloi-Kirche *exō teichōn* (Vita Theod. Syk. I 81). Auf dem Stadttor von Ikonion sollen die Standbilder von Perseus und Andromeda gestanden sein, die später nach Konstantinopel gebracht wurden (Preger, Orig. Cpl. 71f.) Eine (vielleicht noch nicht die in mittelbyzantinischer Zeit bestehende) Befestigung von → Amorion geht wohl auf Kaiser Zēnōn oder auf Anastasios zurück.

[3] Vgl. Foss, Ankara 74f.

[4] Vgl. F. Hild, *TIB* 2, 128f.

Dağ) als natürliche Hindernisse an, die folglich in dieser Zeit stark befestigt wurden (→ Boratinon Oros, → Thēbasa, → Karavirankale, → Arısama Dağ, → Kabala). Diese Burgen sicherten auch die Hauptverkehrsader von der Kilikischen Pforte nach Konstantinopel. Versagte auch dieses innere Verteidigungssystem, so traten die großen, direkt auf den Hauptstraßen gelegenen und daher kaum zu umgehenden Stadtfestungen Ankyra und Amorion in Funktion, die einen von Osten oder Südosten auf Konstantinopel vorstoßenden Angreifer aufhalten mußten[5].

Von den bisher genannten Festungsanlagen unterscheidet sich eine Gruppe von Burgen in West- und Nordwestgalatien durch Merkmale der Bautechnik, die in eine spätere Entstehungszeit weisen (→ Peōn chōrion, → Çeltikçi, → Girmeç, → Spaleia, → Kızıl Hisar). Bei diesen Anlagen kann angenommen werden, daß sie, zumindest in ihren späteren Ausbauphasen, in den byzantinisch-seldschukischen (-dānišmendidischen) Auseinandersetzungen der Komnenenzeit eine Rolle spielten. Weitere Festungen im Zentrum von Lykaonien und Galatien dienten wohl vor allem der Beherrschung wichtiger Straßen oder als lokale Fluchtburgen (→ Zengicek Kalesi, → Güzelcekale, → Karanlı Kale).

II. ARCHITEKTUR

1. Stadtbefestigungen

In römischer Zeit scheinen nur Isaura Palaia (→ Leontopolis) und Ankyra, möglicherweise noch Ikonion ummauert gewesen zu sein. Von der spätrömischen Mauer von → Ankyra (um 270 n. Chr.), die die Stadt bis zur Eroberung durch die Perser im Jahre 622 schützte, sind nur Reste bei den römischen Thermen gefunden worden. Man vermutet, daß ihr Verlauf in etwa dem der früheren osmanischen Mauer entsprach. Diese umzog südlich, westlich und nordwestlich der Zitadelle die Stadt in einem großen Oval, das von der Zitadelle im Osten ausging und mit einer fingerartigen Erweiterung im Nordosten wieder zur Zitadelle zurückkehrte[6]. Der Verlauf scheint durch die Siedlungsausdehnung bestimmt und folgt keinem festen Planschema. Über die Details der fortifikatorischen Anlage wie Tore, Türme, eventuelle Gräben, Vormauer und ähnliches, ist nichts bekannt. Ob die Zitadelle zu dieser Zeit eine eigene Befestigung trug, entzieht sich ebenfalls unserer Kenntnis. In Isaura Palaia (→ Leontopolis) wurde die ebenfalls dem Gelände und damit auch der Siedlungsfläche angepaßte späthellenistische Stadtbefestigung beibehalten. Auch → Ikonion scheint eine römische Mauer um sein Siedlungsgebiet besessen zu haben. Immerhin ist in den Quellen von Stadttoren und ihrem Schmuck die Rede[7]. Für → Amorion ist eine frühe Befestigung aus der Zeit Zēnōns oder des Anastasios wahrscheinlich zu machen[8]. Plan, Disposition und Details bleiben in allen Fällen ungewiß. Erst die beiden Mauerringe der Zitadelle von Ankyra zeigen uns den Charakter byzantinischer Stadtbefestigungskunst Galatiens im 7. bzw. 9. Jahrhundert. Die gerade Führung der Kurtinen des oberen, streng rechtwinkeligen Mauerrechtecks im Norden und Süden erinnert an hellenistisch-römische Vorbilder und knüpft an die justinianische Zeit an[9]. Die Lage der Tore macht eine rechtwinkelige Straßenanlage im Innern wahrscheinlich. Der Versatz der Spolienblöcke läßt da und dort an hellenistischen Mauerverband denken[10], und die schiffsbugartige Turmform folgt den hellenistischen Fortifikationstheoreti-

[5] Vgl. Lilie, Reaktion 325f., 247f.

[6] Stich Taverniers von 1711 und Stadtplan des Majors von Vincke von 1839, beide abgebildet in Mamboury, Ankara 68f., 78f.

[7] Vgl. oben A. 2.

[8] Vgl. oben A. 2.

[9] Z. B. Kaisareia in Kappadokien; vgl. *TIB* 2, 130f., 195.

[10] Türme 32–34.

kern (Philōn von Byzanz u. a.). Nur die außerordentlich dichte Stellung der Türme und die fast durchgehende Verwendung von Spolienmaterial, vorwiegend der römischen Zeit, verrät das byzantinische Datum. Demgegenüber zeigt die untere Mauer eine lockere, mehrfach einwärts wie auswärts geknickte Führung. Die Abstände der – mit Ausnahme der Tortürme – durchgehend rechteckigen Türme sind wieder gewachsen. Die Mauertechnik ist sorgloser, die Mörtelverwendung ausgiebiger, das Baumaterial disparater. Die oberen Abschnitte sind allerdings bei beiden Mauern durchgehend in Ziegelmauerwerk angelegt.

2. Einzelfestungen

Auch auf dem Gebiet des Festungsbaues ist das Anknüpfen an die hellenistische Tradition festzustellen. So sind die hellenistischen Bergfestungen auf dem Baş Dağ (→ Boratinon Oros) teils unverändert (Südburg), teils mit kleinen Änderungen im Innern (Nordburg) in byzantinischer Zeit weiterverwendet worden. Sie bildeten ein wichtiges Glied in der Kette der südlykaonischen Burgen, zu der auch → Thēbasa (Sekalesi), → Mennek Kalesi (beide im Karaca Dağ) sowie die Burg auf dem → Arısama Dağ gehören. Das Pendant auf kappadokischer Seite bildet Argos[11]. Gemeinsam ist allen die erstaunliche Größe. So umschließt die Burg auf dem Arısama Dağ z. B. rund 10 000 m^2 Fläche. Mennek und Sekalesi stehen dem kaum nach. Gemeinsam ist ihnen auch das System der Anlage. Außer einem großen, nur mit wenigen, aber massiven Türmen in großem Abstand besetzten Mauerring trifft man im Innern auf dem höchsten Punkt in der Regel eine Turmbastion, die sogar zu einer Art Oberburg mit zweiter Mauer ausgebaut sein kann (Mennek Kalesi). Im Falle der Sekalesi, aber auch bei anderen kleineren Burgen (→ Zengicek Kalesi) ist ein zweiter, äußerer Mauerring, eine Vormauer, anzutreffen. Wo ein solcher noch festgestellt werden konnte, ist er jeweils stark zerstört. Man mag daraus den Schluß ziehen, daß die Vormauern alle zum großen Teil oder ganz zerstört sind, und daher ursprünglich häufiger anzutreffen waren, als heute noch konstatiert werden kann. Gemeinsam ist diesen großen Burgen auch, daß sie alle relativ alte Teile enthalten, die sich durch Größe der verwendeten Blöcke und durch ziemlich sorgfältigen Mauerverbund auszeichnen. Sie weisen sich hiermit als wohl frühbyzantinisch aus. Ob man dabei an die Befestigung des 4. und 5. Jahrhunderts gegen die Isaurier[12] denken darf, ist eher fraglich. Von der oberen Mauer in Ankyra wissen wir, daß sorgfältiger Quaderverband im 7. Jahrhundert noch oder wieder gepflegt wurde. Nun ist aber Thēbasa, das wir mit der Sekalesi identifizieren, zum erstenmal im Oktober 793[13] von den Arabern erobert worden, so daß dieses Jahr als terminus ante quem anzusehen ist. Also bietet sich für die Befestigung Südlykaoniens mit den genannten Burgen die 2. Hälfte des 7. Jahrhunderts, die Zeit Konstans' II. und Konstantins IV. an, da für Justinian in Lykaonien keine Befestigungsarbeiten von Prokop bezeugt sind. Die bei der Sekalesi gut zu beobachtenden Instandsetzungen am turmbewehrten nordwestlichen Mauerzug gehören dann wohl in die Zeit der Araberkämpfe unter Nikēphoros I., wo ein Wiederaufbau bezeugt ist[14].

Auch in Galatien basieren einige der byzantinischen Festungen auf hellenistischer Grundlage (→ Güzelcekale, → Peōn chōrion). Dabei scheinen hier die hellenistischen Anlagen, wohl infolge der häufigeren Eroberungen, stärker zerstört worden zu sein als in Südlykaonien. Eine Reihe der galatischen Festungen dürfte in den Kämpfen zwischen den Komnenenkaisern und den Seldschuken noch eine Rolle gespielt haben. Die Verwendung von Ziegelbändern als Durchschuß im Zweischalenmauerwerk aus Kleinquadern

[11] Vgl. *TIB* 2 → al-Aǧrab, 135–137.
[12] Vgl. oben A. 1.
[13] Theoph. 469.
[14] Theoph. 481: ἔκτισε... καὶ τὴν Θήβασαν (anno 805).

und Bruchsteinen erinnert an die Wiederbelebung älterer Mauerbautechniken durch die Komnenen (Komnenen-Mauer in Konstantinopel, Neokastra)[15]. An der Form der Festungen hat sich wenig geändert. Der Mauerring paßt sich in jedem Fall der Geländesituation an. Steilabfälle werden in der Regel weniger stark befestigt als flachere Hänge, die von Mauern mit Turmbastionen gesperrt werden. Als Typus ist immer wieder zu beobachten, daß dem Mauerring eine stärker befestigte Oberburg eingefügt wurde.

---

[15] W. Müller-Wiener, Mittelalterliche Befestigungen im südlichen Ionien. *Ist. Mitt.* 11 (1961) 5–122; ders., Die Stadtbefestigung von Izmir, Sigacık und Çandarlı. *Ist. Mitt.* 12 (1962) 59–114; M. Klinkott, Bericht über die Arbeit an den byz. Verteidungsanlagen Pergamons, in: *Koldewey-Gesellschaft.* Bericht über die 30. Tagung für Ausgrabungswissenschaft und Bauforschung vom 24.–28. Mai 1978 in Colmar-Frankreich. Erschienen 1980.

GALATIEN UND LYKAONIEN

von

Klaus Belke

mit Beiträgen von

Marcell Restle

A

Nahr al-Aḥsāʾ, Fluß, heute Çarşamba Suyu, und danach benannte, nicht genau lokalisierbare Straßenstation. Der Çarşamba Suyu, der einzige bedeutendere Wasserlauf Lykaoniens, entspringt sw. von → Siristat (heute Bozkır) im Tauros, nimmt etwa 11 km n. von dieser Stadt den heute kanalisierten und um den fast gänzlich trockengelegten Suğla Gölü (→ Trōgitis Limnē), den er früher durchfloß, herumgeleiteten Abfluß des Beyşehir Gölü (→ Pusgusē Limnē) auf, fließt durch eine enge Schlucht nach NW bis Apa[1] (hier heute angestaut) und tritt bei Dineksaray in die Konya Ovası ein, wo er sich in mehrere Arme aufteilt (heute zu Bewässerungszwecken genutzt) und schließlich in der Steppe sö. von Ikonion und in den Sümpfen n. des Kara Dağ verliert[2]; darauf deutet auch der arab. Name (wörtlich etwa „im Boden versickernder Fluß") hin, der demnach wohl nur auf den Unterlauf zu beziehen ist. – Heute meist der ganze Flußlauf vom Ausfluß aus dem Beyşehir Gölü an Çarşamba Suyu genannt[2]

32^{00}–33^{00} 37^{00}–37^{40}

Hist Nahr al-Aḥsāʾ von den arab. Geographen als Station einer Verbindung von Hērakleia in Kappadokien nach → Amorion in Galatien zwischen ʿAin Burġūṯ (→ Barata) und Qūniya (→ Ikonion) verzeichnet[3,4]; die genaue Stelle des Übergangs über den Çarşamba Suyu ist nicht mehr auszumachen, muß jedoch in der Nähe der heutigen Seydihan Köprüsü[5] gesucht werden. Wohl an ähnlicher Stelle hat ihn (nur als *quoddam flumen* o. ä. bezeichnet) auch das Heer des Ersten Kreuzzuges überschritten, welches wahrscheinlich derselben Straße von Ikonion nach Hērakleia folgte[6,7,8]. Wesentlich weiter sw., wohl zwischen Dineksaray, wo es eine alte, großenteils aus Spolien erbaute Brücke mit vielleicht röm. Fundament gibt[9], und der Tavşancı Köprü querte ihn (*ad magnam et potabilem aquam*[10,11]) das Heer des Dritten Kreuzzuges unter Friedrich Barbarossa auf dem Wege von Ikonion nach → Laranda[8,12]. – Die Nutzung des Wassers des im Frühjahr überfließenden Suğla Gölü, welches sich in den Çarşamba Suyu ergoß und, bereits in der Konya Ovası, in mehreren Staustufen und künstlichen Seen zurückgehalten wurde, war bereits im 16. Jh. bekannt[13].

Mon —

Font [3]Ibn Ḫurdāḏbih 101, 113 (de Goeje 73, 85). — [4]al-Idrīsī 810 (Jaubert II 307). — [6]Gest. Franc. X 4 (S. 214). — [10]Croust, Quellen 88. — [11]Tageno 415.

Lit [1]Sperling, Ausflug 25f. — [2]Saraçoğlu, Akarsular 241–243. — [5]Türkeikarte 1 : 200.000, Blatt G VI 59/ls. — [7]Hagenmeyer, Chronologie 501. — [8]Tomaschek, Kleinasien 84, 104. — [12]Eickhoff, Barbarossa 137. — [13]Beldiceanu, Qaraman 65f.

[9]*Bereisung* 1974.

Aigilon (Αἴγιλον, Αἰγιαλός), Berg (mit Burg) und Station der byz. Feuerzeichenkette quer durch Kleinasien, genaue Lage unbekannt, vielleicht auf dem → Dindymon oder in dessen Nähe

Hist Zwischen → Isamos und *Mamas* (nach einer Quelle *Olympos*, daher wohl im Bereich des mysischen Olymp) lag Aigilon (auch *to kastron to Aigilon*), eine Station der für das 9. Jh. bezeugten Feuerzeichenkette, über die arab. Militäraktionen vom Taurus nach Kpl. gemeldet werden konnten[1-5]. Unter der Annahme einer (hypothetischen, da nicht überlieferten) Zwischenstation in der Nähe von Dorylaion[6,7] müßte Aigilon im Bereich der Sivrihisar Dağları gesucht werden.

Mon —

Font [1]Kōnst. Porph., De cerim. 492. — [2]Theoph. Cont. 197. — [3]Sym. Mag. 682. — [4]Iō. Skyl. 108. — [5]Iō. Zōn. III 405.

Lit [6]Bréhier, Institutions 268ff. — [7]Aschoff, Feuertelegraphen 11–17.
Ramsay, Asia Minor 352f. — Lemerle, Humanisme 154f.

Akarkus (Ἀκαρκοῦς), Topotērēsia bzw. Bandon (Garnison) in Südgalatien, genaue Lage unbekannt

Hist Die *topotērēsia Akarkus* wurde unter Kaiser Leōn VI., zusammen mit den Topoteresien → Bareta, → Balbadōna und → Aspona vom Thema Bukellariōn abgetrennt und dem Thema Kappadokōn hinzugefügt; diese vier Banda bildeten, zusammen mit drei weiteren, die vom Thema Anatolikōn an das Thema Kappadokōn abgetreten wurden, die Turma *ta* → *Kommata*[1,2]. – Wahrscheinlich identisch mit Wādī ʿAqarqas im Thema Buqullār (Bukellariōn), wo im Jahre 839 oder 840 der zu den Byzantinern übergelaufene ehemalige Perser Naṣr (mit dem angenommenen griech. Namen Theophobos) mit seinen im byz. Heer dienenden Ḫurramiten von dem arab. Feldherrn Abū Saʿīd vernichtend geschlagen und getötet wurde[3-7]. – Eher unwahrscheinlich ist die Gleichsetzung sowohl mit → Gorbeus[2] als auch mit *ʿAbqarsūn*[8,9], einer nicht näher identifizierbaren Station eines arab. Itinerars, welches einen Weg vom Darb as-Salāma (Kilikische Pforte) über die O-Flanke des Boz Dağ in Lykaonien nach ʿAmmūrīya (Amorion) beschreibt.

Mon —

Font [1]Kōnst. Porph., D. A. I. 236 (c. 50). — [3]Abū Tammām bei Vasiliev, Byzance I 400ff. — [4]al-Buḥturī bei Vasiliev a. O. 403, 406. — [5]Mich. Syr. III 96. — [8]Ibn Ḫurdāḏbih 113 (de Goeje 86).
Lit [2]Ramsay, Asia Minor 216f. — [6]H. Grégoire, *Byz* 9 (1934) 183–204. — [7]Vasiliev, Byzance I 400–408. — [9]Ramsay, Lycaonia 122.

Akçaören, am W-Rand der Murted Ovası, etwa 34 km wnw. von Ankyra

□ 32[20] 40[00]

Hist —

Mon Byz. Spolien (heute am Dorfbrunnen verbaut) zeigen eine Siedlungslage an[1,2].

Font —

Lit [1]Mitchell, Galatia I 429.

Bereisung [2]1982.

Akçaşar, Ort in den n. Ausläufern des lykaon. Boz Dağ, 57 km nö. von Ikonion

⊡ 32[40] 38[00]

Hist Die Burg von Akçaşar diente wohl, gemeinsam mit der benachbarten → Zengicek Kalesi, der Überwachung der wahrscheinlich zwischen beiden Festungen verlaufenen „nördlicheren Diagonalverbindung durch Lykaonien".

Mon Antike Inschriften im Ort erweisen eine in röm. Zeit zurückreichende Siedlung[1]. Sw. oberhalb des Ortes die Akçaşar Kalesi, die Spuren einer stark verstürzten ma. (?) Ummauerung trägt[1]. Die zu Beginn des 20. Jh. noch intakte, inzwischen aber völlig verschwundene Toranlage zeigte eine mittelbyz. Inschrift, die vielleicht einen Kōnstantinos Arpazēs als Stifter und Erbauer nennt[2]. Die vom Herausgeber der Inschrift vorgeschlagene Deutung des letzten Wortes, es handele sich wahrscheinlich um einen Armenier, dessen Vater Hagob geheißen habe, und seine darauf basierende zeitliche Einordnung (Beginn 13. Jh., als die Kleinarmenier von Isaurien aus → Laranda eroberten und vielleicht sogar bis Ikonion vordrangen) ist völlig unwahrscheinlich.

Font —

Lit [2]Buckler, Gateway Inscriptions 646f.

Bereisung [1]1974.

Akçaşehir, im sö. Lykaonien, in einer vom Divle Çayı bewässerten Ebene, 39 km nö. von Laranda

□ 33^{20} 37^{20}

Hist Die röm.-byz. Siedlung bei Akçaşehir (→ *Mon*) lag an der Diagonalverbindung durch Kleinasien von Kpl. über → Ikonion, → Barata und Hērakleia in Kappadokien zur Kilikischen Pforte[1]. Ob bzw. mit welcher der in arab. Itinerarien zwischen Hiraqla (= Hērakleia) und (ʿAin, ʿUyūn) Burġūṯ (= Barata) verzeichneten Stationen (besonders Sidrīya oder Ra's al-Ġāba)[2,3] die Siedlung bei Akçaşehir gleichzusetzen ist, bleibt unklar. – Noch in osman. Zeit wichtige Station der Heeresstraße zwischen Konya und Ereğli[4].

Mon In Akçaşehir – besonders auf dem Friedhof und an der Moschee – reichlich röm. und byz. Spolien[5,6]. Die Moschee vielleicht an der Stelle und unter teilweiser Verwendung einer Kirche errichtet[7]. Einige antike und byz. Inschriften[8,9].

Font [2]Ibn Ḫurdāḏbih 100f., 113 (de Goeje 73, 85). — [3]al-Idrīsī 810 (Jaubert II 307).

Lit [1]Hild, Straßensystem 62. — [4]Taeschner, Wegenetz 124f. und Taf. 12. — [5]Hamilton, Researches II 315. — [7]Ramsay, Lycaonia 87. — [8]Radet-Paris, Inscriptions 513. — [9]Pridik, Inschriften Kleinasiens 19.

Bereisung [6]1974.

Akkilise, heute amtlich Akkise, Ort etwa 4 km ö. der Trōgitis Limnē (Suğla Gölü) an der röm. Straße → Mistheia–Isaura Palaia (→ Leontopolis), 64 km ssw. von Ikonion

□ 32^{00} 37^{20}

Hist Die alte Siedlung bei Akkilise war in röm. Zeit das Zentrum des δῆμος Γοργορωμέων (Γοργορωμῶν); dieser Name somit vom heutigen Ort Kolkorum (amtlich Gökçimen, 10 km sö. von Mistheia) zu trennen. Die Identifizierung mit Sedasa überholt (→ Namusa)[1].

Mon Auf einem früher *Kilisse Tchale* genannten Hügel etwa 1 km ö. und sö. von Akkilise beträchtliche Ruinen einer röm.-byz. Siedlung, darunter ein Gräberfeld, eine offene Zisterne und die Reste einer größeren Kirche (Innenmaße 12 × 30 m)[1,2]. Inschriften und Architekturfragmente, u. a. Altarschranken einer Kirche, in Akkilise sowie in den etwa 3 km nw. gelegenen Dörfern Ortakaraören und Aşağıkaraören (früher -viran)[1-4].

Font —

Lit [1]Hall, Gorgoromeis 125–166. — [2]Sterrett, Wolfe Expedition 125–132 (Nr. 209–266). — [3]Hamilton, Researches II 343f. — [4]Buckler–Calder–Cox, *JRSt* 14 (1924) 71–84.

Akrēna (Ἄκρηνα), genaue Lage unbekannt; in der Umgebung der Stadt Mihalıççık (45,5 km n. von Sivrihisar), im Bereich des früher sog. Mihalıç Dağı (Gebirgszug ö. von Mihalıççık) zu suchen[1]

Hist Flurname (oder Siedlung) mit Michaelskapelle auf dem Territorium (im Diözesanbereich) der Stadt *Hēliupolis* (→ Iuliupolis), in der Nähe des Dorfes → Pidron (-os)[2]. Vielleicht gab diese Michaelskultstelle dem früheren Bezirk Mihalıççık und dem Mihalıç Dağı (davon abgeleitet der moderne Ortsname) den Namen. *Akreina* in dieser Gegend bereits durch eine antike Inschrift bezeugt, jedoch ist die Gleichsetzung mit ihrem Fundort → İkikilise (heute İkizafer, 10 km nnw. von Mihalıççık am N-Abhang des Mihalıç Dağı) nicht zwingend[3,4].

Mon —

Font [2] Vita Theod. Syk. I 67.

Lit [1] Honigmann, Pour l'atlas 547, 551. — [3] Anderson, Galatia 71ff. — [4] W. Ruge, Akreina. *RE* Suppl. 1 (1903) 45.

Alaca, Ort im äußersten NO Galatiens, 170 km onö. von Ankyra

□ 34^{40} 40^{00}

Hist —

Mon In Alaca bezeugen röm. und byz. Inschriften sowie byz. Architekturfragmente eine alte Siedlung[1,2]. – In der Schlucht des Alaca Çayı nö. des Ortes, unterhalb antiker Felsgräber, Reste eines röm. oder byz. Bades mit Mosaikfußboden[3].

Font —

Lit [1] Perrot, Galatie 339. — [2] Mitchell, North Galatia 370–374 (Nr. 519–528). — [3] J. A. Morrison in: Von der Osten, Discoveries 118f.

al-ʿAlamain, Festung im Thema Anatolikōn wohl n. von Ikonion; genaue Lage unbekannt

Hist al-ʿAlamain („die beiden Zeichen") unter den Festungen des Thema Anatolikōn aufgezählt[1,2]. Auch als Itinerarstation einer Verbindung von Qūniya (Ikonion) nach ʿAmmūrīya (Amorion) genannt, die wohl über Laodikeia Katakekaumenē verlief oder nahe an dieser Stadt vorbeiführte. Dies legt eine Lokalisierung im lykaonisch-pisidischen Grenzgebiet, etwa am Übergang über den nördlichen Boz Dağ, nahe[3]. Bei diesem Ansatz muß man annehmen, daß al-ʿAlamain irrtümlich in ein anderes Itinerar eingedrungen ist, das wohl die direkte Verbindung von Ikonion nach Philomēlion beschreibt[1,3].

Mon —

Font [1] Ibn Ḫurdāḏbih 101, 107, 113 (de Goeje 73, 79, 85). — [2] al-Idrīsī 808 (Jaubert II 305).
Lit [3] Ramsay, Lycaonia 119–121.

Aliassum, Station *(mutatio)* der Pilgerstraße im sö. Galatien, 13 röm. Meilen nach → Rosolodiaco, 18 röm. Meilen vor → Aspona[1], heute wahrscheinlich Siedlungshügel s. (sö.?) von Afşar[2–4], etwa 12 km ssw. von Bâlâ (→ Balbadōna), etwa 58 km ssö. von Ankyra

33^{00} 39^{20}

Hist —

Mon Etwa 2 km ö. von Afşar Friedhof mit alten Steinen, darunter Säulenfragmente. Im Ort selbst u. a. fünf röm. Meilensteine ohne erhaltene Entfernungsangaben. Ein wenig s. (sö.?) ein flacher Siedlungshügel, der wohl die genaue Lage von Aliassum bezeichnet[2,4].

Font [1] Itin. Burdig. 575, 11.

Lit [2] ANDERSON, Galatia 105f. — [3] HILD, Straßensystem 37f. — [4] FRENCH, Pilgrim's Road 31, 84f. 114f.

Aliçerçi, Ort etwa 7 km sö. des Suğla Gölü, 75 km ssw. von Ikonion

□ 32°° 37°°

Hist —

Mon Architekturfragmente mit Kreuzen zeigen eine christl. Siedlung an. Röm. u. byz. Inschriften u. Reste auch in Bozdam (7 km w.), Meyre (früher Mehre, amtlich Harmanpınar, 3,5 km ssö.), Gündügün (2,5 km s.), Ahırlı (3 km sw.), Karacakuyu (4 km wsw.)[1,2,3].

Font —

Lit [1] STERRETT, Wolfe Expedition 133f. (Nr. 228f.), 136–139 (Nr. 231–239). — [2] HAMILTON, Researches II 340f. — [3] RITTER, Kleinasien II 371.

Ali Suması Dağ, auf der Türkeikarte 1 : 200.000 Fahreddinpaşa Dağı, Berg mit Ruine eines Kl., 5 km wsw. von → Kilistra, etwa 38 km sö. von Ikonion

♂ 32°° 37²⁰

Hist —

Mon Auf dem Gipfel des Ali Suması Dağ Reste einer Klosteranlage: Innerhalb einer Ummauerung liegen die Ruinen einer kreuzförmigen Kirche u. von Klostergebäuden[1,2]. Im Bereich des Berges eine weitere Kirche, die Ähnlichkeit mit dem Bau von → Fisandon aufweist u. mit einer Reihe hufeisenförmiger Blendnischen geschmückt ist[2].

Font —

Lit [1] STERRETT, Wolfe Expedition 159. — [2] G. L. BELL, *BZ* 17 (1908) 276.

Alpağut, Ort an einem Berghang oberhalb des linken Ufers des → Skopas (Aladağ Çayı), etwa 3 km ö. von Seben, 117 km wnw. von Ankyra

⊟ 31²⁰ 40²⁰

Hist Siedlungskontinuität von der Antike zum MA. (→ *Mon*).

Mon In einer Felswand etwa 2 km ö. des Ortes zahlreiche (über 30) Höhlenöffnungen; ursprünglich antike Felsgräber des paphlagonischen Typus, die in byz. Zeit zu Wohnzwecken umgebaut u. erweitert sowie zusätzlich durch eine Festungsmauer (Bruchstein u. grob behauene Kleinquader in Mörtel) gesichert wurden. Im Ort byz. Architekturfragmente[1].

Font —

Lit [1] LEONHARD, Paphlagonia 27f.

Altınapa Han, an der Einmündung der direkten Verbindung Philomēlion (Akşehir)–Ikonion (Route A 2) in die SW-NO-Diagonalverbindung (Route B), 18 km w. von Ikonion

∴ 32°° 37⁴⁰

Hist Der Han dürfte beiden erwähnten Straßen gleichzeitig gedient haben.

Mon Das seldschuk. Karavansaray unter reichlicher Verwendung byz. Spolien erbaut, die von demselben Gebäude stammen dürften wie die im w. benachbarten → Kuruçeşme Han[1].

Font —

Lit [1] ERDMANN, Karavansaray Nr. 1 *(Lit)*.

Bereisung 1974.

Amblada (Ἄμβλαδα), Bistum in Lykaonien, heute Hisar Tepesi 2,5 km s. von Kızılca, 17 km s. von → Mistheia, in den Hügeln am W-Rand des Beyşehir Suyu-Tales

♁ 31^{40} 37^{20}

Hist Die Stadt seit hellenist. Zeit bezeugt[1,2], röm. durch ihren heilsamen Wein[3,4], frühbyz. aber durch die Menschenfeindlichkeit ihrer Bewohner bekannt, daher Verbannungsort des Häretikers Aetios[5]. Ursprünglich zu Pisidien gerechnet[3,4,6]. Teilnahme an den Konzilien von Nikaia 325 (Patrikios, unter den Bischöfen Pisidiens)[7], Kpl. 381 (Seuēros, Suffragan von Ikonion)[8], Chalkēdōn 451 (Diomēdēs, vertreten durch den Metropoliten von Ikonion)[9], Kpl. 536 (Petros)[9], Kpl. 692 (Eustathios), Nikaia 787 (Kōnstantinos) u. Kpl. 879 (Iōannēs)[10] (Varianten Ἀνδαδῶν, Ἀμιλάνδων, Ἀμαλάνδρων, Ἀμπλάδων). Verzeichnet bei Hieroklēs[11], der die Orte → Mistheia, → Amblada, → Uasada (vielleicht auch → Umanada) in der Reihenfolge aufzählt, wie sie an einer röm. Straße lagen[12], sowie durchgehend bis ins 12. Jh. in den Notitiae episcopatuum[13].

Mon Die byz. Stadt, die vielleicht keine Ummauerung besaß[14], umfaßte zumindest die Höhe des Hisar Tepesi; ob sie sich wie die antike auch auf die umliegenden Felder erstreckte[1], ist nicht mehr auszumachen. Auf dem Stadthügel Reste mindestens zweier großer Kirchen[1,14]. Am Fuße des Hügels altes, tonnengewölbtes Brunnenhaus, die unteren Teile aus hervorragend gefügten, großen Quadern[15]. Antike u. byz. Inschriften u. Architekturfragmente auch in den umliegenden Dörfern, besonders Kızılca, Yenice, Kavakköy u. Akçalar[2,14,16]. – Zwischen Bayafşar u. Kızılca an mehreren Stellen Spuren der röm. Straße[12,15]. – Etwa 4 km wnw. von Amblada, unmittelbar n. des Weges von Kızılca nach Üzümlü (früher auch Manastır), Ruinen einer weiteren byz. Siedlung, deren Reste größtenteils nach Üzümlü verschleppt sein sollen[16]. Bei Üzümlü selbst daher trotz einiger Spolien[2,17] keine alte Siedlung anzunehmen[16].

Font [3] Strabōn XII 7, 2. — [4] Steph. Byz. 84. — [5] Philostorgios 67. — [6] Ptolemaios V 4, 9 (II 857 MÜLLER). — [7] HONIGMANN, Nicée 36, 47 (Nr. 138A). — [8] TURNER, Canons 169. — [9] *ACO* II 1, 2 S. 152 [348] (Nr. 361). III 117 (Nr. 71), 185 (Nr. 62). — [10] MANSI XI 1004A; XII 1107C; XIII 149A, 372C, 396B; XVII 396C. — [11] Hier. 675, 4. — [13] DARROUZÈS, Notitiae 1, 358; 2, 422; 3, 495; 4, 375; 7, 434; 9, 316; 10, 373; 13, 379.

Lit [1] JÜTHNER, Vorl. Bericht 21–26. — [2] SWOBODA–KEIL–KNOLL 32–39, 44. — [12] HALL, Mistheia 121, 123 *(Fig)*. — [14] STERRETT, Wolfe Expedition 183–185. — [16] HALL, Eastern Pisidia 71f., 76–85. — [17] SARRE, Reise 131f.

HIRSCHFELD, Amblada. *RE* 1/2 (1894) 1804. — S. PÉTRIDÈS, Amblada. *DHGE* 2 (1914) 1043.

Bereisung [15] 1974.

Amorion (Ἀμ[μ]όρι[ο]ν, Ἀμ[μ]ώρι[ο]ν, Ἀμούριον, ʿAmmūrīya, Amūrīn), heute Hisar (früher auch *Hergan Kale*) an der s. Variante der Diagonalverbindung von Kpl. zur Kilikischen Pforte, 168 km sw. von Ankyra, 12,5 km ö. von Emirdağ

♁ 31^{00} 39^{00}

Hist Amorion in röm.[1,2,3] u. wohl auch noch in frühbyz. Zeit[4] zu (Groß-)Phrygien gerechnet; wahrscheinlich 396–399 zusammen mit → Orkistos u. → Troknada der neu gebildeten Provinz Galatia II (Salutaris, Salutaria) zugeschlagen[4]. Durch seine Lage an der s. Variante der Diagonalverbindung (Route A2)[5,6,7] von wachsender, auch militärischer Bedeutung. Unter Kaiser Zēnōn „gegründet", d.h. ummauert bzw. die Ummauerung repariert[4,8,9] (nach arab. Tradition von dessen Nachfolger Anastasios erbaut[9,10,11]). Bis zur Zerstörung 838 Sitz des Strategen des Thema Anatolikōn[6,12]. 644 zum erstenmal von den Arabern erreicht, aber wohl nicht erobert[13–16]. Auch 646 nur die Umgebung von Amorion geplündert[11,16–18]. Nicht sicher verbürgt die Nachricht, daß Amorion ʿAbdarraḥmān b. Ḫālid 665 freiwillig die Tore öffnete u. eine arab. Besatzung erhielt[9,16,19,20]. Erste gesicherte Einnahme durch die Araber 669, jedoch bereits im Winter von den Byzantinern zurückerobert[8,9,16,21]. Schlecht verbürgt wiederum ein Vorstoß Maslamas 708, der vor Amorion eine byz. Armee vernichtet haben soll[9,13,16]. 716 bewahrt der Stratege des Thema Anatolikōn u. spätere Kaiser Leōn III. durch geschicktes Taktieren die Stadt vor einer Eroberung zuerst durch den arab. Feldherrn Sulaimān, dann durch Maslama[8,9,16,18,21,22,23,41]. Im Verlaufe des Bürgerkrieges zwischen Kōnstantinos V. u. Artabasdos muß jener 742 zweimal nach Amorion fliehen, wo er volle Unterstützung findet[18,21,24–27,41,93]. 779 u. nochmals 796 vergeblich von den Arabern belagert[9,16,21,28]. 791 Ausgangspunkt eines erfolglosen Feldzuges Kaiser Kōnstantinos' VI. Richtung Kilikien[21,25,29]. Ein angeblicher Vorstoß Hārūn ar-Rašīds 805 auf Amorion mit folgendem Friedensschluß ist legendär bzw. beruht auf Verwechslung mit dem Zug gegen → Ankyra 806[30,31,32].

Amorion, Heimat Michaēls II. u. damit der sog. Amorischen Dynastie[18,25,33–37]. Pläne des Kalifen al-Ma'mūn zur Belagerung der Stadt durch seinen Tod 833 zunichte gemacht[38]. 838 Eroberung und Zerstörung Amorions durch den Kalifen al-Muʿtaṣim aus Rache für die Zerstörung Sōzopetras in O-Kappadokien durch Theophilos im Vorjahr[6,9,10,11,13,17,18,19,22,25,33–43]. Die hochrangigen Gefangenen aus Amorion am 6. März 846 in Sāmarrā hingerichtet u. als die 42 Märtyrer von Amorion bekannt[33,34,35,42,43]. Die inzwischen wieder aufgebaute Stadt 931 vom Emir von Tarsos Ṯamal erneut eingenommen u. angezündet[11,43,44]. Ein Reflex der arab. Unternehmungen gegen Amorion im Digenēs-Akritēs-Epos[45,46]. – 978 in der Ebene → Pankaleia bei Amorion Schlacht zwischen dem Usurpator Bardas Sklēros und Bardas Phōkas, in der Sklēros knapp die Oberhand behält[25,36,47,48,49]. Die Entscheidungsschlacht bei *Sarvenisni* (→ *TIB* 2 s. v. Aquae Saravenae) von Skylitzēs irrtümlich nach (Pankaleia bei) Amorion verlegt[36,49], bei Zōnaras zeitlich u. räumlich unmittelbar der Schlacht bei Amorion angeschlossen[25,36,49]. – 1068 von einem türk. Heer unter Afšīn geplündert[23,25,50–54]. Kämpfe gegen türk. Gruppen bei Amorion im Zusammenhang mit dem Feldzug Alexios' I. 1116[55,56] u. nochmals zu Beginn der Regierungszeit Iōannēs' II. Komnēnos[57]. In seldschuk. u. frühosman. Zeit mehrfach als offenbar immer noch bedeutende Stadt erwähnt[9,58–61].

Auf dem Konzil von Kpl. 381 Teilnahme eines Priesters Tyrannos unter den Bischöfen Pisidiens, sodaß eine kurzfristige Zugehörigkeit auch zu dieser Provinz nicht auszuschließen ist[62,63]. Bischöfe von Amorion nahmen an den Konzilien von Ephesos 431 (Ablabios)[64], Chalkēdōn 451 (Mystērios)[64] sowie Kpl. 680/81 u. 692 (Theodōros)[65] teil. In Nikaia 787 Theodosios zunächst als Ikonoklast angeklagt, darf schließlich seinen Sitz behalten[29,65]; ab der 2. Actio erscheint er unter den Autokephalen. Die Erhebung Amorions ist also spätestens 787[66,67,68], aufgrund eines bisher wohl falsch datierten Siegels eines Erzbischofs Eudoxos von Amorion[94] jedoch schon im frühen 8. Jh. anzunehmen[95]. Auch die Bischöfe Eudoxios[66,69,70,71] (um 814/15) u. Theophilos (von Phōtios 860 nach Rom geschickt)[71–74] waren wohl autokephal. Wahrscheinlich um 860 (oder wenig später) zur zweiten Metropole innerhalb der Galatia II erhoben[68,74,75]. Bessariōn, der Vertreter auf dem Konzil von Kpl. 879[65], demnach trotz vorgebrachter Zweifel[66] bereits Metropolit. Entsprechend in den Notitiae episcopatuum zunächst als Suffragan von → Pessinus (wie bei Hieroklēs als Stadt der Galatia II[76]) geführt, in der Notitia 2 bereits unter den Autokephalen (zusätzlich auch noch als Suffragan, wie in Notitia 3 ausschließlich) verzeichnet, in Notitia 4 als letzte (d. h. ganz junge) Mētropolis der Galatia II mit den Suffraganen → Klaneos sowie Philomēlion, Dokimion, Polybōtos u. Pissia genannt, die aus Phrygien u. Pisidien übernommen wurden[77]. Dieser neue Metropolitansprengel ab dem 10. Jh. allmählich (der Landschaft) Phrygien zugerechnet; ein mehrfacher Wechsel der Zugehörigkeit zur Provinz Galatia II bzw. Phrygia (scil. Salutaria)[63,68] sollte aus den Zusatzbezeichnungen der Notitiae (Notitia 7: Phrygia, 8: Galatia II, ab 9: Phrygia)[77] m. E. nicht erschlossen werden. Um die Mitte des 10. Jh. in einem Brief ein Metropolit Theodōros erwähnt[78]. Von Synoden in Kpl. sind die Metropoliten Philippos (1030)[79], Theoktistos (1072)[80] u. Thōmas (1079)[81], von einem Siegel Kōnstantios oder Kōnstantinos (10./11. Jh.)[75] bekannt; ebenfalls wahrscheinlich ins 10. Jahrhundert gehört der als Hymnograph bekannte Metropolit Paulos[63,89]. Ein weiterer, in einem Brief des Psellos ohne Namen genannter ist nicht zu identifizieren[80,82]. – Hagiographische Schriften enthalten außer Anspielungen auf die Flucht Leōns V.[83] u. die Eroberung 838[69,84,85] Hinweise auf die Bedeutung Amorions im Straßensystem. Vom hl. Theodōros von → Sykeōn auf der Reise nach Sōzopolis in Pisidien auf dem Hin- u. Rückweg besucht[86]. 545 starb hier der Abt der Megistē Laura Gelasios auf dem Weg von Kpl. nach Palästina[87], im 10. Jh. ebenfalls auf der Rückreise von Kpl. der Abt des Sōtēr-Klosters in Bathys Ryax (Kappadokien, → *TIB* 2 s. v.) Ignatios[69]. – Das Dorf → Aplatianais bei Amorion Heimat des hl. Blasios[88].

Mon Unmittelbar n. des Dorfes Hisar der ovale (etwa N-S-Richtung) Stadthügel, an **Abb. 28** dessen oberem Rand die Befestigungsmauern fast durchgehend zu verfolgen sind; weitgehend Lagen großer Quadern (teilweise unter Verwendung antiker Spolien), stellenweise Verstärkungen oder Ausbesserungen aus Kleinquadermauerwerk in dickem Mörtelbett. Geringe Reste von Türmen oder Bastionen. Am N-Abhang Ruine eines ma. Bauwerkes (Kleinquader- bzw. Bruchsteinmauerwerk in Zweischalentechnik); früher hier auch Ruine einer Kirche[90] (?), von der ein noch auf dem Boden sichtbares Apsis-Halbrund erhalten ist[91]. In der Umgebung des Stadthügels früher weitere Gebäudereste, wahrscheinlich von Kirchen[90]. – In Hisar antike u. byz. Inschriften u. Kirchenarchitekturfragmente; w. des Stadthügels eine wahrscheinlich *in situ* befindliche byz. Inschrift, die eine *gitonia* (Stadtviertel) *Baroikōn* markiert[91,92].

Font [1] Strabōn XII 8, 13. — [2] Ptolemaios V 2, 17 (II 827 Müller). — [3] Steph. Byz. 86. — [5] Tab. Peut. IX 4 (Miller, Itineraria 690f.). — [6] Ibn Ḫurdāḏbih 101, 106, 107, 109, 113 (de Goeje 73f., 78, 79, 80, 86). — [7] al-Idrīsī 803, 806, 808f., 811f.,813 (Jaubert II 301, 304–307, 309f., 312). — [8] Geōrg. Kedr. I 615, 763, 787; II 4. — [10] al-Masʿūdī, Murūǧ II 331; VII 136 (Vasiliev, Byzance I 332). — [11] Ibn al-Aṯīr I 332; III 86 (Brooks, The Arabs 183), 337; VII 17 (Vasiliev, Byzance II 2, 152). — [13] aṭ-Ṭabarī I 2798 (Brooks, Campaign 31); II 1197 (Brooks, The Arabs 192); III 1244–1256, 1302 (Vasiliev, Byzance I 301–310). — [14] Ibn ʿAbdalḥakam 108. — [17] al-Balāḏurī 195 (Hitti, 254f.), 228 (Hitti 269; Vasiliev, Byzance I 269). — [18] Mich. Syr. II 441, 484, 502; III 36, 72, 95, 99, 101, 150. — [19] Chron. min. syr. II 57. — [21] Theoph. 351, 386–389, 414f., 452, 467, 470. — [22] Kitāb al-ʿuyūn 25f. (Brooks, Campaign 21ff.), 390–398. — [23] Bar Hebraeus, Chronography 107, 218. — [24] Nik. Patr. 60. — [25] Iō. Zōn. III 265, 296, 329, 337f., 377f., 544f., 692. — [28] Ghevond 151f. — [30] Geōrg. Mon. 772f. — [31] Kōnst. Porph., De leg. 5f. — [33] Theoph. Cont. 42, 125–132. — [34] Sym. Mag. 609, 620, 638f. — [35] Geōrg. Cont. 782, 804f. — [36] Iō. Skyl. 7, 25, 75–79, 324, 326. — [37] Iōs. Gen. 4, 7, 8, 15, 22, 34, 45f., 49f. — [38] Ibn Wāḍiḥ al-Yaʿqūbī II 573, 581 (Vasiliev, Byzance I 274f.). — [39] al-Masʿūdī 169f. (Vasiliev, Byzance I 333ff.). — [40] Leōn Gramm. 224. — [41] Anon. Auct. Chron. 1234 I 235, 244; II 24f. — [42] Vasil'evskij-Nikitin 1–78. — [44] aḏ-Ḏahabī bei Vasiliev, Byzance II 2, 238. — [45] Digenēs Akritēs Z 488, 4156; G 266; E 634. — [47] Leōn Diak. 170. — [48] Yaḥyā b. Saʿīd 375. — [50] Mich. Att. 121f. — [51] Iō. Skyl. Cont. 133. — [55] Anna III 199, 201. — [57] Theod. Prod., Hist. 208 (IV 273), 212. — [58] Geōrg. Pach. II 428. — [59] Dukas 243. — [60] Abū l-Fidā' 380f. (Guyard II 136). — [61] Ḥamdallāh Mustaufī 97. —

[62] TURNER, Canons 169. — [64] *ACO* I 1, 2, S. 62 (Nr. 165); I 1, 7 S. 113 (Nr. 54); I 4 S. 29 (Nr. LIII); II 1, 1 S. 60 (Nr. 190); II 1, 2 S. 7 [203] (Nr. 156) et passim. — [65] MANSI XI 616C, 629A, 652B, 676D, 1000D; XII 1007C, 1011D, 1014A, 1015D, 1098A, 1154A; XIII 17E, 20D, 37B, 141B, 153A, 156C, 173D, 368B; XVII 373C. — [69] Synax. Cpl. 85, 279f., 520. — [70] Vita Theophylaktos von Nikomēdeia, *AnBoll* 50 (1932) 78. — [73] Vita Ignatii, *PG* 105, 516B. — [76] Hier. 697, 7. — [77] DARROUZÈS, Notitiae 32, 38, 42, 44; 1, 239; 2, 77, 301; 3, 351; 4, 39, 477; 6, 35; 7, 48, 654; 8, 48; 9, 528; 10, 634; 11, 47; 12, 45; 13, 697/8; 14, 53; 15, 45; 16, 45; 17, 58; 18, 58; 19, 62. — [78] DARROUZÈS, Epistoliers 68. — [79] FICKER, Erlasse 20. — [80] OIKONOMIDÈS, Un décret synodal 57, 60, 67. — [81] GOUILLARD, Chrysobulle 31, 34. — [82] Mich. Psell., Briefe 111f. — [83] L. LAMZA, Patriarch Germanos I. von Konstantinopel (715–730). Würzburg 1975, 228. — [84] PAPADOPULOS-KERAMEUS, Analekta IV 382. — [85] W. REGEL, Analecta Byzantino-Russica. St. Petersburg 1891–1898 (New York o. J.), 9. — [86] Vita Theod. Syk. 85, 87. — [87] E. SCHWARTZ, Kyrillos von Skythopolis. Leipzig 1939, 195, 260. — [88] *AASS* Nov. IV 569E.

Lit [4] RAMSAY, Asia Minor 228, 230f. — [9] M. CANARD, ʿAmmūriyya. *EI* nouv. éd. 1 (1960) 462f. — [12] Kōnst. Porph., De them. 115 (Kommentar). — [15] W. E. KAEGI, Amorium 19–22. — [16] LILIE, Reaktion 63f., 70, 73, 118 A. 43, 122 A. 59 *(Lit.)*, 125–127, 171f., 177. — [20] TH. NÖLDEKE, *ZDMG* 29 (1876) 85, 98. — [26] LOMBARD, Constantin V. 24f. — [27] OSTROGORSKY, Geschichte 138. — [29] SPECK, Konstantin VI. I 56, 154, 239. — [32] CANARD, La prise d'Héraclée 348f. — [43] VASILIEV, Byzance I 144f., 147f. A. 1, 160–173, 176, 230; II 1, 265f. — [46] G. HUXLEY, *GRBS* 15 (1974) 322. — [49] SEIBT, Skleroi, 43, 47. — [52] CAHEN, Pénétration 25. — [53] CAHEN, Mantzikert 624. — [54] VRYONIS, Decline 95. — [56] CHALANDON, Les Comnène I 270. — [63] S. VAILHÉ, Amorium. *DHGE* 2 (1914) 1329–1331. — [66] HONIGMANN, Notitia 206–211. — [67] DARROUZÈS, Nicée 19f. — [68] JANIN–STIERNON, Galatie 729f. — [71] GRUMEL, Reg. 391, 464. — [72] DÖLGER, Reg. 475. — [74] V. LAURENT, *EO* 34 (1935) 464–467. — [75] LAURENT, Corpus V 338ff., 570f. (Nr. 502, 748). — [89] S. PÉTRIDÈS, *EO* 8 (1905) 344–346. — [90] HAMILTON, Researches I 448–451. — [92] *MAMA* VII 64–68. — [93] SPECK, Artabasdos 69, 138, 291, 327. — [94] ZACOS–VEGLERY 1879. — [95] W. SEIBT, mündliche Mitteilung.

Bereisung [91] 1982.

Anastasiupolis (Ἀναστασιούπολις), heute Ruinen von Dikmen Hüyük, etwa 8 km s. von Dikmen, 73 km w. von Ankyra[1,2] (ältere Lokalisierungsvorschläge[3,4] überholt)

⛪ 32⁰⁰ 39⁴⁰

Hist *Lagania* in der Antike z. T. zu Bithynien (in einem sehr weit gefaßten Sinn) gezählt *(Lagineia, Laganeia)*[5,6]; Station der Pilgerstraße *(Laganeos, Agannia)*, 24 röm. Meilen ö. von → Iuliupolis (11 von *Hicronpotamum,* → Sykeōn), 16 röm. Meilen w. von Mnizos (6 von → Petobrogen)[7,8,9], was den tatsächlichen Entfernungen sehr gut entspricht[1]. In frühbyz. Zeit *regeōn* in der Galatia I[10]. Die im 10. Jh. belegte *kōmē Lagaina*[11,12] ist sicher nicht auf Lagania zu beziehen, sondern, wie überliefert, in der Nähe von Kotyaeion (heute Kütahya) zu suchen[13]. Als Bistum (Suffragan von Ankyra) 451 auf dem Konzil von Chalkēdōn vertreten (Bischof Euphrasios)[14]. *Eufrasius Laganias* unterschrieb auch den Brief einer Synode der Galatia I an Kaiser Leōn I. (458)[14]. Nach Kaiser Anastasios I. (491–518) in Anastasiupolis umbenannt, die Gleichsetzung trotz Bedenken[15,16] durch die fast gleiche Entfernung (12 Meilen von Sykeōn[16] gegenüber 11 von dessen „Vorgängersiedlung" *Hicronpotamum*) gesichert. In der 2. Hälfte des 6. Jh. waren Theodosios, Timotheos, schließlich Theodōros von Sykeōn Bischof, Hauptkirche war die Hagia Sophia[16]. Vertreten auf den Konzilien von Kpl. 680/81 (Bischof Genesios), Nikaia 787 (Bischof Theophilos) u. Kpl. 879 (Bischof Marianos)[17]. Die Notitiae episcopatuum verzeichnen Anastasiupolis durchgehend bis ins 12. Jh.[18].

Mon Dikmen Hüyük ist ein ausgedehnter Siedlungshügel (Durchmesser etwa 500 m) um einen kleineren, prähist. mit Keramik (prähist. bis byz.) u. Architekturfragmenten. Kirchenarchitekturfragmente (Säulen u. Kapitelle) 200 m ö. des Zentralhügels. Der Hügel war wahrscheinlich ummauert[2,19]. Die röm. Straße nach W bis zum → Siberis (Girmir Çayı) u. O bis Perli Çiftlik (→ Petobrogen) zu verfolgen[2].

Font [5] Ptolemaios V 1, 3 (II 803 MÜLLER). — [6] Steph. Byz. 405. — [7] Itin. Ant. 142, 3. — [8] Itin. Burd. 574, 10. — [9] Tab. Peut. IX 4 (MILLER, Itineraria 658). — [10] Hier. 696, 9. — [11] DELEHAYE, Saints Stylites 204.

— [14] *ACO* II 1, 1 S. 60 (Nr. 167) u. passim; II 5, S. 93. — [16] Vita Theod. Syk. I passim (vgl. Index S. 163); II 242. — [17] MANSI XI 212A u. passim; XII 995C, 1099D; XIII 144B, 368E, 388D; XVII 376D. — [18] DARROUZÈS, Notitiae 1, 130; 2, 149; 3, 183; 4, 139; 7, 177; 9, 73; 10, 76; 13, 81.

Lit [1] MITCHELL, Blucium and Peium 73 mit A. 21. — [2] FRENCH, Pilgrim's Road 17, 24, 38, 41–43, 108–111. — [3] ANDERSON, Galatia 64f. — [4] RAMSAY, Asia Minor 242. — [12] VANDERSTUYF, Saint Luc II 142. — [13] ROBERT, Villes 359f. — [15] RUGE, Lagania. *RE* 12/1 (1924) 454. — [19] FRENCH–MITCHELL, Ankara 81. S. PÉTRIDÈS, 1. Anastasiupolis. *DHGE* 2 (1914) 1489f.

Bereisung 1982.

Anbar, jetzt amtlich Ambar, früher auch Anbar arası oder (kurdisch) Serpek, 7 km. wsw. des Ak Göl, 50 km nö. von → Laranda

□ 33^{20} 37^{40}

Hist Der antike Name von Ambar, Fundort eines berühmten Sarkophages des 2. oder 3. Jh.[1–5], war wahrscheinlich Sidamaria o. ä. (inschriftlich Σιδαμαριωτῶν ἡ [βουλὴ] καὶ ὁ δῆμος bezeugt[4,6]. Siedlungskontinuität bis in byz. Zeit *(Mon)*. Der Ort lag an der Diagonalverbindung durch Kleinasien von Kpl. über → Ikonion, → Barata ([ʿAin] Burġūṯ) u. Hērakleia in Kappadokien zur Kilikischen Pforte (Route A 2). Die Gleichsetzung (aufgrund des lautlichen Anklanges) mit der von einem arab. Itinerar zwischen Hiraqla u. (ʿAin) Burġūṯ verzeichneten Station *Zabarla*[7,8] erscheint möglich, aber nicht gesichert.

Mon Bei dem heutigen Ort ein natürlicher, Kale genannter Hügel, auf dem früher Reste von Mauerzügen beobachtet wurden, die sich auch in die Ebene hin fortsetzten[1]. Kürzlich ein aus 9 oder 10 Räumen bestehendes, durch eine Art Mühlstein verschlossenes Höhlensystem entdeckt[5]. Im Ort röm. u. byz. Inschriften u. Spolien[2,4,9,10,11].

Font [7] Ibn Ḫurdāḏbih 113 (DE GOEJE 85).

Lit [1] DAVIS, Asiatic Turkey 271–285. — [2] STERRETT, Wolfe Expedition 15–17. — [3] W. M. RAMSAY, *REA* 3 (1901) 358. — [4] MENDEL, Konia 210, 215, 219, 232–246. — [5] KONYALI, Ereğli 817. — [6] W. M. RAMSAY, *REA* 3 (1901) 278f. — [8] RAMSAY, Lycaonia 88, 116ff. — [9] RADET–PARIS, Inscriptions 513f. — [10] CRONIN, First Report I 215f.

RUGE, *RE* 2 A/2 (1923) 2208.

Bereisung [11] 1976.

Andrapa, letzte Station der Pilgerstraße in Galatien, 9 röm. Meilen nach → Galea, 8 (verbessert aus überlieferten 13) vor Parnassos in Kappadokien (heute Değirmenyolu, früher Parlasan; → *TIB* 2 s. v. Parnassos), heute Keles Hüyük, etwa 10 km nnw. von Parnassos, etwa 109 km sö. von Ankyra[1,2]

33^{20} 39^{00}

Hist Zwischen *Andrapa* u. *Parnasso* der Vermerk: *fines Galatiae et Cappadociae*[1].

Mon Keles Hüyük ist ein weithin sichtbarer Siedlungshügel mit Keramik von prähist. Zeit an[2].

Font [1] Itin. Burdig. 576, 2, 3.

Lit [2] FRENCH, Pilgrim's Road 26, 30, 116f.

Ankyra (Ἄγκυρα, Anqira, Ankūrīya), heute Ankara, Hauptstadt der Türkischen Republik, am Zusammenfluß dreier Flüsse (des Bent Deresi oder Hatip Çayı von O, des Çubuk Çayı von N u. des İnce Su von S), die zusammen den Ankara Çayı bilden, der sich in den Sangarios ergießt

32^{40} 39^{40}

Hist Sagenhafte Gründung der Stadt in phryg. Zeit[1]; tatsächlich bereits prähist., hethit. u. phryg. Besiedlung des Burgberges[2,3]. Von Alexander dem Großen auf seinem Zug nach Kilikien unmittelbar nach → Gordion berührt[4,5]. Später Hauptort des galat. Stammes der Tektosagen[6]. Augustus organisierte Ankyra als *polis* u. machte es zur Hauptstadt der 25 v. Chr. gegründeten Provinz Galatien[7,8]. Seit der frühen Kaiserzeit, ursprünglich im Zusammenhang mit der Errichtung der Euphratgrenze unter den Flavierkaisern, wichtigster Straßenknotenpunkt in Zentralkleinasien mit erheblicher strategischer Bedeutung[9–12]. – Die Christianisierung geht wahrscheinlich auf apostolische Zeiten zurück, wird aber erst relativ spät manifest[13,14]. Die für lokale Geschichte u. Kult wichtigsten Märtyrer waren Platōn, der an einem Platz *Kampos* außerhalb Ankyras (vielleicht beim heutigen Gençlik Parkı zu suchen[15,16]) hingerichtet wurde u. in der Stadt eine Kirche besaß[17,18], sowie Klemens, der an einem Ort *Kryptos* in Ankyra begraben wurde, der vielleicht mit der Stelle der in mittelbyz. Zeit errichteten Klemenskirche (→ *Mon*) identisch ist[15,19]. Die Bischöfe Markellos u. Basileios spielten in den theologischen Auseinandersetzungen des 4. Jh. eine wichtige Rolle[13,15]. 314 in Ankyra eine orthodoxe, 358 eine semiarianische, 375 eine arianische Synode abgehalten[13,20,21]. 347 u. 350 von Kōnstantios II. besucht (bei dieser Gelegenheit die erste Rede des Themistios an den Kaiser, die auch die Ankyraner so begeisterte, daß sie ihm glänzende Angebote für eine Lehrtätigkeit machten)[15,22,23,24]. Im Zusammenhang mit einem längeren Aufenthalt Julians in Ankyra 362 auf der Reise nach Antiocheia steht die Hinrichtung der Märtyrer Basileios und Gemellos (→ Klimaxinē), während ein dritter, Busiris, mit dem Leben davonkam[15,22,25,26,27]. Jovian trat auf dem Rückweg nach Kpl. am 1. Jänner 364 in Ankyra zusammen mit seinem Sohn Veronian das Konsulat an[15,22,25,28]. Nach Jovians Tod in → Dadastana holte man den in Ankyra zurückgebliebenen Valentinian als Nachfolger[15,25]. Viele Informationen über Ankyra um die Mitte des 4. Jh. in Briefen des Libanios[15]. Im Winter 365/366 Ankyra Hauptquartier des Kaisers Valens für den Kampf gegen den Usurpator Prokopios[15,22,25]. 381 ließ Theodosios I. den Leichnam des unter Kōnstantios in Kukusos hingerichteten Patriarchen Paulos von Ankyra nach Kpl. transferieren[15,29]. Bei der Teilung Galatiens in die Galatia I u. die Galatia II oder Salutaris zwischen 396 u. 399 bleibt Ankyra politische u. kirchliche Hauptstadt der Galatia I (Suffragane → Aspona, → Iuliupolis, → Kinna, Lagania [→ Anastasiupolis], → Mnizos u. → Tabia, wozu im 7. Jh. → Bērinupolis, im 9. → Kalumnē hinzukommen). – Unter Arkadios häufig Sommerresidenz des Kaisers mit seinem Hofstaat[15,30]. Einige Einzelheiten über das kirchliche Leben Ankyras im frühen 5. Jh. finden sich verstreut in den Werken der beiden aus Galatien stammenden Mönche Palladios u. Neilos[15]. Im frühen 6. Jh. zwei Frauenklöster (ein Muttergotteskloster mit dem Beinamen *Bēēia* u. das Kloster *Petrin*) namentlich genannt[15,31], im 7. Jh. das Männerkloster Attalinē[32]. – 479 Ankyra vergeblich von dem bereits wegen Rebellion nach Kappadokien verbannten Markianos angegriffen[33–36]. Im Winter 610/611 in Ankyra mißlungene Revolte des Kommentiolos, eines Bruders des gestürzten Kaisers Phōkas[15,31,37]. 622 (oder, weniger wahrscheinlich, 620) Eroberung durch die Perser[15,38–42], die auch archäologisch nachweisbar ist u. wohl entscheidend die Umgestaltung des spätantiken Stadtbildes zum ma. (Festungsstadt) bewirkte[15]. 654 erste arab. Eroberung durch Muʿāwiya[15,43,44,45]. Bei der Herausbildung der Themenordnung in Kleinasien wird Ankyra Hauptstadt des Thema Opsikion[15,46] u. damit Sitz des *komēs Opsikiu*, des ranghöchsten Militärbeamten des byz. Reiches[45,47]. Seine Funktion als Residenz eines Themenstrategen behält Ankyra auch nach der Teilung des Großthema Opsikion: es wird Haupstadt des neugebildeten Thema Bukellariōn[15,48]. 776 u. 799 (oder 798) von arab. Heeren erreicht, jedoch in beiden Fällen nicht eingenommen[15,41,45,49,50]. 805 ließ Nikēphoros verschiedene Festungen, darunter Ankyra, reparieren, dessen Mauern vielleicht bei den vorangegangenen arab. Angriffen Schaden erlitten hatten[15,38,39,51,52]. 806

stieß im Zuge der Unternehmung Hārūn ar-Rašīds gegen Hērakleia in Kappadokien eine arab. Abteilung nochmals bis Ankyra vor, zog sich aber wohl angesichts der starken Befestigungen sogleich wieder zurück[15,38,52]. Angebliche Eroberungen durch Hārūn ar-Rašīd u. al-Ma'mūn sind legendär[15]. 838 wird die von den Einwohnern bereits fluchtartig verlassene Stadt von al-Mu'taṣim auf dem Zug gegen Amorion eingenommen u. zerstört, nachdem sich seine Truppen mit denen Afšīns in der Ebene vor Ankyra vereinigt hatten[15,39,40,46,50–54]. 859 anläßlich eines Feldzuges ins Euphratgebiet Aufenthalt Michaēls III. u. des Spatharokandidatos (u. späteren Kaisers) Basileios in Ankyra; bei dieser Gelegenheit die 838 zerstörte Zitadelle repariert[15,55,56]. 872 gelangte der Paulikianerführer Chrysocheir plündernd bis Ankyra u. ta → Kommata (die Gegend s. von Ankyra), jedoch scheint die Stadt wiederum nicht erobert worden zu sein[54,57,58]. Dasselbe gilt auch für den Beutezug des Emirs von Tarsos Ṯamal, der 931 bis in die Gegend von Ankyra führte[15,54,59]. Ein Reflex der arabischen Unternehmungen gegen Ankyra im Digenēs-Akritēs-Epos[15,60,61].
Ankyra auch in mittelbyzantinischer Zeit noch ein bedeutender Kreuzungspunkt im Fernstraßensystem Kleinasiens[15,62–66,69]. – Im 11. Jh. ein *dioikētēs* von Ankyra genannt[67]. 1073 noch byz., aber bereits von Türkenscharen bedroht[15,44,68], in deren Hände es wohl wenig später fiel (spätestens im Zusammenhang mit der Revolte des Nikēphoros Melissēnos 1080/1081)[68,69]. Nach einiger Zeit dānišmendidischer Herrschaft[44,69,70,71] 1101 von Kreuzfahrern unter Raymond von Toulouse, der den in Neokaisareia gefangenen Bohemund befreien wollte, zurückerobert und vertragsgemäß byz. Verwaltung unterstellt[72,73,74,75]; diese von einer wenig später nachfolgenden französischen Kreuzfahrergruppe unter Wilhelm von Nevers noch vorgefunden[72,74,75]. Ankyra 1227 bis 1243 dānišmendidisch; vorher und hinterher seldschukisch[39,51,54,71,76].
In der kirchlichen Hierarchie des Patriarchats von Kpl. behauptet Ankyra wenigstens theoretisch bis nach dem Ende der byz. Herrschaft den relativ hohen vierten Platz hinter Kaisareia in Kappadokien, Ephesos u. Hērakleia in Eurōpē[77]. Der Metropolit Gabriēl schenkte zu Beginn des 10. Jh. dem Patriarchen Euthymios eine wertvolle Reliquie, das Ōmophorion des hl. Klemens, das bis dahin in Ankyra aufbewahrt worden war[14,15,78]. Die Erhebung des Suffraganbistums der Galatia I Basilaion (→ Iuliupolis) zur Mētropolis durch Kōnstantinos X. (bestätigt durch Michaēl VII.), ursprünglich beschränkt auf die Lebenszeit des so geehrten Metropoliten, löste nach dessen Tod den Streit zwischen Alexios I. u. dem Metropoliten Nikētas von Ankyra um die künftige Stellung von Basilaion aus, welches schließlich seinen Rang als Mētropolis behält[79–82]. Auch die Suffragane → Aspona u. Bērinupolis scheiden wenigstens vorübergehend aus dem Metropolitanverband von Ankyra aus[14,77]. Wegen der türk. Besetzung der Sitz von Ankyra in der 2. Hälfte des 12. Jh. (wohl kurzfristig) κατὰ λόγον οἰκονομίας an Nazianzos in Kappadokien übertragen[14,83]. In einem Synodalbeschluß von 1173, der den Metropoliten von Ankyra autorisierte, den noch auf byz. Gebiet gelegenen Sitz von Kerasus in Pontos einzunehmen, wird die kirchliche Lage in Ankyra wohl übertrieben schlecht dargestellt (angeblich dort kein einziger Christ mehr)[14,81]. Das Fortleben des Christentums im 13./14. Jh. auch durch den Bericht über den Neomartys Nikētas dokumentiert, der unter Andronikos II. an einer Kirche (aber nicht, wie behauptet, einer Nikētas-Kirche) in Ankyra *anagnōstēs* war u. in Nyssa in Kappadokien (→ *TIB* 2 s. v.) das Martyrium erlitt[14,84,85]. Etwa gleichzeitig wird beklagt, daß Ankyra von seinem Metropoliten verlassen sei[14,86]. Wohl zwischen 1310 u. 1314 erhält der Metropolit von Ankyra Philippoi u. Chrysopolis in den sicheren europäischen Reichsteilen zur Verwaltung[14,87,88,89], während Gangra die Verwaltung von Ankyra übertragen wird[89]. 1385 Ankyra wiederum dem Metropoliten von Gangra übertragen[90]. – Von einigen Vakanzen abgesehen, hat die Metropole Ankyra bis zum griech.-türk. Bevölkerungsaustausch 1922 bestanden[13,14].

Mon Das röm. Ankyra erhielt um 270 n. Chr. eine Stadtmauer, die das Stadtgebiet bis zur Zerstörung durch die Perser im Jahre 622 umfriedete. Ihr Verlauf wird auf der Trasse der späteren osman. Mauer (eingezeichnet im Plan des FREIHERRN V. VINCKE 1839) rekonstruiert, da Reste bei den röm. Thermen gefunden wurden. Aus der röm. Zeit sind erhalten: der Tempel der Roma u. des Augustus mit dem „Monumentum Ancyranum", die röm. Thermen (Gymnasium) aus der Zeit Caracallas u. eine Denksäule (sog. Julians-Säule; Datierung des Kapitells: spätes 6. Jh.). Listen aus den Quellen bekannter antiker Denkmäler bei BOSCH[8] und FOSS[15]. Das Ende des röm. und frühbyz. Ankyra ist durch die Zerstörung durch die Perser im Jahre 622 markiert (Münzfolge im Zerstörungsschnitt der Thermen bis einschließlich Hērakleios). Der Neubau der Befestigung auf der Zitadelle begann vermutlich unter Konstans II. um die Mitte des 7. Jh.[15,44,91,92]. Diesem wird das obere, innere Mauergeviert (İç Kale) als der ältere Teil heute unwidersprochen zugeschrieben[15,44,91,92] (anders MAMBOURY[2]). W- u. S-Seite sind gerade und rechtwinklig geführt, die O-Seite paßt sich in einer mehrfach geschwungenen Kurve dem Abhang an, die N-Seite war aufgrund des steil abfallenden Geländes wohl immer nur leicht befestigt. W-, S- u. O-Seite sind mit 42 schiffsbugartigen Pentagonaltürmen eng besetzt (Turmdistanz 5–16 m). Das Haupttor (Zından Kapı) liegt in der Mitte der schmalen S-Seite. Kleinere Ausfallpforten auf der O-Seite (3) und W-Seite (1). Die unteren Partien sind überwiegend mit Spolien in Mörtelversatz ausgeführt, die oberen in Ziegelmauerwerk. Der Bau der unteren Mauer wird im allgemeinen aufgrund von zwei Versinschriften für Michaēl III. reklamiert[44,92], doch läßt sich mit Hilfe von Theophanēs[38] auch eine Datierung unter Nikēphoros I. 804 begründen[15,91]; in diesem Falle könnte Michaēl III. für Ausbesserungen u. Verstärkungen verantwortlich sein. Dieser untere Mauerring, mit 12 Rechtecktürmen besetzt (25–35 m Turmabstand), setzt an der SO-Ecke des oberen Mauerringes an u. führt mehrfach geknickt um den S- und W-Hang herum, um wiederum am Steilabfall im N zu enden. Das Haupttor (Hisar Kapısı) liegt wiederum im S, ein kleineres Tor (Diş Ala Kapı) im W. Der untere Mauerring verwendet sehr viel weniger Spolien als der obere, ist weniger sorgfältig gebaut und gibt sich auch dadurch als der spätere zu erkennen (anders MAMBOURY[2]). Christl. Gräber sowie eine christl. Grabkapelle sind in der Nähe des Bahnhofs den Hügel in Richtung Atatürk–Mausoleum hinaufziehend gefunden worden. Sie werden dem 4.–6. Jh. zugewiesen[93,94,95]. Zusammenfassung bei FOSS[15]. Ab dem 4. Jh. überliefern die allgemeinen Quellen eine Reihe von Kirchen, beginnend mit der „Neuen Kirche" von 358, die eine „Alte Kirche" voraussetzt. Die Kathedrale wurde 420 errichtet. Eine Liste der betreffenden Nachrichten bei FOSS[15]. Die früheste erhaltene Kirche ist die in der Cella des Tempels der Roma und des Augustus eingebaute. Die Peristase des Pseudodipteros scheint damals schon nicht mehr bestanden zu haben: Sie wurde in den Umbau nicht einbezogen, u. der an den rückwärtigen Anbau angesetzte, eingezogene rechteckige Chor mit abwechselnd roten u. grauen Basaltquaderschichten nimmt keine Rücksicht auf sie. Die Opisthodomwand war herausgenommen, in die Cella-Seitenwände waren Transennae-Fenster mit Bögen eingebrochen worden. Der stark eingezogene Chor läßt vermuten, daß die Cella durch eingestellte Säulen auf Dreischiffigkeit gebracht wurde. Unter dem etwa 1 m gegenüber der Cella höher gelegenen Podium des Rechteckchores kam eine Krypta mit Treppenzugang zu liegen[96,97] (5. Jh.?). Die Klemenskirche (8. Jh.?, nach FOSS[15] vielleicht Michaēl III. 9. Jh.), bis auf geringe Reste am Innenhof eines modernen Gebäudes fast völlig verschwunden, ist glücklicherweise durch ältere Pläne u. Fotos dokumentiert. Der Ziegelbau besaß einen kreuzförmigen Naos, dessen Zentrum mit einer Rippenkuppel überwölbt war. Neben der Verkürzung der Kreuzarme im N u. S sind dort u. im W Pfeilertribela eingestellt, mit denen eine Verwandtschaft zur Koimesiskirche in Nikaia (vor 730) manifestiert wird[92,98]. 3 km w. bei der Ak Köprü von 1222 über den Çubuk Suyu gab es früher ein armen. Kloster (Wank), dessen Kirche als oktogonaler Nischenbau beschrieben[99] u. in die Mitte des 12. Jh. datiert[44] wurde. In der weiteren Umgebung von Ankyra, in Etiyokuşu (5 km n.) u. → Yalıncak (10 km s.), sind spätantike Landgüter festgestellt worden, deren Benützung bis Ende 6. oder Anfang 7. Jh. durch Münzfunde gesichert ist[15,100,101]. – Vorläufige u. unvollständige Sammlungen der überaus zahlreichen antiken und (früh)-byz. Inschriften Ankyras bei Bosch[8] und Mitchell[102].

Font [1] Pausanias I 4, 5. — [4] Arrian II 4, 1. — [5] Curtius III 1, 22. — [6] Strabōn XII 5, 2. — [9] Tab. Peut. IX 4 (Miller, Itineraria 659f., 667, 670ff.). — [10] Itin. Ant. 200, 4–201, 7; 202, 6–203, 8; 205, 7–206, 7. — [11] Itin. Burdig. 575, 4. — [16] *PG* 115, 425C. — [17] Neilos, Epistulae II 178 (*PG* 79, 292). — [18] Theodosii De situ Terrae Sanctae. Itineraria et alia geographica (Corpus Christianorum, series Latina 176). Turnholt 1965, 120. — [20] Mansi II 515–522, 534; III 269–288, 499–502. — [23] Themistios, Oratio I (ed. H. Schenkl-G. Downey I. Leipzig 1965, 4–25). — [25] Anm. Marc. XXII 9, 8; XXV 10, 11; XXVII, 5.8, 4. — [26] Sōzomenos V 11, 4–11. — [27] *AASS* Martii III *12–*15. — [28] Philost. 107. — [29] Sōkratēs 717B. — [30] Claudius Claudianus, In Eutropium II 97–102. [31] Vita Theod. Syk. 22, 40, 122f. — [32] *PG* 89, 1422. — [33] Candidus Isaurus, *FHG* 4, 137. — [34] Kōnst. Porph., De ins. 135. — [38] Theoph. 302, 481, 482. — [39] Mich. Syr. II 408; III 16, 95, 224, 242. — [40] Chron. anon. 1234 I 180; II 24. — [41] Agapios 458, 547. — [43] Elias v. Nisibis 67. — [46] Ibn Ḫurdāḏbih 101, 109 (de Goeje 74, 80). — [48] Ibn Fākih al-Hamadānī in Yākūt II 865 (Brooks, Arabic Lists 76). — [49] Ibn Wāḍih al-Yaʿqūbī II 486 (Brooks, Abbasids 734). — [50] aṭ-Ṭabarī III 459, 646 (Brooks, Abbasids 735, 741), III 1237, 1240–1244 (Vasiliev, Byzance I 295, 298–301). — [51] Bar Hebraeus, Chronography I 122, 136, 253; II 293. — [53] al-Masʿūdī 170 (Vasiliev, Byzance I 334). — [57] Iōs. Gen. 86. — [59] Ibn al-Aṯīr VIII 234 (Vasiliev, Byzance II 2, 152f.). — [60] Digenēs Akritēs Z 621, 4157; G 385. — [62] al-Muqaddasī 150. — [64] Ibn Ḥauqal 129 (Kramers–Wiet I 190). — [65] al-Idrīsī 811, 813 (Jaubert 309, 311f.). — [67] Mich. Psellos, Briefe 112. — [68] Nik. Bryenn. 155–157, 301. — [72] Alb. Aqu. 564, 576. — [73] Anna III 37. — [77] Darrouzès, Notitiae passim. — [78] Vita Euthymii 105. — [79] Rallēs–Potlēs II 393; V 62–75. — [83] Balsamōn, *PG* 137, 320B. — [84] Delehaye, Nicétas 206, 208–211. — [86] A.-M. M. Talbot, The Correspondance of Athanasius I, Patriarch of Constantinople (*CFHB* VII). Washington 1975, 144. — [90] *MM* II 90.

Lit [2] Mamboury, Ankara 55, 144–154. — [3] Bittel, Kleinasiat. Studien 71 A. 50, 80f. mit A. 60. — [7] Jones, Cities 119. — [8] Bosch, Quellen passim, besonders 26, 81. — [12] French, Road-system 711. — [13] C. Karalevsky, 1. Ankyre. *DHGE* 2 (1914) 1538–1546. — [14] Janin–Stiernon, Galatie 717–727. — [15] Foss, Ankara passim *(Font, Lit)*. — [19] Delehaye, Origines 186–188. — [21] Hefele, Histoire I 1, 298–324; I 2, 903–908, 983. — [22] Seeck, Reg. 194, 198, 210, 214, 227, 293, 295, 309. — [24] Seeck, Briefe 293f. — [35] Brooks, Zenon 220. — [36] Lemerle, Trokundes. — [37] A. Stratos, *JÖB* 27 (1978) 11–17. — [42] Foss, Persians 325, 335f. — [44] Wittek, Angora 330f., 338–340, 343f. A. 7. — [45] Lilie, Reaktion 66f., 171, 177, 309, 323–325. — [47] Lilie, Thrakien 9f. — [52] Canard, La prise d'Héraclée 347. — [54] Vasiliev, Byzance I 149–160; II 1 34, 265f. — [55] Grégoire, Inscriptions 437–449. — [56] Grégoire, Michel III 327f., 340–343. — [58] Lemerle, Pauliciens 98, 103. — [61] G. Huxley, *GRBS* 15 (1974) 321f. — [63] Honigmann, Un itinéraire arabe 270f. — [66] Honigmann, Charsianon 156. — [69] Vryonis, Decline 33f., 110f., 113, 115. — [70] Cahen, Pre-Ottoman Turkey 83. — [71] Mélikoff, La geste I 111. — [74] Runciman, Kreuzzüge II 21, 25f. — [75] Cate, Crusade of 1101 354f., 358f. — [76] Taeschner, Anḳara. *EI* nouv. éd. 1 (1960) 525ff. — [80] Dölger, Reg. 964, 1014, 1108, 1117, 1140. — [81] Grumel, Reg. 904, 934, 938, 1126. — [82] Beck, Kirche 162f. — [85] S. Salaville, Nicétas le Néo-Martyr d'Ancyre et de Nysse. *EO* 24 (1925) 360f. — [87] Laurent, Reg. 1704. — [88] Laurent, *EO* 32 (1933) 319f. — [89] Darrouzès, Reg. 2016, 2020. — [91] M. Restle, Ankyra. *RbK* 1 (1966) 170–177. — [92] Jerphanion, Mélanges 146–219; 300ff. — [93] *Belleten* 3 (1939) 464. — [94] K. Bittel–A. M. Schneider, *AA* 55 (1940) 595f. — [95] M. Akok–N. Pençe, *Belleten* 5 (1941) 617–622. — [96] K. Bittel, *AA* 54 (1939) 200–203. — [97] F. W. Deichmann, Frühchristliche Kirchen in antiken Heiligtümern. *JbDAI* 54 (1939) 105–136. — [98] O. Wulff, Die Koimesiskirche in Nicäa und ihre Mosaiken nebst verwandten kirchlichen Baudenkmälern. Straßburg 1903, 52–66. — [99] K. Baedeker, Konstantinopel und das westliche Kleinasien. Handbuch für Reisende. Leipzig 1905, 164. — [100] Ş. A. Kansu, Etiyokuşu Hafriyatı. Ankara 1940. — [101] B. Tezcan, Yalıncak Village Excavation in 1962–1963. Ankara 1964. — [102] St. Mitchell, R. E. C. A. M. Notes and Studies No. 1 Inscriptions of Ankyra. *Anat. Stud.* 27 (1977) 63–103.

Bereisung 1957, 1959, 1960.

Annia (Ἀν[ν]ία), Dorf in der Nähe von → Tabia, nicht lokalisiert

Hist Nur bekannt als Heimatort des späteren Paulikianers Sergios[1,2].

Mon —

Font [1] Sources grecques des Pauliciens 51, 153.

Lit [2] Lemerle, Pauliciens 70.

Anzulada (ὅροι Ἀνζουλαδί(ων)), heute wahrscheinlich Oğuzeli (früher Akörenkışla), etwa 21 km n. von Perta, in der Salzsteppe sw. des Tuz Gölü

□ 33^{00} 38^{20}

Hist Der Name Anzulada – aus dem Genitiv Plural des Ethnikons erschlossen – inschriftlich auf zwei Grenzsteinen etwa 4 km nö. von Toprakkale (→ Senzusa), etwa 13 km nw. von Akörenkışla, erhalten. Da ὅροι Ἀνζουλαδί(ων) auf der S-Seite des einen Steins eingraviert ist, der 1910 noch *in situ* stand, kann Akörenkışla als die nächstgelegene nachgewiesene alte Siedlungsstelle in etwa s. Richtung mit ziemlicher Wahrscheinlichkeit mit Anzulada gleichgesetzt werden[1].

Mon In Akörenkışla zahlreiche christliche Inschriften[1,2] u. byz. Spolien (Kirchenarchitekturfragmente), darunter eine hervorragend gearbeitete Steintreppe (Aufstieg zum Ambo?)[3]. **Abb. 61**

Font —

Lit [1] *MAMA* I, XVI; VIII, XIV, XVII *(Fig)*, 51f. — [2] W. M. Calder, Philadelphia and Montanism. Reprint from *The Bulletin of the John Rylands Library* 7 (1923) 45.

Bereisung [3] 1974.

Apeu chōrion (χωρίον τὰ Ἀπέου), Dorf in Galatien, Lage unbekannt

Hist Aus dem Dorf *ta Apeu* stammt Iōannēs, ein *archōn* von Ankyra[1].

Mon —

Font [1] Vita Theod. Syk. I 120.

Lit —

Aphrazeia (Ἀφράζεια), Bandon (Garnison), ursprünglich im Thema Anatolikōn, genaue Lage unbekannt. Die vorgeschlagene Gleichsetzung mit → Kızıl Hisar (Kızıl Kale, nach dem nächstgelegenen Dorf auch Taburoğlu Kale) ist möglich, aber nicht gesichert[1-3]

Hist Die *topotērēsia Aphrazeias* wurde unter Kaiser Leōn VI. zusammen mit den Topoteresien H. Agapētos (→ Myrikiōn) in S-Galatien u. Eudokias (→ Gdanmaa) in N-Lykaonien vom Thema Anatolikōn abgetrennt u. dem Thema Kappadokōn zugeschlagen; diese bildeten zusammen mit vier weiteren Banda, die vom Thema Bukellariōn an das Thema Kappadokōn kamen, die Turma *ta* → *Kommata*[1,4].

Mon —

Font [4] Kōnst. Porph., D. A. I. 236 (c. 50).

Lit [1] Ramsay, Asia Minor 216f., 218, 226f. — [2] Anderson, Galatia 111. — [3] French–Mitchell, Ankara 95f.

Aplatianais (Ἀπλατιαναῖς), Dorf in der Nähe von → Amorion, genaue Lage unbekannt

Hist Das Dorf Aplatianais (so als Nominativ gebraucht) nur bekannt als Heimat des hl. Blasios von Amorion (9. Jh.)[1,2].

Mon —

Font [1] *AASS* Nov. IV 659E.

Lit [2] H. Grégoire, *Byz* 5 (1929/30) 392.

Araunia (᾽Αρα[υ]νίας χωρίον), Dorf in der Nähe von → Sykeōn, genaue Lage unbekannt

Hist Das Dorf lag 5 röm. Meilen von Sykeōn entfernt an der sog. Pilgerstraße Richtung → Anastasiupolis und war Wohnsitz eines Prōtopresbyteros[1,2].

Mon —

Font [1] Vita Theod. Syk. I 59, 99; II 217f.

Lit [2] Ramsay, Asia Minor 246.

Arısama Dağ, vom Massiv des Karaca Dağ durch die breite Senke von Emir Gazi getrennter, aus der Ebene isoliert aufragender Vulkankegel (1425 m) mit byz. Festungsanlage (→ *Mon*)

◬ 33^{40} 37^{40}

Hist Der Name geht vielleicht, ebenso wie der des 5 km ö. gelegenen Dorfes Arısama (heute amtlich Belkaya) auf den antiken Ort *Ardistama*[1] zurück, obwohl dieser nach Ptolemaios eher in NW-Lykaonien zu suchen wäre[2]. – Die Festung auf dem Arısama Dağ gehörte, zusammen mit vergleichbaren Anlagen auf dem Kara Dağ (→ Boratinon Oros), dem Karaca Dağ (→ Thēbasa, → Karaviran Kale, → Kurşuncu) u. im Bereich des Hasan Dağ (→ *TIB* 2, 129 u. s. v. al-Ağrab, Koron), zu welchen Sichtverbindung besteht, zu einem inneren Kranz von Verteidigungsanlagen, die das Hinterland dann zu schützen hatten, wenn ein Angreifer von SO oder S die Barriere des Tauros bereits überschritten hatte.

Mon Polygonaler Mauerring von 125 m (n.-s.) bzw. 90 m (w.-ö.) Durchmesser, im SO
Abb. 6–9 und NO von großen (ca. 8 × 10 m, Mauerdicke 2,10 m), mehrgeschossigen Türmen, auf der W-Seite mit kleineren Bastionen bewehrt. Unmittelbar ö. des SO-Turmes ein kleines (1,30 m lichte Weite) Tor. Der Zugang zur Festung aber wohl eher von der weniger schroffen W-Seite her. Dort auch knapp innerhalb des Mauerrings mehrere, teilweise sorgfältig gemauerte Zisternen. Im Zentrum der Festung, knapp unterhalb des höchsten Punktes mit senkrecht stehenden Felsbarrieren, zerfallene Reste eines Turmes. Die Schalen des Gußmauerkerns aus grob rechteckig behauenen Bruchsteinen unterschiedlicher Größe (bei den Türmen große Blöcke, im Verlauf der Kurtinen kleinere). Auf den geglätteten Torpfosten und teilweise auch auf anderen Blöcken Kreuze[3].
Byz. Besiedelung der Ebene ö. des Arısama Dağ ist durch Spolienfunde aus Arısama (amtlich Belkaya) u. der 8 km ö. gelegenen Arısama Yayla (heute größtenteils in den Museen von Aksaray u. Niğde) erwiesen[3].

Font [1] Ptolemaios V 4, 8 (II 856 Müller)

Lit [2] Ramsay, Lycaonia 85f.
Ramsay-Bell, Churches 496.

Bereisung [3] 1974, 1976.

Arra (῎Αρρων, gen.), heute Siedlungsreste sö. von Harunlar (früher auch Harranlar[1]), das den alten Namen tradiert, 8 km ö. von Turgut (→ Klaneos), 53 km nö. von Akşehir

▭ 31^{40} 38^{20}

Hist Auf der einen Seite eines in Hursunlu, 3 km sw. von Harunlar gefundenen byz. Grenzsteines ὅροι... ῎Αρρων, auf der anderen ὅροι... Μισκάμου (→ Miskamos) angegeben[1]. Arra vielleicht identisch mit dem in einem arab. Itinerar auf einer Strecke von Qūniya (Ikonion) Richtung ʿAmmūrīya (Amorion) zwischen ġābat ʿAmmūrīya (Wald von Amorion) und Ṣāġarī nahr ʿAmmūrīa (Sangarios, Fluß von Amorion) verzeichneten qurā

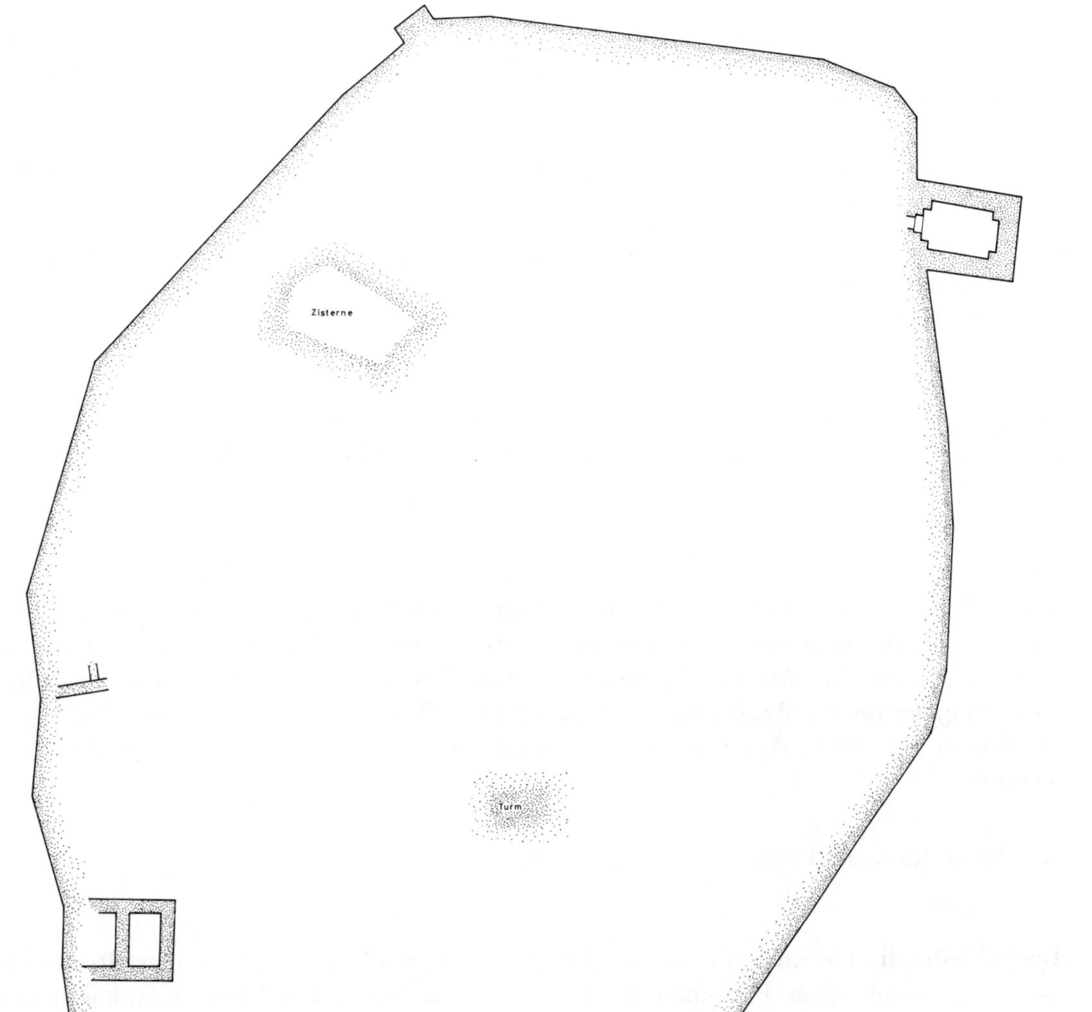

Abb. 2: Festung auf dem Arısama Dağ

(Dörfer von) al-Ḫarrāb (verschrieben für al-Ḫarrān?)[2,3], wenn dieses nicht eher w. oder nw. von Amorion zu suchen ist (qaryat al-Ḫawāt[4]).

Mon Etwa 5 km sö. von Harunlar kleine, im wesentlichen wohl vorbyz. Festung (Bruchsteinmauerung ohne Verwendung von Mörtel); nach Ausweis einer mit Mörtel gemauerten u. rötlich ausgeputzten Zisterne (hier auch Ziegelbruch) in byz. Zeit weiterverwendet[5]. Unterhalb Siedlungsspuren, von hier wahrscheinlich auch die Inschriften in Hursunlu (Kurşunlu)[1,6]. – Nö. des Ortes in einem Feld ein (byz.?) Grenzstein, auf dessen einer Seite OPMIC (wohl Ὅροι Μισκάμου, → Miskamos), auf der Gegenseite wahrscheinlich ✱ΛAT (vgl. → Lāṭa) zu lesen ist[5].

Font [1] Anderson, Galatia 293f. — [2] Ibn Ḫurdāḏbih 101 de Goeje 74). — [4] al-Idrīsī 809 (Jaubert II 306).
Lit [3] Ramsay, Lycaonia 119f. — [6] *MAMA* VII 43–46, 49 (Nr. 208, 211, 212, 215, 223, 236a).
Bereisung [5] 1982

Arvana, heute amtlich Çatmakaya, Ort an einer langen, fjordartigen Bucht am S-Ufer des heute periodisch fast gänzlich trockengelegten Suğla Gölü (→ Trōgitis Limnē), 81 km sw. von Ikonion

▲ 31^{40} 37^{00}

Hist —

Mon Wohl auf dem 1869 m hohen Kızıl Dağ, einem Vorberg des etwas höheren Tinas Dağı (dieser ist seinerseits ein Gipfel der heute Esereyrek Dağı genannten Bergkette), etwa 3 km wnw. von Arvana, Ruinen einer ma. Festung, offensichtlich mit doppeltem Mauerring; der untere Mauerring aus Bruchstein u. Quadern, der obere ausschließlich aus Bruchstein gemauert. Am Fuße des Berges Haufen von einem Gebäude stammender Quader[1].

Font —

Lit [1] Ritter, Kleinasien I 372f.

Aşağı Piribeyli, Ort an den w. Ausläufern des Seyfiören Dağı, wohl an einer alten Straße von → Amorion nach Philomēlion (Akşehir)[1] bzw. nach Laodikeia Katakekaumenē (Lâdik), etwa 28 km osö. von Amorion

□ 31^{20} 38^{40}

Hist Die Gleichung mit dem Bistum Pissia[1,2] ist überholt; dieses vielmehr mit Bisse nahe Philomēlion (im byz. Pisidien) gleichzusetzen[4,5].

Mon Zu beiden Seiten des von Yukarı Piribeyli kommenden Baches Spuren einer alten Ansiedlung. In u. um Aşağı Piribeyli u. den umliegenden Orten Yukarı Ağzıaçık (11 km sö.), Yukarı Piribeyli (3,5 km osö.), Kurtuşağı (10 km osö.) u. Meselik (15 km sö.) zahlreiche heidnische u. (früh-)christliche Architekturfragmente u. Inschriften[2,3].

Font —

Lit [1] Ramsay, Asia Minor 233. — [2] Anderson, Galatia 306–309. — [3] *MAMA* VII, XXf., 56–63. — [4] M. H. Ballance, briefliche Mitteilung. — [5] Mersich, Pisidien 98.

Ası Yozgat, heute Elmadağ, Ort am NO-Rand des gleichnamigen Gebirgszuges, an der modernen Straße Ankara–Kırıkkale (die röm.-byz. Straße verlief weiter n. über Hasanoğlan u. Yeşildere Yayla)[1]

□ 33^{00} 39^{40}

Hist Die Identifizierung mit der Straßenstation Sarmalius (Sarmalia, → Kırıkkale) ist nach neuesten Forschungen aufzugeben[1].

Mon Sw. des modernen Ortes (Flurname *Sūngūr*, wohl Eskiköy Tepesi der Karte 1 : 200.000) Spuren einer alten Siedlung, von der die Architekturfragmente (röm. u. byz.) in Elmadağ stammen dürften[1,2]. – Spuren röm. Besiedlung (u. a. Felsrelief) nahe der röm. Straße n. von Elmadağ[3,4,5].

Font —

Lit [1]MITCHELL, North Galatia 180–183 (Nr. 213–217) u. Karte. — [2]ANDERSON, Galatia 98f. — [3]STARR, Mapping Ancient Roads 162f. — [4]STARR, Tracks 859. — [5]MITCHELL, Galatia I 448.

Bereisung 1982.

Aspona (Ἄσπονα, Ἄσπωνα), heute amtlich Sarıhüyük (früher Şedithüyük, Şetithüyük), Stadt in Galatien an der Pilgerstraße, 19 km n. der N-Spitze der Tatta Limnē (Tuz Gölü), 80 km sö. von Ankyra

⛪ 33[00] 39[00]

Hist Die spätantike Straßenstation im 4. Jh. bereits *civitas*[1–4]. Von Kaiser Jovian 363 n. Chr. auf seinem Rückmarsch von Antiocheia nach Kpl. berührt[5]. Frühbyz. Stadt der Galatia I[6]; als Bistum (Suffragan von Ankyra) seit der Synode von Serdica (Teilsynode von Philippupolis) bezeugt (Bischof *Catherius*, der 342 oder 343 die Enzyklika der Orientalen unterzeichnete)[7]. Um das Jahr 417 wurde Palladios, der ehemalige Bischof von Helenupolis in Bithynien, Verfasser u. a. der sog. Historia Lausiaca, zum Bischof von *Aspuna* ernannt[8–10]. Teilnahme an den Konzilien von Ephesos 431 (Bischof Eusebios), Chalkēdōn 451 (Bischof Hyperechios)[11]. Den Brief einer Synode der Galatia I an Kaiser Leōn I. 458 unterschrieb Bischof *Eufanius Asponae*[11,12]. Weiters vertreten auf den Konzilien von Kpl. 680/81 u. 692 (Bischof Michaēl), Nikaia 787 (Bischof Petros), Kpl. 869/70 u. 879/80 (Bischof Nikēphoros; Varianten *Aspinae* u. *Asponis*)[7]. Die Notitiae episcopatuum verzeichnen Aspona durchgehend bis ins 12. Jh. als Suffragan von Ankyra; nur in der frühen Paläologenzeit scheint es kurzfristig autokephal (oder sogar Metropole) gewesen zu sein[13]. – Die *topotērēsia Asponas* gehört zu den vier Banda, die unter Kaiser Leōn VI. vom Thema Bukellariōn abgetrennt u. dem Thema Kappadokōn zugeschlagen wurden u. zusammen mit drei Banda des Thema Anatolikōn die Turma *ta* → *Kommata* bildeten[14].

Mon In Sarıhüyük ein Siedlungshügel mit Resten von prähist. bis byz. Zeit; im Ort röm. u. byz. Spolien verbaut. Reste einer Ummauerung, die sich heute nur noch als Graben abzeichnet, da die Steine einschließlich der Fundamente abtransportiert worden sind. Auf dem Friedhof ein spätröm. Meilenstein[15–17].

Font [1]Itin. Ant. 143, 4; 206, 2. — [2]Tab. Peut. IX 5 (MILLER, Itineraria 660f.). — [3]Geogr. Rav. 29. — [4]Itin. Burd. 575, 12. — [5]Amm. Marc. XXV 10, 10. — [6]Hier. 696, 7. — [7]MANSI III 139A; XI 613E u. passim, 996B; XII 995C, 1099D; XIII 144B, 368E, 388E; XVI 144D, 159B, 193A; XVII 373E. — [8]Sōkratēs 821A. — [11]*ACO* I 1, 2 S. 6 (Nr. 105) u. passim; II 1, 1 S. 60 (Nr. 165) u. passim; II 5, S. 93. — [13]DARROUZÈS, Notitiae 165A. 1, 170; 1, 126; 2, 145; 3, 179; 4, 135; 7, 173; 9, 69; 10, 71; 13, 76; 15, 179. — [14]Kōnst. Porph., D. A. I. 236 (c. 50).

Lit [9]HEUSSI, Palladios 5). *RE* 18/3 (1949) 203f. — [10]E. AMANN, Palladius. *Dictionnaire de Théologie Catholique* 11, 2 (1932) 1822–1830 *(Lit)*. — [12]JANIN–STIERNON, Galatie 722. — [15]ANDERSON, Galatia 106f. — [16]FRENCH–MITCHELL, Ankara 80. — [17]FRENCH, Pilgrim's Road 18, 25, 30, 85f., 114f.

Atlantı, amtlich auch Dokuzaltı, Ort in N-Lykaonien, 79 km nnw. von Ikonion

□ 32[00] 38[20]

Hist Der antike Name der alten Siedlung bei Atlantı war vielleicht Aralleia[1].

Mon Zahlreiche röm. u. byz. Inschriften aus Atlantı, die jüngste datiert auf 1065, zeigen eine alte Siedlung an[1].

Font —

Lit [1] *MAMA* I, XVI, 155–163 (Nr. 292–307); VII 123f. (Nr. 588–593).

Avalama Yaylası, 4 km wnw. von Avalama (amtlich İkipınar), 43 km sw. von Ikonion

□ 32^{00} 37^{20}

Hist Der sicher vortürk. Ortsname Avalama seit dem 15. Jh. bezeugt[1,2].

Mon Bei Avalama Yaylası Reste einer alten Siedlung: Ruinen einer Kirche aus sauber behauenen Quadern, Architekturfragmente mit Kreuzen u. Sarkophage[3].

Font [1] Uzluk, Karaman 22.

Lit [2] Hütteroth, Ländliche Siedlungen 107 (Tabelle Nr. 12). — [3] Sterrett, Wolfe Expedition 160.

Awlaws (Avlos, Ōlōs), Ebene (oder von Ebene umgebener Ort) nw. oder w. von Ereğli (etwa 142 km sö. von Ikonion) im Bereich des → Waliya-Sees (Ak Göl) im lykaonisch-kappadokischen Grenzgebiet

34^{00} 37^{20}

Hist Im Sommer 1101 wurde ein Kreuzfahrerheer unter Herzog Wilhelm IX. von Aquitanien u. Herzog Welf IV. von Bayern auf dem Weg von *Stancona* (= → Ikonion) über → Salimia (heute İsmil), das zerstört wurde, nach *Reclei* (Hērakleia in Kappadokien) kurz vor dieser Stadt (wohl nw.) von den Türken unter Qılıǧ Arslan in sumpfigem Gelände an einem Fluß in einen Hinterhalt gelockt u. aufgerieben[1–4]. Der Ort der Schlacht auch Ebene (von) Awlaws (Avlos, Ōlōs) genannt[5,6,7]. – Mit Awlaws ist vielleicht die s. des Ak Göl gelegene Station *Düden gölī nam-ı diğer Ūlālī Çāyırī*[8] (wahrscheinlichere Lesung *Ūlākī* bzw. Avlākī[9] = neugriech. αὐλάκι [Wassergraben]) zu verbinden, wo Sultan Sulaimān der Prächtige auf seinem Weg gegen die beiden ʿIrāq am 25. 7. 1534 lagerte.

Mon —

Font [1] Alb. Aqu. 480f. — [5] Matth. v. Edessa 243. — [6] Matth. v. Edessa (Dostourian) I 333. — [7] Matth. v. Edessa, Ausgabe Vałaršapat 1898, 285; Jerusalem 1869, 351. — [8] Naṣūḥü's-Silāḥī (Maṭrāḳçī) XXf., 68, 224, *Fig.* 17b.

Lit [2] Tomaschek, Kleinasien 89. — [3] Runciman, Kreuzzüge II 28f. — [4] Cate, Crusade of 1101, 361. — [9] Mündliche Mitteilung von I. Beldiceanu-Steinherr (Oktober 1979).

B

Bacanak, Dorf 6 km ö. von → Kana, 28 km nw. von Karapınar

□ 33^{00} 37^{40}

Hist —

Mon W. des Ortes ein kleinerer, mit Bruchsteinen u. Keramik übersäter Siedlungshügel (sog. Kale); von hier sollen die zahlreichen antiken u. byz. Spolien (auch Kirchenarchitekturfragmente) sowie einige Inschriften im Dorf u. auf dem Friedhof stammen, die teilweise bereits in die umliegenden Dörfer verschleppt wurden[1,2]. In einer niedrigen Felswand nw. des Dorfes einige teils natürliche, teils künstliche Felskammern, die sich tief in den Berg hineinerstrecken sollen[1,2].

Font —

Lit [1] Gündüz, Karapınar 211f.

Bereisung [2] 1982.

Bağlıca, Ort im galat.-phryg. Grenzgebiet, 25 km nw. von → Amorion, 83 km sö. von Eskişehir

□ 31^{00} 39^{00}

Hist Auf antiken Inschriften aus Bağlıca sind die Ortsnamen *Petara* (Weihinschrift an einen Dii Petaraiō) u. *Abbokōmē* (dēmu Abbokōmētōn)[1,2,3] belegt; Abbokōmē ist auch auf Inschriften aus Sıcaeddin (6 km w. von Seyitgazi)[3] u. Kadınhanı (48 km nnw. von Ikonion: *Abbukōmē*)[4] bezeugt, jedoch spricht die Formulierung der Inschrift aus Bağlıca am ehesten für eine Lage in unmittelbarer Nähe.

Mon Die alte Siedlung bei Bağlıca lag um einen kleinen Hügel, neben dem die Tekke Sinan Babas steht; außer zahlreichen antiken auch einige christl. Inschriften aus Bağlıca (Fragment einer Art Liturgie im Hof der Tekke, die somit vielleicht ein christliches Heiligtum unmittelbar fortsetzt) sowie aus Beyköy (5 km ssw.), Kavlaklı (= *Gulushlu*, knapp 1 km nw. von Beyköy; hier auf einer antiken Inschrift *dēmos Neokōmētōn*), Arslanlı (5 km nw.) u. Kırkpınar (6 km nö.)[3,5].

Font —

Lit [1] W. M. Ramsay, *JHSt* 8 (1887) 501. — [2] Ramsay, Asia Minor 236. — [3] *MAMA* I XXVII, 212–227 (Nr. 406–428); V 152f. (R. 14); VII 64–67 (Nr. 281a, 284a–c, 296a, b, 299a). — [4] Calder, Inscriptions métriques 122 (Nr. 6). — [5] Lennep, Travels II 219f.

Balbadōna (Βαλβαδῶνα) Topotērēsia bzw. Bandon (Garnison), ursprünglich im Thema Bukellariōn, heute wahrscheinlich Balâ, das den alten Namen (über die in der Kiepert-Karte überlieferte Zwischenform *Balabanlyk*[1]) tradiert, an der n. des Halys verlaufenden Verbindung von Ankyra nach Kaisareia in Kappadokien[2], etwa 48 km sö. von Ankyra

∴ 33^{00} 39^{20}

Hist Die *topotērēsia Balbadōnas* wurde unter Kaiser Leōn VI., zusammen mit den Topoteresien → Bareta, → Aspona u. → Akarkus, vom Thema Bukellariōn abgetrennt u. dem Thema Kappadokōn hinzugefügt; diese bildeten, zusammen mit drei weiteren Banda, die vom Thema Anatolikōn an das Thema Kappadokōn abgetreten wurden, die Turma *ta* → *Kommata*[3,4].

Mon Die heute in Balâ befindlichen alten Reste (Säulenschäfte u. röm. Kapitelle vor der Belediye, röm. Inschrift beim Wasserreservoir) sind nach Auskunft am Ort von verschiedenen Stellen verschleppt[5].

Font [3] Kōnst Porph., D. A. I. 236 c. 50).

Lit [1] R. Kiepert, Karte von Kleinasien 1:400.000, Blatt Angora. — [2] Hild, Straßensystem 37, 81. — [4] Ramsay, Asia Minor 216f.

Bereisung [5] 1974, 1982.

Balgatia (Βαλγατία, Valcaton), Dorf bzw. Itinerarstation der Pilgerstraße zwischen → Iuliupolis u. → Sykeōn; genaue Lage unbekannt, die frühere Lokalisierung[1] überholt

31^{40} 40^{00}

Hist Nach der Vita des Theodōros von Sykeōn war das Dorf Balgatia 6 röm. Meilen von Sykeōn entfernt[2]. Es ist mit der Straßenstation *Valcaton* gleichzusetzen, die die Tabula Peutingeriana 12 (wohl zu verbessern in 7) röm. Meilen von Iuliupolis u. 10 (wohl zu verbessern in 5; in beiden Fällen, wie häufig, X u. V verwechselt) röm. Meilen von *Fines Cilicie* (zu lesen: Galatiae, → Sykeōn) verzeichnet[3]. FRENCH, der keinen sinnvollen Lokalisierungsvorschlag macht, trägt auf seiner Karte zwischen *Iuliopolis* u. *Mut. Hycronpotamum* ohne Namen oder Kommentar eine alte Siedlungsstelle ein, die Balgatia entsprochen haben könnte[4].

Mon —

Font [2] Vita Theod. Syk. I 4. — [3] Tab. Peut. IX 3 (MILLER, Itineraria 658).

Lit [1] ANDERSON, Galatia 71. — [4] FRENCH, Pilgrim's Road 40, 45, 108f., Karte 4.

Balıkuyumcu, Ort an oder wenig s. der alten Verbindung Ankyra–Germokolōneia–Dorylaion, 34 km sw. von Ankyra

□ 32^{20} 39^{40}

Hist Die alte Siedlung erlebte ihre Blütezeit bereits in prähistorischer und hethitischer Zeit (→ *Mon*)[1].

Mon S. des heutigen Dorfes ein ungewöhnlich großer, hauptsächlich prähist. u. hethit. Siedlungshügel[1]. Von den früher zahlreichen röm. u. byz. Resten im Ort u. auf dem Friedhof, darunter ein Meilenstein u. eine christl. Inschrift[2,3], heute nur noch zwei Kapitelle (2. Jh. n. Chr.) vorhanden[4]. – Etwa 2 km ö. Ruine einer alten Brücke über einen kleinen Bach (große Fundamentquader; Reste von Kleinquadermauerwerk; verstürzt liegender Säulenschaft)[4]. – Funde christl. Inschriften auch in Hisarlıkaya (5 km s.) und Eymir Harabe (3 km ssw.)[3,5].

Font —

Lit [1] FRENCH–MITCHELL, Ankara 24, 35f. 57. — [2] ANDERSON, Galatia 92f. — [3] MITCHELL, North Galatia 185f. (Nr. 220–222). — [5] PERROT, Galatie 275, 281.

Bereisung [4] 1982.

Barata (Βάρατα), wahrscheinlich heute Ruinen Binbir Kilise bei Madenşehir im n. Kara Dağ (→ Boratinon Oros), in einem Talkessel zwischen dem Göz Dağı, dem Madenşehrikızıl Dağı und dem zentralen Kara Dağ-Massiv, 30 km nnw. von → Laranda

♁ 33^{00} 37^{20}

Hist Die schon aus der Antike (Βάρατϑα) bekannte Stadt[1,2] lag, wie die Tabula Peutingeriana (*Barathe*)[3] zeigt, an der Straße von Ikonion (über Kybistra) nach Tyana bzw. zur Kilikischen Pforte[4,5]. Barata ist wahrscheinlich mit der Station (ʿAin, ʿUyūn) Burġūṯ der arabischen Itinerare (= Flohquelle; wohl eine volksetymologische Umbildung aus Barat[th]a) zwischen Hiraqla und Qūniya[6,7] identisch[8]. (Ḥiṣn) Burġūṯ auch sonst in bilād Nāṭulūs (Thema Anatolikōn)[7], in der Nähe von → Amorion[9] bzw. von M-l-w-riya und → Darb ar-Rāhib (und T-rāyūn, wohl Tyraion, heute Ilgın, 69 km nw. von Ikonion)[10,11] erwähnt. In die Zeit der Christenverfolgungen unter Diokletian und Maximian wird die Lebensgeschichte des hl. Iōannēs „in puteo" aus Kybistra verlegt, dem in seiner letzten Stunde ein Mönch Chrysios beistand; diese Episode ereignete sich in einem Brunnen wohl in der lykaonischen Salzwüste, ἐν τῇ ὕλῃ τῶν Βαρατέων[12] bzw. ἐν τῷ ἕλει τοῦ Βορατινοῦ (wohl verschrieben für Βαρατηνοῦ) ὄρους[13], jedenfalls im Gebiet des Berges von Barata, also dem Kara Dağ (→ Boratinon Oros)[14]. Beide Versionen, also Sumpf und Wald, charakterisieren ihn zutreffend[15,16]; zwei der arab. Itinerare führen als zweite Station ö. von ʿAin Burǧūṯ ein Ra's al-Ġāba (Beginn des Waldes), das nicht näher lokalisiert werden kann. – Auf dem Konzil von Nikaia 325 führt Barata die Liste der isaurischen Bistümer an[17–19], obwohl es sicher nicht Mētropolis war[20]. Daß Barata auf dem Konzil von 380 nicht vertreten ist, könnte damit zusammenhängen, daß die Gemeinde zu dieser Zeit noch arianisch beherrscht war; eine Bestätigung für diese Vermutung könnte in einer nur fragmentarisch erhaltenen u. nicht in allen Punkten sicher zu rekonstruierenden gemalten Inschrift gesehen werden, die sich auf der untersten (ältesten) Putzschicht der s. Narthexinnenwand der Kirche 1 (→ *Mon*) fand u. die vielleicht (mit Konsequenzen für die zeitliche Einordnung des Baues) in das spätere 4. Jh. zu datieren ist[16,27]. 451 unterschreibt auf dem Konzil von Chalkēdōn für den abwesenden Bischof Eugenios von Barata der Metropolit von Ikonion[21]; Teilnahme an der Synode von Kpl. 536[21] und an den Konzilien Kpl. 680/81 (wo Bischof Konstantin von Barata auch den Metropoliten von Ikonion vertritt), 692 (Βαρίτης) und 879/80 (Βαρατᾶ)[22]. Von Hieroklēs[23] und durchgehend von den Notitiae episcopatuum, zuletzt im 12. Jh. verzeichnet (Variante τὸν Βαρέτων, ὁ Βαρέτης)[24]. – Wahrscheinlich ist das nur inschriftlich überlieferte Γαειανοῦ (sc. πόλις) trotz H. Delehaye[25] als zweiter ma. Name der Siedlung bei Madenşehir anzusehen[16,26].

Mon Seit L. de Laborde (1826) von verschiedenen Reisenden (Hamilton 1837, Texier 1834, Wilson–Ramsay 1882) besucht. Pläne u. Fotos durch Crowfoot 1900 (veröffentlicht 1903 durch J. Strzygowski, Kleinasien) u. Getrude Bell 1905 (Ramsay–Bell, Churches) im wesentlichen bekannt u. seither durch Einzelbeobachtungen erweitert. Die Denkmäler, vor allem Kirchen, verteilen sich auf die große Unterstadt in der breiten Senke zwischen dem Hauptstock des Kara Dağ u. seinem nö. Ausläufer, dem Madenşehrikızıl Dağı (→ Boratinon Oros), eine kleine Oberstadt auf der sw. anschließenden Hangstufe (Yassıtepe), sowie eine 3 km w. gelegene Siedlung Deyle (Değle). Die seit Gertrude Bell übliche Numerierung der Bauten ist in der neueren Literatur beibehalten worden. Neue Bauten sind nicht entdeckt worden, jedoch manche der um 1900 noch leidlich erhaltenen inzwischen verschwunden.

Nr. 1: Langgestreckte (über 70 m) dreischiffige Basilika, vermutlich die Hauptkirche der Stadt. Im Außenbau blockartig geschlossen mit innen wie außen halbrunder Apsis, eingezogener, zwischen zwei blockartigen, mehrgeschossigen Eckräumen (wohl keine Türme) liegender Vorhalle im W sowie zwei Türvorbauten im N und S. Das Mittelschiff durch 10 Arkaden über sog. Doppelsäulen von den Seitenschiffen getrennt. Der urspr. durch Längstonnen über allen drei Schiffen gewölbte Bau erhielt nach einer Zerstörung neue, gegenüber dem ersten Zustand veränderte Gewölbe: Vor jede zweite der Doppelsäulen wurden im Mittelschiff Pfeiler gestellt, die eine neue Hochwand mit Längstonne trugen (kleine, in die Tonne eingeschnittene Fenster), während in den Seitenschiffen jede Doppelsäule eine Pfeilervorlage erhielt (wie auch die Außenwände). Anstelle der alten zerstörten Längstonnen bekamen die Seitenschiffe jetzt aber je 10 querliegende kleine Tonnen. Gemalte Inschrift an der s. Narthexwand über Initiatoren u. Spender des Baues (zum Datum vgl. unten). **Abb. 38**

Nr. 2: Reste einer kleineren, dreischiffigen Basilika, später zur Moschee umgebaut, 1909 Schulbau, heute Café.

Nr. 3: Dreischiffige Basilika mit 6 Arkaden über Doppelsäulen. Die Vorhalle eingezogen wie bei Nr. 1; die Apsis jedoch außen polygonal ummantelt. Heute völlig zerstört. Siehe auch Nr. 7.

Nr. 4: Kleine, dreischiffige Basilika mit halbrunder Apsis und eingezogener Vorhalle zwischen zwei Seitenräumen. Zerstört u. nur noch geringe Spuren der Apsis zu erkennen.

Nr. 5: Dreischiffige Basilika im Typus von Nr. 1 u. 4. Vorhalle, Reste der Längsaußenmauern u. der Doppelsäulen erhalten.

Nr. 6: Dreischiffige Basilika im Typus von Nr. 1, allerdings mit Tribelon-Eingang im W. Im Innern 8 Arkaden. Apsis u. Vorhalle teilweise erhalten; s. auch Nr. 9 und Nr. 24.
Nr. 7: Urspr. freistehende Exedra, die später mit der Basilika Nr. 3 verbunden wurde. Qualität des Quaderwerks u. der Profile deuten auf einen spätantiken Bau, dessen Funktion nicht gesichert ist, vermutlich jedoch funeral zu deuten ist (man vgl. die Exedren bei der Galerios-Rotunde in Thessalonike). Vorzüglich erhalten.
Nr. 8: Oktogon mit vier Kreuzarmen an vier einander gegenüberliegenden Ecken des oktogonalen Kernraumes, der ö. davon als polygonal ummantelte Apsis ausgebildet. Hoher Vierungsturm über dem Oktogon, vermutlich nicht überkuppelt, sondern mit einfachem Zeltdach eingedeckt, die Kreuzarme allerdings tonnengewölbt. Reich skulpiertes Eingangsportal (5. Jh.?). Stark zerstört u. nur noch Grundmauern mit Resten der Türgewände erhalten. Typologische Verwandtschaft zum kreuzförmigen Oktogon Gregors von Nyssa (vgl. *TIB* 2 s. v. Nyssa).
Nr. 9: Kleiner trifolienförmiger Bau mit vorgelegtem W-Arm. Über der Vierung eine Quaderkuppel mit Vierungsturm; die drei Apsiden mit Konchen gewölbt, der W-Arm vermutlich tonnengewölbt; heute völlig zerstört. Gehörte einst zum Komplex um Nr. 6.
Nr. 10: Polygonaler Zentralbau (14-Eck) in der Oberstadt mit nicht ganz regelmäßigem, annähernd ovalem, inneren Stützenkranz aus 4 Pfeilern u. vier Doppelsäulen. Die beiden größeren Pfeiler im O vor der innen wie außen halbrunden Apsis treten in voller Breite der Apsis auseinander; nur teilweise erhalten.
Nr. 11: Kreuzförmige Kirche mit gewölbten Kreuzarmen. Die Ausgestaltung der Vierung war nicht mehr auszumachen; völlig zerstört.
Nr. 12: Kreuzförmiges Parekklesion, ein späterer Anbau an das N-Portal der Basilika Nr. 21. Die Kreuzarme gewölbt u. der Ansatz des Vierungsturmes gesichert; einigermaßen erhalten.
Nr. 13: Dreischiffige Basilika in der Art von Nr. 4. Reste der Apsis u. einer Längsmauer erhalten.
Nr. 14: Vermutlich eine dreischiffige Basilika; zerstört.
Nr. 15: Kleine, gedrungene dreischiffige Basilika, später zur Moschee umgebaut. Vor der N-Türe ein Anbau mit steinernem Wasserbecken, der wohl weniger als Baptisterium denn als Reinigungsbrunnen (Şadırvan) der Moschee zu deuten ist. Stark zerstört.
Nr. 16: Kleine, dreischiffige Basilika mit gewölbten Schiffen mit zwei Zisternen unter der Kirche. Heute nur noch Fundament der außen u. innen halbkreisförmigen Apsis erhalten.
Nr. 17: Kleines, rechteckiges Kl. mit kleiner Einraum-Kapelle (zwei Apsidiolen zu beiden Seiten der Rundapsis) in der NO-Ecke. Nur teilweise zerstört. Apsisfundament u. Teile der Längsmauern noch erhalten.
Nr. 18: Kleine, urspr. wohl gewölbte Einraumkapelle. Nicht mehr auffindbar u. vermutlich zerstört.
Nr. 19: Befund schon Anfang des Jahrhunderts zweifelhaft u. heute verschwunden.
Nr. 20: Nur durch Smirnov bekannt u. möglicherweise identisch mit Nr. 28.
Nr. 21: Gedrungene, dreischiffige Basilika mit der in Madenşehir üblichen dreigeteilten W-Partie sowie etwas gedrückter, innen wie außen halbrunder Apsis. Vgl. auch die späteren Anbauten Nr. 12 u. Nr. 22. Von der Basilika nur wenige Reste erhalten.
Nr. 22: Später gegen die S-Seite der Basilika Nr. 21 gebaute einräumige Parekklesion-Kapelle mit Tonnenwölbung. Möglicherweise erst nach Zerstörung der Gewölbe der Basilika erbaut. Heute zerstört.
Nr. 23: Bereits Anfang unseres Jahrhunderts unsicherer Befund u. heute vollkommen verschwunden.
Nr. 24: Kleine Einraumkapelle mit Narthex u. vorspringender halbrunder Apsis ca. 90 m sö. der Basilika Nr. 6. Stark zerstört.

Nr. 25: Kleine, dreischiffige Basilika in der Oberstadt. Neuere Beobachtungen liegen nicht vor. Vermutlich zerstört.
Nr. 26: Kleine Einraumkapelle mit Narthex. Auch hier keine neueren Beobachtungen.
Nr. 27: Kleine Kapelle mit polygonal ummauerter Apsis. Keine neueren Nachrichten.
Nr. 28: Möglicherweise Smirnovs Nr. 20. Kleine Einraumkapelle mit Narthex. Keine neueren Beobachtungen.
Nr. 29: Dreischiffige Basilika des in Madenşehir üblichen Typs. Heute völlig verschwunden.
Nr. 30: Kleine Einraumkapelle. Neben der Straße nach Değle nur noch Reste der Apsis erhalten.
Değle Nr. 31: Dreischiffige Basilika des üblichen Typs. Die oberen Partien u. der Apsisbogen zerstört, sonst ziemlich gut erhalten. S. auch Nr. 42.
Nr. 32: Dreischiffige Basilika im Zentrum von Değle mit durch Pfeiler markierter Vierung direkt vor der innen wie außen halbkreisförmigen Apsis. Flügelförmig angesetzte Nebenräume (Treppenhäuser?) bzw. Parekklesien im N u. S sowohl in Narthexhöhe wie in Höhe der Vierung, der sö. mit vorspringender Apsidiole. Die durch Pfeiler ausgeschiedene Vierung läßt auf eine Kuppel, zumindest einen Vierungsturm schließen. Von besonderer Bedeutung sind die Emporen über den Seitenschiffen u. dem Narthex. Mit Ausnahme der Emporenarkaden gut erhalten. S. auch Nr. 39 u. 43. **Abb. 39–41**
Nr. 33: Dreischiffige Basilika mit Narthex u. Nebenraum in der SW-Ecke. Am Apsisbogen Inschrift der Stifterfamilie. Das Grab des Großvaters der Stifterfamilie mit Inschrift am S-Ende des Narthex. In der Inschrift an der N-Wand des kleinen Bogendurchganges n. des Narthex zwischen Wohnhaus u. Kirche wird ein Metropolit Leōn (von Ikonion) genannt, der mit dem Metropoliten Leōn des 2. Nicänums von 787 identisch sein könnte. Kirche samt der für die Chronologie wichtigen Inschrift erhalten. S. auch Nr. 36.
Nr. 34: Kleine Basilika des in Madenşehir üblichen Typs am nö. Rande des etwas tiefer ö. von Değle liegenden flachen Plateaus. Keine neueren Nachrichten.
Nr. 35: Kreuzkuppelkirche mit vier Pfeilerstützen u. polygonal ummantelter Apsis ohne Narthex. Zum Kleinquadermauerwerk tritt der Ziegel als polychromes Schmuckelement hinzu; außerdem flache Blendnischen im Außenmauerwerk. Datierung vermutlich 12./13. Jh. Apsis u. S-Mauer zerstört. S. auch Nr. 45.
Nr. 36: Wahrscheinlich zum gleichen Klosterkomplex gehörig wie die Basilika Nr. 33. Eigener Peribolos mit Raumgruppe um den Eingang. Die Kirche selbst ein offenbar gewölbter, einschiffiger Raum mit je drei Blendnischen an den beiden Längswänden. Die polygonal ummantelte Apsis leicht eingezogen. Nur noch in den Fundamenten erhalten.
Nr. 37: Kleine, kreuzförmige Grab(?)-Kapelle. Wenige Reste erhalten.
Nr. 38: Kleine, gedrungene Einraumkapelle.
Nr. 39: Zweigeschossiger, über vier inneren Pfeilerstützen gewölbter Turmbau mit einer um einen Hof angeordneten Gruppe weiterer, ebenfalls gewölbter Räume, die gemeinsam mit der Basilika Nr. 32 einen allerdings in mehreren Bauphasen entstandenen bzw. veränderten Kloster(?)-Komplex bilden. S. auch Nr. 43. **Abb. 41**
Nr. 40: Kleine, dreischiffige Pfeilerbasilika ohne Narthex auf dem ö. niedriger vorgelagerten Plateau.
Nr. 41: Kleine Kapelle, schon Anfang des Jh. stark zerstört. Der Ortsangabe bei Ramsay–Bell, Churches 194, nach in der Unterstadt gelegen. Vermutlich aber Druckfehler: statt „a little way N. of No. 8." lies: „a little way N. of No. 48."
Nr. 42: Kleine, dreischiffige Pfeilerbasilika mit Narthex u. Apsidiolen am O-Ende der Seitenschiffe. Heute verschwunden.
Nr. 43: (Kloster?)-Komplex mit fünf tonnengewölbten Räumen (zwei der Tonnen erhalten) sowie weiteren Gebäuden, darunter auch das Turmgebäude Nr. 39 u. vermutlich zur Basilika Nr. 32 gehörig.

Nr. 44: Größerer (Kloster?)-Komplex in der SO-Ecke von Değle rechts bei der Einfahrt: Eine Reihe von vier Räumen hinter einer Fassade, der n. turmartig, der südlichste durch ein Portal zugänglich. Dahinter eine kreuzförmige Kirche mit Blendnischen außen u. innen u. zwei Apsidiolen in der O-Wand der beiden seitlichen Kreuzarme. An den s. Teil der großen Eingangsfassade weiter nach W später ein durch Blendarkaden gegliederter Flügel angebaut. Mit Einbußen erhalten.
Nr. 45: Reste von teils mehrstöckigen Klostergebäuden, zur Kreuzkuppelkirche Nr. 35 gehörend, darunter auch ein kreuzförmiger Raum mit Eckkompartimenten. Wenig erhalten.
Nr. 46: Schlichte Einraumkapelle sw. oberhalb von Değle.
Nr. 47: Teilweise (Apsidiole) in den Fels gehauene Kapelle auf dem Değle etwas tiefer ö. vorgelagerten Plateau. Vom Mauerwerk bereits Anfang unseres Jh. kaum etwas erhalten.
Nr. 48: Kleines, rechteckiges Gebäude mit zwei Räumen im Ortszentrum. Sarnıç (*Kaya Sarintch*): Zwischen Madenşehir u. Değle rechts des Weges Pfeilerbasilika ohne Narthex, jedoch mit Apsidiolen am O-Ende der Seitenschiffe. Ö. der Kirche eine kleine, dreischiffige Basilika ohne Narthex. Im N u. W schließen Klostergebäude an.
In Değle wie in der Unterstadt je ein rechteckiger röm. Grabbau erhalten. Jener der Unterstadt besaß einen pyramidalen Oberbau über dem Raumkubus.
Neben dem Problem der Identifizierung einer Stadt mit sovielen Denkmälern von der spätröm. Zeit an, die angesichts ihrer zahlreichen, teilweise auch großen u. bedeutenden Kirchenbauten ein nicht unwichtiger Bischofssitz gewesen sein muß, ist mehrfach auch die Frage nach den Datierungen der Bauten erörtert worden. Im Anschluß an Ramsay–Bell, Churches 10ff., gilt die Oberstadt als früheste Siedlung (Funde spätminoisch-mykenischer Keramik). In spätröm.-frühbyz. Zeit wäre dann die Unterstadt mit dem größten Teil ihrer Kirchenbauten entstanden. Während der Arabereinfälle, wo weder die unbefestigte Unterstadt noch auch die in dieser Hinsicht etwas günstiger gelegene Oberstadt zu verteidigen waren, hätte man sich in das höher gelegene, kaum einzusehende u. gut zu verteidigende Değle zurückgezogen. Erst nach dem Abflauen der Arabereinfälle ab etwa 850 schließlich Neubesiedlung von Unter- u. Oberstadt u. teilweise Restaurierung der zerstörten Kirchenbauten. Die Ansiedlung der Seldschuken wird zuerst in der Oberstadt angenommen (Umwandlung der Kirche Nr. 15 in eine Moschee u. Zweckentfremdung anderer Bauten wie Nr. 10). Kirchenbautätigkeit nehmen Ramsay–Bell ab dem 4. Jh. an. (Wenn sich die Interpretation der Inschrift von Basilika Nr. 1 durch G. Laminger-Pascher[27] als arianisch in Form u. Inhalt als richtig erweist, ist dieser Bau vermutlich noch in die 2. Hälfte des 4. Jh. zu datieren.) Demgegenüber nimmt Eyİce keinen Einbruch während der Araberkriege an, sondern betont die Kontinuität. Die teilweise Zerstörung der Bauten u. ihre Wiederherstellung könnte seiner Meinung nach auch durch Erdbebenschäden bedingt sein. Demgegenüber muß allerdings festgestellt werden, daß in Değle die späteren Bautypen (Emporen, Kuppelbasilika, Kreuzkuppelkirche), Bauformen u. -techniken (zunehmend Kleinquaderwerk, Verwendung von Ziegeln als Schmuckelement, Blendarkaden bzw. Blendnischen) vorherrschen u. ein dezidiert frühbyz. Bau bislang in Değle nicht nachzuweisen ist.

Font [1] Ptolemaios V 6, 15 (II 880 Müller). — [3] Tab. Peut. X 2 (Miller, Itineraria 728). — [6] Ibn Ḫurdāḏbih 101, 113 (de Goeje 73, 85). — [7] al-Idrīsī 808, 810 (Jaubert II 305, 307). — [9] Yāqūt I 568. — [10] al-Mas'ūdī, Murūǧ VIII 146. (Vasiliev, Bycance II 1, 41f.). — [12] *AASS* Mart. III *45. — [13] Halkin, Inédits 280. — [17] Gelzer, Patr. Nik. 68 und passim. — [18] Turner, Monumenta 76f. — [19] Honigmann, Liste de Nicée 48 (S. 158). — [21] *ACO* II 1,2 S. 152 [348], Nr. 360; III S. 118, Nr. 83, S. 185, Nr. 64. — [22] Mansi IX 460B und passim, 613B, 628A, 644C, 672C, 692C,1004A; XVII 377D. — [23] Hier. 675, 10. — [24] Darrouzès, Notitiae 1, 362; 2, 426; 3, 499; 4, 378; 7, 445; 9, 327; 10, 384; 13, 390.

Lit [2] Aulock, Münzen 33–35. — [4] Hild, Straßensystem 61f. — [5] Ballance, Faustinopolis 143 (*Fig*). — [8] Belke, Lykaonien 46–49. — [11] Vasiliev, Byzance II 1 S. 124, 305. — [14] P. Peeters, *AnBoll* 29 (1910) 207f.

— [15] Ramsay, Lycaonia 82. — [16] Ramsay–Bell, Churches 512–514, 519ff., 566 u. passim. — [20] Schwartz, Bischofslisten 75. — [25] H. Delehaye, *AnBoll* 29 (1910) 435–440. — [26] J. Noret, *AnBoll* 90 (1972) 101–105. — [27] G. Laminger-Pascher, Die Stifterinschrift in der Gemeindekirche von Madenşehir (Bin Bir Kilisse) in Lykaonien. *Anzeiger Wien* 117 (1980) 179–184.

Strzygowski, Kleinasien (Kirchenaufnahmen von J. W. Crowfoot u. J. I. Smirnow). — M. Restle, Binbirkilisse. *RbK* 1 (1966) 690–719. — Eyice, Karadağ passim. — R. Lienhardt, The Great Basilica, Church Nr. 1 at Bin bir Kilise in Anatolia. *Journal of Architectural Historians* 24 (1965) 300–303. — H. Nausch, Untersuchungen zur Pfeilerbasilika im 9. Jahrhundert in Kleinasien. Diss. München 1976, 36–61 (*Fig*).

Bereisung 1961, 1974, 1976.

Bareta (Βάρετα), Topotērēsia bzw. Bandon (Garnison), ursprünglich im Thema Bukellariōn; in SO-Galatien zu suchen, genaue Lage jedoch unbekannt

Hist Der Name vielleicht bereits hethit. belegt[1]. Die *topotērēsia Baretas* wurde unter Kaiser Leōn VI., zusammen mit den Topoteresien → Balbadōna, → Aspona u. Akarkus (→ Gorbeus) vom Thema Bukellariōn abgetrennt u. mit dem Thema Kappadokōn vereint; diese bildeten, zusammen mit drei weiteren Banda, die vom Thema Anatolikōn an das Thema Kappadokōn abgetreten wurden, die Turma *ta* → *Kommata*[2,3].

Mon —

Font [2] Kōnst. Porph., D. A. I. 236 (c. 50).

Lit [1] M. Forlanini, Brief vom 26. 1. 1981. — [3] Ramsay, Asia Minor 216f.

Bayındır, Ort ö. des Beyşehir Gölü (→ Pusgusē Limnē), 7 km nö. von → Mistheia, 57 km wsw. von Ikonion

□ 31^{40} 37^{40}

Hist —

Mon Die Moschee weitgehend aus Spolien erbaut[1], zwei Inschriften[2-4]. Byz. Siedlungsspuren auch im 6 km ö. gelegenen Ort Mesutlar[2,3].

Font —

Lit [1] Sterrett, Wolfe Expedition 192. — [2] Jüthner, Vorl. Bericht 28. — [3] Swoboda–Keil–Knoll 40f. — [4] Cronin, First Report I 113.

Bērinupolis (Βηρινούπολις, Βερινούπολις), Bistum im O-Teil der Galatia I, genaue Lage unbekannt

Hist Bērinupolis wie sein Homonym in Lykaonien (→ Psibēla) nach der Kaiserin Bērinē (Verina), Gemahlin Kaiser Zēnons I., benannt oder umbenannt[1,2]. Als Bistum der Galatia I (Suffragan von Ankyra) vertreten auf den Konzilien von Kpl. 680/81 u. 692 durch Bischof Stephanos, in Nikaia 787 durch Bischof Anthimos[3]. Bischof Sisinnios, der an den Konzilien von Kpl. 869/70 u. 879/80 teilnahm[3], war (aus der Reihenfolge der Unterschriften von 869/70 zu erschließen) trotz Bedenken Janins[2] sicher Bischof von Bērinupolis in Galatien, nicht in Lykaonien. Ungeklärt hingegen ist die Provinzzugehörigkeit von Bischof Andronikos, der in einer Unterschriftenliste aus der Zeit des Patriarchen Alexios Studitēs aufscheint[4]. Die Notitiae episcopatuum verzeichnen Bērinupolis durchgehend bis ins 12. Jh.[5]. Von der sog. Diatypōsis Leōns VI. an (Notitia 7) folgt der Zusatz ἤτοι Σταυροῦ (Σταυρουπόλεως). Kurzfristig (Zeit Michaēls VIII.) war Bērinupolis autokephales Erzbistum oder sogar Mētropolis[5]. – Die *topotērēsia Berinupoleōs* war neben → Myriokephalon u. → Timios Stauros eine der drei *banda*, die unter Leōn VI. vom Thema Bukellariōn abgetrennt u. mit dem Thema Charsianon vereint wurden, innerhalb dessen sie die neue *turma* → Saniana bildeten[1,6]. Da wahrscheinlich Stauros der Notitiae u. Timios Stauros gleichzusetzen sind u. Timios Stauros als *bandon* neben Berinupolis genannt ist, dürften die beiden Orte gemeinsam ein sog. Doppelbistum gebildet haben[1,7]. – Die für Bērinupolis vorgeschlagene Lokalisierung in der Nähe von (Büyük) Köhne (heute amtlich Sorgun) u. die Identifizierung mit der spätantiken Straßenstation Aegonne (→ *TIB* 2 s. v. Sorgun)[1,2,8,9] ist nicht zu halten, da diese zu weit ö. liegt (das über 50 km weiter w. gelegene → Tabia gehörte ursprünglich zum Thema Armeniakōn, Bērinupolis zu Bukellariōn).

Mon —

Font [3]Mansi XI 460A u. passim, 996B; XII 995C; XIII 144B, 368C, 388E; XVI 144C, 159B, 193B; XVII 376D. — [4]Ficker, Erlasse 27. — [5]Darrouzès, Notitiae 160, 165A.1, 170; 1, 127; 2, 146; 3, 180; 4, 136; 7, 174; 9, 70; 10, 72; 13, 77–78; 15, 180. — [6]Kōnst. Porph., D. A. I. 236 (c. 50).

Lit [1]Ramsay, Asia Minor 247f., 261. — [2]R. Janin, 1. Bérinopolis. *DHGE* 8 (1935) 496. — [7]Janin–Stiernon, Galatie 724f. — [8]Anderson, Studia Pontica 25–29. — [9]Jones, Cities 121.

Beypazarı, 84 km wnw. von Ankyra, an einem rechten Nebenflüßchen des Sangarios □ 31⁴⁰ 40⁰⁰

Hist —

Mon In einer Schlucht nö. des Ortes zahlreiche in den Fels gehauene Höhlen, die von der Bevölkerung als Hisar bezeichnet werden und eine wohl nur bescheidene Ansiedlung erweisen[1,2]. Zwischen Beypazarı und Ayaş (38 km sö. von Beypazarı), nicht in Beypazarı selbst, in osman. Zeit heilkräftige Thermalquellen[3,4].

Font [3]Ḥāǧǧī Ḫalīfa 644.

Lit [1]Perrot, Galatie 217–219. — [2]Anderson, Galatia 64f. — [4]Ramsay, Asiana 233.

Bereisung 1982.

Bidana (Βίδανα, Βηδανά, κώμη Βιδανῶν, wohl auch verschrieben zu Διαβανή, Δίβανα), Dorf, 18 Stadien von Isaura (Palaia, → Leontopolis) u. 40 röm. Meilen von Ikonion[1], genaue Lage unbekannt

Hist Geburts- u. Wohnort des hl. Konōn, der hier eine Einsiedelei besaß, die nach seinem Tod in eine Kirche verwandelt wurde. Hierher fand alljährlich am Gedenktag Konōns eine Fackelprozession statt[1,2,3]. Die überlieferten Entfernungen stimmen kaum mit der Wirklichkeit überein. – Bidana sicher nicht identisch[4] mit → Mindana. – In einer Entfernung von 1 Stadion die *Krēnē Manias*[1].

Mon —

Font [1]Trautmann–Klostermann, Konon 300f., 306, 309, 315f., 318. — [2]Latyšev, Menol. I 201, 204, 207f. — [3]Synax. Cpl. 509–516.

Lit [4]Ramsay, Pisidia 267.

Bilecik Kalesi, Burg etwa 3 km wnw. von Bilecik, 29 km nw. von Ikonion △ 32⁰⁰ 38⁰⁰

Hist —

Mon Kleinere Burganlage auf einem isolierten Felskegel; erhalten vor allem Reste eines rechteckigen Gebäudes sowie eine gemauerte u. ausgeputzte, ehemals überwölbte Zisterne. Die Burgmauer bis auf geringfügige Reste verstürzt (Bruchsteinmauerwerk mit Mörtel)[1].

Font —

Lit —

Bereisung [1]1974.

Boğazköy, heute amtlich Boğazkale, Ort in NO-Galatien am Zusammenfluß des Yazırdere mit dem Büyükkaya Deresi, 28 km nw. von Yozgat, 148 km ö. von Ankyra

□ 34^{20} 40^{00}

Hist Das sich s. an den heutigen Ort anschließende Ruinengelände der alten hethit. Hauptstadt Ḫattuša war nach Ausweis der archäologischen Funde in röm. u. byz. Zeit nur noch an wenigen Stellen sporadisch besiedelt.

Mon Bei Mıhraplıkaya im N der hethit. Stadt aus dem Felsen herausgearbeitete Apsis, die zu einer gemauerten byz. Basilika gehörte[1,2,3]. Einzelfunde im Bereich von Büyükkale[2,3,4]. Reste byz. Gebäude sowie einer Wasserleitung nw. unterhalb von Büyükkale[3,4,5]. Byz. Gräber bei Ambarlıkaya u. ö. des Büyükkaya Deresi (bereits außerhalb des alten Stadtgebietes)[2,5,6]. – Byz. Siedlungsspuren auch bei der Ruinenstätte *Gâvurören* s. von Boğazköy[2].

Font —

Lit [1]O. PUCHSTEIN, Boghasköi. Die Bauwerke (*WVDOG* 19). Leipzig 1912, 173. — [2]BITTEL–NAUMANN, Boğazköy-Ḫattuša 28, 34, 123, 165. — [3]W. SCHIRMER, Die Bebauung am unteren Büyükkale-Nordwesthang in Boğazköy (*WVDOG* 81). Berlin 1969, 11f., 38. — [4]W. SCHIRMER, *Ist. Mitt.* 17 (1967) 252. — [5]H. KÜHNE in: BITTEL, Boğazköy IV 35. — [6]BITTEL, Boğazköy V 108.

Bereisung 1979, 1982.

Boratinon Oros (Βορατινὸν Ὄρος), heute Kara Dağ n. von → Laranda

ő ♁ △ 33^{00} 37^{20}

Hist Im Sumpfgebiet des Gebirges von Barata (Βορατινοῦ wohl für Βαρατηνοῦ verschrieben)[1] bzw. im Wald von Barata[2] lebte, angeblich zur Zeit der Christenverfolgungen unter Diokletian und Maximian, der Mönch Chrysios, der dem hl. Iōannēs „in puteo" in seiner letzten Stunde beistand. Da die Lage von → Barata (wahrscheinlich Binbir Kilise bei Madenşehir) im Bereich des Kara Dağ gesichert ist, kann nur dieser vulkanische Gebirgsstock, der stellenweise heute noch Wald trägt und im NW von gewaltigen Sumpfgebieten umgeben ist, gemeint sein.

Mon Außer den Denkmälern von → Barata (Binbir Kilise/Madenşehir–Değle) sind im Massiv des Karadağ (Boratinon Oros) samt den unmittelbar angrenzenden Bergen eine Reihe weiterer byz. Denkmäler erhalten:

Çandar (Mağlıç Tepe) am n. Ende des großen Kraters (3,5 km sw. von Madenşehir). Fundamentreste einer kleinen Befestigung.

RAMSAY–BELL, Churches 279.

Kızıl Hisar w. des großen Kraters (ca. 6 km sw. von Madenşehir). Reste einer befestigten Anlage mit doppelstöckigem, gewölbtem Gebäude sowie einer ursprünglich gewölbten Doppelzisterne. Unterhalb von Kızıl Hisar, nahe dem W-Rand des großen Kraters, die einzige ganzjährige Quelle der oberen Bergregion.

RAMSAY–BELL, Churches 279f.

Mihaliç (4,5 km ssw. von Madenşehir). Ruinen eines wichtigen Bergkl. mit kreuzförmigem Katholikon, später angebauten w. Nebenräumen mit Narthices, kreuzförmiger **Abb. 42**

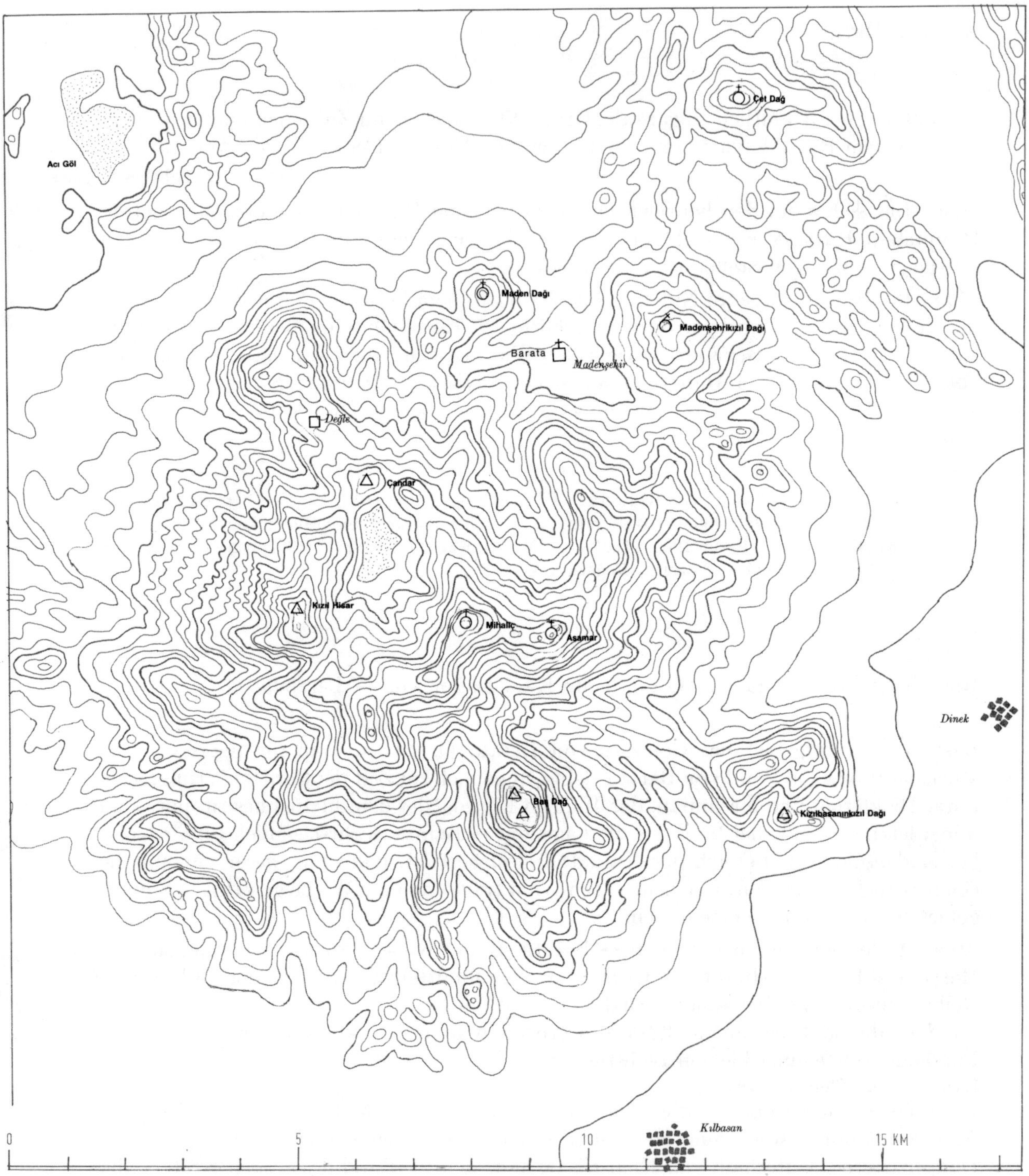

Abb. 3: Karte des Kara Dağ (Boratinon Oros)

kleinerer Kirche (μνήμη Λέοντος), Klosterhof, Ummauerung u. weiteren Bauteilen. Frühester Bauabschnitt ist das kreuzförmige Katholikon, allerdings ohne Narthex u. w. Seitenkompartimente. In die beiden seitlichen Kreuzarme gab es Eingänge von W her. In einer zweiten Bauphase sind die W-Wand des w. Kreuzarmes ausgebrochen, die w. Seitenkompartimente angebaut sowie ein innerer Narthex angesetzt worden (neu versetzte, zu den übrigen unterschiedliche Gesimse). Die Leōn-Kapelle kann erst in dieser zweiten Bauphase parallel zu den Anbauten des Katholikons entstanden sein, da ihre Profile mit denen der erneuerten W-Wand des Katholikons übereinstimmen. In einer dritten Bauphase ist der äußere Narthex des Katholikons unter ausgiebiger Spolienverwendung erbaut worden. Eine vierte Phase verbindet diesen äußeren Narthex durch einen gedeckten Gang mit der Leōn-Kapelle. Fünftes u. spätestes Bauelement ist der gedeckte Gang zwischen den Klostergebäuden um den Eingang im W u. dem sw. Seitenkompartiment des Katholikons. Beide Kirchen hatten überkuppelte Vierungsquadrate mit über Eck gelegten Steinen, so daß eine Datierung frühestens Anfang/Mitte 6. Jh. möglich ist. Die Leōn-Kapelle, gelegentlich auf einen konjizierten Bischof Leōn von Barata des 5. Jh. bezogen, könnte – wenn es sich bei dem ohne Titel genannten Leōn überhaupt um einen Bischof handelt – frühestens mit dem vom 2. Nicänum von 787 bekannten Bischof Leōn von Ikonion in Verbindung gebracht werden. **Abb. 43**

Ramsay–Bell, Churches 241–256 (*Fig*), 543 (Nr. 58), 556. — Guyer, Grundlagen 44–46. — Fink, Kuppel 32ff. — Restle, Studien 146f. — Eyice, Karadağ 64–69, 214.

Baş Dağ (7 km s. von Madenşehir). Eindrucksvolle Ruinen zweier hellenist. Palastfestungen auf dem Doppelgipfel. Im Sattel rundes Zisternenbecken u. großes, rechteckiges Gebäude. Die Burg auf dem n. Gipfel in byz. Zeit teilweise umgebaut (Einbau einer Kapelle u. Zubau kleinerer Räume).

Ramsay–Bell, Churches 280ff. — Eyice, Karadağ 76ff., 215. — Belke–Restle, Baş Dağ 1ff. (*Fig*).

Kılbasanınkızıl Dağı (7,5 km sö. von Madenşehir). Ruine einer byz. Festung. Fast völlig zerstört.

Ramsay–Bell, Churches 280.

Asamar (*Asamadi*) 4,5 km s. von Madenşehir, unmittelbar ö. oberhalb einer Quelle samt Yayla von Dinek. Durch einen Sattel mit dem höheren Mihaliç Tepe verbunden. Nur in Grundmauern erhaltene Reste eines schlichten Kl. mit Einraumkapelle samt Narthex u. Zisterne im n. anschließenden Hof. Etwas weiter w. eine zweite einfache Kapelle.

Ramsay–Bell, Churches 241–256 (*Fig*). — Eyice, Karadağ 64–69, 214.

Madenşehrikızıl Dağı 2 km ö. von Madenşehir. Auf dem Gipfel kreuzförmige, ursprünglich wohl überkuppelte Kapelle mit verlängertem W-Arm. Das sw. Eckkompartiment vermutlich später angebaut. Putz u. Malereireste sind beobachtet worden. Unterhalb weiter s. Räume u. gewölbte Zisterne; auf der O-Seite nahe dem Gipfel ein Haus.

Ramsay–Bell, Churches 268. — Guyer, Grundlagen 46. — Eyice, Karadağ 70, 214.

Çet Dağ 5 km nö. von Madenşehir. Auf u. um den Gipfel teilweise sehr zerstörte Reste einer einst intensiven Bebauung. Auf der NO-Seite ein Baukomplex, dessen wichtigsten Teil (neben Räumen u. einer Zisterne) eine Kreuzkuppelkirche mit vier Pfeilerstüzen u. außen halbrunder Apsis bildet (heute stark zerstört). Die Gliederung der Fassade durch ganz flache Nischen, die Stufung der Vierungspfeiler u. die relativ kleinformatigen Quader sind Indizien einer späten Entstehung (Verwandtschaft mit Nr. 35 von Madenşehir/Değle) in mittelbyz. Zeit.

Ramsay–Bell, Churches 268–273 (*Fig*). – Eyice, Karadağ 70–72, 214f.

Maden Dağı (Göz Dağ) 2 km nw. von Madenşehir. Auf dem Gipfel ist eine Reihe von Gebäuden bis heute recht gut erhalten: Auf der O-Seite kleine Basilika mit Wölbung aller drei Schiffe u. weiteren umliegenden Bauten samt einer gewölbten Zisterne. Die die drei Schiffe trennenden vier Doppelsäulen mit ihren Kapitellen sind je aus einem Block gearbeitet; erhalten auch der Altarblock. Weiter w. (40 m) Gebäude mit zwei parallel liegenden Räumen. An der W-Seite des Gipfelplateaus (ca. 100 m von der Kirche entfernt) eine weitere Anlage (Kl. ?) mit schlichter Einraumkapelle u. nach S anschließenden Gebäuden. Im Krater Mönchszellen, eine davon mit Malereien (Kreuz, drei nimbierte Heilige).

Ramsay–Bell, Churches 259–268 (*Fig*). — Eyice, Karadağ 72–74, 215.

Font [1] Halkin, Inédits 280. — [2] *AASS* Mart. III *45.

Lit —

Bereisung 1961, 1974, 1976.

Buğdaylı, Ort in den N-Abhängen des Taurus, 5 km sw. von → Divle, 126 km sö. von Ikonion

□ 33^{40} 37^{00}

Hist —

Mon In der Nähe des Ortes, wahrscheinlich etwa 3 km weiter n. (Eintragung Buğdaylı Kaleninbaşı der Türkeikarte 1:200.000), eine offensichtlich christl. Höhensiedlung. Angebliche Reste einer Befestigung sollen verschwunden sein[1].

Font —

Lit [1] Konyalı, Ereğli 836.

Büğet, Ort in Lykaonien, in der hier teilweise versumpften Salzsteppe s. des Tuz Gölü (→ Tatta Limnē), 97 km nö. von Ikonion

□ 33^{20} 38^{00}

Hist —

Mon Im Ort ein größerer Siedlungshügel, der noch im 19. Jh. Reste offensichtlich byz. Gebäude aufwies[1]. Die heutige Moschee, die möglicherweise ursprünglich ein seldschuk. Han war[2], weitgehend aus Spolienquadern errichtet. Byz. Inschriften u. Architekturfragmente vermauert[3]. – Ö. von Büğet (nö. von Şabanlı Yayla) eine alte Steinbrücke sowie Reste einer gepflasterten (türk.?) Straße[4].

Font —

Lit [1] Ainsworth, Travels I 191. — [2] Erdmann, Karavansaray Nr. 71. — [3] Sarre, Reise 98, 174.

Bereisung [4] 1974.

Bulduk, Ort im galat.-lykaon. Grenzgebiet, 111 km ssw. von Ankyra

□ 32^{40} 38^{40}

Hist —

Mon Zahlreiche röm. und einige byz. Inschriften zeigen eine alte Siedlung an, die mindestens bis in frühbyz. Zeit Bestand hatte[1].

Font —

Lit [1] *MAMA* VII 100–103 (Nr. 453–473).

Bulumya, amtlich Erenkaya, Ort an einer direkten ma. Verbindung vom Tal des Beyşehir Cayı nach Ikonion, die hier von der *Via Sebaste* gekreuzt wurde, 30 km wsw. von Ikonion

□ 32^{00} 37^{40}

Hist Der wohl vortürk. Name seit dem 15. Jh. als *Bolmiya* bezeugt[6,7].

Mon Etwa 6 km w. von Bulumya Ruinen einer byz. Siedlung mit Fundamenten einer großen, kreuzförmigen Basilika (Flurname *Bey-Etjö Kozu*)[1,2]. – Etwa 5 km sw. des Ortes unmittelbar s. der modernen Straße Ruinen eines ursprünglich seldschuk. Karavansarays (vom Mauerwerk des rechteckigen Gebäudes fast nur noch Teile des Gußkernes erhalten; Verwendung von Spolien)[3,4]. An der Straße Richtung → Karacaören (1) an mehreren Stellen byz. Spolien, die von der einst intensiven Besiedlung des Tales zeugen; früher war noch wesentlich mehr erhalten[4,5].

Font [6] Uzluk, Karaman 9, 24.

Lit [1] Strzygowski, Kleinasien 54f. — [2] Swoboda–Keil–Knoll 8, 108. — [3] Özergin, Selçuklu kervansarayları 161 (Nr. 111). — [5] Tschihatscheff–Kiepert 16. — [7] Hütteroth, Ländliche Siedlungen 107 (Tabelle Nr. 2).

Bereisung [4] 1974, 1976.

C

Caballucome, heute wahrscheinlich Kulak Murat Hanı (Sohançlıhanı, Hacımurathanı), 36 km nö. von Ikonion

□ 32^{40} 38^{00}

Hist Der Name ist in der Tabula Peutingeriana als Straßenstation der „südlicheren Diagonalverbindung durch Lykaonien“ zwischen Laodikeia Katakekaumenē (heute Lâdik) u. Sabatra (→ Sauatra) belegt[1]. Sie lag wohl etwas ö. von der Stelle, wo die „südlichere Diagonalverbindung durch Lykaonien“ von der Ankyra-Ikonion-Straße, mit der zusammen sie den Tutup Beli überwindet, wieder abzweigt. Die Gleichung mit der byz. Festung → Kabala[2] ist abzulehnen.

Mon Am Eingang und vor dem osman. Han Spolien. Im Inneren zwei Meilensteine, von denen einer unter den Kaisern Valens, Gratian und Valentinian, also 375–378, neu beschriftet wurde. Weitere Meilensteine z. T. aus derselben Zeit in der unmittelbaren Umgebung des Hans[3,4]. Auf dem Siedlungshügel nördlich des Hans reichlich antike Keramik[4].

Font [1] Tab. Peut. IX 5 (Miller, Itineraria 691).

Lit [2] Ramsay, Asia Minor 359. — [3] A. Margaret Ramsay, Preliminary Report 20–24. — [4] Ballance, Roads in Lycaonia 229–231.

Bereisung 1974.

Çağa, 19 km ö. von Beypazarı, 60 km wnw. von Ankyra

□ 32^{00} 40^{00}

Hist Die Identifizierung der Ruinen von Çağa mit → Mnizos[1] an der Pilgerstraße überholt (dieses bei Balçiçek Çiftliği, etwa 8 km w. von Ayaş)[2].

Mon S. von Çağa ausgedehnte Ruinenstätte mit alten Blöcken, in deren Mitte alte türk. Tekke u. Brunnen mit Spolien. Im Ort antike u. byz. Spolien (Kapitelle) verbaut. An der höchsten Stelle des Ortes („Hisar“) Reste alter Mauern[1].

Font —

Lit [1] Anderson, Galatia 62. — [2] French, Pilgrim's Road 29.

Bereisung 1982.

Çandır Köprüsü, Brücke über den Oberlauf des → Sangarios, oberhalb des Ortes Çandır, etwa 10 km onö. von → Orkistos, 91 km osö. von Eskişehir

≍ 31^{20} 39^{00}

Hist Die Çandır Köprüsü ist wohl am ehesten einer Verbindungsstraße von → Amorion u. → Orkistos nach N zuzurechnen; wenn die inschriftlich aus der Zeit Kōnstantinos' I. überlieferte Entfernung Orkistos–Pessinus (30 röm. Meilen)[1] korrekt ist, muß die Straße, wenigstens in frühbyzantinischer Zeit, den Sangarios weiter unten, etwa bei Veletler, überquert haben (die direkte Entfernung über die Çandır Köprüsü beträgt nur etwa 20 röm. Meilen)[2].

Mon Die unter Verwendung von Spolien erbaute Brücke ging in ihrer bis vor kurzem erhaltenen Form wahrscheinlich auf das MA., im Kern vielleicht auf röm. Zeit zurück[3,4,5]. In jüngster Zeit zerstört u. durch einen Neubau ersetzt[6].

Font [1] *MAMA* VII 71 (Nr. 305).

Lit [2] Ramsay, Asia Minor 230. — [3] Hamilton, Researches I 446. — [4] Macpherson, Roman Roads 112 mit Taf. IX. — [5] Mitchell, Galatia II 591 A. 26. — [6] Th. Drew-Bear, mündliche Mitteilung.

Çavuş, Ort am Eintritt des Çavuş Çayı in die Ebene des Beyşehir Çayı, an einer direkten ma. Verbindung von diesem Tal nach Ikonion, 58 km wsw. von Ikonion

□ 31^{40} 37^{20}

Hist —

Mon Unweit nö. von Çavuş Stelle einer alten Siedlung[1]. Im Ort sowie in den benachbarten Dörfern Çiçekler (6,5 km nw.) u. Rumdüğün (amtlich Tepecik, 4 km nw.) röm. u. byz. Architekturfragmente u. Inschriften[1,2]. – Eine weitere Ruinenstätte mit Resten einer Kirche etwa 4 km w. (Flurname *Anamur*, der vielleicht einen alten Namen tradiert)[3,4].

Font —

Lit [1] Sterrett, Wolfe Expedition 160f. (Nr. 271), 163 (Nr. 273), 170f. (Nr. 279). — [2] Swoboda–Keil–Knoll 19–21. — [3] Jüthner, Vorl. Bericht 18. — [4] Strzygowski, Kleinasien 53.

Çayırhan, Ort, früher am Aldağ Çayı (→ Skopas) gelegen, etwa 6 km nw. von dessen Einmündung in den → Sangarios, 27 km wsw. von → Beypazarı; heute vom Sarıyar-Stausee überflutet, daher etwa 5 km ö. an der modernen Straße Beypazarı–Nallıhan neu aufgebaut

≍ 31^{20} 40^{00}

Hist —

Mon Unmittelbar w. des alten Çayırhan wurde der Skopas auf einer antiken (oder byz.) Steinbrücke überquert; erhalten waren im 19. Jh. die Pfeiler (Quadermauerwerk ohne Mörtel) mit Bogenansätzen, die damals eine moderne Holzbrücke trugen[1,2].

Font —

Lit [1] Anderson, Galatia 66. — [2] v. Diest, Von Tilsit nach Angora 46f.

Çeltikçi, Ort im nw. Galatien auf einer Anhöhe w. oberhalb eines lokal als Çeltikçi Çayı bekannten rechten Nebenflusses des → Siberis (Girmir oder Kirmir Çayı), 55 km nw. von Ankyra

△ 32^{20} 40^{20}

Hist Die 3,6 km nnw. von Çeltikçi gelegene Burg ist aufgrund der Mauertechnik (→ *Mon*) relativ spät zu datieren u. könnte bei den Kämpfen der Komnenenkaiser gegen Seldschuken u. Dānišmendiden im 12. Jh. eine Rolle gespielt sowie die in der Nähe verlaufene Straße Ankyra–Krateia–Klaudiupolis gesichert haben[1,2].

Mon Die Burg befestigt einen in ungefähr n. Richtung verlaufenden, im NW, N u. O von einer Schlinge des Çeltikçi Çayı umflossenen, eingesattelten Gebirgskamm (Ausläufer des Kavaklı oder Kuyumcu Dağ). Sie besteht im wesentlichen aus einer auf dem leicht geknickten Kamm verlaufenden Sperrmauer, die im Bereich der Einsattelung durch **Abb. 26** mehrere rechteckige Türme verstärkt ist. Abschluß im S durch einen leicht ovalen **Abb. 27** Rundturm. Von hier geht rechtwinklig eine ebenfalls leicht geknickte Quermauer nach O ab, die den Steilhang zum Çeltikçi Çayı bis auf halbe Höhe hinabführt u. vielleicht die Wasserversorgung sicherstellte. Ob auch der mit der Burg durch die Fortsetzung des Kammes nach S verbundene höhere Gipfel befestigt war, ließ sich nicht ausmachen. Mauertechnik: Zweischalenmauern aus kleineren bis mittleren Quadern u. Bruchstein in dickem, grobem Mörtel. Besonders im Bereich der Türme sind Ziegelbänder unterschiedlicher Dicke eingelagert[3].

Font [1] Itin. Ant. 200, 4–201, 2.

Lit [2] Mitchell, North Galatia, Karte.

Bereisung [3] 1982.

Cenaxem Palidem (acc.), letzte Straßenstation *(mutatio)* der Pilgerstraße vor Ankyra, genaue Lage unbekannt (vielleicht Çakırlar Çiftliği, 16 km wnw. von Ankyra)

32^{40} 39^{20}

Hist Die überlieferten Entfernungen (13 röm. Meilen von → Malogordis, ebenso viele von Ankyra)[1] zu groß. Nach French[2] unter Beibehaltung der überlieferten 13 Meilen von Malogordis in oder bei Macun Çiftliği (etwa 8 km wnw. von Ankyra, keine alten Reste) zu suchen; er muß dann die 13 Meilen nach Ankyra in 6 ändern. Eine leichte Änderung von 13 zu 8 (XIII zu VIII) führt nach Çakırlar Çiftliği; vgl. → *Mon* (die nur in einer Handschrift überlieferte Entfernung nach Ankyra ist dann um etwa 2 röm. Meilen zu groß).

Mon Regelmäßig behauene Steinblöcke und Keramik in Çakırlar Çiftliği erweisen eine alte Siedlung[2].

Font [1] Itin. Burdig. 575, 3.

Lit [2] French, Pilgrim's Road 17f., 24, 31, 40, 112f.

Cinasınören, am s. Ausgang eines kleinen Paßüberganges (Cinasın Geçidi) nach → Akçaşehir bzw. → Kaleköy, 37 km nö. von → Laranda

□ 33^{20} 37^{20}

Hist Die röm.-byz. Siedlung lag an einer Wegverbindung von wohl eher lokaler Bedeutung, die den Anschluß eines von → Divle kommenden Taurosüberganges zur Diagonalverbindung von → Ikonion, → Barata u. Hērakleia in Kappadokien (→ *TIB* 2 s. v.) zur Kilikischen Pforte herstellte.

Mon Um einen niedrigen, natürlichen Hügel in einer Entfernung von etwa 80 Schritt vom Gipfel Reste eines Mauerringes erkennbar. Innerhalb u. außerhalb desselben Mauerzüge, die sich im S bis zu 580 Schritt vom Gipfel erstrecken; das Trümmerfeld ist somit eines der größten in Lykaonien. Reichlich Keramik (auch Terra Sigillata), behauene u.

unbehauene Mauersteine, Säulentrommeln[1]. Von Ruine einer byz. Kirche sowie byz. Architekturfragmenten (*Zeinininören*)[2] heute nichts mehr erhalten.

Font —

Lit [2] Sterrett, Wolfe Expedition 15.

Bereisung [1] 1974.

Çıralı Gölü, runder, etwa 80 m tief eingesenkter typischer „Obruk"-See, 25 km nnw. von Karapınar

□ 33[20] 37[40]

Hist —

Mon In den senkrecht zum See abfallenden Wänden eine mehrstöckige Höhlensiedlung mit unterirdischem Zugang u. Mühlsteinverschlüssen. Von W führt ein gepflasterter, wohl alter Weg zu der Siedlung hinab[1,2,3]. In der Nähe angeblich auch Reste einer oberirdischen Siedlung[1]. – Etwa 11 km nw. der Meyin Gölü, ein ähnlicher „Obruk", der eine wesentlich bescheidenere Höhlensiedlung aufweist[1,3].

Font —

Lit [1] Gündüz, Karapınar 216–218. — [2] Ramsay, Lycaonia 118.

Bereisung [3] 1982.

Çoğlu, in der südlykaonischen Ebene ö. des Kara Dağ, 12,5 km ö. von → Barata, 28 km nnö. von → Laranda

∴ 33[00] 37[20]

Hist Die Siedlung lag wahrscheinlich an der Diagonalverbindung durch Kleinasien von Kpl. über → Ikonion, → Barata u. Hērakleia in Kappadokien (→ TIB 2 s. v.) zur Kilikischen Pforte.

Mon Hamilton beobachtete 2 (englische) Meilen ö. von Çoğlu (*Chorla*) Ruinen einer alten Siedlung, darunter Reste eines Grabmals u. fragmentierte Inschrift[1].

Font —

Lit [1] Hamilton, Researches II 315f.

Çoğu, heute amtlich Kemerkaya, Ort im sö. Galatien an einer Straße von Polybōtos (Bolvadin) nach → Amorion, 19 km n. von Bolvadin, 60 km nw. von Akşehir

□ 31[00] 38[40]

Hist Der antike Name der Siedlung bei Çoğu war wahrscheinlich Appola o. ä.[1,2,3]. Eine fragmentarische frühbyz. Inschrift spricht von ὅροι Φυτεανῶν, bei deren Errichtung ein ὑπατικὸς Γαλατίας involviert war[2,3].

Mon Von dem byz. Grenzstein abgesehen, sind von der alten Siedlung bei Çoğu nur antike Inschriften bekannt[1,2,3].

Font —

Lit [1] Calder, Proseilemmene 241 f. — [2] Calder, Julia-Ipsus 251, 254–257. — [3] *MAMA* I, XXVIII, 230–232 (Nr. 435–439); VII, XX.

Çomar, Ort in NO-Galatien an der alten Straße Tabia–Amaseia[1,2], 35 km n. von Yozgat, 156 km onö. von Ankyra

∴ 34^{40} 40^{00}

Hist —

Mon Drei byz. Grabsteine deuten auf eine alte Siedlungslage in der Nähe hin[1].

Font —

Lit [1] Mitchell, North Galatia 367f. (Nr. 513–515) u. Karte. — [2] Bittel, Meilensteine 93.

Comitanasso, heute Ortakuyu, 79 km nö. von Ikonion, 28 km nö. von Sauatra, in völlig unfruchtbarem Gelände

⊟ 33^{20} 38^{00}

Hist Straßenstation der Tabula Peutingeriana[1] auf der „nördlicheren Diagonalverbindung durch Lykaonien" zwischen → Perta und → Ubinnaca. Die angegebenen Entfernungen (XX m. p. nach Perta und XII m. p. nach Ubinnaca) stimmen mit den tatsächlichen recht gut überein. Die Straße u. damit auch die Siedlung dürfte in frühbyz. Zeit aufgegeben worden sein.

Mon Im ausgedehnten Siedlungsgebiet Reste einer Befestigung mit Kirche sowie wenigstens eine weitere Kirche. Nach dem Bericht eines Einheimischen fand man ein inzwischen zerstörtes Mosaik. Im Ort Spolien sowie drei Inschriften, darunter eine byz.; auf einer nennt sich ein Νειχίας... Κουαμιτανασεύς (Ethnikon zu Comitanasso)[2,3].

Font [1] Tab. Peut. X 1 (Miller, Itineraria 690).

Lit [2] Ballance, Roads in Lycaonia 227f. — [3] Konyalı, Aksaray 1889, 2029f.

Bereisung 1974.

Congusso, wahrscheinlich Altınekin (früher Zıvarık), 58 km nnö. von Konya, 23 km nw. von → Perta, am W-Abhang der sich in N-S-Richtung erstreckenden Ausläufer des Boz Dağ, der die Ebene um den Tuz Gölü von der w. gelegenen Steppentafel trennt

□ 32^{40} 38^{00}

Hist Die Lokalisierung des antiken Ortes (Κόγγουστος)[1], der als Station der „nördlicheren Diagonalverbindung durch Lykaonien" von der Tabula Peutingeriana (Congusso)[2] zwischen → Perta (heute Gimir) und → Pegella (heute wahrscheinlich Azak) verzeichnet wird, durch die in diesem Bereich relativ zuverlässigen Meilenangaben m. E. ziemlich gesichert[3,4]. Er verdankt somit seine Bedeutung der Kreuzung dieser Straße mit der Verbindung Ankyra–Ikonion an dieser Stelle[4,5,6].

Mon Im Ort, bes. am Brunnen und am Eingang der Moschee, zahlreiche antike und byz. Inschriften, darunter mehrere Meilensteine[3,5,7] und Spolien (nach der Ornamentierung früh- bis mittelbyz.[8]). Auch der (seldschukische?) Han ist größtenteils aus Spolien erbaut[9]. In das Gebirge führen mehrere alte Stollen, die der Wasserversorgung dienten[10]. **Abb. 60**

Font [1] Ptolemaios V 4, 8 (II 856 Müller). — [2] Tab. Peut. X 1 (Miller, Itineraria 690).

Lit [3] *MAMA* I 1–152 passim; VII, XXIIIf. und 20 Nr. 104 a–d. — [4] Belke, Lykaonien 32f. — [5] Callander, Explorations 172–175. — [6] Ramsay, Preliminary Report 247–249. — [7] Sarre, Reise 104f. — [9] Erdmann, Karavansaray Nr. 52. — [10] Wenzel, Inneranatolien II 35.

Bereisung [8] 1974, 1976.

Cücük, Ort am W-Rand der Çubuk Ovası an oder in der Nähe der alten Straße Ankyra–Gangra, 34 km nö. von Ankyra

□ 33⁰⁰ 40⁰⁰

Hist —

Mon Bei Cücük Fund eines 46 Stück umfassenden Schatzes von Goldmünzen aus der Zeit Kōnstans' II., die, wohl im Zusammenhang mit arab. Einfällen, um 663 vergraben wurden[1]. Byz. Siedlungsspuren[2].

Font

Lit [1] Foss, Ankara 75 *(Lit)*. — [2] Mitchell, Galatia, Karte.

Çuluk, Dorf 17 km ö. von Haymana, 64 km ssw. von Ankyra

∴ 32⁴⁰ 39²⁰

Hist —

Mon Die Einwohner berichteten von einer künstlichen Höhle im Ortsgebiet mit einer Figur (Malerei), die aber jüngst überbaut u. daher unzugänglich sei[1]. – In der Nähe einige in den Fels gehauene Grabkammern[2]. – Etwa 9 km nnö. von Çuluk unspezifische Spuren einer kleinen Festung. Steinverstürzungen eines Mauerringes; am Gipfel zeichnet sich auf dem Boden der Grundriß eines rechteckigen Gebäudes ab. Keine Spuren von Mörtel[1].

Font —

Lit [2] Ainsworth, Travels I 147.

Bereisung [1] 1982.

D

Dadastana (Δαδάστανα), zweite Station *(mansio)* der Pilgerstraße auf galatischem Gebiet, 11 (verbessert aus überlieferten 6) röm. Meilen hinter → Fines u. ebenso viel vor → Trans Monte[1]; genaue Lage unbekannt, wahrscheinlich in der Nähe von Karahisar (etwa 19 km w. von Nallıhan)[2]; ältere Lokalisierungsvorschläge[3,4] überholt

⌑ 31⁰⁰ 40⁰⁰

Hist Dadastana bereits antik als Straßenstation bezeugt u. ursprünglich Bithynien zugerechnet (Varianten *Dabastana, Padastada*)[5-8]; hauptsächlich bekannt als Todesort Kaiser Jovians (364 n. Chr.; Varianten *Dadasthana, Dedestana*)[9-22]. Wohl noch Ende 365 ging bei Dadastana eine Abteilung des Usurpators Prokopios zu Arintheus über, einem Feldherrn des zu dieser Zeit in Ankyra weilenden Kaisers Valens[9,22-25].

Mon —

Font [1] Itin. Burdig. 574, 5. — [5] Ptolemaios V 1, 3 (II 804 Müller). — [6] Itin. Ant. 142, 1. — [7] Tab. Peut. IX 3 (Miller, Itineraria 658). — [8] Geogr. Rav. 31. — [9] Amm. Marc. XXV 10, 12; XXVI 8, 5. — [10] Zōsimos III 35 (II¹ 57 Paschoud). — [11] Iō. Mal. 337. — [12] Chron. Pasch. I 555, 8. — [13] Theoph. 54. — [14] Geōrg. Kedr. I 540. — [15] Iō. Zōn. III 71. — [16] Suda II 639. — [17] Sōzomenos 243. — [18] Theodōrētos 216. — [19] Philost. 108. — [20] Sōkratēs 457 A, 464 A. — [21] Vita Athanasii, *PG* 25, CCXLIV.

Lit [2] French, Pilgrim's Road 31, 106f. — [3] W. v. Diest, Von Pergamon über den Dindymos zum Pontus. *PGM* Erg.-Heft 94. Gotha 1889, 57. — [4] Miller, Itineraria 658. — [22] Stein, Geschichte I 265. — [23] Seeck, Iovianus. *RE* 9/2 (1916) 2010. — [24] W. Ensslin, Prokopios 2. *RE* 23/1 (1957) 252–256 (bes. 255). — [25] Nagl, Valens 2103.
W. Ruge, Dadastana. *RE* 4/2 (1901) 1978.

Dağ Gölü, Siedlung im zentralen Karaca Dağ, 19 km nö. von Karapınar

□ 33^{40} 37^{40}

Hist —

Mon Im sw. Zentrum des Karaca Dağ, 5 km nnw. von Kesmez u. ca. 1,5 km wsw. von Kurşuncu Siedlungsspuren bei einem großen Krater, der heute Dağ Gölü heißt u. im Frühjahr mit Wasser gefüllt ist. Gesichert durch eine oval-tropfenförmige Burg, von der große Steinwälle erkennbar sind (prähist.?). Auf der gegenüberliegenden Seite des Kraters Reste sorgfältig ausgeführter Quadermauern u. von scharf geschnittener Architekturplastik, vermutlich Reste einer größeren frühbyz. Siedlung im Zentrum des Berges[1].

Font —

Lit —

Bereisung [1] 1976.

Dağören, byz. Stadt im zentralen Karacadağ, 26 km onö. von Karapınar, 114 km ö. von Ikonion

□ 33^{40} 37^{40}

Hist Dağören ist möglicherweise als Rückzugssiedlung für die weniger gut gesicherte Stadt → Hydē aufzufassen.

Mon Ruinen einer größeren byz. Stadtanlage[1,2] mit kleiner Kirche im NO-Teil. Nicht ganz klare Reste einer größeren Kirche (Zentralbau?) im Zentrum. Viele der Häuser mit profilierten Türgewänden u. ornamentierten Türstürzen. Kapitellplastik des 6. Jh. nicht selten anzutreffen (kleingezahnter Akanthus)[3]. Spolien von der Selimiye Camii in → Karapınar teilweise aus der gleichen Werkstatt u. wohl von Dağören verschleppt. Ein ähnliches Kapitell auch aus Bağdaylı (am W-Abhang des Karaca Dağ, 20 km onö. von Karapınar) bekannt[2]. Oberhalb von Dağören ein Dağören Kalesi genanntes kleines Kloster inmitten einer Mauereinfriedung mit einer Kirche, von der nur die profilierten Türgewände, Bruchstücke des Sturzes u. die Fundamente der Apsis erhalten sind[3]. **Abb. 34–36**

Font —

Lit [1] Callander, Explorations 177f. *(Fig)*. — [2] Ramsay–Bell, Churches 495 *(Fig)*. Gündüz, Karapınar 187–190.

Bereisung [3] 1982.

Darb ar-Rāhib, Paß, wahrscheinlich in S-Lykaonien, genaue Lage unbekannt

Hist 785 (oder 786) fand ein Feldzug unter Maʿyūf b. Yaḥyā in das Gebiet von Darb ar-Rāhib (= Paß des Mönches oder des Löwen) statt[1,2]. Dieser wiederum anläßlich der Schilderung eines arab. Einfalles vom Jahre 894 erwähnt, bei dem der sonst unbekannte Ort M-l-w-riya u. T-rāyūn, wohl Tyraion (heute Ilgın in N-Pisidien) erobert wurden[3,4]. M-l-w-riya soll nach al-Masʿūdī in der Nähe von Burġūṯ (→ Barata) u. Darb ar-Rāhib, also wohl ebenfalls in S-Lykaonien liegen[3].

Mon —

Font [1] aṭ-Ṭabarī III 385 (Brooks, Abbasids 740). — [2] Ibn al-Aṯīr VI 94. — [3] al-Masʿūdī, Murūǧ VIII 146 (Vasiliev, Byzance II 2, 41f.).

Lit [4] Vasiliev, Byzance II 1, 124 *(Font)*.

Dedeikebir, heute amtlich Büyükdede, Ort in den N-Abhängen des Taurus, etwa 12 km sö. von Ereğli, 150 km ssö. von Ikonion

□ 34^{00} 37^{20}

Hist —

Mon Die Moschee des Ortes ist eine wohl nur wenig veränderte, überkuppelte byz. Kirche. In der Umgebung weitere röm.-byz. Baureste[1].

Font —

Lit [1] Konyali, Ereğli 831f.

Dedeler, Ort in N-Lykaonien, 55 km nnö. von Ikonion

□ 32^{40} 38^{00}

Hist Der ma. Name der Siedlung bei Dedeler war sicher nicht, wie öfter angenommen[1,2], Bardakōmē[3].

Mon Auf dem Friedhof ö. der Moschee röm. u. byz. Architekturfragmente; hier auch ein Gebäude (alte Moschee?) zur Gänze aus Spolienquadern u. einigen abgearbeiteten Architekturfragmenten errichtet[4]. Aus Dedeler zahlreiche, meist christl. Inschriften bekannt, darunter eine aus mittelbyz. Zeit, die einen *komēs* Bardas nennt, woraus irrtümlich der Ortsname Bardakōmē konstruiert wurde[2,5,6].

Font —

Lit [1] Ramsay, Preliminary Report 250f. — [2] *MAMA* I, XV, 60, 110, 123f., 139f., 151 (Nr. 111, 206, 232f., 282). — [3] Grégoire, Notes 252 A. 2. — [5] Callander, Explorations 176f. — [6] A. Margaret Ramsay, Art 74f.

Bereisung [4] 1974.

Dedeli Yayla (Karte 1:200.000: Deliyayla), Ruinenstätte im äußersten SO Lykaoniens, an einem alten Taurosübergang von Lykaonien (→ Divle) nach Kilikien (Pompeiupolis, Mersin), etwa 163 km sö. von Ikonion

□ 34^{00} 37^{00}

Hist Der offensichtlich bedeutende Taurosübergang ist durch die Siedlungslagen von → Divle, Divazkoraş (?) u. Dedeli Yayla in Lykaonien, Cacık u. Yelkalesi in Kilikien markiert.

Mon Auf einem flachen Berghang u. einem w. anschließenden, durch ein kleines Tal getrennten Hügel erstreckt sich ein ausgedehntes Ruinenfeld von mehreren hundert Metern Länge. Von zahlreichen Gebäudefundamenten, die sich großenteils nur noch schwach auf dem Boden abzeichnen, abgesehen, sind insbesondere erhalten: im W-Teil Grundmauern zweier basilikaler, einschiffiger Kirchen mit außen glattem Apsisabschluß u. erhaltenen Türgewänden u. -stürzen, n. daran anschließend zwei kleinere, turmartige Gebäude ohne Eingang (wohl Mausoleen) sowie ein größeres Rechteckgebäude mit besonders langen Läuferquadern; im O-Teil ein größeres, rechteckiges, nicht nach O orientiertes
Abb. 29 Gebäude, dessen eine Längswand ein aus zwei großen Bögen bestehendes Doppelfenster ausweist; dazwischen ein gemauerter Brunnen bzw. Quellfassung mit Zu- und Abfluß. Mauerung: weitgehend vorzügliches Quadermauerwerk in Zweischalentechnik[1,2].

Font —

Lit [1] Jerphanion–Jalabert, Taurus 301–303.

Bereisung [2] 1982.

Derbē (Δέρβη), heute Devri Şehri (Flurname)[1,2], etwa 22 km nö. von Laranda, 4 km nnö. von Sidrova (amtlich Suduraği), 4 km ssö. von Kerti Hüyük

♁ 33[20] 37[00]

Hist Die schon in vorschristl. Zeit bezeugte Stadt[3,4,5] ist besonders durch die Missionsreisen des Paulus bekannt geworden[6]. Als Bistum seit dem Konzil Kpl. 381 belegt[7], später Teilnahme an den Konzilien von Ephesos 431[8], Chalkēdōn 451[8] und Kpl. 692[9]. Bei Hieroklēs[10] und in den Notitiae episcopatuum bis ins 9. Jh. verzeichnet[11]. Wohl als Folge der Arabereinfälle verlor Derbē in dieser Zeit seine Bedeutung als Stadt und Bischofssitz[12], bestand aber als Dorf weiter. Nach einer Kleinchronik wurde es zusammen mit → Ikonion u. → Lystra im Spätsommer 1402 unter Timur Lenk zerstört[13]. In einer türkischen Stiftungsurkunde aus der Mitte des 15. Jh. als Dorf Dirvi erwähnt[1,14], als Flurname (mit Konsonantenmetathese) noch heute lebendig[1,2]. – Auch der Ortsname Sidrova (seit dem 15. Jh. als *Sıdırva* belegt[15]) wohl vortürk. u. vielleicht mit der in einem arab. Itinerar zwischen Hiraqla (Hērakleia in Kappadokien) u. ʿAin Burġūṯ (→ Barata) verzeichneten Straßenstation Sidrīya gleichzusetzen, obwohl Sidrova nicht auf der direkten Verbindungslinie liegt[12,16].

Mon Devri Şehri ist ein niedriger Siedlungshügel mit antiker u. ma. Keramik sowie wenigen Spolienresten[1,2]. – In Sidrova Funde von z. T. verschleppten Inschriften, darunter Grabsteinen von zwei Bischöfen, von denen einer ausdrücklich als *Michail episkopos Derbis* bezeichnet ist[17,18]. – Röm. Funde auf dem nahen Kerti Hüyük[1].

Font [3] Cic. Fam. XIII 73. — [4] Strabōn XII 1, 4;6, 3; XIV 5, 24. — [5] Ptolemaios V 6, 16 (II 881 Müller). — [6] Act. ap. 14, 20; 16, 1. — [7] Turner, Canons 169. — [8] *ACO* I 1, 2 S. 5 (Nr. 59) et passim; II 1, 1 S. 63 (Nr. 290) et passim. — [9] Mansi XI 1004 A. — [10] Hier. 675, 9. — [11] Darrouzès, Notitiae 77; 1, 363; 2, 427; 3, 500; 4, 379. — [13] Chron. brev. I 112; II 372. — [15] Uzluk, Karaman 31, 32. — [16] Ibn Ḫurdāḏbih 113 (de Goeje 85).

Lit [1] Ballance, Faustinopolis 139f. — [12] Ramsay, Lycaonia 86ff. 117. — [14] Uzunçarşılıoğlu, Karaman 158, 163. — [17] Cronin, First Report II 357f. — [18] Ballance, Derbe 147–151.
W. Ruge, Derbe. *RE* 5/1 (1903) 237. — R. Janin, Derbé. *DHGE* 14 (1960) 314.

Bereisung [2] 1974.

Diakimelion, (Διακιμέλιον, Δικμέλιον), heute Elamşih mevkii, Ort in N-Galatien, 11 km nnw. von → Malos, 51 km nö. von Ankyra

□ 33[20] 40[00]

Hist Das Dorf Diakimelion (Dikmelion) in der Gegend *Konkarztiakiton (Konkarztiakōton)* ist bekannt von zwei fast gleichlautenden justinianischen Grenzsteinen aus dem etwa 3 km nw. gelegenen Ort Çiftlik (früher Topoğlu Çiftlik), von denen mindestens einer aus Elamşih verschleppt sein soll; geregelt werden die Grenzen eines Michaēlsheiligtums[1].

Mon Bei Elamşih alte (byz.) Siedlungsstelle, von der mindestens einer der beiden Grenzsteine stammen soll[2].

Font —

Lit [1] Mitchell, North Galatia 173–176 (Nr. 207–208). — [2] Mitchell, Galatia I 448 u. Karte.

Dikilitaş, Ort in den Bergen ö. des Beyşehir Çayı, 10 km nö. von → Uasada, 55 km sö. von Ikonion

□ 32[00] 37[20]

Hist —

Mon In den Bergen oberhalb von Dikilitaş eine ausgedehnte byz. Siedlung mit mehreren Kirchen, von denen noch beträchtliche Reste (Gewölbe) aufrecht stehen (Basiliken vom sog. „Binbirkilise-Typus")[1,2]. Im Ort röm. u. byz. Architekturfragmente[3]. – Etwa 5 km nö. von Dikilitaş zwei kleinere Seen (Sülüklü Göl u. Duruca Göl [wohl = Düzce Göl oder Bogalı Göl der Karte 1:200.000]); der erste wird durch einen künstlichen Kanal, der zweite durch einen mit Quadern sauber gemauerten Tunnel entwässert, die wohl beide auf die Antike oder auf das MA. zurückgehen[4].

Font —

Lit [1] Jüthner, Vorl. Bericht 20. — [2] Strzygowski, Kleinasien 53. — [4] Sterrett, Wolfe Expedition 161f.

Bereisung [3] 1974.

Dilimnia (Διλίμνια), heute wahrscheinlich Siedlungsspuren im *Kepeklibоğaz* an der Schnellstraße Ankara–Konya, 12 km s. von Ankyra[1] (die vorgeschlagene Lokalisierung in → Virancık[2,3] [amtlich Örencik] stimmt weder mit den überlieferten Meilenzahlen noch mit dem beobachteten Straßenverlauf überein)

⌂ $32^{40}39^{40}$

Hist Auf einer spätantiken oder frühbyz. Inschrift aus Ankyra Dilimnia genannt[4,8]; der Name auf die beiden nahen Seen, den etwa 6 km s. gelegenen Moğan Gölü u. den 3 km sö. gelegenen Emir Gölü zu beziehen. In frühbyz. Zeit *Delemna* die erste Station *(mutatio)* der Pilgerstraße hinter Ankyra, 10 röm. Meilen hinter Ankyra, 11 vor *Curveunta* (→ Gorbeus)[5]. – Wahrscheinlich am Moğan Gölü erlitten im Jahre 312/313 n. Chr. sieben Jungfrauen aus Ankyra den Märtyrertod, deren Leichname vom hl. Theodotos aus dem See geborgen wurden[6,7,8].

Mon Siedlungsspuren nahe dem Scheitelpunkt eines kleinen Passes an der Schnellstraße Ankara–Konya gegenüber der Einmündung der von Dikmen kommenden Straße[1].

Font [5] Itin. Burdig. 575, 8. — [6] Franchi de'Cavalieri, Martirii 70–73.

Lit [1] French, Pilgrim's Road 18, 25, 31, 114f. — [2] Anderson, Galatia 101. — [3] Hild, Straßensystem 35. — [4] Domaszewski, Inschriften II 115. — [7] Grégoire–Orgels, Théodote 170–172, 178–181. — [8] Mitchell, Saint Theodotus 105–108.

Dindymon (Δίνδυμον, Dindyma), Gebirgsmassiv osö. von → Pessinus, heute der zur Kette der Sivrihisar Dağları gerechnete, doppelgipflige Arayit Dağı (1820 m; in der archäologischen Literatur meist Günüzü Dağı)

△ 31^{40} 39^{00}

Hist Der im Altertum durch den Kybelē-Kult (→ Pessinus) bekannte und zu den drei wichtigen Gebirgsmassiven Galatiens gerechnete Berg[1,2] in frühbyzantinischer Zeit noch genannt[3]. – Unter dem „Bergland von → Germia", das im Zusammenhang mit den Kämpfen Alexios' I. gegen die Türken erwähnt wird[4], dürfte in erster Linie der Arayit Dağı, an dessen N-Rand Germia liegt, zu verstehen sein.

Mon Auf dem vom höheren Hauptgipfel durch eine Einsattelung getrennten W-Gipfel des Arayit Dağı eine byz. Festung. Das langgestreckte, kammartige Gipfelplateau wurde von einem Mauerring umzogen; aufrechtes Mauerwerk nur noch von einem Teil der S-Mauer erhalten (Zweischalenmauer aus grob zugehauenen Bruchsteinen in hellem Mörtelbett, im Gußkern auch Ziegelbruch), der Rest aus Steinverstürzungen erschließbar. Spuren einer separaten Gipfelbefestigung u. weiterer Gebäude, besonders am N-Abhang. Hervorragende Sicht nach S (Sangarios-Tal) u. N (Richtung Günyüzü)[5]. – Von dieser Anlage ist wahrscheinlich ein kleinerer byz. Wachtturm mit anschließendem Friedhof (Fund christl. Grabsteine des 5. u. 6. Jh.) zu unterscheiden, welche wohl auf dem ö. gelegenen Hauptgipfel zu suchen sind[6,7]. – Um den Arayit Dağı herum lag ein Kranz röm.-byz. Siedlungen: Istiklâlbağı u. Dinek im W[8], Karacaören im S (drei antike, eine byz. Inschrift, röm. Spolien)[5,8,9], → Goēleōn, → Eudoxias, → Musgē, → Germia u. Tutlu (Funde röm. Inschriften)[9].

Font [1]Strabōn XII 5, 3. — [2]Ptolemaios V 4, 3 (II 848 Müller). — [3]Claudius Claudianus, In Eutropium II 173, 262. — [4]Anna III 192.

Lit [6]*Anat. Stud.* 21 (1971) 33. — [7]P. Lambrechts, *De Brug* 14 (1970) 269. — [8]Mitchell, Galatia I 403. — [9]Mitchell, North Galatia 110–119 (Nr. 120–121, 122–125, 127–129).
Ruge, Dindymon 2. *RE* 5/1 (1903) 653.

Bereisung [5]1982.

Divle, heute amtlich Üçharman, Ort im Koca Deresi in den N-Abhängen des Tauros, 54 km osö. von → Laranda, 129 km sö. von Ikonion

□ 33^{40} 37^{00}

Hist Der Ort lag an einem alten Tauros-Übergang von Lykaonien über → Dedeli Yayla nach Kilikien.

Mon In Divle im 19. Jh. noch eine größere, gemauerte Kirche mit Wandmalereien erhalten[1], von der heute nur noch ein Schutthaufen („Kilise Yeri") auf einer felsigen, kleinen Anhöhe auf der linken Seite des Flusses übrig ist[2]; im Ort einige Architekturfragmente. In den Felswänden rechts des Flusses oberhalb des Ortes zahlreiche Höhlenkammern mit Spuren von Benutzung in byz. Zeit[3,4]. Darüber Reste einer ma. Festung, die angeblich auf die röm. Zeit zurückgeht[4,5].

Font —

Lit [1]Texier, Asie Mineure II 130. — [3]Davis, Asiatic Turkey 270. — [4]Konyalı, Ereğli 418, 839f., 847 *(Fig)*. — [5]Ritter, Kleinasien II 304.

Bereisung [2]1976, 1982.

Dokuzun Derbent Han, an der Straße Ikonion–Laodikeia Katakekaumenē (Lâdik, Route A 2), etwa 25 km n. von Ikonion

∴ 32^{20} 38^{00}

Hist —

Mon Beim Bau des seldschuk. Karavansarays wurden antike und byzantinische Spolien verwendet[1].

Font —

Lit [1]Erdmann, Karavansaray Nr. 4 *(Lit)*.

Bereisung 1974.

Dryïnōn (μοναστήριον τῶν Δρυΐνων), Kl. in Südgalatien. Genaue Lage unbekannt, an der sog. Pilgerstraße oder einer der Straßen von Lykaonien nach N oder NW, nicht allzu weit von → Kinna zu suchen

Hist Auf dem Rückweg von seiner dritten Jerusalemreise (Zeit des Kaisers Maurikios) gerade nach Galatien gelangt, nächtigte der hl. Theodōros von Sykeōn im *monastērion tōn Dryïnōn*. Von hier aus besuchte er das nahe Stephanskloster von → Uetapa, von dort aus → Kinna, um vor der Fortsetzung seiner Heimreise noch einmal das Kloster tōn Dryïnōn aufzusuchen[1]. Die drei Punkte werden demnach nicht allzu weit von einander entfernt sein, jedoch ist die Gleichsetzung des Klosters tōn Dryïnōn mit Kozanlı (26 km sw. von → Kinna)[2,3] völlig hypothetisch.

Mon —

Font [1] Vita Theod. Syk. I 53–55.

Lit [2] Ramsay, Lycaonia 103f. — [3] Calder, *MAMA* I, XII u. XVI; VII, XXV.

E

Elcik, Ort in W-Galatien, 7,5 km nnö. von Sivrihisar (→ Spaleia), 120 km sw. von Ankyra

∴ 31^{20} 39^{30}

Hist Die Identifizierung von Elcik mit einem Theotokos-Kl., das den Beinamen *Aligetēs* führte, ist trotz der lautlichen Ähnlichkeit u. der Übereinstimmung mit der in der Quelle angegebenen Entfernung von → Pessinus (15 röm. Meilen = 22,5 km) unwahrscheinlich, da dieses in größerer Nähe zu → Germia zu suchen ist[1,2].

Mon Aus Elcik sind vier Inschriften bekannt, darunter eine byz.[3,4,5], die möglicherweise zu → Germokolōneia (5,5 km nö.) gehören.

Font [1] Vita Theod. Syk. I 80.

Lit [2] Honigmann, Pour l'atlas 550. — [3] Perrot, Galatie 164ff. — [4] Anderson, Galatia 89. — [5] Mitchell, North Galatia 100–102 (Nr. 103–106).

Elecik, Ort in N-Galatien, am Rande einer kleinen, gewellten Hochebene, 45 km nö. von Ankyra

□ 33^{00} 40^{00}

Hist Die vorgeschlagene Gleichung mit dem inschriftlich bezeugten Dorf → Ikotarion (u. der mit diesem Ort vielleicht zu identifizierenden spätantiken Straßenstation *Acitoriziacum*)[1] ist nicht auszuschließen.

Mon Bei Elecik eine alte Siedlungsstelle, von der die röm. u. byz. Architekturfragmente, darunter ein Altargrundstein u. eine Altarschrankenplatte, sowie eine latein. Inschrift stammen[1,2,3].

Font —

Lit [1] Anderson, Celtic Cult 166. — [2] Mitchell, North Galatia 167f. (Nr. 200).

Bereisung [3] 1982.

Elengirif Dağı, jetzt Erenler Dağı, Bergmassiv zwischen dem Beyşehir Gölü (→ Pusgusē Limnē) u. der Konya Ovası, etwa 46 km wsw. von Ikonion; Erenler Dağı heute auch Name des ganzen Berglandes zwischen der Konya Ovası im O u. der Linie Beyşehir Gölü (→ Pusgusē Limnē)–Suğla Gölü (→ Trōgitis Limnē) im W

ō 31^{40} 37^{40}

Hist —

Mon Im Massiv des Elengirif Dağı Ruinen einer Klosteranlage. Erhalten der Grundriß einer dreischiffigen Basilika, in deren Nähe Reste eines (Kloster-)Gebäudes[1–4].

Font —

Lit [1]STERRETT, Wolfe Expedition 189. — [2]JÜTHNER, Vorl. Bericht 13. — [3]STRZYGOWSKI, Kleinasien 52. — [4]SWOBODA–KEIL–KNOLL 8, 108f. *(Fig)*.

Eli Kesik Han, an der direkten Verbindung Ikonion-Philomēlion (Akşehir), im Tal des Başara Suyu (= Kirek Dere), 36 km nw. von Ikonion

∴ 32^{00} 38^{00}

Hist —

Mon Beim Bau des seldschuk. Karavansarays reichlich antike u. ma. Spolien verwendet, die aufgrund ihrer Größe wenigstens teilweise aus unmittelbarer Nähe stammen müssen[1,2].

Font —

Lit [1]SARRE, Reise 110. — [2]ERDMANN, Karavansaray Nr. 5.

Bereisung 1974.

Emirler, Ort im NO Galatiens nahe der alten Straße Tabia–Amaseia[1,2], 5 km nnö. von → Boğazköy, 30 km nnw. von Yozgat

□ 34^{20} 40^{00}

Hist —

Mon Röm. u. byz. Reste aus Emirler u. Umgebung sowie dem knapp 3 km wsw. gelegenen Yekbaş (hier Flurname *Kilise Yeri*), darunter 3 byz. Grabinschriften, zeigen eine alte Siedlungslage an[1,2,3].

Font —

Lit [1]BITTEL, Meilensteine 90–93. — [2]MITCHELL, North Galatia 362f. (Nr. 501ff.) und Karte. — [3]BITTEL–NAUMANN, Boğazköy I 162, 164.

Emremsultan, Ort an einem Nebenflüßchen des → Sangarios, 46 km wsw. von → Beypazarı

△ 31^{20} 40^{00}

Hist Die Gleichsetzung der alten Siedlung bei Emremsultan mit → Iuliupolis ist überholt[1].

Mon Etwa 1 km n. des Ortes Ruinen einer antiken Siedlung mit Ummauerung. Zwei röm. Inschriften, keine byz. Reste bekannt[2-4]. – S. von Emremsultan, auf den Felsen w. oberhalb der Einmündung des Flüßchens von Emremsultan in den Sangarios Ruinen von zwei kleinen, wahrscheinlich byzantinischen Festungen, von denen heute nichts mehr bekannt ist[2,3,5].

Font —

Lit [1]FRENCH, Pilgrim's Road 33–48. — [2]LEJEAN, Gordium 63. — [3]ANDERSON, Galatia 69f. — [4]MITCHELL, North Galatia 133f. (Nr. 151f.).

Bereisung [5]1982.

Erif, heute amtlich Sarıdeğirmen, Ort in Galatien, 61 km sw. von Ankyra

□ 32^{20} 39^{20}

Hist —

Mon Röm. u. byz. Architekturfragmente sowie zwei Inschriften, die von einem Hügel sö. des Ortes stammen sollen, zeigen eine alte Siedlung an, die mindestens bis in frühbyz. Zeit Bestand hatte[1,2,3].

Font —

Lit [1] MITCHELL, North Galatia 194f. (Nr. 234f.). — [3] AINSWORTH, Travels I 144 (*Alif*).

Bereisung [2] 1982.

Erkeksu Çiftliği, am ö. Fuß des → Modicus mons (Massiv des Abdüsselâm u. des Ahmaşık Dağı), 37 km wnw. von Ankyra

□ 32^{20} 39^{40}

Hist Die Identifizierung mit → Prasmon[1] ist überholt[2].

Mon Bei Erkeksu Çiftliği Ansiedlung aus byz. Zeit: auf dem Friedhof Steine mit Kreuzzeichen u. eine fragmentarische byz. Inschrift. Ein unterhalb des Friedhofs gefundener röm. Meilenstein (diokletianische Zeit) wohl von der n. verlaufenden Pilgerstraße verschleppt[1,2].

Font —

Lit [1] ANDERSON, Galatia 60f. — [2] FRENCH, Pilgrim's Road 17, 29, 65f.

Eskiil, Ort in der Salzsteppe s. des Tuz Gölü (→ Tatta Limnē), 99 km nö. von Ikonion

□ 33^{20} 38^{20}

Hist —

Mon Kleinere Ansiedlung auf u. um einen Hügel w. des modernen Ortes. Auf dem Friedhof zahlreiche röm. u. byz. Architekturfragmente, die vielleicht teilweise von den benachbarten Siedlungen, besonders → Tosun Hüyük (10 km wsw.), verschleppt sind. Eine antike, eine christliche Inschrift[1,2]. – Röm.-byz. Reste (Mosaik und ausgemauerter Brunnen) auch in den zu Eskiil gehörenden Yaylas Çukurhüyük Yaylası und Eskiil Yaylası[3].

Font —

Lit [1] ANDERSON, Galatia 133. — [2] SARRE, Reise 98f. — [3] KONYALI, Aksaray II 1891, 1894 *(Fig)*.

Eski Saray, Ruinenstätte in der Nähe des heutigen Ortes Saray am O-Ufer der → Trōgitis Limnē (Suğla Gölü), 70 km ssö. von Ikonion

□ 32^{00} 37^{00}

Hist —

Mon Eski Saray (sw. des Dorfes Saray) bezeichnet die Stelle einer röm.-byz. Siedlung [1,2]. Zahlreiche Architekturfragmente (auch byz.) nach Yalıhüyük verschleppt[1-3]. N. von Eski Saray, etwa 50 m w. der modernen Straßenbrücke, Fundamente einer röm. Brücke, die die Straße → Mistheia–Isaura Palaia (→ Leontopolis) über den Ausfluß der Trōgitis Limnē führte[2].

Font —

Lit [1] HAMILTON, Researches II 341f. — [2] HALL, Gorgoromeis 131 mit A. 27 u. 28. — [3] STERRETT, Wolfe Expedition 133 (Nr. 227).

Eskiyapar, früher auch Altıyapar, Altıyapan, Ort im äußersten NO Galatiens nahe der alten Straße Tabia–Amaseia[1,2], 36 km n. von Yozgat, 163 km onö. von Ankyra

□ 34^{40} 40^{00}

Hist —

Mon Über der hethitischen wurde auch eine römische und eine byzantinische Siedlungsschicht festgestellt[2,3]. Christl. Grabstein(e) nur erwähnt[4].

Font —

Lit [1] Bittel, Meilensteine 93. — [2] Mitchell, North Galatia 369 (Nr. 516) u. Karte. — [3] Mitchell, Galatia I 461. — [4] Bittel, Boğazköy V 110 A. 152.

Eudoxias (Εὐδοξιάς), heute wahrscheinlich Ruinen bei Hamamkarahisar am N-Fuß des → Dindymon (Arayit Dağı)[1], 16 km ö. von Sivrihisar, 112 km sw. von Ankyra; ein byz. Grenzstein aus dem 18 km südöstlich gelegenen Ort → Goēleōn mit dem Ortsnamen Eudoxias[2] ist möglicherweise verschleppt u. beweist nicht die Lokalisierung von Eudoxias in Gümüşkonak (früher Yürme, → Germia)

♁ 31^{40} 39^{00}

Hist Eudoxias, wahrscheinlich nach Eudoxia, der Frau Kaiser Arkadios' I. (oder auch nach Licinia Eudoxia, der Tochter Theodosios' II. u. Frau Valentinians III.) benannte Stadt der Galatia II[3–5], als Bistum zuerst auf dem Konzil von Chalkēdōn 451 bezeugt (Bischof Akylas, Suffragan von Pessinus)[6]. In Kpl. 536 unterschrieb Bischof Menas[6]. Für die Zeit des Kaisers Maurikios ist eine alljährliche Prozession bezeugt, die die offensichtlich benachbarten Städte → Germia u. Eudoxias unter der Leitung ihrer Bischöfe zu dem wohl zwischen beiden gelegenen Dorf → Musgē (heute wahrscheinlich Gecek) unternahmen[7]. In den Notitiae episcopatuum wird Eudoxias nur bis ins 9. Jh. verzeichnet[8]. – Die Gleichsetzung mit dem zuerst auf dem Konzil von Kpl. 692 bezeugten Bistum → Synodia[3] ist völlig unsicher.

Mon Sw. des Ortes ein in seiner heutigen Form türk. Thermalbad (Wassertemperatur 31°C), das aber mit seinen beiden achteckigen Becken wohl auf röm. oder byz. Zeit zurückgeht. S. des Bades eine frühosman. Moschee, die unter Verwendung von röm. u. besonders byz. Spolien erbaut ist. Weitere Architekturfragmente im Ort[2,9]. Wenig wnw. von Hamamkarahisar (Eintragung *Arslanlı Hr.* der Türkeikarte 1:200.000) waren früher bedeutende Ruinen einer größeren (türk.?) Ansiedlung mit vielen röm. u. byz. Spolien, heute fast vollständig verschwunden[2,10].

Font [5] Hier. 698, 2. — [6] *ACO* II 1, 1 S. 60 (Nr. 189) u. passim; III S. 117 (Nr. 65). — [7] Vita Theod. Syk. I 58f. — [8] Darrouzès, Notitiae 1, 241; 2, 303; 3, 353; 4, 257.

Lit [1] K. Belke, Germia und Eudoxias, in: Festschrift H. Hunger. Wien 1984 (im Druck). — [2] Waelkens, Germa 455–462 *(Lit)*. —[3] Ramsay, Asia Minor 225, 237f. — [4] R. Janin, Eudoxiade. *DHGE* 15 (1963) 1340f. — [9] F. İlter, *Anadolu (Anatolia)* 19 (1975/76 [Ankara 1980]) 53. — [10] Hamilton, Researches I 436f.

Bereisung 1982.

Evci (1), Ort in O-Galatien, 6,5 km wnw. von → Boğazköy, 142 km onö. von Ankyra

□ 34^{20} 40^{00}

Hist —

Mon N. des Ortes ein alter Siedlungshügel, der noch Spuren von Mauern, auch solchen mit Mörtel, ausweist. Gut gearbeitete Architekturfragmente[1]. Von ein u. demselben

Friedhof stammen frühchristl. u. jüd. Grabsteine[1,2]. W. des Siedlungshügels der Kurtcatepe mit Resten einer Befestigung[1].

Font —

Lit [1] BITTEL, Boğazköy V 110–113. — [2] MITCHELL, North Galatia 363–367 (Nr. 504–512).

Evci (2), Ort in einem Tal im östlichsten Teil Galatiens, 12 km s. von Alaca, 28 km n. von Yozgat

□ 34^{40} 40^{00}

Hist —

Mon In der Mauer der 1958 erneuerten Moschee zwei byz. Spolien verbaut. Angeblich war früher mehr altes Material vorhanden. N. des Ortes, unmittelbar w. der Zufahrtsstraße, eine *Han Yeri* genannte Schutthalde, wohl von einem (rezenten?) Gebäude[1].

Font —

Lit —

Bereisung [1] 1982.

F

Fasıllar, Ort in den Bergen ö. des Beyşehir Çayı, 58 km sw. von Ikonion

□ 31^{40} 37^{20}

Hist Die Identifizierung der besonders durch eine hethit. Stele u. einen römerzeitlichen Kult, der mit Wettkämpfen verbunden war, bekannten alten Siedlung[1–4] mit dem Erzbistum → Mistheia ist überholt[5].

Mon Spuren einer größeren röm.-byz. Siedlung unmittelbar n. des heutigen Ortes. N. u. nö. eine große Nekropole mit vielen z. T. aus dem Fels herausgearbeiteten Sarkophagen. Im Ort röm. u. byz. Architekturfragmente[1–3]. – Röm.-byz. Siedlungsspuren auch im 4 km wnw. gelegenen Karacahisar[6]. – An der direkten Verbindung zwischen diesen beiden Orten, nw. oberhalb von Fasıllar, der Kale Dağı mit einer wohl ma. Festungsanlage[1,4,6,7]. Architekturfragmente und Inschriften auch in Çıvrıl (5,5 km wnw. von Fasıllar)[3].

Font —

Lit [1] STERRETT, Wolfe Expedition 163–170 (mit Nr. 274–278). — [2] JÜTHNER, Vorl. Bericht 16–18. — [3] SWOBODA–KEIL–KNOLL 12–19, 21. — [4] RAMSAY, Pisidia 266f. — [5] HALL, Mistheia 120, 122. — [6] CRONIN, First Report I 110–112. — [7] W. M. RAMSAY, *Klio* 22 (1929) 383.

Bereisung 1974.

Fines, erste Station der Pilgerstraße auf galatischem Gebiet, 10 römische Meilen nach *Ceratae* (Bithynien), 11 (verbessert aus überlieferten 6) römische Meilen vor → Dadastana; genaue Lage unbekannt, wahrscheinlich in der Nähe von Ericek (etwa 34 km w. von Nallıhan)[1,2]

30^{40} 40^{00}

Hist Fines (der Name wohl erst nach der Erweiterung der Provinz Galatien nach W entstanden) an der Stelle oder in der Nähe der antiken Station *Cenon Gallicanon* (18 röm. Meilen ö. von *Dablae* in Bithynien)[2,3].

Mon —

Font [1]Itin. Burdig. 574,4. — [3]Itin. Ant. 141,5.

Lit [2]FRENCH, Pilgrim's Road 31, 106f.

Fisandon, heute amtlich Dereköy, in einem fruchtbaren Tal in den n. Vorbergen des Taurus, 9 km sö. von Laranda, 106 km sö. von Ikonion

□ 33°° 37°°

Hist Der sicher vortürk. Name vom 15. Jh. an bezeugt[1,2]. Die Kirche im 16. Jh. von einem Sinan Paşa (wahrscheinlich dem Gouverneur von Karaman, gest. 1573/74) ohne größere bauliche Veränderungen in eine Moschee verwandelt[3].

Mon Auf erhöhter Stelle im Ort die ehemalige Kirche, eine Kreuzkuppelkirche (eingeschriebenes Kreuz) mit vier Pfeilerstützen, tonnengewölbten Kreuzarmen u. innen hufeisenförmiger Apsis. Die Außenmauern in jüngster Zeit stark restauriert, am besten erhalten die N-Wand u. die Apsis. Vom Narthex nur Spuren erhalten, die W-Tür zugesetzt; der Eingang bereits in byz. Zeit in die N-Wand verlegt. Auf dem Türsturz griech. Inschrift mit Psalm 117, 20. Die Fassadengliederung besteht aus Flachnischen u. Fenstern, die von profilierten Blendbögen umzogen werden; in den Lunetten teilweise Verzierungen erhalten. In den Schildbogenwänden darüber, von nur einem Streifen umzogen, je ein von zwei Nischen flankiertes Fenster. Datierung: nach *Lit* 9./10. Jh.[3-5], jedoch legt die Fassadengliederung eine spätere Datierung nahe.

Font [1]UZLUK, Karaman 27, 30, 31.

Lit [2]HÜTTEROTH, Ländliche Siedlungen 107 (Tabelle Nr. 52). — [3]EYİCE, Karadağ 84–89, 221f. *(Fig)*. — [4]STRZYGOWSKY, Kleinasien 41, 70, 156, 175 *(Fig)*. — [5]N. THIERRY, *DOP* 29 (1975) 80.

Bereisung 1982.

G

Galea, Station der Pilgerstraße im sö. Galatien, 13 röm. Meilen nach → Aspona, 9 röm. Meilen vor → Andrapa, wohl in der Nähe von Büyük Bıyık (früher Bıyıkkebir, 18 km sö. von → Aspona) zu suchen[1,2]

33²⁰ 39°°

Hist —

Mon Etwa 3,5 km wsw. von Büyük Bıyık bzw. 3 km s. von Bektaşlı Siedlungshügel mit Keramik von prähist. Zeit an, der vielleicht mit Galea in Verbindung zu setzen ist[2].

Font [1]Itin. Burdig. 576, 1.

Lit [2]FRENCH, Pilgrim's Road 25, 31, 116f.

Gallos (Γάλλος, Gallus), heute namenloser Bach, der durch → Pessinus (heute Ballıhisar) Richtung → Sangarios fließt, den er allerdings heute nicht mehr erreicht

31²⁰ 39°°–39²⁰

Hist Der Name des Flusses, der in Mythologie u. Kult der *Magna Mater* von Pessinus eine bedeutende Rolle spielte[1], wird antikisierend noch in frühbyz. Zeit erwähnt[2]. Von einem Hochwasser des Flusses in Pessinus nach langer Trockenzeit berichtet ohne Namensnennung die Vita des Theodōros von Sykeōn[3]. – Heute eher ein unbedeutendes Rinnsal, hatte er wahrscheinlich in der Antike und zumindest noch in frühbyz. Zeit eine stärkere u. regelmäßigere Wasserführung[1].

Mon → Pessinus.

Font [2] Iulius Firmicus Maternus, De errore profanarum religionum III 1 (S. 43 ZIEGLER). — [3] Vita Theod. Syk. I 81f.

Lit [1] WAELKENS, Pessinonte et le Gallos 349–373 *(Lit)*.

Gdanmaa (Γδανμάα), heute Çeşmelisebil, 85 km n. von Ikonion, in den Ausläufern einer sich in N-S-Richtung erstreckenden niederen Hügelkette

♁ 32[20] 38[20]

Hist Der aus Ptolemaios (Ἐκδαύμαυα)[1] bekannte Ort lag nach der Tabula Peutingeriana (Egdava)[2] an der „nördlicheren Diagonalverbindung durch Lykaonien" zwischen → Vetisso u. → Pegella. Außerdem dürfte durch Gdanmaa eine N-S-Verbindung verlaufen sein, die wohl von der Ankyra-Ikonion-Straße abzweigte u. nach Laodikeia Katakekaumenē führte[3,4]. Inschriftlich auch in nachkonstantinischer Zeit noch als *chōrion* bezeichnet[3,5], nahm Gdanmaa 325, noch zu Galatien gehörig, als Suffragan von → Ankyra am Konzil von Nikaia teil (erster Beleg als Bistum, Γδαμαύων)[6]. Auf dem Konzil von Chalkēdōn 451 Suffragan von → Ikonion (durch dessen Metropoliten vertreten, πόλεως Γδαμαύτου)[7]. Bei Hieroklēs (Γλαύαμα)[8] u. den frühen Notitiae episcopatuum verzeichnet (Schreibungen τὸν Γαλβάνου, ὁ Γαλβάνων)[9]; in der Notitia 4 u. bereits in einer Handschrift der Notitia 1 erscheint das Bistum als ὁ Γαλβάνων ἤτοι Εὐδοξιάδος (verschrieben für Εὐδοκιάδος), in den späteren Notitiae durchgehend, zuletzt im 14. Jh., ὁ Εὐδοκιάδος[9]. Wahrscheinlich hat mit dem Wechsel des Namens auch eine Änderung des Siedlungsschwerpunktes (etwa auf einen besser geschützten Platz) stattgefunden[10]. Eine Topotērēsia Eudokias, die mit dem Bistum gleichzusetzen ist, wurde unter Leōn VI. zusammen mit anderen Topoteresien des Thema Anatolikōn u. des Thema Bukellariōn zum Thema Kappadokia transferiert[11,12,13]. Eudokias ist nicht lokalisiert, muß aber wohl an einem der befestigten Plätze im n. Lykaonien, vielleicht auf der Burg w. von Yeniceoba (→ Karanlı Kale)[14], gesucht werden.

Mon Ö. von Çeşmelisebil der alte Siedlungshügel; im Ort, der einst reichhaltigsten Fundstätte christl. Inschriften in Lykaonien[3,14,15], heute nur noch relativ wenige antike u. byz. Spolien verbaut[16]. – Inschriften auch in Kuyulusebil, etwa 4 km nnw. von Çeşmelisebil[3,14].

Font [1] Ptolemaios V 4, 8 (II 855 MÜLLER). — [2] Tab. Peut. IX 5 (MILLER, Itineraria 690). — [6] HONIGMANN, Nicée 47 (Nr. 110). — [7] *ACO* II 1, 2 S. 152 [348] Nr. 364. — [8] Hier. 676, 5. — [9] DARROUZÈS, Notitiae 1, 367; 2, 432; 3, 505; 4, 384; 7, 439; 9, 321; 10, 378; 13, 348. — [11] Kōnst. Porph., D.A.I. 236.

Lit [3] *MAMA* I 178–192 (Nr. 339–371); VII, XXIII, 114–120 (Nr. 544–570). — [4] BALLANCE, Roads in Lycaonia 230f. (Tabelle Nr. 40 mit A. 13). — [5] CALDER, Southern Galatia 457, 461. — [10] RAMSAY, Asia Minor 344. — [12] DERS., Lycaonia 99. — [13] Kōnst. Porph., De them. 121 (Kommentar). — [14] ANDERSON, Galatia 126f., 282–288. — [15] A. MARGARET RAMSAY, Art 68, 72, 81f.

RUGE, Ekdaumaua. *RE* 5/2 (1905) 2158f. — R. JANIN, Ecdamauva. *DHGE* 14 (1960) 1350.

Bereisung [16] 1974.

Germia (Γέρμια), heute Gümüşkonak (früher Yürme, Yörme), am NO-Rand des → Dindymon (Arayit Dağı), 28 km sö. von → Germokolōneia, von dem es zu unterscheiden ist[1,2,3], 111 km sö. von Ankyra

♁ 31[40] 39[00]

Hist Seit frühbyz. Zeit als Stadt der Galatia II bekannt[4], ist Germia, dessen aus der indogermanischen Wurzel *gu̯ermo gebildeter Name ebenso wie der von → Germokolōneia (antik Germa) auf die in der Gegend häufigen Thermalquellen hinweist[2], als Suffraganbistum von → Pessinus zuerst unter seinem zweiten Namen *Myriangeli* auf dem Konzil von Kpl. 553 (Bischof Menas) belegt[5]. Kurz vor seinem Tod begab sich der Kaiser Justinian zum Gebet ἐν τοῖς Μυριαγγέλοις, ἤγουν ἐν Γερμίοις[6], womit trotz Bedenken Honigmanns[2] die Identität erwiesen ist. Unter Kaiser Maurikios war Aimilianos, unter Phōkas Iōannēs Bischof[7]. Auf späteren Konzilien ist Germia unter die autokephalen Erzbistümer gereiht. In Kpl. 692 unterschrieb Bischof Mōysēs τῶν Θεοδωριατῶν ἤτοι Γερμιατῶν τῆς Βιθυνῶν ἐπαρχίας[8] (wohl zu verbessern in Γαλατῶν u. auf das galat. Germia zu beziehen, da Germē in Hellēspontos erst im 9. Jh. autokephal wurde[2,9,10,11]); *Theodōriatōn* (sc. polis) ist demnach ein weiterer Name für Germia, der einen Bezug zur Kaiserin Theodōra herstellt, deren Monogramm sich auf einem Kapitell in Yürme erhalten hat (→ *Mon*). In Nikaia 787 sind außer Bischof Petros ein Abt Sergios τῶν Γερμίων u. ein Priester Iōannēs τοῦ ἁγίου Σεργίου τῶν Γερμίων bezeugt, in Kpl. 879/80 Bischof Nikētas[8]. Einem Erzbischof Kōnstantinos gehört ein Siegel des 10. Jh., das, ebenso wie ein anonymes des 7. u. eines des 11. Jh., auf der Vorderseite den Erzengel Michael zeigt[12,13]. Wohl schon ein Nachfolger gleichen Namens unterzeichnete einen Synodalerlaß von 1030[14]; ein weiterer (mit letzterem identischer?), wie aus der Reihenfolge ersichtlich, bereits zum Metropoliten aufgerückter Kōnstantinos unterschrieb ein gemeinsames Chrysobull Nikēphoros' III. Botaneiatēs und der Synode[15]. Ausdrücklich als Mētropolis wird Germia in einem Synodalprotokoll vom 11. April 1082 bezeichnet[16]. Die Notitiae episcopatuum führen Germia bis in das 10. Jh. als autokephales Erzbistum; ab dem 11. Jh., zuletzt in der Zeit Andronikos' III., erscheint es, z. T. unter der Form ἡ Γερμανία oder ὁ Γερμίου, u. einmal fälschlich nach Makedonien versetzt, unter den Metropolen, wird aber irrtümlich in einigen Listen zusätzlich unter den Erzbistümern weitergeführt[9]. Einige Handschriften der Notitiae 7 u. 9 führen – wohl ebenfalls irrtümlich – neben Germia als Metropole auch ὁ Μυριαγγέλων als Suffragan von Pessinus[9]. – Während der Kämpfe Alexios' I. 1116 gegen die Türken waren die Anhöhen von Germia – darunter ist wohl hauptsächlich der → Dindymon (heute Arayit Dağı) zu verstehen – in byzantinischer Hand[17]. – Die Haupt- und Bischofskirche von Germia war, wie auch die erhaltenen Siegel bestätigen[12,13], dem Erzengel, d. h. Michaēl geweiht, der Ort selbst aber danach im Plural οἱ Ἀρχάγγελοι benannt[7]; so auch der Name *Myriangeloi* zu erklären. Auf Germia ist wohl auch die Nachricht zu beziehen, daß die heilige Tunica, die den Körper Christi bedeckt hatte, in einer Stadt Galatiens, in der Basilika *Ad sanctos archangelos,* aufbewahrt werde[2,18]. – Drei röm. Meilen von der Stadt entfernt lag das *proasteion Bekusai,* in der Nähe wohl auch das Theotokos-Kl. mit dem Beinamen Aligetēs zu suchen[7].

Mon Reste einer in vorzüglicher Kalksteinquadertechnik u. unter Verwendung reichlicher Bauplastik erbauten bedeutenden Kirche (26 m Breite, mindestens 40 m Länge). Im W ein monumentaler gewölbter fünfteiliger Narthex mit fünf Eingangstüren. Die Form des eigentlichen Kirchenraumes ist nicht ganz klar erkennbar: ein 13 m breiter Naos wird beidseitig von paarigen Pfeilerstellungen begleitet. Die quadratischen Zwischenräume zwischen je zwei Pfeilerpaaren durch radial, wie bei einem kpl. Ziegelgewölbe, versetzte plattige Quader eingewölbt, so daß Pfeilergevierte gebildet werden. Nach S u. N anschließend je ein Seitenschiff, das aber vermutlich auch eingewölbt war. Die O-Lösung ist unbekannt. Die zu Vierergruppen geordneten Pfeiler (abgewandeltes System der justinianischen Apostelkirche) sowie das offenbar „gebundene" System lassen an einen durch mehrere Kuppeln überwölbten Naos denken. Narthex u. Seitenschiffe trugen Emporen. Die erhaltene Bauplastik, zum größten Teil bei der Moschee, umfaßt Kapitelle mit feingezacktem Akanthus, windverwehtem, ebenfalls kleingezacktem Akanthus, ioni- **Abb. 44, 45** sche Kämpferkapitelle mit Monogrammkranz u. feingezackten Akanthuswedeln an den Ecken, sowie ein Korbkapitell mit breiten Akanthuslappen an den Ecken u. Monogrammscheiben in der Mitte der vier Hauptseiten. Die Lesung des kreuzförmigen Monogramms dieses Kapitells durch CROWFOOT[19] mit „Eudokia" bereits von STRZYGOWSKI[20] korrigiert in „Theodora". Die gegenüberliegende Monogrammscheibe, in der heutigen Aufstellung an der Vorderseite, zeigt das bereits im 19. Jh. bis fast zur Unkenntlichkeit zerstörte Justiniansmonogramm[21]. Monogramme wie Kapitellformen ergaben so eine zwingende Datierung in justinianische Zeit; die Theophanēs-Stelle, die den zweiten Namen mit Myriangeloi überliefert[6], u. eine byz. Inschrift, der zufolge sich ein Sōtērichos hat begraben lassen τῷ Ἀρχιστρατήγῳ ἐ[αυτὸ]ν παραδούς u. die somit den Erzengel Michaēl als wahrscheinlichen Schutzpatron der Kirche angibt[2,22,23], erhärten weiter die Annahme einer Stiftung Justinians. Dies erklärt auch die von der üblichen innerkleinasiatischen Architektur abweichenden Züge des Baues. Im SO u. NO von Yürme Reste älterer Bäder mit Spolien erhalten[21,24,25]; das sö. Bad wird, im Gegensatz zur meist vorgetragenen Ansicht[11,25], von 31° C warmen Thermalquellen gespeist[26]. Vgl. *Addenda* S. 247.

Font [4] Hier. 698, 4. — [5] *ACO* IV 1, S. 6 (Nr. 95) u. passim. — [6] Theoph. 240. — [7] Vita Theod. Syk. I 58, 80, 87, 138–145, 155, 158. — [8] MANSI XI 992C; XII 994D, 1095B; XIII 140E, 153D, 189A, 368A, 384E; XVII 373D. — [9] DARROUZÈS, Notitiae 7, 43, 89f., 121f., 129, 141, 174; 1, 48; 2, 51; 3, 66; 4, 49; 5, 53; 7, 57.89; 8, 71; 11, 69.91; 12, 67.96; 13, 777; 14, 77; 15, 67; 16, 67.87; 7, 79; 18, 79.158; 19, 87. — [12] LAURENT, Corpus V 1, Nr. 821, 822 (S. 631); V 3, Nr. 1811 (S. 154). — [13] ZACOS–VEGLERY 1250. — [14] FICKER, Erlasse 20. — [15] GOUILLARD, Chrysobulle 31. — [16] USPENSKIJ, Italos 63. — [17] Anna III 192. — [18] Gregor von Tours, Liber de gloria martyrum I. *MGH* Script. rer. Merovig. I 493 (ed. B. KRAUSCH, Hannover 1885).

Lit [1] DUCHESNE, Germia 54–56. — [2] HONIGMANN, Pour l'atlas 541–553. — [3] K. BELKE, Germia und Eudoxias, in: Festschrift H. Hunger. Wien 1984 (im Druck). — [10] CHRYSOS, Erzbistümer 267. — [11] WAELKENS, Germa 456f., 460ff. *(Lit)*. — [19] CROWFOOT, Late Anatolian Art 86–92 *(Fig)*. — [20] STRZYGOWSKI, Kleinasien 114f., 170f. — [22] RAMSAY, Inscriptions 23. — [23] DOMASZEWSKI, Inschriften I 188. — [24] MORDTMANN, Pessinus, Gordium, Sivri Hissar 191f. — [25] HUMANN–PUCHSTEIN 33. — [26] F. İLTER, *Anadolu (Anatolia)* 19 (1975/76 [Ankara 1980]) 53.

Bereisung [21] 1982.

Germokolōneia (Γερμοκολώνεια), heute Ruinenstätte 1 km s. von Babadat, etwa 28 km nw. von → Germia, von dem es zu unterscheiden ist[1,2], 10 km nö. von Sivrihisar

⛪ 31[20] 39[20]

Hist Die röm. Kolonie Germa[3,4], deren Name (zur indogerman. Wurzel *g̯ermo „warm") sich ebenso wie der von Germia auf die in der Gegend häufigen Thermalquellen bezieht[2] (Ptolemaios hat neben Γέρμα κολωνία die Textvariante Θέρμα κολωνία[5]), lag in der Nähe eines Straßenknotenpunktes, von dem aus Verbindungen nach → Ankyra, → Pessinus u. Dorylaion (bei Eskişehir) führten[6]. Unter dem Namen Γερμοκολώνεια als Suffraganbistum von Pessinus in den Notitiae episcopatuum bis ins 12. Jh. geführt[7]. Auf dem Konzil von Kpl. 879 durch Bischof Eustathios Δερμοχόλχων (lies Γερμοκολωνείας) vertreten[8,9].

Mon Siedlungsreste (Fundamente, Mauerzüge, Architekturfragmente) überwiegend aus röm. Zeit etwa 1 km s. von Babadat, wo angeblich auch die Straßenkreuzung gefunden wurde[10]; in jüngster Zeit Teile des Stadtgebietes mit Resten der Ummauerung durch eine türk. Grabung freigelegt[16]. Spolien u. Inschriften im Ort u. seiner Umgebung[3,17]. Warme Quellen im W der Stadt[3]. Latein. u. griech. Inschriften, inzwischen größtenteils verloren, auch im 3 km w. gelegenen Mesudiye Çiftliği (früher Masʿud Köy u. ä.), darunter eine auf den 10. Oktober 897 n. Chr. datierte, die von der Errichtung u. Ausmalung einer den hl. Nikolaos (von Myra), Basileios (von Kaisareia) u. Hypatios (von Gangra) geweihten Kirche berichtet[3,4,11–14,17]; → Elcik. Die etwa 11 km nnw. von Babadat auf einem steilen

Hügel (Karacakaya) gelegenen Festungsreste (erhalten eine tiefe, mit gut behauenen Steinen ausgemauerte Zisterne, ein Felsengrab sowie hellenist. u. röm. Keramik[3,15]) könnten als Fluchtburg für Germokolōneia gedient haben. Siedlungsspuren und Inschriften auch in Dümrek (2 km sw. von Karacakaya)[17], früher auch im unweit weiter osö. gelegenen, heute nicht mehr bekannten Karacapaşaören, das lange für die eigentliche Stelle von Germokolōneia gehalten wurde[12].

Font [5] Ptolemaios V 4, 5 (II 850 Müller). — [6] Itin. Ant. 201, 3–7. 202,6–203,2. — [7] Darrouzès, Notitiae 1,244; 2,306; 3,356; 4,260; 7;320; 9,200; 10,250; 13,252. — [8] Mansi XVII 377 E. — [11] *CIL* III 284–286.

Lit [1] Duchesne, Germia 54–56. — [2] Honigmann, Pour l'atlas 541–553. — [3] H. v. Aulock, *Ist. Mitt.* 18 (1968) 221–237 *(Lit)*. — [4] Mitchell, Plancii 27–31. — [9] Hergenroether, Photios II 454 A. 32. — [10] Starr, Mapping Ancient Roads 166–169. — [12] Anderson, Galatia 84–87. — [13] Babinger, Hans Dernschwam's Tagebuch 179, 303. — [14] Grégoire, Saint Blaise 400ff. — [15] Waelkens, Germa 450–455 *(Fig)*. — [17] Mitchell, North Galatia 91–103 (Nr. 90–108).

Bereisung [16] 1982.

Girmeç Kalesi, Burg am W-Rand des Tales des hier in ungefähr nnw. Richtung fließenden Ankara Çayı 2 km sw. von Girmeç, 53 km wsw. von Ankyra

△ 32^{00} 39^{40}

Hist Die aufgrund der Mauertechnik (→ *Mon*) relativ spät anzusetzende Festung[1] dürfte bei den Abwehrkämpfen der Byzantiner gegen Seldschuken und Dānišmendiden eine Rolle gespielt haben.

Mon Relativ kleine Festungsanlage um ein Gipfelplateau, das sich in N-S-Richtung erstreckt u. im N einen Felsaufsatz trägt. An eine Gipfelbefestigung schließt sich im SW u. W, wo ein felsiger Steilabfall zusätzliche Sicherung unnötig macht, ein zweiter Mauerring mit Gebäuderesten auf der Innenseite u. schwach erkennbaren Bastionen an (nur noch aus Verstürzungen erschließbar). Zweischalenmauer aus roh behauenen Kleinquadern mit reichlich Ziegelbruch in hellem Mörtel. Spuren von Holzankern. Sicht besonders nach O über das breite Tal des Ankara Çayı[1,2,3,4]. – Oberhalb von Girmeç früher Thermalquellen mit wohl aus türk. Zeit stammendem Bad[2].

Font —

Lit [1] French–Mitchell, Ankara 98. — [2] Ainsworth, Travels I 140f. — [3] v. Diest-Anton, Forschungen 45.

Bereisung [4] 1982.

Gödet, heute amtlich Güldere, Ort in der Schlucht des Karaçayır Deresi an einem alten Taurosübergang von → Laranda über → Fisandon nach Klaudiupolis (Mut), 30 km sö. von Laranda, 126 km sö. von Ikonion

□ 33^{20} 37^{00}

Hist Der Name vortürk. u. wahrscheinlich bereits im 15. Jh. (= *Göde köyü, Gödetköme?*) bezeugt[1].

Mon Etwa drei km oberhalb des heutigen Ortes, hoch in den hier fast senkrecht abfallenden Felswänden auf beiden Seiten des Flusses, besonders aber auf der linken Seite, eine ausgedehnte Höhlensiedlung auf mehreren Ebenen übereinander, zwischen denen vielfach gangbare Terrassen liegen. Meist einfache Kammern mit Nischen in den Wänden, z. T. auch mehrstöckige Systeme, die angeblich auch Rollsteinverschlüsse aufweisen. Auf einer der Terrassen an zwei Stellen Gräber in den Fels geschlagen. Im N der Siedlung eine größere Nekropole: in einer leicht überhängenden Felswand zahlreiche nischenartige

Höhlen unterschiedlicher Größe neben- u. übereinander; die Anlage durch eine heute teilweise zerstörte ma. Mauer (Zweischalentechnik, Kleinquader u. Bruchstein mit Mörtel) nach außen abgeschlossen[2,3]. Einzelne Höhlen auch mit Kreuzen u. einfachen, skulptierten Figuren ausgestattet[2].

Font [1] UZLUK, Karaman 25, 27.

Lit [2] SCHAFFER, Cilicia 68.
EYİCE, Karadağ 118, 226f.

Bereisung [3] 1982.

Goēleōn (Γοηλέων), heute Kayakent (früher Holanta, das den byz. Namen tradiert[1]), am NO-Abhang des Arayit Dağı (→ Dindymon), 4 km sw. → Germia, 29 km sö. von Sivrihisar

□ 31[40] 39[00]

Hist Anfang des 7. Jh. *polis Goleuntōn* in der Nähe von → Germia erwähnt[2]. Vom Geographus Ravennas *(item Aglasie [= Galatiae?] Ateus, Nacolea, Colleon)* verzeichnet[1,3]. Im Jahre 919 ergriff der Domestikos Leōn Phōkas nach dem Scheitern seines Aufstandsversuches von Chrysopolis aus die Flucht und wurde schließlich, nachdem er in der Festung Ateus (im phrygisch-galatischen Grenzgebiet) keine Aufnahme gefunden hatte, im Dorf Goēleōn (Goleōn) gefangen genommen[4-7]. Von einigen Autoren wurde Goēleōn aufgrund dieses Ereignisses als 'Ωηλέων ('Ωὴ Λέων, wehe, Leōn) gedeutet[1,8,9].

Mon In Kayakent (besonders im Dorfbrunnen verbaut u. im Schulhof) zahlreiche röm. u. byz. Architekturfragmente u. Inschriften[10,11]. Eine byz. Inschrift nennt einen Bischof Eugenios (von Germia?), eine weitere ist ein byz. Grenzstein mit den Ortsnamen 'Οκωνδιανῶν (gen.; der nicht näher lokalisierbare Ort ist wohl ebenfalls am N-Rand des → Dindymon zu suchen) u. Eudoxias; er ist wohl ein Stück verschleppt worden u. jedenfalls nicht als definitiver Beweis für eine Lokalisierung von Eudoxias im nur etwa 4 km nö. gelegenen Yürme (amtlich Gümüşkonak, → Germia)[10,12] heranzuziehen. – Oberhalb des Ortes in den Abhängen des Arayit Dağı ein Zisternensystem mit unterirdischen Treppenzugängen, wohl Rest einer byz. Festung[12].

Font [2] Vita Theod. Syk. I 140f. — [3] Geogr. Rav. II 19 (S. 31). — [4] Theoph. Cont. 396. — [5] Sym. Mag. 730. — [6] Leōn. Gramm. 303. — [7] Iō. Zōn. III 469. — [8] Leōn. Diak. 122. — [9] Iō. Skyl. 211.

Lit [1] GRÉGOIRE, Goeléonta 538f. — [10] MITCHELL, North Galatia 20, 120–128 (Nr. 131–142) *(Lit)*. — [12] WAELKENS, Germa 456–460.

Bereisung [11] 1982.

Gömü, Ort in W-Galatien, 19 km wnw. von → Amorion, 94 km ssö. von Eskişehir

□ 31[00] 39[00]

Hist Der antike Name der Siedlung bei Gömü war wahrscheinlich Lalanda[1].

Mon In Gömü erweisen röm. u. byz. Architekturfragmente u. Inschriften eine alte Siedlung[1,2,3,4]. 2,5 Meilen von Gömü entfernt Reste eines byz. Gebäudes (Wechsel von Ziegeln u. Steinen), wahrscheinlich einer Kirche[4].

Font —

Lit [1] W. M. RAMSAY, *REG* 2 (1889) 17–22. — [2] *MAMA* I, XXVIIf., 228–230 (Nr. 429–432, 434). — [3] TH. REINACH, *REG* 3 (1890) 71–73. — [4] HAMILTON, Researches I 456.

Gorbeus (Γορβεοῦς), Straßenstation in Galatien, heute Siedlungsreste an der Einmündung der Staatsstraße 60 (von Kayseri u. Kırşehir) in die Staatsstraße 1 (Ankara–Aksaray), etwa 1,5 km sö. von Oğulbey (früher Çakal), 29 km s. von Ankara[1]

□ 32^{40} 39^{40}

Hist In der Festung Gorbeus um die Mitte des 1. Jh. v. Chr. der galat. Dynast Kastōr ermordet[2]. Bei Ptolemaios *Korbeuntos* unter den Orten der Tektosagen verzeichnet[3]. Die Itinerarien verzeichnen *Gorbeus, Corbeunca*[4], *Curveunta*[5], *Corveunte*[6], *Corfeunte*[7] als erste bzw. zweite Station der Pilgerstraße hinter Ankyra, 20 (21 [irrtümlich auch 24]) röm. Meilen nach Ankyra bzw. 11 nach → Dilimnia, 12 (irrtümlich auch 18) röm. Meilen vor → Rosolodiaco. – Wohl nicht identisch mit mittelbyzantinischem → Akarkus bzw. arab. ʿAqarqas[8,9].

Mon Auf kleinem, isoliertem Felsen ö. der erwähnten Straßenkreuzung spärliche Reste der hellenist. Befestigung. Am W-Fuß Spuren der späteren Ansiedlung[1]. Aus Oğulbey fünf röm. Meilensteine bekannt[1,10].

Font [2] Strabōn XII 5, 3. — [3] Ptolemaios V 4, 6 (II 852 MÜLLER). — [4] Itin. Ant. 143, 2; 205, 9. — [5] Itin. Burdig. 575, 9. — [6] Tab. Peut. X 1 (MILLER, Itineraria 660). — [7] Geogr. Rav. II 16 (S. 29).

Lit [1] FRENCH, Pilgrim's Road 25, 29, 76–78, 114f. — [8] RAMSAY, Asia Minor 216f. — [9] HILD, Straßensystem 35, 37. — [10] ANDERSON, Galatia 102f.

Bereisung 1982.

Gordion (Γόρδιον, Γορδίειον), alte phryg. Stadt in Galatien am rechten (ö.) Sangariosufer, heute Yassıhüyük, 80 km wsw. von Ankyra

□ 32^{00} 39^{20}

Hist Die alte phryg. Königsstadt, die häufig in Verbindung mit dem Alexanderzug[1,2], aber auch mit dem Marsch des röm. Konsuls Cn. Mansius Vulso[2] genannt wird, war bereits zu Beginn der röm. Kaiserzeit bedeutungslos geworden[3] u. wird in byz. Zeit nur noch antikisierend erwähnt[4]. Neuesten Forschungen zufolge ist sie jedoch mit der röm. Straßenstation (u. Ort der Tolistobogier) *Vindia (Uindia)*[5,6] an der Straße Dorylaion (Eskişehir) bzw. → Pessinus–Ankyra an einem alten Sangarios-Übergang identisch[7].

Mon Die Ausgrabungen von Gordion (Yassıhüyük) bestätigen die Angaben Strabōns: allgemein starke Abnahme der Funde von der hellenist. bis in die röm. Zeit, nur noch ganz vereinzelt byz. Material[2]. Im S des Stadthügels jedoch eine wohl bescheidene röm. u. byz. Siedlung. Die alte Straße in der Umgebung von Gordion (nach W bis zum alten Bett des Sangarios, der früher östlicher floß) gut zu verfolgen[8].

Font [3] Strabōn XII 5, 3. — [4] Steph. Byz. 211. — [5] Itin. Ant. 201, 5; 202, 9. — [6] Ptolemaios V 4, 5 (II 850 MÜLLER).

Lit [1] RUGE, Gordion. *RE* 7/2 (1912) 1590. — [2] G. u. A. KÖRTE, Gordion. Ergebnisse der Ausgrabung im Jahre 1900 (*Jahrbuch des kaiserlich deutschen Archäologischen Instituts,* 5. Ergänzungsheft). Berlin 1904, 28–33, 195 u. passim *(Font)*. — [7] MITCHELL, Galatia I 435 u. Karte. — [8] R. S. YOUNG, *AJA* 59 (1955) 2; 61 (1957) 319; 62 (1958) 139; 64 (1960) 232; 72 (1968) 231.

Bereisung 1982.

Gözlü, Ort in NO-Lykaonien, 65 km nnw. von Ikonion

□ 32^{20} 38^{20}

Hist —

Mon Röm. u. hauptsächlich christl. Inschriften aus Gözlü erweisen eine alte Siedlung, die mindestens bis in frühbyz. Zeit Bestand hatte[1].

Font —

Lit [1] *MAMA* I 167–172 (Nr. 317–327).

Günyüzü, amtlich auch Kozağacı, Ort in Galatien am NO-Fuß des → Dindymon (Arayit Dağı), 8 km nnw. von → Germia, 25 km osö. von Sivrihisar (→ Spaleia), 109 km sw. von Ankyra

□ 31^{40} 39^{20}

Hist Das zuletzt in Günyüzü lokalisierte byz. Dorf → Musgē[1] ist eher im 4 km wsw. gelegenen Ort Gecek anzusetzen (jedoch ist vielleicht an eine einfache Verwechslung beider Orte im Anschluß an Humann–Puchstein[2] oder an eine tatsächliche Übertragung des Namens zu denken).

Mon Einige röm. u. byz. Architekturfragmente sowie mindestens je eine röm.[3] u. eine byz. Inschrift[4] zeigen eine alte Siedlung an, wenn die Spolien nicht aus → Musgē oder → Germia verschleppt sind.

Font —

Lit [1] Waelkens, Germa 464f. *(Lit.)*. — [2] Humann–Puchstein 32. — [4] Mitchell, North Galatia 113f. (Nr. 121 A).

Bereisung [3] 1982.

Güvenç, Dorf 26 km nw. von Ankyra

∴ 32^{40} 40^{00}

Hist —

Mon Ein Altarstein, zwei Säulenfragmente sowie ein Stück Marmorpflaster auf einem Saraytepe genannten Hügel bei Güvenç zeigen eine röm. und byz. Siedlungslage an[1].

Font —

Lit [1] Mitchell, Galatia I 429.

Güzelcekale, Ort u. Festung im s. Galatien am W-Rand des Ulu Dağ, etwa 72 km s. von Ankyra

△ 32^{40} 39^{00}

Hist Der Burgberg war seit hellenistischer (galat.?) Zeit befestigt.

Abb. 24, 25 *Mon* Auf einem vom anschließenden Gebirgsstock durch eine Senke getrennten Felskegel s. des Dorfes eine größere byz. Festung, die stellenweise auf hellenist. Fundamenten (große, relativ sauber behauene Quader, vereinzelt Querbinder, keine Verwendung von Mörtel; die meisten Quaderecken zum Dübelraub ausgebrochen) errichtet ist. Der dem Gelände angepaßte Mauerzug ist gegen die Ebene nach O durch eine besonders starke Bastion gesichert, die eine gewölbte Zisterne enthält. Zusätzliche Gipfelbefestigung, z. T. durch Sperrmauern zwischen natürlichen Felsen. Zur Senke gegen W u. SW ein in den Fels gehauener Graben u. Reste von Gebäuden. Byz. Mauerteile: Zweischalenmauer aus kleineren bis mittleren Quadern u. Bruchstein im Mörtelbett[1,2,3]. – Im Bergabhang s. des Burgberges eine Höhlenkammer mit fragmentarischer byz. (Grab-?)Inschrift u. Kreuzmedaillons; etwa 1 km w. ein etwas größeres Höhlensystem in drei Stockwerken mit Spuren byz. Ausmalung (rote Zeichnung)[2,3]. – Im Ort ein sog. phryg. Torstein[3].

Font —

Lit [1] AINSWORTH, Travels I 146. — [2] PERROT, Galatie I 278. MITCHELL, North Galatia 27.

Bereisung [3] 1982.

H

Halys (Ἅλυς, Ālis), mit 1182 km längster Fluß Kleinasiens, der, von Sebasteia (Sivas) kommend, zunächst Kappadokien in einem großen Bogen durchfließt, im galat.-kapp. Grenzgebiet n. des Tuz Gölü (→ Tatta Limnē) in N-Richtung umschwenkt, um durch O-Galatien u. Paphlagonien dem Schwarzen Meer zuzustreben, in das er n. von Bafra (zwischen Sinōpē u. Amisos) einmündet. → Halys, *TIB* 2

33^{20}–34^{40} 38^{40}–40^{40}

Hist Wie im kapp., so übte der Halys auch in seinem galat. Abschnitt sowohl in der Antike[1] als auch im MA. Grenzfunktion aus. Nach Kōnstantinos Porphyrogennētos bildete er die W-Grenze der alten Megalē Kappadokia bzw. die O-Grenze des Thema Bukellariōn; sonst auch als Grenze zwischen al-Buqullār (Bukellariōn) u. al-Qabāḏuk (Kappadokien) genannt[3]. Wahrscheinlich am O-Ufer des Halys beim Dorf Kesikköprü lag die wichtige Festung → Saniana, welche ebenfalls als Grenze zwischen dem Thema Bukellariōn u. Kappadokien bezeichnet wird[2]; die hier gelegene Kesik Köprü (→ Saniana) war zugleich der bedeutendste galat. Halys-Übergang, der wahrscheinlich 1071 vom Kaiser Rōmanos IV. Diogenēs auf seinem Marsch zur Schlacht von Mantzikert benutzt wurde[4–8]. – Auf einer erhöhten Stelle wenig unterhalb des Dorfes → Malos (Kalecik), von der aus der Halys eingesehen werden konnte, wurde bereits im 4. Jh. der Kult des Märtyrers Theodotos von Ankyra eingerichtet[9,10]. Etwa 3 km flußaufwärts von Malos eine weitere Übergangsstelle über den Halys, wo bis vor kurzem Reste einer wahrscheinlich byz. Brücke zu sehen waren[11]. – Um die Wende vom 8. zum 9. Jh. konnte der hl. Petros von Atroa auf einer geplanten Jerusalem-Reise den Strom wegen Hochwassers nur mit Hilfe eines Wunders durchfurten[12]; möglicherweise handelt es sich hier um eine bereits für die röm. Zeit vermutete Übergangsstelle s. der in ihrer heutigen Form osman. Çeşnigir Köprüsü[13].

Mon Von den erwähnten Übergangsstellen bei → Saniana (Kesik Köprü) u. → Malos abgesehen, bei denen es Reste ma. Brücken gibt bzw. gab, konnte der Halys auch bei Yahşıhan (Strecke Ankyra–Tabia, → Route C 1), vielleicht auch s. der Çeşnigir Köprüsü gequert (nur durchfurtet?) werden[13,14]. Die noch heute von der Staatsstraße 60 (Ankara–Kırşehir–Kayseri) benutzte osman. Çeşnigir Köprüsü bezeichnet eine wohl bereits in seldschuk. Zeit erfolgte Verlagerung des übernommenen byz. Straßensystems[8].

Font [2] Kōnst. Porph., De them. 64, 71. — [3] al-Masʿūdī 178 (VASILIEV, Byzance II 2, 401f.). — [4] Mich. Att. 146. — [5] Iō. Skyl. Cont. 143. — [6] Iō. Zōn. III 696. — [7] Mich. Glyk. 610. — [9] FRANCHI DE'CAVALIERI, Martirii 67f., 84. — [12] V. LAURENT, La vie merveilleuse de Saint Pierre d'Atroa. Bruxelles 1956, 86f.

Lit [1] RUGE, Halys. *RE* 7/2 (1912) 2286f. *(Lit)*. — [8] HILD, Straßensystem 81f. — [10] MITCHELL, Saint Theodotus 94, 96f., 99–101. — [11] FRENCH–MITCHELL, Ankara 95. — [13] MITCHELL, North Galatia, Karte. — [14] MITCHELL, Galatia I 455.

Bereisung 1982.

Herkenli, auch Halekânlı, heute amtlich Gölyazı, Ort in der Steppe w. des Tuz Gölü (→ Tatta Limnē), 96 km nö. von Ikonion

□ 33^{00} 38^{20}

Hist —

Mon Der heutige Ort auf einem alten Siedlungshügel erbaut; zahlreiche Architekturfragmente aller Art bezeugen eine röm. (u. byz.?) Ansiedlung. In der Nähe Ruinen, vielleicht von einem alten Aquaedukt[1,2].

Font —

Lit [1] Ainsworth, Travels I 190f. — [2] Anderson, Galatia 131.

Hüyük, heute auch Alacahüyük, Ort in NO-Galatien, 29 km nö. von Sungurlu, 158 km onö. von Ankyra

□ 34⁴⁰ 40⁰⁰

Hist —

Mon Über der hauptsächlich prähist.-phryg. Siedlung Spuren von Siedlungskontinuität bis in osman. Zeit, darunter Reste einer röm. oder byz. Wasserleitung. – Spuren byz. Besiedlung auch beim benachbarten Gölpınar (Flurname *Köşk Yeri*: Reste einer kleinen Kirche u. byz. Gräber), bei Kalehisar (6 km nnw. von Hüyük: byz. Architekturfragmente, bei der 2,5 km sö. gelegenen *Kale* Ruinen eines wohl ma. Gebäudes) sowie bei Esipkıran (amtlich Beylice, 8 km wsw. von Hüyük: byz, Grabsteine, in der Nähe Ruinen einer kleinen (byz.?) Festung[1].

Font —

Lit [1] R. O. Arik, Les fouilles d'Alaca Höyük, entreprises par la Société d'histoire Turque. Rapport préliminaire sur les travaux en 1935 (*Publications de la Société d'histoire Turque* V^{e} série Nr. 1). Ankara 1937, 12–14, 24, 26, 32–34.

Hydē (Ὕδη), Bistum in Lykaonien, wahrscheinlich heute Gölören (früher Gölviran, Beyviran) am N-Ende des Karaca Dağ, 32 km nö. von Karapınar; jedoch auch andere byz. Siedlungen im Bereich des Karaca Dağ nicht auszuschließen (→ Dağören, → Dağ Gölü). Die traditionelle Lokalisierung in Karapınar[1,2] weniger wahrscheinlich

⛪ 33⁴⁰ 37⁴⁰

Hist Hydē bereits in röm. Zeit bezeugt[3,4], entsandte Bischöfe zu den Konzilien von Kpl. 381[5] (Theodosios, der wohl im selben Jahr zusammen mit anderen lykaon. u. pisid. Bischöfen das Testament Gregors von Nazianz unterzeichnete[6]), u. Chalkēdōn 451 (Rufos)[7]. Bischof Iōannēs unterschrieb 518 einen Brief der Synodos endēmusa an den Patriarchen Iōannēs II.[7]. Bei Hieroklēs[8] sowie bis ins 9. Jh. in den Notitiae episcopatuum verzeichnet (in Notitia 1 wohl nur irrtümlich ausgelassen)[9]; offensichtlich infolge der Arabereinfälle untergegangen[1]. Hydē ist wahrscheinlich mit Bilād al-Hidī in Zusammenhang zu bringen, das nach einem arab. Itinerar auf einer Straße von der Kilikischen Pforte über die O-Flanke des Bozdağ nach Amorion lag[1,10].

Abb. 50 *Mon* Sö. des heutigen Ortes ein ausgedehntes Ruinenfeld aus byz. Zeit. Reste zahlreicher Häuser sowie einer Ummauerung (aufgehendes Mauerwerk aus Bruchstein u. mittelgroßen, grob zugehauenen Quadern in Zweischalentechnik ohne Mörtel bis etwa 2 m Höhe erhalten). Große unterirdische Zisternenanlagen. In den Ruinen Stelle einer heute völlig zerstörten Kirche, von der sich die Apsis noch im Gelände abzeichnet. Im Ruinenfeld u. im heutigen Ort zahlreiche byz. Architekturfragmente: Kapitelle, darunter eines (Abb. 51–53, 57) mit Monogramm (die mögliche, aber keineswegs gesicherte Auflösung als Θέωνος ἐπισκόπου[12] könnte als Hinweis darauf gewertet werden, daß bei Gölören tatsächlich ein Bistum lag), Säulenbruchstücke, Profilstücke sowie mehrere fragmentierte Grabsteine (erkennbar die Namen Petros u. Maria)[11]. S. oberhalb der alten Siedlung in einer Einsattelung ein kleines Kloster: Einraumkapelle mit dreiseitig ummauerter Apsis; in der S-Wand *in situ* ein Wasserbecken eingelassen. Die zugehörige Konche liegt seitwärts u. zeigt einen Adler oder eine Taube im Relief. W. u. s. anschließende Gebäudereste. – Auf dem n. anschließenden Hügel ein nicht mehr sicher identifizierbarer Gebäuderest (Wachtturm oder Kapelle?)[11]. **Abb. 54–56**

Da Gölören, wie die anderen alten Siedlungen des Karaca Dağ, ausschließlich byz. Reste enthält, ist vielleicht an eine Verlagerung der röm. Stadt, etwa von Emirgazi, Arısama oder Arısama Yayla (→ Arısama Dağ) zu denken.

Font [3]Plinius, Nat. hist. V 95. — [5]Turner, Canons 169. — [6]*PG* 37, 396A. — [7]*ACO* II 1, 1 S. 63 (Nr. 293) et passim; III 66 (Nr. 36). — [8]Hier. 675, 11. — [9]Darrouzès, Notitiae 8, 17, 24, 41; 2, 428; 3, 501; 4, 380. — [10]Ibn Ḫurdāḏbih 113 (de Goeje 86).

Lit [1]Ramsay, Lycaonia 82f., 85–87, 122f. — [2]Ramsay–Bell, Churches 561f., 569. — [4]Aulock, Münzen 40f., 68. — [12]W. Fink–W. Seibt, mündliche Mitteilung.
Ruge, Hyde 3. *RE* 9/1 (1914) 43.

Bereisung [11]1974, 1976.

I

İbrala, heute amtlich Yeşildere, in einem in O-W-Richtung verlaufenden engen Tal, in den n. Ausläufern des Taurus, 27 km ö. von → Laranda

□ 33^{20} 37^{00}

Hist Der sicher vortürk. Name als *İvrala* bereits im 15. Jh. bezeugt[1,2]. Auf einem mitten im Tal befindlichen tafelförmigen Felsplateau früher angeblich alte Festung (heute Moschee), welche zur Sicherung eines alten Überganges über den Taurus gedient haben könnte.

Mon Die Hauptmoschee des Ortes eine alte Kirche, die praktisch unverändert 1649 in eine Moschee verwandelt wurde. Kreuzkuppelkirche ohne nach außen vortretende Apsis (eingeschriebenes Kreuz) vom 4-Pfeiler-Typus, die Kreuzarme mit Tonnengewölben eingedeckt; von außen rechteckiger Bau, vom Doppelfenster der Apsis u. einem weiteren in der S-Wand abgesehen, ohne jeden Schmuck. Mauerung: Quadern unterschiedlicher Größe, die Mauern in jüngster Zeit zum Aufsetzen eines modernen Daches, das die Kuppel verbirgt, erhöht. Datierung: 9.–11. Jh.[3].

Font [1]Uzluk, Karman 24.

Lit [2]Hütteroth, Ländliche Siedlungen 107 (Tabelle Nr. 53). — [3]Eyice, Karadağ 81–84, 220, Abb. 213–218 *(Fig, Lit)*.

Bereisung 1982.

İkikilise, amtlich İkizafer, in einem Flußtal am N-Abhang des früher sog. Mihalıç Dağı, 10 km nnw. von Mihalıççık, etwa 55 km n. von → Spaleia (Sivrihisar)

□ 31^{20} 39^{40}

Hist Trotz einer Weihinschrift an den Zeus Akreinēnos ist die Gleichsetzung von İkililise mit → Akrēna (oder mit → Pidron) nicht gesichert[1–3].

Mon Oberhalb des Ortes Spuren einer alten Ansiedlung. Im Ort (z. T. auch verschleppt nach Kozlu, 2 km w.) Spolien (mindestens eine byz.) sowie antike Inschriften; eine

Weihinschrift an den Zeus Akreinēnos, eine an den Zeus Saryandēnos. – Im 6,5 km w. gelegenen Çardakköy Reste einer weiteren alten Siedlung[1,4].

Font —

Lit [1] ANDERSON, Galatia 71–75. — [2] RUGE, Akreina, *RE* Suppl. 1 (1903) 45. — [3] HONIGMANN, Pour l'atlas 551. — [4] MITCHELL, North Galatia 79–86 (Nr. 73f., 75–81).

Bereisung 1982.

Ikonion ('Ικόνιον, Iconium, Qūniya), heute Konya, Hauptstadt des gleichnamigen Vilayet, am W-Rand der Konya Ovası u. noch im Bereich von aus den w. gelegenen Bergen in die Ebene fließenden Bächen, die die Anlage schon im MA. berühmter Gärten ermöglichten[22,73,74]

♁ 32[20] 37[40]

Hist Bereits in klassisch-griech. Zeit als Stadt Phrygiens erwähnt[1]. Den bis in die spätere Kaiserzeit ethnisch gemischten, nämlich phrygischen u. hellenistischen Charakter der Stadt spiegeln die verschiedenen, meist bei byz. Schriftstellern überlieferten Gründungssagen wider[2-12]. Zusammen mit den übrigen Besitzungen des Königs Amyntas 25 v. Chr. der Provinz Galatien einverleibt u. nach neuesten Forschungen bereits von Augustus als Kolonie begründet, neben der die hellenistische *polis* zunächst weiterbestand[13]. Nach Missionierung durch den Apostel Paulus rasches Anwachsen der christl. Gemeinde[14,15]; historisch gesicherte Bischöfe seit Anfang des 3. Jh. bezeugt[16], um 230 Tagungsort einer Synode[3,16,17,18]. – In röm., byz. und seldschuk. Zeit bedeutender Straßenknotenpunkt im südlichen anatolischen Hochland[19-27]. 260 Eroberung durch die Sasaniden[28,29,30]. Im 4. Jh. zweitwichtigste Stadt der unter Diokletian eingerichteten Provinz Pisidien[31,32,33]. Die grausame Hinrichtung gefangener Isaurier im Amphitheater von Ikonion löste die Isaurieraufstände von 354 aus[32,34]. Von Bedrohung durch Isaurier einmal auf wunderbare Weise von der hl. Thekla errettet[35]. Um 370/72 wird Ikonion politische u. kirchliche Metropole der neu gegründeten Provinz Lykaonien[33] (Städte bzw. Suffragane zunächst → Umanada, → Sauatra, → Lystra, → Kana, → Mistheia, → Perta, → Hydē, → Korna, → Derbē, → Posala, Isaura [→ Isauropolis], → Amblada, → Uasada, → Gdanmaa [Eudokias], → Ilistra, → Barata, → Laranda, wozu bis zum 7. Jh. → Psibēla [Berinupolis], bis zum 10. Jh. Tibassada [→ Thēbasa] hinzukommen)[36,37]. Ikonion von der großen Pestwelle um 542 heimgesucht[38]. Später zum Thema Anatolikōn gehörig[39].
723 Qūniya (wahrscheinlich das lykaon. Ikonion u. nicht die gleichnamige kappadokische Festung) zum ersten Mal von den Arabern erobert[40,41]. 900 der Emir von Tarsos Abū Ṯābit einige Zeit auf der Burg von Qūniya, also → Kabala, eingekerkert[42,43]. 906 vom Emir von Tarsos Rustam b. Baradū niedergebrannt, der zur Befreiung des auf der Burg → Kabala bei Ikonion von einer byz. Armee eingeschlossenen Rebellen Andronikos Dukas herangerückt war[40,42-44]. 963 Qūniya noch einmal von den Tarsioten erreicht, aber wohl nicht eingenommen[40,45]. Ein Reflex der arab. Unternehmungen gegen Ikonion *(Konion)* im Digenēs Akritēs-Epos[93,94]. 1069 die zu dieser Zeit blühende Stadt erstmals von einem türkischen Heer erobert und geplündert[46-49]. 1073 brach wahrscheinlich in Ikonion[46,47] (oder in Kaisareia[50]) der Aufstand des Roussel von Bailleul aus[49,51]. Endgültige Eroberung durch die Türken noch unter Sulaimān sicher vor 1084[48,52]. 1097 vom Heer des Ersten Kreuzzuges berührt, das hier auf keine türk. Besatzung stieß (Varianten *Iconia, Ykonium*)[53-64]. Wohl auf Verwechslung beruht die Nachricht, daß sich Balduin von Boulogne u. Tankred schon vor oder im pisid. Antiocheia vom Hauptheer getrennt u. vorweg über (Philomēlion u.) *Iconium* (Variante *Stancona*) nach Hērakleia in Kappadokien gezogen seien[65,66,67]. *Stancona* 1101 von türk. Truppen besetzt u. daher vom Kreuz-

heer unter Wilhelm von Nevers vergeblich bestürmt, eine nachfolgende Gruppe unter Wilhelm IX. von Aquitanien u. Welf von Bayern zog wohl nur vorbei[64,66,68]. Ikonion wohl bereits unter Sultan Malik Šāh (1107–1116)[27,69], spätestens unter seinem Nachfolger Masʿūd[70] Hauptstadt des rūmseldschukischen Reiches. Der Vorstoß Kaiser Alexios' I. 1116, der bis Ikonion hätte führen sollen, blieb bei Philomēlion stecken, nur die in türkischer Hand befindlichen christl. Gefangenen wurden aus der Umgebung von Ikonion befreit[69,71]. Der Feldzug Kaiser Manuēls I. gegen Ikonion 1146 wohl hauptsächlich wegen türk. Verstärkungen aus dem O vor Beginn des eigentlichen Sturmangriffes auf die Stadt abgebrochen[49,71,72,73,88]. Ikonion (Varianten *Yconium, Ychonium*) vom Heer des Dritten Kreuzzuges unter Friedrich Barbarossa 1190 erstürmt, jedoch blieb die Zitadelle in türk. Hand; die Stadt gegen Zusicherung freien Durchzuges sogleich wieder geräumt[73,74,75,88]. 1211 ergebnisloser Vorstoß des kleinarmenischen Königs Leons II. bis Ikonion[76]. Amphilochios, der zweite u. bedeutendste Metropolit von Ikonion (etwa 370 – nach 394), bekannt als Schriftsteller u. Briefpartner der kappadok. Kirchenväter, besonders um die Bekämpfung von Häresien bemüht[77,78]. Daher 381 von Kaiser Theodosios I. zusammen mit Optimos von Antiocheia in Pisidien zum Wächter der Orthodoxie in der asianischen Diözese, speziell in der Provinz Asia eingesetzt[79]. Der Sitz von Ikonion auf dem Konzil von Nikaia 787 von einem Ikonoklasten besetzt, der jedoch schließlich in seiner Funktion belassen wird[17,80,81]. Unter seldschuk. Herrschaft gegen Ende 12./Anfang 13. Jh. der Neubau einer Georgskirche bei Ikonion, in der 1. Hälfte des 13. Jh. die effektive Amtsausübung des Metropoliten bezeugt[82]. Zwischen 1283 u. 1289 findet sich ein Metropolit, der bereit ist, sich tatsächlich in seiner Diözese Ikonion niederzulassen[82]. Jedoch 1327 (u. nochmals 1365) wieder verwaist, daher die Verwaltung zweimal dem Metropoliten von Kaisareia übertragen[49,83,84]. 1370, während in Kpl. ein neuer Metropolit für Ikonion gewählt u. auch ordiniert wurde, werden die Metropoliten von Kaisareia u. Mōkissos in Kappadokien beauftragt, die Umtriebe des falschen Bischofs Tagaris zu untersuchen u. alle von ihm geweihten Kleriker bis zur Ankunft des neuen Metropoliten ihrer Funktion zu entheben[84,85]. Dieser jedoch bereits 1379/80 wegen Verfehlungen in seiner Eigenschaft als Abt des Christosklosters in Kpl. abgesetzt. Ein 1382 gewählter (anonymer) Nachfolger 1385 zur Verantwortung vor die Synode zitiert, da er eigenmächtig seine bischöfliche Funktion in Attaleia ausgeübt habe[84,85]. Die Metropolie Ikonion, deren Sitz zeitweise nach Niğde (in Kappadokien) verlegt war, bis zum griechisch-türkischen Bevölkerungsaustausch 1922 erhalten[86,87].

Mon Die durchgehende Besiedlung der Stadt, vor allem auch ihre Blüte im 12./13. Jh. mit der umfassenden Bautätigkeit der Seldschuken, hat wenig byz. Resten eine Überlebenschance eingeräumt. Die Stadt muß außer der in seldschuk. Zeit zu datierenden Zitadellenmauer eine weiter außen verlaufende Stadtmauer besessen haben, die Barbarossa 1190 erstürmen konnte[73,74,88], ohne daß es ihm gelang, auch die Zitadelle zu erobern. Die äußere Mauer ist bereits vom Kreuzfahrerheer 1101 vergeblich bestürmt worden[66]. Da die Seldschuken Ikonion damals erst rund 20 Jahre besaßen, ist ein neuer Mauerbau eher unwahrscheinlich, so daß man in dieser äußeren Mauer noch die alte byzantinische oder gar röm. Mauer vermuten kann. Für die röm. Stadt ist auch ein Amphitheater[32] sowie eine Stele mit Perseus und Andromachē bezeugt[6,7,9]. Die seldschukische Zitadellenmauer, die bis gegen die Mitte des 19. Jh. bestand (Zeichnungen von Ch. Texier u. Léon de Laborde überliefern ihr Aussehen) war mit antiken wie byz. Spolien u. seldschukischen Reliefs reich ausgestattet. Es scheint nicht mehr die alte, von Barbarossa nicht einzunehmende gewesen zu sein. Ibn Bībī, dessen Beschreibung mit den erhaltenen Zeichnungen übereinstimmt, weist sie ʿAlā'addīn u. dem Jahr 1221 zu. Auf dem Zitadellenhügel standen einst zwei Kirchen, die eine der Metamorphosis geweiht[10,86], die andere als Kirche des Hl. Amphilochios bekannt[86,89,90], ein mittelbyz. Kuppelnaos mit zwei Pfeilerstützen. In der SO-Ecke ist ein Parekklesion als spätester Bauteil angefügt worden (Biphora unter doppelter Blendbogenarkade mit reichem Ziegelornament). Der runde Kuppeltambour ist mit zwei Reihen von Blendnischen gegliedert. Im Vorort Meram (im W) lag eine weitere Kirche[10,91]. Nur literarisch überliefert in einer Vita des Amphilochios sind eine Sophienkirche sowie eine Kirche Johannes' des Täufers[92]. Im Archäologischen Museum wenig Reste von Bauplastik. Die meisten byz. Stücke stammen jedoch aus Ereğli (*TIB* 2 → Hērakleia).

Font [1] Xenophōn, Anabasis I 2, 19. — [2] G. Lazzati, Gli atti di San Giustino martire. *Aevum* 27 (1953) 493. — [3] L. Bayard, Saint Cyprien, Correspondence II. Paris [2]1961, Brief 75, 5. — [4] Steph. Byz. 329f. — [5] Suda III 435. — [6] Iō. Mal. 36. — [7] Chron. Pasch. 71. — [8] Geōrg. Kedr. I 40. — [9] Preger, Orig. Cpl. 71f., 194f. — [14] Act. Ap. 14, 1–5, 28; 16, 1–5. — [16] Euseb., Hist. eccl. VI, XIX 17f. (II 118 Bardy mit A. 16); VII, V 5 (II 169f. Bardy mit A. 7). — [19] Tab. Peut. X 2 (Miller, Itineraria 691, 722, 728, 731). — [20] Ibn Ḫurdāḏbih 100f., 113 (de Goeje 73, 85). — [21] al-Idrīsī 810, 812f. (Jaubert II 307, 310ff.). — [22] Abū l-Fidā' 382f. (Guyard 133–137). — [28] Maricq, Res gestae 314f., 341. — [29] Honigmann–Maricq, Recherches 15, 149, 153. — [31] Honigmann, Nicée 47. — [32] Amm. Marc. XIV 2, 1. — [33] Basileios v. Kaisareia, ep. 138, 161 (II 56, 93 Courtonne). — [35] Vita Theclae 114f., 298. — [36] Hier. 675, 1–676, 6. — [37] Darrouzès, Notitiae passim. — [38] Joh. v. Eph., Commentarii 231. — [39] Kōnst. Porph., De them. 61. — [40] Ibn al-Aṯīr V 125 (Brooks, The Arabs 198); VII 552; VIII 547. — [42] aṭ-Ṭabarī III 2193, 2276 (Vasiliev, Byzance II 2, 13f., 20f.). — [46] Mich. Att. 136, 183. — [47] Iō. Skyl. Cont. 137, 157. — [50] Nik. Bryenn. 147. — [53] Gest. Franc. 213f. — [54] Fulcher 200f. — [55] Bald. Dol. 37. — [56] Guib. Nog. 163. — [57] Rob. Mon. 693. — [58] Tudebod 30. — [59] Tudebod abbr. 130. — [60] Tudebod cont. 184. — [61] Hist. Nic. 149. — [62] Anon. Rhen. 475. — [65] Wilh. Tyr. 290f. — [66] Alb. Aqu. 340, 576, 580. — [69] Anna III 187, 197, 200–203. — [72] Iō. Kinn. 39–46. — [73] Nik. Chōn 52f., 413f. — [74] Chroust, Quellen 84–88, 167–171, 176f. — [76] Vahram 511. — [79] Cod. Theodos. XVI 1, 3. — [80] Mansi XII 1015E, 1119B. — [83] *PRK* I 542–545. — [85] *MM* I 537f.; II 1–8. — [88] Theod. Skut. 220, 395f. — [92] Vita Amphilochii. *PG* 116, 968. — [93] Digenēs Akritēs E 249, 634; G 266, 1994, Z 4156.

Lit [10] Ramsay, Cities 319–330. — [11] Ramsay, Iconium 196–208. — [12] Ruge, Ikonion. *RE* 9/1 (1914) 990f. — [13] Aulock, Münzen 56ff. — [15] Harnack, Mission 773f. — [17] Hefele, Histoire I 1, 159ff.; III 2, 762, 764. — [18] G. Bardy, *DThC* 10/2 (1929) 2367. — [23] Ballance, Roads in Lycaonia 232. — [24] French, Roads and Sites, Karte. — [25] French, Road-system 707f., 711f. *(Fig)*. — [26] Erdmann, Karavansaray I passim u. Karte. — [27] Belke, Lykaonien 38–78, 92. — [30] Magie, Roman Rule I 708. — [34] Rougé, Isaurie 292. — [41] Lilie, Reaktion 145. — [43] Vasiliev, Byzance II 1, 137, 187f. — [44] Karlin–Hayter, Andronicus Ducas 23–25 *(Font, Lit)*. — [45] Canard, H'amdanides 818 *(Font)*. — [48] Cahen, Pénétration 27, 45. — [49] Vryonis, Decline 95f., 106f., *(Lit)*, 120f., 235, 292. — [51] Hoffmann, Rudimente 19f. — [52] Cahen, Seljuknāme 97f. — [63] Hagenmeyer, Chronologie 501. — [64] Runciman, Kreuzzüge I 178f.; II 26, 28. — [67] Mersich, Pisidien 46. — [68] Cate, Crusade of 1101, 359, 361. — [70] Cahen, Ḳonya 251. — [71] Chalandon, Les Comnène I 270; II 248–255. — [75] Eickhoff, Barbarossa 133–136 *(Font)*. — [77] Holl, Amphilochius 5–42. — [78] Schultze, Kleinasien II 334–342. — [81] Speck, Konstantin VI. 56, 154. — [82] Laurent, Reg. 1297, 1298, 1533 *(Font)*. — [84] Darrouzès, Reg. 2133, 2487, 2594, 2595, 2598, 2602, 2604, 2696, 2706, 2745, 2749, 2767, 2784. — [86] Lebidēs, Monai 167. — [87] Rott, 102. — [89] Ramsay–Bell, Churches 403–407. — [90] S. Eyice, Konya'nın Alâeddin tepesinde Selçuklu öncesine âit bir eser Eflâtun Mescidi. *Sanat Tarihi Araştırmaları* 4 (1971) 269–303. — [91] Bell, Notes IV 27–30. — [94] G. Huxley, *GRBS* 15 (1974) 321f.

Bereisung 1957, 1959, 1960, 1974, 1976.

Ikotarion (Ἰκοταρίου κώμη), Dorf in Galatien nö. von Ankyra, genaue Lage unbekannt 33^{20} 40^{00}

Hist Ikotarion auf einer heidnischen Inschrift des 3. Jh. n. Chr. aus Karahüyük (13 km nnw. von Kalecik [→ Malos]) genannt[1]. Vielleicht mit der offensichtlich korrupt überlieferten Straßenstation *Acitoriziaco*[2], 36 röm. Meilen von Ankyra auf der n. Variante der Straßenverbindung Ankyra-Tabia, gleichzusetzen[1,3]. Die an sich mögliche Lokalisierung bei → Elecik[1,3] stimmt allerdings nicht mit der überlieferten Meilenzahl überein. – Nicht auszuschließen ist weiters die Identität des wahrscheinlich ebenfalls korrupten *en Mēdikōsin* (nom. Mēdikōnes?), des Begräbnisplatzes eines Märtyrers Valens, mit Ikotarion[3,4].

Mon —

Font [2]Tab. Peut. IX 5 (Müller, Itineraria 673). — [4]Franchi de' Cavalieri, Martirii 34, 67.

Lit [1]Anderson, Celtic Cult 164, 166. — [3]Grégoire–Orgels, Theodote 182–184.

Ilistra (Ἴλιστρα), heute amtlich Yollarbaşı (früher İlisıra), 17 km w. von Laranda

♁ 33°° 37°°

Hist Die inschriftlich[1] und durch Münzen[2,3] seit der Antike bekannte Stadt lag an der Straße von Ikonion nach Laranda. Seit dem Konzil von Nikaia 325 als Bistum belegt[5,6,7]; auf den Konzilien von Ephesos 431 u. Chalkēdōn 451 vertreten[8]. Danach nur von Hieroklēs[9] u. den Notitiae episcopatuum[10] durchgehend bis zum 12. Jh. verzeichnet. In einer islam. Stiftungsurkunde des 15. Jh. *İlisıra, Ilısra* noch als Dorf erwähnt[11,12].

Mon Der moderne Ort ist um den alten Akropolishügel gebaut[13]. Von den früher verzeichneten, zahlreichen vermauerten Spolien[4,14] konnte nur noch ein Kirchenarchitekturfragment festgestellt werden[13].

Font [5]Honigmann, Liste de Nicée 27 u. 48 (Nr. 171). — [6]Turner, Monumenta I 1, 78f. — [8]*ACO* I 1,2 S. 5 (Nr. 58) et passim; II 1,2 S. 152 [348] (Nr. 367). — [9]Hier. 675,7. — [10]Darrouzès, Notitiae 1,368; 2,433; 3,506; 4,385; 7,442; 9,342; 10,381; 13,387. — [12]Uzluk, Karaman 27.

Lit [1]Callander, Explorations 177. — [2]Aulock, Münzen 42f., 68–70. — [3]W. Ruge, Ilistra. *RE* 9/1 (1914) 1068. — [4]Sterrett, Wolfe Expedition 20. — [7]F. Delmas, *EO* 4 (1900–1901) 92. — [11]Uzunçarşılıoğlu, Karaman 148. — [14]Hamilton, Researches II 325.

Bereisung [13]1974.

İnler, früher auch Katrancı İnler, Ort in Galatien am Demirözü, 9 km wnw. von → Kızıl Hisar, 92 km sö. von Ankyra

□ 32°° 39°°

Hist —

Mon In den Felswänden am Ufer des Demirözü (früher offensichtlich auch, wie heute noch der Unterlauf des Flußsystems, Ilıca Su genannt) zahreiche Höhlenkammern[1]. Im Ort einige Inschriften, darunter mindestens eine christl.[1,2].

Font —

Lit [1]Anderson, Galatia 111f. — [2]Mitchell, North Galatia 210–219 (Nr. 257–269).

İnsuyu, Ort in N-Lykaonien, im Tal des İnsu Deresi, 7,5 km wnw. von Cihanbeyli, 95 km nnö. von Ikonion

□ 32⁴⁰ 38⁴⁰

Hist Der antike Name der Siedlung war möglicherweise Pillitokōmē[1].

Mon In der Nähe eines Friedhofes w. des Ortes (Beykuyu Mezarlığı) Fundamente einer alten Siedlung; auf diesem Friedhof, auf dem Katirli Mezarlık sowie im modernen Ort zahlreiche röm. u. christl. Inschriften[1,2].

Font —

Lit [1]*MAMA* I, XIV; VII, XVIII, XXV, 110–114 (Nr. 521–543). — [2]Anderson, Galatia 129f.

Iōannēs Baptistēs, Kl. (oder Kirche?) in O-Lykaonien in der Nähe der Çandır Yayla, etwa 108 km ö. von Ikonion

33⁴⁰ 37°°

Hist Eine byz. Inschrift aus Çandır Yayla (9 km wnw. des → Arısama Dağ) grenzt den Besitz des Klosters (oder einer Kirche) Iōannēs' des Täufers ab[1].

Mon —

Font —

Lit [1] CALDER, Julia-Ipsus 264.

Isamos (Ἰσάμος, Ἴσαμος, Σάμος), Berg u. Station der byz. Feuerzeichenkette quer durch Kleinasien, genaue Lage unbekannt (vielleicht bei oder nahe der → Karanlı Kale)

Hist Isamos war nach dem Argaios (Hasan Dağı, → *TIB* 2 s. v. Argaios [2])[1–5] die erste Station der für das 9. Jh. bezeugten Feuerzeichenkette, über die arab. Militäraktionen vom Tauros nach Kpl. gemeldet werden konnten, u. muß daher w. oder nw. des Tuz Gölü gesucht werden[6,7,8].

Mon —

Font [1] Kōnst. Porph., De cerim. 492. — [2] Theoph. Cont. 197. — [3] Sym. Mag. 682. — [4] Iō. Skyl. 108. — [5] Iō. Zōn. III 405.

Lit [6] RAMSAY, Asia Minor 352f. — [7] BRÉHIER, Institutions 268ff. — [8] ASCHOFF, Feuertelegraphen 11–17. LEMERLE, Humanisme 154f.

Isauropolis (Ἰσαυρόπολις), heute Aydoğmuş (früher Dorla), 62 km ssö. von Ikonion, 48 km wnw. von Laranda, in einem fruchtbaren, wasserreichen Tal in den Vorbergen des Tauros

♁ 32^{40} 37^{00}

Hist Die Nachfolgesiedlung des antiken νέα Ἴσαυρα *(nova Isaura)*[1–6] war nach Ausweis von Grabinschriften bereits früh (3. Jh.?) christianisiert u. Bistum (→ *Mon*); an dem Konzil Kpl. 381 nahm Bischof Illyrios πόλεως Ἰσαυρῶν teil[7], in Chalkēdōn 451 unterschrieb der Metropolit von Ikonion in Vertretung für den abwesenden Bischof Aetios von Isauropolis[8]. Nach einer Verordnung Kaiser Zēnōns I.[9], der damit wohl auch einen Schlußstrich unter die von Basileios dem Großen in einem Brief an Amphilochios von Ikonion angedeuteten Schwierigkeiten bei der Besetzung der kleinen isaurischen Bistümer zieht[10], sollte das erst kürzlich als Stadt gegründete → Leontopolis (an der Stelle des wohl während der Isaureraufstände um die Mitte des 4. Jahrhunderts zugrundegegangenen Isaura Palaia[11]) in kirchlicher Hinsicht dem Bischof von Isauropolis unterstellt sein[12]. Diese Regelung wurde vor 680 (Leontopolis unter den autokephalen Erzbistümern [13]) aufgehoben. – Wohl 449 wollte Kaiser Theodosios II. den Comes Maximinus auf dem Landwege nach Isauropolis u. gleichzeitig ein weiteres Heer zu See aussenden, um den Konsul von 448 u. Magister militum per Orientem Zēnōn zu bekämpfen, der offensichtlich einen Abfall geplant u. sich in seine Heimat Isaurien begeben hatte, doch scheint das Unternehmen unterblieben zu sein[14–16]. Isauropolis zuletzt bei Hieroklēs erwähnt[17].

Mon In Aydoğmuş, ebenso wie in den umliegenden Orten, bes. Yenisu (früher Alkaran, 8 km nnw.), Dineksaray (8 km nw.), Karasenir (5 km sö.), Elmasun (9 km sö.) u. Güragaç (früher Armasun, 10 km ssö.), zahlreiche, in einem besonderen isaurischen Lokalstil verzierte, meist christliche Inschriften aus vor-(?) u. frühbyz. Zeit, darunter die Grabinschriften mindestens zweier Bischöfe (Mammas u. Sisamoas) wohl aus der 1. Hälfte des 4. Jh.[4,18–20]. Die Reste wenigstens einer Kirche in Aydoğmuş durch die moderne Überbauung unzugänglich[4,21]. Auch die Moschee vielleicht aus alter Kirche umgebaut[4].

Font [1]Strabōn XII 6,2. — [2]Sallust, Hist. fr. II 87B (Maurenbrecher). — [7]Turner, Canons 169 (Nr. 103). — [8]*ACO* II 1,2 S. 152 [348] Nr. 362. — [9]Cod. Iustin. I 3, 35 (36) 3. — [10]Basileios v. Kaisareia, ep. 190,1 (II 141f. Courtonne). — [13]Mansi XI 457E u. passim. — [14]Kōnst. Porph., De ins. 124. — [17]Hier. 675,12.

Lit [3]Ramsay, Lycaonia 77f. — [4]Ramsay, *JHSt* 25 (1905) 163–180. — [5]Ramsay, *JHSt* 48 (1928) 46–53. — [6]Ramsay, *JHSt* 50 (1930) 269–272. — [11]Belke, Lykaonien 130–142. — [12]Chrysos, Erzbistümer 268–271. — [15]A. Demandt, Magister militum. *RE* Suppl. 12 (1970) 743. — [16]A. Demandt, Theodosius II. *RE* Suppl. 13 (1973) 1005. — [18]A. Margaret Ramsay, *JHSt* 24 (1904) 260–292 *(Fig)*. — [19]A. Margaret Ramsay, Art 3–92 *(Fig)*. — [20]*MAMA* VIII 18–37.
Ruge, Isaura. *RE* 9/2 (1916) 2055f.

Bereisung [21]1974.

İstanos, später Zir, heute verlassenes ehemaliges Armenierdorf in einer Talenge des Ova Çayı, 4 km oberhalb von dessen Einmündung in den Ankara Çayı, 30 km w. von Ankyra

□ 32^{20} 39^{40}

Hist Der Name von griech. εἰς στένος herzuleiten[1,2].

Mon In einer isolierten Felsnadel u. in den Felswänden unmittelbar unterhalb von İstanos eine Höhlensiedlung. Vielleicht waren die Felsspitzen oberhalb der Höhlen einst auch befestigt[3–6]. Im Dorf früher einige antike Spolien und eine griech. Inschrift[4,7]. – Knapp 5 km s. von İstanos, am S-Ufer des Ankara Çayı, bei Kesiktaş ein kleines Felsenkloster[8,9].

Font —

Lit [1]Anderson, Galatia 60. — [2]Mitchell, Galatia I 421. — [3]Ainsworth, Travels I 137f. — [4]Perrot, Galatie 222–225. — [5]Wilson, Handbook 15. — [7]Mitchell, North Galatia 148f. (Nr. 177). — [8]v. Diest-Anton, Forschungen 58. — [9]v. Diest, Von Tilsit nach Angora 63.

Bereisung [6]1982.

Iuliupolis (Ἰουλιούπολις, Ἡλιούπολις), heute Ruinen auf einem Bergrücken etwa 1 km ö. der alten, jetzt im Sarıyar-Stausee versunkenen, über den → Skopas (Aladağ Çayı) führenden Sarılar Köprüsü (→ *Mon*), 22 km sw. von → Beypazarı; die Lokalisierung durch Neufunde von Meilensteinen gesichert[1]

≍ ⛪ 31^{40} 40^{00}

Hist Das antike Dorf *Gordiu kōmē,* in augusteischer Zeit unter dem Namen Iuliupolis zur Stadt erhoben[2,3], verdankt Aufstieg und Bedeutung seiner Lage an der bereits in röm., bes. aber in frühbyz. Zeit u. a. als sog. „Pilgerstraße" wichtigen Verbindung von Konstantinopel über Nikaia nach Ankyra (Kilikische Pforte, Syrien)[1,4–10]. Kaiser Justinian I. ließ den vorbeifließenden → Skopas, der die Stadtmauer wegzuspülen drohte, durch eine über 500 Fuß lange Stützmauer bändigen[11]. Als Bistum in Galatien seit der Synode von Ankyra etwa 314[12] und dem Konzil von Nikaia 325 (auf beiden Bischof Philadelphos) bezeugt[13]. 342 oder 343 unterschrieb auf der Synode von Serdica (Teilsynode von Philippupolis) *Filetus episcopus a Iuliopoli* die Enzyklika der Orientalen[12,14]. In Chalkēdōn 451 unterzeichnete Bischof Meliphthongos[15]. Den Brief einer Synode der Galatia I 458 unterschrieb Bischof Proclianus *Iuliopoleos.* In Kpl. 536 war Bischof Pantoleōn vertreten[15], in Kpl. 680/81 Bischof Martyrios, 692 Iōannēs, in Nikaia 787 Kōnstantinos, in Kpl. 869/70, wo außer dem bisherigen Namen *Iuliopolis* zum erstenmal auch der neue, *Basilium,* erscheint, der der Stadt wohl zu Ehren Kaiser Basileios' I. verliehen wurde[16], Bischof Ignatius (ab der *actio* IX); vielleicht ist trotz der Einwände Honigmanns auch Bischof Georgius *Ilopoleos* bzw. *Hilii,* der an diesem Konzil bis zur *actio* VIII teilnahm, auf Iuliupolis zu beziehen[12,17]. Dementsprechend von Hieroklēs (Stadt der Galatia I)[18] und

den Notitiae episcopatuum als Iuliupolis bzw. Hēliupolis (Suffragan von Ankyra) verzeichnet; vom 10. Jh. an (ab Darrouzès, Notitia 7) bis zur Mitte des 11. Jh. tritt zumeist der Zusatz ἤτοι Βασιλαίου (Βασιλέου, Βασιλέως) hinzu[19].
Die Erhebung von Basilaion zur Metropolis (ohne Suffragane) durch Kaiser Konstantin X. (bestätigt durch Michaēl VII.), ursprünglich beschränkt auf die Lebenszeit des so geehrten Metropoliten, löste nach dessen Tod den Streit zwischen Kaiser Alexios I. und dem Metropoliten Nikētas von Ankyra um die künftige Stellung von Basilaion aus, welches schließlich den Rang als Mētropolis behält[14,20–22]. Wohl der erste Metropolit, Synetos, ist Adressat eines Briefes von Michaēl Psellos, in dem dieser Bäder u. natürliche Thermen in oder bei Basilaion erwähnt[23]. Die Notitiae episcopatuum verzeichnen von dieser Zeit an (ab Notitia 11) Basilaion in den Metropolitanlisten; Iuliupolis jedoch aus der jüngsten überlieferten Suffraganliste (Notitia 13) nicht gestrichen[19]. – Basilaion ausdrücklich zum Thema Bukellariōn gerechnet[24]; im 10. Jh. hier Nikēphoros, der spätere Bischof von Milet u. Mönch auf dem Latros, geboren[25].

Mon Auf dem Bergrücken ö. oberhalb der heute vom Sarıyar-Stausee bedeckten Sarılar Köprüsü Keramik von prähist. bis byz. Zeit. Reste einer Befestigung (Stadtmauer mit Tor) im Norden sichtbar, Gebäudereste u. Architekturfragmente besonders im O[1]. Am W-Fuß des Rückens früher weitere Siedlungsspuren (heute unter Wasser: Flurname Eskişehir)[26]. Die wohl aus byz. Zeit stammende Sarılar Köprüsü (früher für die Brücke von → Sykeōn gehalten) bestand aus sieben etwas ungleichen Pfeilern, die, zumindest in ihrem jüngsten Zustand, eine Holzkonstruktion trugen u. Schutzmauern an beiden Ufern, bes. im O aufweisen[26,27,28]. – Die röm. Straße, an der *in situ* Meilensteine mit der Aufschrift *Iuliopolis* gefunden wurden, ist sowohl nach NW (Richtung → Dadastana, Nikaia) als auch nach N (umbiegend nach O, Richtung → Anastasiupolis, Ankyra) zu verfolgen[1].

Font [2] Strabōn XII 8,9. — [3] Plinius, Nat. hist. V 143, 149. — [4] Plinius d. J., Briefe X 81. — [5] Ptolemaios V 1, 3 (II 805 Müller). — [6] Itin. Ant. 142, 2. — [7] Tab. Peut. IX 3 (Miller, Itineraria 658). — [8] Itin. Burdig. 574, 8. — [9] Noordegraaf, A Geographical Papyrus 275 (Nr. 52), 292, 297f., 300, 305f., 309. — [10] Vita Theod. Syk. I 11, 30, 67, 120; II 178. — [11] Prok. aed. V 4, 5–6. — [12] Mansi II 533f.; III 139A; XI 613E, 628C, 648C, 676A, 996B; XII 995C, 1099C; XIII 144B, 368E, 388D; XVI 18C, 37D, 44D, 54D, 75C, 82B, 97B, 135A, 144C, 159D, 193A. — [13] Honigmann, Liste de Nicée 46 (Nr. 111). — [15] *ACO* II 1, 1 S. 60 (Nr. 164) u. passim; II 5, S. 93; III 118 (Nr. 81), 185 (Nr. 65). — [18] Hier. 697, 2. — [19] Darrouzès, Notitiae 1, 125; 2, 144; 3, 178; 4, 134; 7, 172; 9, 68; 10, 69–70; 11, 72; 12, 70, 13, 74–75, 779; 15, 70; 16, 70; 17, 87, 18, 87, 19, 94. — [20] Rallēs–Potlēs II 393; V 62–75. — [23] Mich. Psell., Briefe 49f. — [24] Kōnst. Porph., De them. 71. — [25] Vita Nicephori. *AnBoll* 14 (1895) 134.

Lit [1] French, Pilgrim's Road 17, 24, 33–42, 45f., 106f. *(Fig)*. — [14] Beck, Kirche 51, 73f., 162. — [16] Ramsay, Asia Minor 244f. — [17] Honigmann, Hiéroklès 35 (zu 697, 2). — [21] Dölger, Reg. 964, 1014, 1108, 1117, 1140. — [22] Grumel, Reg. 904, 934, 938. — [26] Anderson, Galatia 65–69. — [27] Ballance, Galatia 614f. — [28] Macpherson, Roman Roads 111f. u. Taf. IX 1 *(Fig)*.
W. Ruge, Iuliopolis. *RE* 10/1 (1918) 102. — Le Quien, Oriens I 475–478.

K

Kabal(l)a (Καβάλα, Κάβαλ[λ]α), Burg auf dem Gipfel des 1625 m hohen vulkanischen Tekeli Dağ, 11 km wnw. von Ikonion

△ 32[20] 37[40]

Hist Die Burg, die einen umfassenden Überblick sowohl über die südlykaonische Ebene als auch tief hinein in das pisidische Bergland bietet, als Frühwarnstation für Ikonion von großer militärischer Bedeutung. Nach dem Ende der Revolte Thōmas' des Slaven 823 von Choireas, einem seiner Anhänger (ebenso wie → Saniana von Gazarēnos) als Zuflucht benutzt, von wo aus er die Umgebung plünderte. Wie Gazarēnos konnte auch Choireas erst durch List und Bestechung aus der Festung ausgeschlossen und auf der Flucht zu den Arabern überwältigt werden[1-6]. Im Jahre 900 der Emir von Tarsos, Abū Ṯābit, auf der „Burg von Qūniya", wahrscheinlich also auf Kabala, gefangen gehalten[4,11]. Im Herbst 905 floh nach der Entdeckung seiner Rebellion Andronikos Dukas mit seiner Familie und seinem Anhang auf die Burg Kabala, wo er etwa ein halbes Jahr verbrachte[1,2,4,7-13]. Da er Amnestieangebote Kaiser Leōns VI. ausschlug[10,12,13], wurde eine Armee unter Grēgorios Ibēritzēs gegen ihn ausgeschickt, die Kabala belagerte[2,7,8]. Andronikos hatte jedoch mit den Arabern Beziehungen angeknüpft und die amān (Sicherheitsgarantie) erhalten[3,4,11,12,13]. Gegen Ende eines schon fast erfolgreich abgeschlossenen Ausfalles im März 906 traf der Emir von Tarsos, Rustam b. Baradū, mit einem Heer vor Ikonion ein, um Andronikos zu befreien. Dabei wurde wohl Ikonion selbst und nicht, oder nicht nur, wie meist angenommen, Kabala niedergebrannt[4,11,12,13,14]. Nach dem anonymen u. z. T. legendär ausgeschmückten Selǧuqnāme wurde Kavāla unter dem byz. Kommandanten Rūmānūs Mākrī zusammen mit Ikonion von Sulaimān b. Qutlumuš sicher vor 1084 erobert[15,16]. Auf dem vergeblichen Feldzug Kaiser Manuēls I. gegen Ikonion 1146 wird Kabala nur zur geographischen Orientierung erwähnt, die Festung blieb in türk. Besitz[17]. Als Zwingburg von Konya u. als Gefängnis in seldschuk. u. in frühosman. Zeit häufig erwähnt, 1468 auf dem Qaramanidenfeldzug von Mehmed II. eingenommen u. zerstört[18-22]. – Der Name als Kevelle, allerdings auf den Nachbarberg bezogen, bis heute lebendig[21,23]. – Die Behauptung des Michaēl Glykas, Kaiser Kōnstantinos V. stamme aus Kabala, ist nur als nachträglicher Erklärungsversuch für seinen längst bekannten schmähenden Beinamen *Kabalinos* zu werten[24,25].

Mon Das Gipfelplateau ist von einem Mauerring mit vielen Rund- u. Ecktürmen umzogen. Statt eines durchlaufenden unteren Mauerringes an den gefährdeten Stellen unzusammenhängende Mauerzüge u. Türmchen, großenteils aus extrem dünnem (osman.) Mauerwerk. Meist Bruchsteine oder grob behauene Kleinquader. Ältester Bestandteil wohl die NW-Ecke (seldschuk.) aus großen, wohl wiederverwendeten Quadern[26]. Sowohl auf dem Gipfel als auch n. unterhalb mehrere in den Fels gehauene oder ausgemauerte Zisternen; hier ein von den Griechen von Konya u. Sille bis in das 20. Jh. verehrtes Hagiasma[21,26-28]. Nö. unterhalb des Gipfels eine große, in Form einer Längstonne aus dem Fels gehauene Höhle mit Grabnischen (ebenfalls ursprünglich Zisterne?)[26]. **Abb. 12–14**

Font [1]Theoph. Cont. 71–73, 372. — [2]Iō. Skyl. 41, 186. — [7]Sym. Mag. 710. — [8]Geōrg. Cont. 867. — [9]Iō. Zōn. III 450. — [10]Vita Euthymii 24–28, 59–61; Text 69, 89; 245–254 *(Lit)*. — [11]aṭ-Ṭabarī III 2193, 2276 (Vasiliev, Byzance II 2, 13f., 20f.). — [17]Iō. Kinn. 42. — [18]Ibn Bībī 40, 207, 309. — [24]Mich. Glyk. 528.

Lit [3]Dölger, Reg. 407. — [4]Vasiliev, Byzance I 47f.; II 1, 183–188 *(Lit)*. — [5]Bury, Eastern Roman Empire 107f. — [6]Lemerle, Thomas 278f. — [12]Canard, Deux épisodes 54–62. — [13]Karlin-Hayter, Andronicus Ducas 23–25. — [14]Belke, Lykaonien 91, 114f. — [15]Cahen, Seljuknámeh 97f. — [16]Cahen, Pénétration 45. — [19]Babinger, Kávalla 301f. — [20]Babinger, Mehmed 249, 288, 290. — [21]Konyali, Konya 164–175. — [22]Eyİce, Akmanastır 180 A. 39 *(Lit)*. — [23]Türkeikarte 1:200.000 Blatt GVI, Ip/55–56. — [25]Lombard, Constantin V 12f. — [27]Hamilton, Researches II 208f. — [28]Caratzas, Tzakones 422. Ramsay, Kaballa 413.

Bereisung [26]1974, 1976.

Kalebalta, amtlich Kaleköy, 27 km nnö. von Kolōneia

△ 34^{00} 38^{20}

Hist Von der Burg aus Möglichkeit zur Kontrolle der Straße von Ankyra über Nyssa u. Osiēna nach Kaisareia; auch *Eyyübhisar Kalesi* genannt.

Mon N. des Dorfes auf einem steilen Felshügel mit gutem Ausblick Reste einer dem Gelände angepaßten Burgmauer mit Rundturm; Höhe der erhaltenen Mauer noch etwa 10 m; pseudoisodom geschichtetes Kleinquadermauerwerk in Zweischalentechnik.

Font —

Lit Konyali, Aksaray 1, 1060–1062; 2, 1996–2002 *(Fig)*.
Nachtrag zu TIB 2 *F.H.*

Kaleköy, Siedlung im sö. Lykaonien, 1 km n. des hier nach W umbiegenden Divle Çayı, 45 km nw. von → Laranda

□ 33[20] 37[20]

Hist Die Siedlung lag an der s. Variante der Diagonalverbindung durch Kleinasien (Route A 2).

Mon Nordöstlich des modernen Dorfes alter Siedlungshügel mit reichlich, insbes. röm. Keramik[1]; von angeblicher alter Ummauerung des Hügels sowie Mauerzügen und Fundamenten in der Ebene[2] heute nichts mehr festzustellen. Im Ort früher antike u. byz. Inschriften[3], jetzt nur noch einige röm. und christl. Spolien verbaut. – Etwa 1,5 km sw. alte einbogige, seldschuk. (?) Brücke mit Spolien über den Divle Çayı, die wohl hauptsächlich einem Taurosübergang über → Divle diente sowie die Verbindung nach SW (→ Cinasınören, → Derbē, → Laranda) herstellte[1,4]. – Eine weitere Brücke über den Divle Çayı (osman., zweibogig), 7,5 km ssö. von Kaleköy; reichlich byz. Spolien (Grabsteine u. Kirchenarchitektur) in der Brücke u. auf unmittelbar daneben gelegenem türk. Friedhof[1].

Font —

Lit [2]Hamilton, Researches II 313–315. — [3]Callander, Explorations 163–165. — [4]Sterrett, Wolfe Expedition 18.

Bereisung [1]1974.

Kalippoi (Καλίππων χώρα, Καλύπτων κώμη), Ort in Galatien, Lage unbekannt

Hist Das in der Nähe von Ankyra gelegene Dorf als Heimat des Märtyrers Proklos bekannt[1,2].

Mon —

Font [1]Synax. Cpl. 813. — [2]Latyšev, Menol. II 164.

Lit —

Kalpinon (Καλπίνου χωρίον), Ort in Galatien, Lage unbekannt

Hist Das in der Nähe von Sykeōn gelegene Dorf[1] kaum, wie vorgeschlagen[2], mit dem galat. Ort *Kalipton* identisch, von dem aus Eumenēs II. u. Attalos auf ihrem Zug gegen Pharnakēs 180 v. Chr. in fünf Tagen den → Halys erreichten, bevor sie einen Tag später in Parnassos in Kappadokien (heute amtlich Değirmenyolu, früher Parlasan, → *TIB* 2 s. v.) eintrafen[3,4].

Mon —

Font [1]Vita Theod. Syk. I 31. — [3]Polybios, Hist. XXIV 14, 8.

Lit [2]Ruge, Kalpinon u. Kalpiton. *RE* 20/2 (1919) 1761. — [4]Anderson, Galatia 109.

Kalumnē (ὁ Καλούμνης), Lage unbekannt

Hist Bistum der Galatia I (Suffragan von → Ankyra), zuerst durch die Teilnahme an der Synode von Kpl. 879/80 zur Rehabilitierung des Phōtios (Bischof Nikolaos) belegt[1]. In den Notitiae episcopatuum von der sog. Diatypōsis Leōns VI. (Notitia 7) an durchgehend bis ins 12. Jh. verzeichnet[2]. Die Gleichsetzung mit „*Qalūmī*“ ist durch die neuere Lesung *Falūmī* (= Philomēlion) überholt[3,4].

Mon —

Font [1] Mansi XVII 377B. — [2] Darrouzès, Notitiae 75; 7, 178; 9, 74; 10, 77; 13, 82. — [3] al-Idrīsī 808 (Jaubert II 305).

Lit [4] Ramsay, Asia Minor 248, 446.

Kan(n)a (ἡ u. τὰ Κάν[ν]α; Ḥiṣn Qanna), heute amtlich Beşağıl (früher Gene), am SO-Fuß des Boz Dağ, 34 km nw. von Karapınar

♗ 33^{00} 37^{40}

Hist Die schon seit der Antike bekannte Stadt[1] lag an der Fortsetzung der „südlicheren Diagonalverbindung durch Lykaonien“, die, obwohl sie auf der Tabula Peutingeriana nur bis → Sauatra aufscheint, sicherlich schon im Altertum ihre Fortsetzung über Kana zur Kilikischen Pforte hatte[2,3], wie dies für die mittelbyz. Zeit ein bei Ibn Ḫurdāḏbih überliefertes Itinerar bestätigt, das Ḥiṣn Qanna auf einem Weg von Lu'lu'a (→ *TIB* 2 s. v. Lulon) über → Perta nach Amorion, d. h. entlang der NO-Flanke des Boz Dağ verzeichnet[4]. – Als Bistum auf den Konzilien Kpl. 381[5] u. Chalkēdōn 451[6] vertreten; bei Hieroklēs (Κάρνα)[7] u. durchgehend bis zum 12. Jh. in den Notitiae episcopatuum (Varianten *Kan[n]os* in den Notitiae 1–4)[8] verzeichnet.

Mon Die alte Siedlung ist wohl an der Stelle des heutigen Ortes anzunehmen[9]. Antike sowie früh- u. mittelbyz. Inschriften in Gene u. Gene Çiftlik (= auf der Türkeikarte 1:200.000, Blatt F VII Iö/63 Çiftlik Yaylası, etwa 4 km nnw. von Gene), darunter eine metrische Grabinschrift eines Bischofs Domnos, der möglicherweise zwischen Eustathios (Kpl. 381) u. Eugenios (Chalkedōn 451) einzuordnen ist[10,11] sowie ein Grenzstein einer Kirche (oder eines Klosters) eines Heiligen (Märtyrers?) Thyrsos[10,12]. – Auf dem Kale Tepesi sw. des Ortes byz. Festung (Oberburg) mit umfassendem Ausblick auf die Ebene nach S Richtung Kara Dağ u. O Richtung Arısama Dağ u. Karaca Dağ. Erhalten Reste einer unteren Umfassungsmauer bes. auf der NW-Seite u. einer oberen auf der W-Seite. Darüber eine runde u. eine viereckige Zisterne[13].

Font [1] Ptolemaios V 6,15 (II 880 Müller). — [4] Ibn Ḫurdāḏbih 113 (de Goeje 86). — [5] Turner, Canons 169 (Nr. 100). — [6] *ACO* II 1,1 S. 63 (Nr. 292) et passim. — [7] Hier. 676,4. — [8] Darrouzès, Notitiae 1,365; 2,430; 3,503; 4,382; 7,438; 9,320; 10,377; 13,383.

Lit [2] Ramsay, Preliminary Report 248. — [3] Ballance, Roads in Lycaonia 229. — [9] M. H. Ballance in: *MAMA* VIII, XIII. — [10] Callander, Explorations 161–163. — [11] *MAMA* VIII 38–40. — [12] H. Delehaye, *AnBoll* 26 (1907) 465.

Bereisung [13] 1976.

Karacaören (1), Ort im Tal des Çavuş Çayı an der direkten Verbindung vom Tal des Beyşehir Çayı nach Ikonion, 51 km wsw. von Ikonion

□ 31^{40} 37^{20}

Hist —

Mon Bei Karacaören Ruinen einer byz. Siedlung. Eine christl. Inschrift[1], an der W-Einfahrt des Ortes byz. Spolien[2].

Font —

Lit [1] STERRETT, Wolfe Expedition 162f. (Nr. 272).

Bereisung [2] 1976.

Karacaören (2), Ruinenstätte im lykaon.-pisid. Grenzgebiet ö. des Beyşehir Gölü (Pusgusē Limnē), 3,5 km ssö. von Doğanbey (früher Davgana), 19 km nö. von Mistheia

□ 31^{40} 37^{40}

Hist Die → *Mon* erweisen Siedlungskontinuität von röm. bis byz. Zeit.

Mon 2 km n. von Başgöze (Çonya), etwas nö. des Weges nach Doğanbey, auf einem Hügel Ruinenstätte mit röm. und byz. Keramik. Spolien und Inschriften (großenteils byz.) nach Doğanbey bzw. Başgöze verschleppt; an beiden Orten selbst weitere Steinfunde[1-4]. In Başgöze aus dem Fels gehauenes Höhlensystem[4]. – Eine weitere byz. Siedlung am Fuße des Erenler Dağı, etwa 5 km ö. von Karacaören (Häusergruppe *Bereket*)[1].

Font —

Lit [1] JÜTHNER, Vorl. Bericht 14f. — [2] CRONIN, First Report I 113. — [3] SWOBODA–KEIL–KNOLL 10f. — [4] HALL, Eastern Pisidia 65f.

Karagedik, Dorf 41 km ssw. von Ankyra

♁ 32^{40} 39^{20}

Hist —

Mon Etwa 4,5 km sö. des Ortes[1] in einer Schlucht ein kleines Höhlenkloster mit zwei Stockwerken: unten einige Kammern, eine mit Grabnischen, darüber ein großer u. ein kleiner Raum sowie eine Kapelle[2].

Font —

Lit [1] KIEPERT, Karte 1:400.000, Blatt Angora. — [2] AINSWORTH, Travels I 147f.

Karanlı Kale, byz. Festung 9 km w. von Yeniceoba, 31 km nw. von Cihanbeyli

△ 32^{40} 38^{40}

Hist Möglicherweise mit der *topotērēsia* Eudokias u. dem gleichnamigen mittel- u. spätbyz. Bistum (→ Gdanmaa) zu identifizieren[1].

Mon Auf dem die Ebene im W begrenzenden Kale Dağı Reste einer byz. Festung (trotz der differierenden Entfernungsangabe wohl mit der früher sog. Karanlı Kale[1] identisch). Von der ursprünglich das gesamte, ausgedehnte Gipfelplateau einnehmenden Anlage heute nur noch der Verlauf der Kurtinen im NW grob erkennbar, aufgehendes Mauerwerk an der SO-Ecke (gleichmäßig geschichteter, grober Bruchstein mit Mörtel und Ziegelstükken) sowie System in den Fels gehauener und gewölbter Zisternen erhalten. Der alte Anstieg von W noch zu verfolgen. Datierung vermutlich mittelbyz. Reichlich rote und blaue (seldschuk.) Keramik[2].

Font —

Lit [1] ANDERSON, Galatia 127.

Bereisung [2] 1976.

Karaoğlan, Ort in den w. Vorhügeln des Elma Dağı, 6 km sö. des Moğan Gölü, 18 km ssw. von Ankyra

□ 32^{40} 39^{40}

Hist —

Mon Auf dem im wesentlichen aus vor- u. frühgeschichtlicher Zeit stammenden Siedlungshügel von Karaoğlan nur ganz vereinzelt auch röm., byz. u. osman. Material; die klassische (u. byz.?) Nachfolgesiedlung (Flurname *Şemlekin* oder *Şelmekin Öreni*) etwa 1 km nö. am Eingang in ein kleines Tal[1]. Byz. Architekturfragmente auf dem Friedhof sind angeblich aus → Virancık (Örencik, 5 km n.) verschleppt[2].

Font —

Lit [1] R. O. Arık, *Belleten* 3 (1939) 29f., 45f. u. *AA* 54 (1939) 207–223. — [2] Anderson, Galatia 101f.

Bereisung 1982.

Karapınar, Ort im sö. Lykaonien sw. des Karaca Dağ, 91 km osö. von Ikonion

□ 33^{20} 37^{40}

Hist Die Identifizierung mit dem lykaon. Bistum → Hydē[1,2] ist wenig wahrscheinlich.

Mon Auf dem am s. Stadtrand gelegenen Ali Tepesi Siedlungsspuren (hethit. bis röm.) mit Einzelfunden bis in byz. Zeit[3,4]. Die öfter erwähnten ma. Türme[5,6,7] sind Reste zweier von Sultan Selim II. erbauten Windmühlen[3]. Nur eine antike Inschrift[8]. Vor der Selimiye Camii zahlreiche frühbyz. Kirchenarchitekturfragmente (Kapitelle, Pfeiler von Altarschranken des 6. Jh.), die wahrscheinlich aus derselben Werkstatt stammen wie die in → Dağören gefundenen u. wohl von dorther verschleppt sind[9]. **Abb. 37**

Font —

Lit [1] Ramsay, Asia Minor 337–341. — [2] Ramsay, Lycaonia 82–87. — [3] Gündüz, Karapınar 98f., 244 u. mündliche Mitteilung (September 1982). — [4] Aulock, Münzen 40ff. *(Lit)*. — [5] Hamilton, Researches II 208. — [6] Ainsworth, Travels II 69f. — [7] A. Janke, Auf Alexanders des Großen Pfaden. Berlin 1904, 120. — [8] Calder, Note zu Hf.

Bereisung [9] 1982.

Karavirankale, Burg im n. Karaca Dağ, 2 km sw. von → Hydē

△ 33^{40} 37^{40}

Hist —

Mon Reste einer kleinen byz. Festung 3 km sw. von Gölören (Beyviran) am n. Zugang zum Karaca Dağ, die gemeinsam mit der großen Festung auf dem → Arısama Dağ die umliegenden Ebenen beherrscht. Die aus unterschiedlich großen, teilweise auch polygonal gefügten Blöcken bestehenden Kurtinen beziehen die natürlich anstehenden Felsen mit ein. Zugang auf der NO-Seite[1].

Font —

Lit —

Bereisung [1] 1974.

Katrancı, Dorf 18 km ssö. von Haymana, 79 km ssw. von Ankyra

□ 32^{20} 39^{00}

Hist —

Mon Säulen u. andere antike u. byz. Spolien (darunter ein einfaches Kapitell mit Kreuz u. Christusmonogramm), die vom Ort selbst stammen, bezeugen eine alte Ansiedlung. In der Nähe soll es Höhlen sowie Reste einer Kirche geben, die nicht besucht werden konnten[1].

Font —

Lit —

Bereisung [1] 1982.

Katrancı Han, wahrscheinlich an der alten Straße Ikonion–Kolōneia (Aksaray; Route B), etwas n. vom O-Ausgang des Akbaş Beli im Ort Katrancı, 56 km nö. von Ikonion

∴ 33^{00} 38^{00}

Hist —

Mon Beim Bau des heute völlig zerstörten seldschuk. Karavansarays scheinen auch byz. Spolien verwendet worden zu sein[1].

Font —

Lit [1] Erdmann, Karavansaray Nr. 66.

Kayı, Ort 7 km wsw. von Mihalıççık, 78 km onö. von Eskişehir

∴ 31^{20} 39^{40}

Hist —

Mon Außer antiken Inschriften im Ort u. seiner Umgebung[1] an der Moschee auch röm. u. byz. Architekturfragmente[2].

Font —

Lit [1] Mitchell, North Galatia 69–72 (Nr. 55–60).

Bereisung [2] 1982.

Kerpiç, Ort in S-Galatien, 98 km ssw. von Ankyra

□ 32^{20} 39^{00}

Hist —

Mon In Kerpiç (Kerpişli) sowie im 2,5 km wnw. gelegenen Ort Saatlı (früher auch Modanlı) neben vielen antiken auch einige christl. Inschriften, die eine röm.-byz. Siedlung erweisen[1,2]. – Eine christl. Inschrift auch im 15 km sw. gelegenen Alahacılı[2].

Font —

Lit [1] *MAMA* VII 92–95 (Nr. 402–422). — [2] Mitchell, North Galatia 277–297 (Nr. 360, 362–391).

Keşlik Yaylası, im Bergland zwischen dem Tal des Beyşehir Suyu u. der Konya Ovası (Erenler Dağı), 47 km sw. von Ikonion

ὁ 32^{00} 37^{20}

Hist —

Mon Bei Keşlik Yaylası Ruinen einer großen Kirche[1].

Font —

Lit [1] Sterrett, Wolfe Expedition 160.

Kilistra (Κίλιστρα), heute amtlich Gökyurt (früher Gilisre, Kilis[i]ra), inmitten eines mit weichem Tuffstein überzogenen Gebietes, 14 km nw. von → Lystra, etwa 34 km sw. von Ikonion

⊟ 32⁰⁰ 37²⁰

Hist Der alte Name des Ortes von einer in Konya gefundenen spätröm. (Anfang 4. Jh.?) Grabinschrift bekannt, die einen *Kilistrea* (Mann aus Kilistra) nennt[1-4]. Kilistra lag unmittelbar an der vom Bağırsakdere Boğazı nach → Lystra führenden *Via Sebaste* (Route A 3).

Mon Die alte Siedlung lag wohl wie die moderne auf einem kuppenförmigen Hügel; ein von diesem in sö. Richtung ausgehendes Tuffplateau mit einer kleineren, nach N vorspringenden Zunge u. steil abfallenden Wänden diente seit röm. Zeit als Nekropole (Boden- u. Arkosolgräber, Loculi sowie Reste mehrerer byz. Kapellen); sie war zur Gänze in eine Befestigung einbezogen u. wird von der röm. Straße (weitgehend erhaltene Pflasterung, stellenweise Fahrrillen im gewachsenen Fels) durchschnitten[1]; bei ihrem Ein- u. Austritt im SO u. N Reste von Toranlagen (erhalten in den Fels eingeschnittene Aufleger für die Mauern)[5]. In einem von der Zunge gebildeten Winkel eine kleine, innen u. außen ganz aus dem Fels herausgearbeitete, kreuzförmige Kirche (freies Kreuz) mit mächtigem, fast quadratischem Vierungsturm mit Kuppel, der nach oben durch ein Zeltdach abgeschlossen ist. In den Ansatz der Kuppel über einem einfachen Gesims eingemeißelte Kreuze bilden den einzigen Innenschmuck. Datierung: wohl 7.–10. Jh.[5,6]. In den Felsabstürzen des Tuffplateaus, wie überhaupt in der ganzen Umgebung, zahlreiche Wohnhöhlen, z. T. mehrstöckige Höhlensysteme. Im Ort einige röm. u. byz. Architekturfragmente[5,7]. → Ali Suması Dağ.

Abb. 48 · **Abb. 1** · **Abb. 46, 47** · **Abb. 49**

Font —

Lit [1] W. M. Ramsay, *BCH* 7 (1883) 313f. — [2] Sterrett, Epigraphical Journey 196–198. — [3] G. Mendel, *BCH* 26 (1902) 228. — [4] A. Margaret Ramsay, Art 10–12, 18. — [6] Ramsay, Social Basis 181. — [7] Sterrett, Wolfe Expedition 159.

Bereisung [5] 1976.

Kin(n)a (Κίν[ν]α), heute Karahamzalı an der modernen Straße Ankara–Aksaray bzw. Konya, 81 km s. von Ankyra[1,2]; aufgrund einer im 16 km sö. gelegenen Dorf Akarca gefundenen antiken Inschrift hatte man Kinna schon lange nahe der N-Spitze des Tuz Gölü gesucht[3,4], die willkürliche Gleichsetzung mit →Yaraşlı (26 km w. von Akarca)[5,6,7] überholt

♁ 33⁰⁰ 39⁰⁰

Hist Bei Ptolemaios den *Proseilēmmitai* bzw. den *Obizēnoi* (im galat.-lykaon. Grenzgebiet) zugerechnet[8], frühbyz. Stadt der Galatia I[9]. Als Bistum (Suffragan von Ankyra) vielleicht schon auf dem Konzil von Nikaia 325 (Bischof Gorgonios) bezeugt[10,11,12]. Am Konzil von Ephesos 431 nahm Bischof Philumenos teil, am Konzil von Chalkēdōn 451 Bischof Akakios[13]. Den Brief einer Synode der Galatia I an Kaiser Leōn I. (458) unterschrieb *Danihel Cinnae*[13]. Bischof Amiantos von Kinna inthronisierte (während der Regierungszeit des Kaisers Maurikios) den hl. Theodōros von Sykeōn als Bischof von → Anastasiupolis; einige Zeit später geleitete er ihn auf dem Rückweg von dessen dritter Jerusalemreise in seine Stadt, daß er sie segne[14]. Auf dem Konzil von Kpl. 680/81 war Bischof Platōn vertreten[15], in Nikaia 787 Bischof Synesios[15,16], in Kpl. 869/70 Bischof Terasius *Cincae* bzw. *Cynii*, 879/80 Antōnios Κιννᾶ[15]. Als konkurrierender Bischof der Gegenpartei auf demselben Konzil ist vielleicht Sabas *Kinēpoleōs* zu betrachten[15,17]. In den Notitiae episcopatuum durchgehend bis ins 12. Jh. verzeichnet[18].

Mon Ein flacher Siedlungshügel ö. der modernen Straße, der den alten Friedhof von Karahamzalı mitumfaßt u. sich insgesamt etwa 500 m in w.-ö. Richtung erstreckt, kennzeichnet die alte Siedlungslage. Röm. Architekturfragmente, Inschriften sowie reichlich Keramik[1,2,19].

Font [8]Ptolemaios V 4, 8 (II 856 Müller). — [9]Hier. 696, 8. — [10]Gelzer, Patr. Nik. 66 (Nr. 117) u. passim. — [11]Turner, Monumenta I 1, 64f. (Nr. 121). — [13]*ACO* I 1, 2 S. 6 (Nr. 106) u. passim; II 1, 1 S. 60 (Nr. 166) u. passim; II 5, S. 93. — [14]Vita Theod. Syk. I 50, 55. — [15]Mansi XI 212A u. passim; XII 995C, 1099D; XIII 144B, 368E, 388E; XVI 144C, 159C; XVII 376C, 377A. — [18]Darrouzès, Notitiae 1, 129; 2, 148; 3, 182; 4, 138; 7, 176; 9, 72; 10, 75; 13, 80.

Lit [1]French–Mitchell, Ankara 78–80. — [2]Mitchell, North Galatia 21f., 301–305 (Nr. 397–402). — [3]Domaszewski, Inschriften II 131. — [4]Ramsay, Asiana 234f. — [5]Anderson, Galatia 114–117. — [6]Ramsay, Lycaonia 103. — [7]Calder, *MAMA* I, XVI; VII, XXV. — [12]Honigmann, Liste de Nicée 34. — [16]Darrouzès, Nicée 30f. — [17]Ramsay, Asia Minor 430.

W. Ruge, Kinna. *RE* 11/1 (1921) 481. — R. Janin, Cinna. *DHGE* 12 (1953) 855f.

Bereisung [19]1982.

Kırıkkale, Ort an der alten Straße Ankyra-Tabia bzw. der modernen Straße Ankara-Yozgat, etwa 53 km osö. von Ankyra

□ 33^{20} 39^{40}

Hist Nach neuesten Forschungen ist die traditionelle Gleichung mit Eccobriga (Ecobrigis)[1] zugunsten einer Identifizierung mit Sarmalius[2] (Sarmalia[3]), ebenfalls an der Straße Ankyra–Tabia, aufzugeben[4].

Mon Der seit hethit. Zeit bewohnte, weitgehend natürliche Hügel auch in byz. Zeit noch benutzt u. wohl auch befestigt. Die eigentliche röm.-byz. Siedlung scheint sich um den Hügel herum, bes. nach S, ausgebreitet zu haben[1,5,6].

Font [2]Itin. Ant. 203, 5. — [3]Ptolemaios V 4, 6 (II 853 Müller).

Lit [1]Anderson, Galatia 100. — [4]Mitchell, North Galatia, Karte. — [5]Von der Osten, Explorations 1926, 60–65. — [6]Mitchell, Galatia I 461.

Bereisung 1982.

Kıstıfan, heute amtlich Gölkaşı, Ort am O-Ufer des Beyşehir Gölü (Pusgusē Limnē), 10 km nw. von → Mistheia, 75 km wsw. von Ikonion

□ 31^{20} 37^{40}

Hist Kıstıfan auf griech. Kyr Stephan(os) zurückzuführen[1,2] u. als *Kistivan köyü* (die vorgelagerte Insel als *Kıstıvan adası*) bereits im 15. Jh. bezeugt[3].

Mon Außer dem Namen lassen auch alte Steine auf eine römisch-byzantinische Siedlung schließen[1]. Beschrieben nur eine antike Grabinschrift[4,5].

Font [3]Uzluk, Karaman 36, 41.

Lit [1]Jüthner, Vorl. Bericht 28f. — [2]Sarre, Reise 126.
[4]Cronin, First Report I 114. — [5]Swoboda–Keil–Knoll 41.

Kızıl Hisar, auch Kızıl Kale oder, nach dem nächstgelegenen Ort, Taburoğlu Kalesi genannt, große byz. Festung auf einem ausgedehnten Plateau, das sich zwischen dem Demirözü u. einem n. Nebenflüßchen erstreckt, 2 km sw. von Taburoğlu (amtlich Demirözü), 89 km sw. von Ankyra

◬ 32^{20} 39^{00}

Hist Die vorgeschlagene Gleichung mit → Aphrazeia, einem bei Kōnstantinos Porphyrogennētos genannten *bandon,* ist möglich, aber nicht gesichert. Ebenso ist fraglich, ob Kızıl Hisar, wie vorgeschlagen[1,2], eine wichtige byz. Straße, die in der angegebenen Form sicher nicht existente sog. byz. Militärstraße, sicherte.

Mon Die der Geländeform angepaßte Burgmauer umzieht, mit Ausnahme eines Stückchens felsigen Steilabfalls im S, das gesamte Burgplateau. Besonders gut erhalten die SO-Front gegen das Demirözü-Tal, die durch schiffsbugförmige Bastionen gesichert ist. Gegen W schwächere Rundtürme. Der Eingang von S von zwei Vierecktürmen flankiert. Mauerung: Zweischalenmauerwerk aus Kleinquadern u. Bruchstein in rötlichem Mörtelbett; vereinzelt Verwendung antiker Spolien. An manchen Türmen sind gesimsartig einfache, horizontale, wohl durch die ganze Mauerstärke durchbindende Steinplattenlagen eingelassen. In den Untergeschossen der Türme sind teilweise Gewölbe (kleine Kuppelgewölbe bzw. eine nach außen spitz zusammenlaufende Tonne) u. Schießscharten erhalten. Im Inneren des Plateaus Spuren verschiedener Gebäude, darunter wohl auch einer Kirche (Kirchenarchitekturfragmente) sowie mindestens einer rundovalen Zisterne. Einige im Burgbereich gefundene Grabinschriften erweisen Siedlungskontinuität von frühbyz. Zeit an[2-6]. **Abb. 17, 18**

Font —

Lit [1] Ramsay, Asia Minor 218, 227. — [2] Anderson, Galatia 111. — [3] Perrot, Galatie 276f. — [4] French–Mitchell, Ankara 95f. — [5] Mitchell, North Galatia 219–221 (Nr. 270–273).

Bereisung [6] 1982.

Klaneos (Κλάνεος), heute wahrscheinlich Turgut (früher Durgut), wo der Name auf zwei fragmentarischen Inschriften erscheint[1] (die frühere Lokalisierung von Klaneos in oder bei Bayat[1,2] ist damit ebenso überholt wie die von → Miskamos in Turgut[3]); 63 km sö. von Amorion, 47 km nö. von Akşehir

♁ 31^{40} 38^{20}

Hist Der bereits röm. inschriftlich durch sein Ethnikon bezeugte Ort[1,4] in frühbyzantinischer Zeit Stadt der Galatia II[5]. Als Bistum erstmals Anfang des 7. Jh. bezeugt (Bischof Stephanos)[6]. In den Notitiae epicopatuum bis ins 9. Jh. Suffragan von → Pessinus (Varianten τὸν Κλαναοῦ, ὁ Κλανεοῦ)[7]; als solcher auf den Konzilien Kpl. 680/81 u. 692 (Bischof Solomōn) sowie Nikaia 787 (Nikēphoros) vertreten (Varianten Κελανίου, Κλανέων, Κλαναίου)[8]. Ab der Mitte des 9. Jh. Suffragan des zur zweiten Metropole innerhalb der Galatia II erhobenen → Amorion. Vom 10. Jh. an Klaneos mit dem ganzen neuen Metropolitansprengel nicht mehr zu Galatien, sondern zu Phrygien gerechnet[7].

Mon Bei Turgut Reste einer alten Siedlung; im Ort zahlreiche Spolien u. Inschriften, darunter viele christl.[1,3,9].

Font [1] *MAMA*, I, XXVIII; VII, XX, 43–51. — [4] Sterrett, Wolfe Expedition 245. — [5] Hier. 697,8. — [6] Vita Theod. Syk. I 140. — [7] Darrouzès, Notitiae 41f.; 1,240; 2,302; 3,352; 4,480; 7,657; 9,531; 10,637; 13,701. — [8] Mansi XI 212A u. passim, 1000D; XII 998A, 1103E; XIII 145D, 369D, 392E.

Lit [2] Ramsay, Asia Minor 233. — [3] Anderson, Galatia 293–298. — [9] Calder, Inscriptions métriques 127ff. W. Ruge, Klaneos. *RE* 11/1 (1921) 547.

Klimaxinē (Κλιμαξίνη), Ort oder Gegend wahrscheinlich in Galatien, Lage unbekannt; aufgrund der Ähnlichkeit des Namens vielleicht mit der Landschaft Kalmizēnē am Halys nö. von Ankyra (→ Malos) in Verbindung zu bringen

Hist Aus der *enoria Klimaxinēs* stammt der hl. Gemellos, der anläßlich des Durchzuges Kaiser Julians durch Ankyra 362 das Martyrium erlitten haben soll[1,2,3]. In → Sykeōn eine Gemellos-Kirche.

Mon —

Font [1] Synax. Cpl. 294–298.

Lit [2] Delehaye, Origines 187. – [3] Foss, Ankara 41.

Klōssamēnōn kōmē (κώμη Κλωσσαμηνῶν), Dorf in Galatien, nö. von Ankyra, genaue Lage unbekannt

Hist Kōmē Klōssamēnōn auf einer heidnischen Inschrift des 3. Jh. n. Chr. aus Akçataş, 15 km nw. von Kalecik (→ Malos), genannt[1]. Es ist in derselben Gegend wie die in vergleichbaren Inschriften aus Karahüyük (3 km osö. von Akçataş) erwähnten Dörfer → Malos u. → Ikotarion zu suchen.

Mon —

Font [1] Anderson, Celtic Cult 164.

Lit —

Kodylēssos (Κοδυλησσός), heute Gödelisin Harabeler, 7 km wnw. von Possala, etwa 37 km wnw. von Laranda

▣ 32^{40} 37^{00}

Hist Der nur aus einer antiken Inschrift aus Tahtalı[1] bekannte Ort aufgrund des Namensanklangs in Gödelisin Harabe (etwa 30 km ö. von Tahtalı) anzusetzen[2,3]. Der antike Name hat sich somit auch in byz. Zeit erhalten. Wahrscheinlich muß man hier die *magnam villam . . ., ubi multa vineta vidimus et parum aque* suchen, an der das Heer des Dritten Kreuzzuges vor der Station → Pyrgoi vorbeizog[4,5,6].

Mon Der sich aus der der Tauroskette n. vorgelagerten Ebene erhebende, mit reichlich röm. und ma. Keramik bedeckte Siedlungshügel trug noch bis zum Ende des 19. Jh. bedeutende Ruinen byz. (?) Bauwerke[6,7,8]. Noch heute ist der Verlauf der Stadtmauern in der Ebene um den Hügel herum zu verfolgen[9]. – Auch in den umliegenden Orten (Emirhan, Elmasun [amtlich Güneybağ], Armasun [amtlich Gürağaç], Üçkese Hr., Çürükümü Ören, Kızılkuyu) Funde von (z. T. wohl verschleppten) antiken und ma. Spolien und Inschriften sowie Kirchenruinen[2,6,10].

Font [1] Swoboda–Keil–Knoll 98f. (Nr. 282). — [4] Chroust, Quellen 88.

Lit [2] *MAMA* VIII, XIIf.; 32–37 (Nr. 175–205). — [3] L. Robert, *Hellenica* 13 (1965) 34. — [5] Eickhoff, Barbarossa, 138. — [6] Ramsay, Derbe 554, 557. — [7] Ramsay, Church 54–56 *(Fig.)*. — [8] Ramsay, Cities 395f. — [10] Sterrett, Wolfe Expedition 29–35.

Bereisung [9] 1974.

Kolonoson (Κολονοσοῦ χωρίον), Dorf in Lykaonien, Lage unbekannt

Hist In Kolonoson (oder -os) in Lykaonien lebte ein Schüler des hl. Theodōros von Sykeōn als Mönch[1].

Mon —

Font [1] Vita Theod. Syk. I 43.

Lit —

Kolukısa, Ort im lykaon.-galat. Grenzgebiet, 77 km nnw. von Ikonion

□ 32^{00} 38^{20}

Hist Eine im 9 km ssw. gelegenen Ort → Atlantı gefundene christl. Grabinschrift galt einem Μενάνδρῳ Κει[σ]σιάτῃ. Der daraus erschlossene Ortsname *Kissia* lebt wahrscheinlich im modernen Ort Kolukısa fort[1]; auf denselben Ort sind vielleicht auch die Ethnika *Gizsēnos* u. *Gizēnos* der Tekmoreierinschriften sowie *Gezseanē* (Inschrift aus Philomēlion) zu beziehen[2,3].

Mon Zahlreiche röm. u. christl. Inschriften bezeugen eine alte Ansiedlung, die mindestens bis in frühbyz. Zeit Bestand hatte[1,4].

Font —

Lit [1] *MAMA* I, XVI, XXVf., 160 (Nr. 302), 163–167 (Nr. 308–316); VII 122f. (Nr. 586f.). — [2] Ramsay, Tekmoreian Guest-Friends 321, 324, 330, 335; 337, 365. — [3] Anderson, Phrygia II 113. — [4] Calder, Southern Galatia 458.

Kommata (τὰ Κόμματα), Gegend im S Galatiens zwischen dem → Halys im O, dem Tuz Gölü (→ Tatta Limnē) im S u. dem → Sangarios im W

32^{00}–33^{40} 39^{00}–39^{40}

Hist Ursprünglich wohl nur eine Landschaft (oder Festung?) s. von Ankyra; im Jahre 872 von einem Raubzug der Paulikianer unter ihrem Führer Chrysocheir heimgesucht, der auf seinem Rückweg vom Domestikos der Scholen Christophoros verfolgt, bei Bathys Ryax (→ *TIB* 2 s. v.) von den vereinigten Truppen der Themen Charsianon u. Armeniakōn geschlagen wurde u. umkam[1,2,3]. – Unter Leōn VI. wurde aus vier *banda* (→ Bareta, → Balbadōna, → Aspona, → Akarkus) des Thema Bukellariōn u. drei *banda* (Eudokias [→ Gdanmaa], Hagios Agapētos [→ Myrikiōn], → Aphrazeia) des Thema Anatolikōn die neue *turma ta Kommata* gebildet, welche dem Thema Kappadokōn zugeschlagen wurde, das so einen gewaltigen Gebietszuwachs im W erhielt[4,5]. Aus der Lage der aufgezählten *banda* ergeben sich als Grenzen der Halys, der Tuz Gölü u. der Sangarios (das Gebiet w. des Sangarios bis fast nach Sivrihisar wurde – aufgrund einer Verwechslung von Eudokias in Lykaonien u. → Eudoxias in Galatien – mitunter irrtümlich zur *turma* ta Kommata u. somit zum Thema Kappadokōn gerechnet[2,5]).

Mon —

Font [1] Iōs. Gen. 86. — [4] D. A. I. I 236 (c. 50); II (Commentary) 189.

Lit [2] Vasiliev, Byzance II 1, 34 u. A. 2. — [3] Lemerle, Pauliciens 98, 103. — [5] Ramsay, Asia Minor 216, 226f.

Kōmodromos (Κωμοδρόμου τοποτηρησία), *bandon* (Garnison) im galatisch-kappadokischen Grenzgebiet, genaue Lage unbekannt

Hist Die *banda* Kōmodromos u. → Tabia wurden unter Kaiser Leōn VI. vom Thema Armeniakōn abgetrennt u. dem Thema Charsianon, speziell der *turma Charsianu,* angegliedert, also wohl dem Militärbezirk, in dem das *kastron Charsianu,* die Hauptfestung des Thema (→ *TIB* 2 s. v. Charsianon), lag[1,2,3]. Kōmodromos ist demnach am ehesten zwischen Tabia u. dem *kastron* zu suchen[4].

Mon —

Font [1] Kōnst. Porph., D. A. I. 236 (c. 50).

Lit [2] Ramsay, Asia Minor 250. — [3] Honigmann, Ostgrenze 51. — [4] Hild, Straßensystem 107f.

Korna (Κόρνα), aufgrund des Namensanklanges u. der Reihenfolge bei Hieroklēs beim heutigen Dinorna (Han), auch *Diñorna* (Flurname), lokalisiert, etwa 14 km sö. von Lystra[1] (auf der Karte 1:200.000 nur als Hüyük [= Siedlungshügel] eingetragen)

♁ 32[20] 37[20]

Hist Die antike Stadt[2] frühbyz. noch besiedelt. Als Bistum auf den Konzilien Kpl. 381 (hier Nebenform πόλεως Κορινῶν)[3,4] u. Chalkēdōn 451[5] belegt. Von Hieroklēs[6] verzeichnet, später nicht mehr erwähnt.

Mon Ausgedehntes Ruinenfeld am s. Fuß eines Hügels, der wohl als Akropolis diente. Antike und frühbyz. Inschriften u. Architekturfragmente[7–10]. Am Boden Reste von Mauerzügen erkennbar, darunter möglicherweise auch solche einer Kirche u. eines Stadttores[11].

Font [2] Ptolemaios V 6,15 (II 880 Müller). — [3] Turner, Canons 169. — [5] *ACO* II 1,1 S. 63 (Nr. 289) et passim. — [6] Hier. 676,1.

Lit [1] Ramsay, Lycaonia 79. — [4] Gelzer, Geogr. und onomatolog. Bemerkungen 129. — [7] Sterrett, Wolfe Expedition 149–153. — [8] Jüthner, Vorl. Bericht 51. — [9] Swoboda–Keil–Knoll 99f. — [10] *MAMA* VIII 11.

Bereisung [11] 1974.

Koropassos (Κοροπασσός), Ort in Lykaonien, heute Akhan an der alten u. modernen Straße von Ikonion nach Kolōneia, 24 km wsw. von Aksaray (Kolōneia), 120 km nö. von Ikonion

□ 33[40] 38[00]

Hist In röm. Zeit das letzte Dorf Lykaoniens vor der kapp. Grenze an der alten W-O-Verbindung (Route C 3), 120 Stadien (etwa 22 km) von *Garsaura* (byz. Kolōneia, heute Aksaray) entfernt[1,2]. In seldschuk. Zeit Straßenstation (Han) an der Straße Ikonion–Kolōneia (Route B)[3].

Mon N. der modernen Straße ein Siedlungshügel mit Keramik[4]. S. gegenüber die heute fast völlig verschwundenen Reste des Akhan, der ursprünglich prächtig gebaut gewesen sein muß[3].

Font [1] Strabōn XII 6, 1; XIV 2, 29.

Lit [2] W. Ruge, Koropassos. *RE* 11/2 (1922) 1435f. — [3] Erdmann, Karavansaray Nr. 60 *(Lit)*.

Bereisung [4] 1974.

Kozanlı, Ort im galat.-lykaon. Grenzgebiet, 99 km s. von Ankyra

□ 32[40] 39[00]

Hist Die vorgeschlagene Identifizierung von Kozanlı mit dem Bistum der Galatia II → Pitanissos[1] ist hypothetisch, mit dem → Dryïnōn-Kl.[2] völlig unwahrscheinlich.

Mon Die früher beträchtlichen alten Reste, besonders zahlreiche röm. u. einige christl. Inschriften[1,3], heute wohl weitgehend geschwunden. In einem felsigen Hügel s. des Ortes ein kleines, wohl byz. genutztes Höhlensystem[4].

Font —

Lit [1] Anderson, Galatia 117–124. — [2] Ramsay, Lycaonia 103. — [3] *MAMA* VII 97–100 (Nr. 434–452).

Bereisung [4] 1982.

Krinteus (χωρίον Κριντεοῦς, Grentius), nicht genau lokalisiert, aber in der Nähe von Girindos (heute amtlich Fethiye) am W-Rand der Murted Ovası zu suchen, das wohl den alten Namen tradiert

32^{20} 40^{00}

Hist *Grentius* (v. l. *Crentius*) letzte Station vor Ankyra (24 röm. Meilen) auf der Straße Klaudiupolis–Krateia–Ankyra[1]. Ein *Krentianos,* also wohl ein aus Krentios stammender Mann, auf einer in Mihalıççık gefundenen antiken Inschrift genannt[2]. Wohl identisch mit *chōrion Krinteus,* einem Dorf in der Nähe von Ankyra, das als Geburtsort des hl. Iulianos bekannt ist, der unter Licinius den Märtyrertod erlitt[3].

Mon Bei Girindos (Fethiye) selbst lag wohl keine röm.-byz. Siedlung[4,5]. – Unmittelbar nö. von Bitik (6 km ö.) ein großer prähist.-hethit. Siedlungshügel; röm. u. byz. Spolien im Dorf zeigen Siedlungskontinuität[5,6]. – Eine größere röm. Siedlungsstätte bei Emirgazi (8 km nö.) erbrachte 3 röm., 1 byz. Inschrift[2,4,5]. – Bei Halkavun (knapp 4 km nnö. von Emirgazi) wird eine byz. Siedlung angenommen[5], jedoch keine alten Reste mehr feststellbar[6]. – N. des Hamam Deresi (bei Kınık, 5 km n. von Girindos) oberhalb der hier in ihrem Verlauf beobachteten alten Ankyra-Krateia-Straße eine (wohl galat.) Festung mit anschließender Siedlung, die nach Ausweis der Keramik bis in byz. Zeit benutzt wurde u. vielleicht mit Krinteus gleichzusetzen ist[2].

Font [1] Itin. Ant. 201, 1. — [2] Mitchell, North Galatia 25f., 75f. (Nr. 67), 154–157 (Nr. 183–185). — [3] Synax. Cpl. 41.

Lit [4] Anderson, Galatia I 56–58. — [5] Mitchell, Galatia I 427f. u. Karte „North Galatia".

Bereisung [6] 1982.

Kriotauros (Κριόταυρος), *kastron* im Thema Bukellariōn, vielleicht in Galatien, Lage unbekannt

Hist Bekannt als Verbannungsort des Abtes des Katharerklosters Iōannēs während der zweiten Phase des Ikonoklasmus[1]. Auf einem Siegel (2. Hälfte 9.–10. Jh.) ein ἄρχων Κριωτάβρου genannt[2].

Mon —

Font [1] Synax. Cpl. 633. — [2] K. M. Kōnstantopulos, Βυζαντιακὰ μολυβδόβουλλα τοῦ ἐν Ἀθήναις Ἐθνικοῦ Νομισματικοῦ Μουσείου. Athen 1917, Nr. 178.

Lit —

Kurşuncu, byz. Kl. im Karaca Dağ, 4,5 km n. oberhalb von Kesmez

♁ 33^{40} 37^{40}

Hist —

Mon Rund 2000 m² großes Kloster mit Kirche u. Trapeza (?) als Hauptbauten, kleineren Räumen, einem Hof mit Zisterne sowie die Hauptbauten verbindender Umfassungsmauer samt geschütztem Torzugang im O zwischen Kirche u. Trapeza (Plan bei Ramsay–Bell[1] in der groben Lage richtig, in Einzelheiten, besonders bei der Kirche, gravierende Fehler). Die Ruine heute stärker verstürzt als zu Zeiten des Besuches von G. Bell. Die Kirche ein kreuzförmiger Bau mit verlängertem W-Arm. Die Apsis (bei Ramsay–Bell[1] falsch) außen polygonal ummantelt. In der O-Mauer des S-Kreuzarmes Türe nach außen (bei Ramsay–Bell[1] nicht eingezeichnet). Die Trapeza durch vier eingestellte Doppelsäulenstützen u. Zungenmauern dreischiffig unterteilt (trotz Verstürzung noch erkennbar). Die Verbauung des Hofes teilweise sekundär (Baufugen, Spolien-

verwendung). Die großen Quader des ursprünglichen Baues samt der teilweise erhaltenen
Abb. 59 Bauplastik sichern eine Datierung in frühbyz. Zeit (5./6. Jh.)[2].

Font —

Lit [1] RAMSAY–BELL, Churches 353–363 (*Fig*). — [2] RESTLE, Studien 165.

Bereisung 1976.

Kurtlu Ören, Ruinenstätte etwa 2 km w. von Avalama, 14 km w. von → Lystra u. 42 km sw. von Ikonion

□ 32^{00} 37^{20}

Hist —

Mon In Kurtlu Ören Ruinen eines alten Dorfes; Grundriß einer Kirche und Sarkophage[1].

Font —

Lit [1] STERRETT, Wolfe Expedition 160.

Kuruçeşme Han, an der SW-NO-Diagonalverbindung (Route B), 30 km w. von Ikonion

∴ 32^{00} 37^{40}

Hist —

Mon Die beim Bau der seldschuk. Karavansarays reichlich verwendeten byz. Spolien dürften von demselben byz. Gebäude stammen wie die im ö. benachbarten → Altınapa Han[1].

Font —

Lit [1] ERDMANN, Karavansaray Nr. 3 (*Lit*).

Bereisung 1974.

Kutören, auch Kurtören, früher auch Kutviran, Ort am NO-Abhang des Karaca Dağ, 125 km ö. von Ikonion

∴ 33^{40} 37^{40}

Hist —

Mon Das Dorf u. insbesondere die Moschee sind weitgehend aus altem (byz.) Material erbaut, das von einer *Kepes Kalesi* genannten Ruinenstätte stammt. Röm. u. byz. Siedlungsspuren auch in der näheren Umgebung, besonders in Kızılgedik (auch Kızılgedikli Köyü, 6 km sw.), Gökbe (amtlich Taşbudak, 8 km sw.) u. Beyviran (amtlich Beyören, 11 km sw.)[1]. – In Kutören eine byz. Inschrift[2].

Font —

Lit [1] KONYALI, Ereğli 828, 887–893. — [2] CALLANDER, Explorations 180.

L

Lagantinē (Λαγαντινή), Landschaft um den Ort Lagania (frühbyz. in → Anastasiupolis umbenannt), wahrscheinlich s. u. sw. des heutigen → Beypazarı im Tal des Girmir Çayı (→ Maltepe); die Gegend heute teilweise vom Sarıyar-Stausee bedeckt

31^{40}–32^{00} 39^{40}–40^{00}

Hist Der Name der Landschaft noch nach der Umbenennung von Lagania lebendig, daher nicht als Argument dafür heranzuziehen, daß Lagania und Anastasiupolis verschiedene Städte wären[1,2]. In der Lagantinē lag das nicht näher lokalisierbare *Eukraōn chōrion* mit einer Archangelos-Kirche, welches wohl mit dem *Eukraus chōrion* (in der Diözese Anastasiupolis) gleichzusetzen ist[1].

Mon —

Font [1] Vita Theod. Syk. I 63, 92f.; II 220, 242.
Lit [2] Ruge, Lagania. *RE* 12/1 (1924) 454.

Laranda (Λάρανδα), heute Karaman (früher auch Lârende), 98 km sö. von Ikonion, am N-Rand des Taurus

33^{00} 37^{00}

Hist Die schon in der Diadochen- u. frühen Kaiserzeit bezeugte Stadt[1–4] lag an einer wichtigen Straßengabelung, wo sich die N-S-Verbindung von Ikonion zur S-Küste Kleinasiens unmittelbar vor der Überquerung des Taurus in zwei Arme (über Germanikupolis nach Anemurion u. über Klaudiupolis bzw. Diokaisareia/Olba nach Seleukeia) aufspaltete (Route D). Bei der Neueinteilung der Provinzen unter Diokletian mit den übrigen südlykaon. Städten Isaurien zugewiesen[5]; um 370 in die neu errichtete Eparchie Lykaonien eingegliedert[6]. Mitte 4. Jh. auch Laranda von den noch nicht völlig unterworfenen Isauriern bedroht[7,8].
Zeitpunkt u. Umstände der Eroberung durch die Seldschuken sind nicht bekannt[9]. 1159 wählte Kaiser Manuēl I. für seinen Rückmarsch von Syrien u. Kilikien anstelle des in dieser Zeit üblichen Weges über Attaleia u. Laodikeia am Lykos den kürzeren durch Lykaonien, u. zwar über Laranda (im Text verschrieben oder verdruckt Ἀράνδης ἀγχοῦ) u. Kotyaeion[10–12]. Etwa den umgekehrten Weg zog das Heer des Dritten Kreuzzuges unter Friedrich Barbarossa, das 1190 in *Laranda (Larenda, Larandinum)*, damals seldschuk. Grenzstadt gegen die kleinarm. Besitzungen im Taurus, rastete, um von hier durch „Armenien“, d. h. Isaurien, nach Seleukeia am Kalykadnos (Göksu) weiterzuziehen; in der Nacht des 1. Juni ein heftiges Erdbeben[13,14]. Obwohl der kleinarm. König Leon II. sich in einem Chrysobull vom August 1210 verpflichtet hatte, den Johannitern die seldschuk. Stadt Laranda zu übergeben, wenn sie in seine oder seiner Nachfolger Hand fallen sollte, wissen wir nichts von einer Erfüllung des Vertrages; vielmehr wurde Laranda 1211 kurzfristig von Leon II. eingenommen, jedoch gegen Geldzahlung den Seldschuken zurückgegeben[14–17]. – Anfang 14. Jh. wurde Laranda zeitweise Hauptstadt des Staates der Karamanoğulları[9]; im Zusammenhang mit den Kämpfen Murāds II. gegen jene auch von spätbyz. Historikern erwähnt[18,19].
Bereits in der 1. Hälfte des 3. Jh. ein Bischof Neōn von Laranda bezeugt[20]; unter Maximian u. Diokletian erlitten die Heiligen Papas (Papias) sowie Klaudios, Asterios, Neōn u. Theoktistē von Laranda das Martyrium[21–23]. Als Bistum bis etwa 370 zu Isauria, später zu Lykaonia (Suffragan von Ikonion) gehörig; entsandte Bischöfe zu den Konzilien

von Nikaia 325[5,24–26], Chalkēdōn 451[27] u. Kpl. 879/80[28]. In den Notitiae episcopatuum durchgehend, zuletzt im 12. Jh. verzeichnet[29].

Mon Von einer christl. Inschrift abgesehen[30] keine Reste aus byz. Zeit. Die Zitadelle auf dem Burghügel, der auch die alte Akropolis bildete u. nach Ausweis der Keramik vom 3. Jahrtausend v. Chr. bis heute durchgehend besiedelt war[31], stammt im wesentlichen aus der Zeit der Karamanoğulları[32,33], wurde aber nach der osman. Eroberung von Grund auf restauriert; byz. Vorgängerbefestigungen sind vorauszusetzen[34].

Font [2]Strabōn XII 6,3. — [3]Ptolemaios V 6,16 (II 881 Müller). — [5]Honigmann, Liste de Nicée 48, 169. — [6]Hier. 675,8. — [7]Amm. Marc. XIV 2,11. — [10]Iō. Kinn. 190. — [13]Chroust, Quellen 88f., 171, 177. — [15]Sempad 644. — [16]Delaville le Roulx, Cartulaire II 115 (Nr. 1344). — [18]Laon. Chalk. II 21. — [19]Dukas 275. — [20]Euseb., Hist. Eccl. 6, 19, 17f. — [21]Synax. Cpl. 43, 45, 178, 427. — [22]*AASS* Oct. XIII 259C. — [24]Gelzer, Patr. Nik. 69 et passim. — [25]Turner, Monumenta 78f. — [27]*ACO* II 1,1 S. 63 (Nr. 295) et passim. — [28]Mansi XVII 377A. — [29]Darrouzès, Notitiae 1,361; 2,425; 3,498; 4,377; 7,441; 9,323; 10,380; 13,386.

Lit [1]W. Ruge, Laranda. *RE* 12/1 (1924) 793f. — [4]Aulock, Münzen 43f. — [8]Rougé, Isaurie 306. — [9]F. Sümer, Ḳarāmān Oghulları. *EI* nouv. éd. 4 (1978) 643–650. — [11]Ramsay, Asia Minor 382. — [12]Chalandon, Les Comnène II 455. — [14]Eickhoff, Barbarossa 139f., 144f. — [17]Alishan, Sissouan 342f. — [23]W. Lackner, *AnBoll* 87 (1969) 115–132 *(Font, Lit)*. — [26]Schwartz, Bischofslisten 75. — [30]L. Moretti in: P. Meriggi, *Oriens Antiquus* 2 (1958) 317. — [31]J. Mellaart, *Belleten* 22 (1958) 317. — [32]Konyalı, Karaman 162–177 *(Fig)*. — [33]N. Sevgen, Anadolu Kaleleri I. Ankara 1959, 185–191. — [34]J. M. Rogers, Lāranda. *EI* nouv. éd. 5 (1983) 683f.

Bereisung 1974, 1976.

Lāṭa, genaue Lage unbekannt

Hist Lāṭa in einem ziemlich verworrenen arab. Itinerar auf einem Weg von Lu'lu'a (heute Çanakçı Kale etwa 20 km nw. von Podandos[1]) über die O-Flanke des lykaonischen Boz Dağ (→ Kana, → Perta) nach ʿAmmūrīya (→ Amorion) zwischen Kanāṣ u. ʿAmmūrīya genannt[2]. Auf Lāṭa vielleicht das Ethnikon Λατηνός auf einer antiken Inschrift aus Hursunlu (→ Arra) und ✱ΛΑΤ auf einem unpublizierten (byz.?) Grenzstein nö. desselben Ortes zu beziehen[3].

Mon —

Font [2]Ibn Ḫurdāḏbih 113 (de Goeje 86). — [3]*MAMA* VII, XX u. 44 (Nr. 212).

Lit [1]Hild–Restle, *TIB* 2 s. v. Lulon.

Leontopolis (Λεοντόπολις, Ἴσαυρα [Παλαιά]), heute Zengibar Kalesi auf einer Erhebung des Taurus im lykaon.-isaur. Grenzgebiet, 10 km ö. von Bozkır, 76 km ssw. von Ikonion

⛪ 32[20] 37[00]

Hist Leontopolis ist die byz. Nachfolgesiedlung der vom Galaterkönig Amyntas an der Stelle einer noch älteren Stadt erbauten Residenz Isaura Palaia[1]; sie erlebte in der Kaiserzeit eine erste Hochblüte, die bis in die früheste byz. Zeit andauerte[2]. Die aus der Kaiserzeit übernommene ehrende Bezeichnung Mētropolis[2] in frühbyzantinischen Dokumenten noch nachweisbar. In *Isaurōn polis (Isauropolis, Isauria, Isaurōn Mētropolis)* wirkte der in ganz Isaurien sehr verehrte hl. Konōn[3]. Die Stadt durch Bischof Siluanos *Mētropoleōs*[4] (*Isauriae Metropolitanus* u. ä.[5,6]) auf dem Konzil von Nikaia 325 vertreten; sie war jedoch nicht eigentliche Mētropolis von ganz Isaurien[7]. Später verlor *Isaura* infolge der Isaurierunruhen um die Mitte des 4. Jh. stark an Bedeutung[8,9] u. ging in der Folge sowohl seines Stadtrechtes als auch seines Bischofssitzes verlustig; in der Diskussion um die Wiederherstellung des Bistums riet Basileios von Kaisareia von einer raschen Neubesetzung ab, um die endgültige Unterstellung unter Ikonion zu sichern[10,11]. Daß

dieses Ziel erreicht wurde, zeigt ein Gesetz Kaiser Zēnōns, demzufolge das erst kürzlich zur Stadt erhobene, in Isaurien gelegene Leontopolis in kirchlicher Hinsicht auf immer dem Bischof von → Isauropolis unterstellt sein sollte[12,13]. Der Bezug auf Konōn sichert m. E. die Identifizierung von Leontopolis mit Isaura Palaia[14]. Unabhängig von dieser Namensänderung diente Isaura (sicher Palaia) kurzzeitig (617/18) als Militärmünzamt, nachdem Seleukeia (prägte 615–618) an die Perser verlorengegangen war[15].
Spätestens ab der 2. Hälfte des 7. Jh. ist Leontopolis autokephales Erzbistum der Provinz Isaurien. Teilnahme an den Konzilien von Kpl. 680/81 u. 692 (Zacharias), Nikaia 787 (durch einen *topotērētēs* vertreten) u. Kpl. 879/80 (Athanasios)[16]. Im 11. Jh. Erzbischöfe von Leontopolis häufig als Teilnehmer an der Endēmusa bezeugt: 1030 (Kōnstantinos), 1032 (Michaēl)[17,18], 1071[18,19], 1072[20], 1079[21] (Michaēl) und 1086 (nicht namentlich genannt)[18,22]. In der Komnenenzeit erhielt der Erzbischof von Leontopolis Arkadiupolis zur Verwaltung[22,23,24]. 1315 wird dem aus seiner Stadt vertriebenen Metropoliten von Sinōpē außer Sidē auch Syllaion und Leontopolis übertragen[24,25,26]; jedoch noch im selben Jahr Leontopolis dem Metropoliten von Pisidien übertragen, da die Stadt von Pisidien aus leichter zu erreichen sei[25,26]. – In den Notitiae episcopatuum als Erzbistum durchgehend bis ins 14. Jh. verzeichnet[27].
Frühbyz. 4 Meilen von der Stadt hoch in den Bergen eine *Kaklimi (Klimax)* genannte Höhle sowie in der Nähe der Stadt der *Ligrammon oros* bezeugt[3,28].

Mon Die Stadt liegt auf einem zerklüfteten Bergrücken, der drei Haupterhebungen aufweist u. bes. nach SO durch Steilabfälle eine natürliche Sicherung besitzt. In byz. Zeit wurden die von Amyntas begonnenen, aber erst später vollendeten u. verschiedentlich ausgeflickten Befestigungen im wesentlichen unverändert weiterbenutzt. Diese bestehen aus der etwa 4 km langen, durch zahlreiche, meist polygonale Türme gesicherten Stadtmauer, die fast die ganze Stadt einschließlich der auf der höchsten Stelle im SO gelegenen Akropolis umzieht, ferner einer Sonderbefestigung der Akropolis gegen die Stadt sowie einem nicht geschlossenen Mauerzug, der eine weitere, nö. gelegene Erhebung absichert. Der Zugang zur Stadt erfolgte durch ein einziges Tor im W; ein weiteres, aufwendiger gebautes vermittelte ausschließlich den direkten Zugang zur Akropolis, die nur durch eine schmale Pforte Verbindung zur Stadt hatte.
Die Stadtmauern sind ganz in hellenist. Bautradition aus zwei Schalen mit Füllung aus Bruchstein u. Erde errichtet, in die Binder der äußeren Schale weit hineinreichen; die Schalen der Türme, die teilweise auf runden Sockeln stehen, weisen keine Füllung, dafür aber durchlaufende Binder auf. In der Stadt finden sich Reste mehrerer Kirchen von basilikalem Grundriß, darunter eine kleine Kapelle auf der höchsten Stelle der Akropolis, eine größere Kirche auf der Süderhebung mit angeschlossenen (Kloster-?)Gebäuden u. die wohl dreischiffige Hauptkirche an der N-Seite des mit antiken Repräsentationsbauten bestandenen Hauptplatzes der Stadt unterhalb der Akropolis; auf der N-Erhebung ein oktogonaler Zentralbau, dessen O-Seite durch eine Apsis ersetzt ist. Außerhalb der Mauern mehrere Nekropolen, die teilweise bis in christl. Zeit in Benutzung waren[29–33].
Im Bereich der Stadtanlage sowie in den umliegenden Dörfern Ulupınar (1 km w.), Yazdamı (3 km sw.), Tepearası (7 km sw.), Acılar (2 km nö.), Aydınkışla (6 km nnö.) zahlreiche, großenteils aus Leontopolis verschleppte antike u. byz. Inschriften u. Architekturfragmente[30,33]. Eine frühbyz. Inschrift aus Yazdamı nennt einen Statthalter der Provinz Isaurien[9].

Font [1] Strabōn XII 6, 3. — [3] Trautmann–Klostermann, Konon 300f., 306, 308f., 318. — [4] Honigmann, Nicée 48 (Nr. 162). — [5] Turner, Canons 76f. (Nr. 177). — [6] Gelzer, Patr. Nik. 113 (Nr. 177), 137 (Nr. 180), 209 (Nr. 170). — [8] Amm. Marc. XIV 8, 2. — [10] Basileios v. Kaisareia, ep. 190, 216 (II 141f., 202 Courtonne). — [12] Cod. Iustin. I 3, 35 (36), 3. — [16] Mansi XI 457E, 520E u. passim, 992C; XII 994D, 1095B; XVII 373C. — [17] Ficker, Erlasse 20, 27. — [19] S. Kugeas, in: *Eis Mnēmēn Spyridōnos Lampru.* Athen 1935, 575. —

[20] Oikonomidès, Un décret synodal 57. — [21] Gouillard, Chrysobulle 31ff. — [22] Rallēs–Potlēs V 60, 344. — [23] Nikēphoros Kallistos Xanthopulos, Kirchengeschichte. *PG* 146, 1196f. — [25] *PRK* I 146–151, 236–241. — [27] Darrouzès, Notitiae 1, 44; 2, 47; 3, 62; 4, 45; 5, 49; 7, 54; 8, 68; 11, 88; 12, 93, 14, 74; 15, 128; 16, 85; 18, 114. — [28] Latyšev, Menol. 204f.

Lit [2] W. Ruge, Isaura. *RE* 9/2 (1916) 2055f. — [7] Schwartz, Bischofslisten 75. — [9] A. S. Hall, Valerius Valerianus, Praeses of Isauria. *Anat. Stud.* 22 (1972) 213–216. — [11] Holl, Amphilochius 17ff. — [13] Chrysos, Erzbistümer 268–271. — [14] Belke, Lykaonien 130–139. — [15] Hahn, *MIB* 3 (1981) 108, 230, 290. — [18] Grumel, Reg. 839, 840, 900, 942. — [24] Vryonis, Decline 201 A. 268, 205, 315. — [26] Darrouzès, Reg. 2034, 2051. — [29] Hamilton, Researches II 330–337. — [30] Sterrett, Wolfe Expedition 103–123 (Nr. 172–207). — [31] Jüthner, Vorl. Bericht 44–50. — [32] Strzygowski, Kleinasien 54f., 91ff. — [33] Swoboda–Keil–Knoll 69–97, 119–143 *(Fig)*.

Bereisung 1974, 1976.

Lystra (ἡ u. τὰ Λύστρα), heute Hügel Zoldera 1,5 km nw. von Hatunsaray, etwa 34 km sw. von Ikonion

♁ 32[20] 37[20]

Hist Bereits unter Augustus röm. Kolonie[1], wichtig durch ihre Lage an einem Straßenkreuzungspunkt, wo der Endpunkt der *Via Sebaste*[1,2,3] auf eine N-S-Verbindung von Ikonion nach Isaura (Palaia, → Leontopolis) traf (auf der Tabula Peutingeriana Lystra wahrscheinlich zu Taspa korrumpiert)[4–7]. Nach Ausweis von in Kavak (etwa 9 km südöstlich von Hatunsaray) gefundenen Meilensteinen bestand auch eine direkte Verbindung zur Route Ikonion–Laranda bzw. zu den Städten Südlykaoniens, besonders → Isauropolis u. Derbē[8]. Durch den Apostel Paulus christianisiert[9], als Bistum seit dem Konzil von Kpl. 381 belegt[10], auf den Konzilien von Chalkēdōn 451[11] u. Kpl. 879[12] vertreten. In der 1. Hälfte des 11. Jh. erhält ein namentlich nicht genannter Bischof von Lystra von einer Synode unter dem Patriarchen Alexios Studitēs (1025–1043) den Auftrag, Mönche, die als ehemalige Anhänger des Häretikers Eleutherios ihre Lebensweise grundlegend geändert hatten, zu Priestern zu weihen[13]. Bei Hieroklēs[14] u. durchgehend bis zum 12. Jh. in den Notitiae episcopatuum verzeichnet[15]. Nach dem sonst unbestätigten Bericht einer Kleinchronik wurde Lystra, zusammen mit → Ikonion u. → Derbē, im Spätsommer 1402 von Timur Lenk zerstört[16].

Mon Auf dem Siedlungshügel Zoldera, der im 19. Jahrhundert noch Spuren alter Gebäude trug[3,17], heute nur noch antike u. ma. Keramik[18]. Am O-Abfall des Hügels Grundmauern einer kleinen byz. Kirche[3], s. desselben Ruinen einer rezenten Kirche sowie eine den Christen von Ikonion bis in das 20. Jh. heilige Quelle (ἁγίασμα)[17]. Nö. von Zoldera rechts der Straße nach → Kilistra weitere Mauerreste aus Quadern[18]. – In Hatunsaray zahlreiche antike u. ma. Inschriften u. Spolien[3,18–21]. Richtung Kavak u. Ikonion je eine Brücke aus Spolien (z. T. ma. Mauerung?)[22]. – Die antiken u. ma. Inschriften u. Architekturfragmente in Kavak erweisen auch hier eine alte Siedlung[5,19,21].

Font [4] Tab. Peut. X 2 (Miller, Itineraria 731f.). — [9] Act. ap. 14, 6ff.; 21; 16, 1; 2. Tim. 3, 11. — [10] Turner, Canons 169. — [11] *ACO* II 1,1 S. 63 (Nr. 291). — [12] Mansi, XVII 377E. — [13] Gouillard, Procès 52. — [14] Hier. 675, 2. — [15] Darrouzès, Notitiae 1, 356; 2, 420; 3, 493; 4, 373; 7, 432; 9, 314; 10, 371; 13, 377. — [16] Chron. min. I 112; II 372.

Lit [1] Levick, Colonies 38–41, 51ff., 153–156, 183, 195ff. — [2] B. Levick, *Anat. Stud.* 15 (1965) 56f. — [3] Cronin, First Report I 109f.; III 113–124 *(Fig)*. — [5] Swoboda–Keil–Knoll 100f., Karte. — [6] W. Ruge, Taspa. *RE* 4A/2 (1932) 2461f. — [7] Belke, Lykaonien 74–76. — [8] Rasmay, Derbe 555. — [17] Ramsay, Church 47–54. — [19] Sterrett, Wolfe Expedition 142/148 (Nr. 242–255), 153–155 (Nr. 261–265). — [20] Ramsay, Social Basis 184–198. — [21] *MAMA* VIII 1–10 (Nr. 1–51). — [22] Ramsay, Cities 407–418 *(Fig)*.

Bereisung [18] 1974, 1976.

M

Mahmutoğlan, Dorf etwa 48 km nnö. von Ankyra

□ △ 32⁴⁰–33⁰⁰ 40²⁰

Hist —

Mon Die alte Moschee des Ortes, eine byz. Kirche[1], wurde in den 50er Jahren durch einen teilweise aus altem Material errichteten Neubau ersetzt. – Auf dem Aktepe 4 km n. des Ortes (1844 m, mit Übersicht über die Çubuk Ovası im S u. die unmittelbar anschließende Berglandschaft im W, N u. O) eine byz. Burgruine. Ein etwa ovaler Mauerzug mit einer Spitze nach N (Zweischalenmauer aus Bruchstein mit grobem, weißem Mörtel, großenteils stark verstürzt) umschließt ein langgestrecktes Plateau (Länge etwa 180 m, Breite etwa 40 m) in SSW-NNO-Richtung. Im Inneren geringe Reste mehrerer Zisternen u. Gebäude, nahe der höchsten Erhebung im S auch Felsabarbeitungen für Fundamente[1,2].

Font —

Lit [1] LEONHARD, Paphlagonia 59f., 115.

Bereisung [2] 1982.

Malogordis, Straßenstation *(mansio)* der Pilgerstraße, 14 (verbessert aus überlieferten 9) röm. Meilen ö. von → Prasmon, 13 röm. Meilen w. von → Cenaxem Palidem, heute wahrscheinlich Avdan (Türkeikarte 1:200.000, Blatt Ankara: Odan) Çiftliği, 19 km onö. von Ayaş, 29 km wnw. von Ankyra[1,2]

32²⁰ 40⁰⁰

Hist Die korrekte Form der schon röm. bekannten Station *(Manegordo)*[3] vielleicht *Malagurdis* als abl. plur.[4]. *Mizago* wohl eine Kontamination aus Malogordis u. der nächsten Station nach W, → Mnizos[5,6]. *Malagurdalo* von der hl. „Melanium" im Winter 437 n. Chr. auf dem Weg von Kpl. nach Jerusalem unmittelbar nach der Überwindung des → Modicus mons berührt[4,7].

Mon Das moderne Dorf auf einem niedrigen Siedlungshügel (mit unverzierter Keramik) erbaut. Die röm. Straße nach NW (w. von İlyağut umbiegend Richtung → Prasmon) u. SO (Überquerung der Murted Ovası auf einem Steindamm, dessen O-Ende gut erhalten ist) zu verfolgen[2].

Font [1] Itin. Burdig. 575, 2. — [3] Itin. Ant. 142, 5. — [5] Tab. Peut. IX 4 (MILLER, Itineraria 659). — [7] RAMPOLLA, Santa Melania 32.

Lit [2] FRENCH, Pilgrim's Road 17, 24, 27, 29, 112f. — [4] HONIGMANN, Malagurdalo 101–103. — [6] RAMSAY, Asia Minor 242.

Malos (Μαλός), Dorf in Galatien, heute Kalecik, am W-Rand einer kleinen Ebene, 3 km w. des hier fast in S-N-Richtung fließenden Halys (Kızıl Irmak), etwa 50 km nö. von Ankyra

⋊ □ 33⁰ 40⁰⁰

Hist Einer auf das Jahr 251 n. Chr. datierten griech. Inschrift aus Karahüyük (13 km nnw. von Kalecik) zufolge lag das Dorf Malos in der Landschaft Kalmizēnē[1]; die genaue Lokalisierung ergibt sich zwingend aus den Angaben in der Vita des hl. Theodotos von Ankyra, nach der Malos etwas weniger als 40 röm. Meilen von Ankyra entfernt an einer

Straße in der Nähe des Halys lag. Das *martyrion* des Heiligen, der während der letzten Christenverfolgung des Maximinus Daia 312 n. Chr. in Ankyra hingerichtet worden war, wurde zwei Stadien von Malos entfernt auf einer erhöhten Warte errichtet, von der aus der Halys zu sehen war[1-4] (→ *Mon*). Im MA. wurde der Berg w. von Kalecik durch eine mächtige Burg befestigt, von der aus u. a. ein alter Übergang über den Halys etwa 3 km sö. beherrscht werden konnte (→ *Mon*).

Mon Von der alten Siedlung Malos sind Fundamente von Gebäuden sowie Reste einer Kirche, darunter ein Taufbecken erhalten. Knapp 500 m nw. des Burgberges (also etwa zwei Stadien von der alten Siedlung entfernt) auf einem ansteigenden Hang Ruinen des Theodotos-*martyrions* bzw. einer das ursprüngliche *martyrion* ersetzenden Kirche des 5./6. Jh.: auf einer oktogonalen Säulenbasis eine Inschrift mit Anrufung des hl. Theodotos; in unmittelbarer Nähe weitere Kirchenarchitekturfragmente[4,5]. Im Ort weitere röm. u. byz. Architekturfragmente u. Inschriften, auf dem Friedhof zwei röm. Meilensteine mit den Zahlen XXXV u. XXXVIII[5,6,7]. – Um u. z. T. über den Burgberg von Kalecik, einen elliptischen Vulkankegel (Längserstreckung in NO-SW-Richtung), der nur im SW über eine Senke mit den Ausläufern des Idrıs Dağı verbunden ist, verläuft ein geschlossener Mauerzug mit halbrunden u. rechteckigen turmartigen Bastionen in Form eines sehr unregelmäßigen Trapezes mit Basis im NW. Zwei ma. Bauphasen zu unterscheiden; Eingang von S, in osman. Zeit umgebaut. Innerhalb des ummauerten Areals nur noch geringe Reste von Gebäuden, darunter eine große, gewölbte Zisterne sowie ein weiterer (Vorrats-?)Raum[6,8,9]. Noch in der 1. Hälfte des 19. Jh. in Kalecik eine arm., Johannes dem Täufer geweihte Kirche, in der Nachbarschaft Ruinen eines alten Klosters[10]. – Etwa 3 km flußaufwärts von Kalecik war noch vor kurzem eine alte, wahrscheinlich byz. Brücke erhalten[1,9,11], die jetzt durch einen Neubau ersetzt u. spurlos verschwunden ist[12].

Font [2] Franchi de'Cavalieri, Martirii 67–69, 74, 81, 84.

Lit [1] Anderson, Celtic Cult 165–167. — [3] Grégoire–Orgels, Théodote 168f., 178, 184. — [4] Mitchell, Saint Theodotus 99–101. — [5] Mitchell, North Galatia 176–180 (Nr. 209–212). — [6] Perrot, Galatie 285–287. — [7] Hamilton, Researches I 411f. — [8] Jerphanion, Mélanges 107–112 u. Taf. 40, 46–51 *(Fig)*. — [9] French–Mitchell, Ankara 93–95 *(Fig)*. — [10] Ainsworth, Travels I 115. — [11] Mitchell, Galatia I 446.

Bereisung [12] 1982.

Maltepe, Siedlungshügel am rechten Ufer des von → Beypazarı kommenden Flüßchens, wenig oberhalb von seiner Einmündung in den → Siberis (Girmir Çayı), etwa 7 km ssw. von Beypazarı, etwa 19 km onö. von → Iuliupolis[1]

□ 31^{40} 40^{00}

Hist Die Gleichsetzung mit Lagania (→ Anastasiupolis)[1] ist überholt.

Mon Der Siedlungshügel mit Keramik übersät, darunter auch Terra sigillata. Auf der linken (ö.) Seite des Flüßchens zahlreiche Höhlenkammern in den Fels geschlagen[1].

Font —

Lit [1] Anderson, Galatia 65.

Mananzan, ma. Höhlensiedlung im Tal des İbrala Deresi, zwischen İbrala u. Taşkale, 32 km ö. von → Laranda, 122 km sö. von Ikonion

□ 33^{20} 37^{00}

Hist —

Mon In einer das İbrala Deresi n. begrenzenden Felswand eine größere Höhlensiedlung, die an einigen Stellen mehrstöckig angelegt ist. Eine Höhlenkammer als (Grab-?)Kapelle mit zwei Apsiden (ungefähr gegen O), grabartigen Vertiefungen im Boden sowie einer großen Ausbuchtung nach N (Spuren von farbigem Putz) eingerichtet[1]. In der Nähe in einer weiteren einschiffigen Höhlenkirche ein byz. Arkosolgrab mit fragmentarischer, gemalter Inschrift[2].

Font —

Lit [2] Eyİce, Karadağ 111–115, 226 *(Fig)*.

Bereisung [1] 1982.

Marǧ aš-Šaḥm, Ort u. Festung in der Nähe von Amorion, genaue Lage unbekannt

Hist Marǧ aš-Šaḥm 654, nach der Eroberung Ankyras, von Muʿāwiya erreicht, aber vielleicht nicht erobert[1,2]. 695 führte ein Sommerfeldzug unter Yaḥyā b. al-Ḥakam nach Marǧ aš-Šaḥm, das hier wohl irrtümlich in die Gegend zwischen Malaṭya (Melitēnē) u. al-Maṣṣīṣa (Mopsuestia) verlegt wird[3]. Von den arab. Geographen unter den Festungen von an-Nāṭulūs (Thema Anatolikōn) aufgezählt[4,5]. Nach der Zerstörung Amorions 838 wurde Marǧ aš-Šaḥm Sitz des Strategen des Thema Anatolikōn[6,7,8]. Auch die Nähe zu Amorion erwähnt[6]. Nur die letzte Angabe trägt – zusammen mit der Bedeutung des Namens („Fettwiese“), der eher an eine Lage in der Ebene als an eine Bergfestung denken läßt – zur ungefähren Ortsbestimmung bei. Man sucht den Ort gewöhnlich (aber ohne hinreichenden Grund) in der Nähe von Kaborkion (bei Çifteler) im galat.-phryg. Grenzgebiet[9].

Mon —

Font [1] Elias v. Nisibis I 67. — [3] Ibn Wāḍiḥ al-Yaʿqūbī II 337 (Brooks, The Arabs 190). — [4] Ibn Ḫurdāḏbih 108 (de Goeje 79). — [5] al-Idrīsī 803, 808 (Jaubert II 301, 305). — [6] Yākūt II 864 (Ibn al-Fakīh al Ḥamaḏānī; Brooks, Arabic Lists 74); III 274.

Lit [2] Foss, Ankara 72 mit A. 174. — [7] A. Pertusi in: Kōnst. Porph., De them. 114f. (Kommentar). — [8] Haldon–Kennedy, Frontier 95 mit A. 58. — [9] Ramsay, Lycaonia 125f.

al-Maskanīn, Festung u. Straßenstation in Südlykaonien am → Waliya-See (Akgöl), genaue Lage unbekannt

33^{40} 37^{20}

Hist Von arabischen Geographen als Festung des Thema an-Nāṭulūs (Anatolikōn) genannt[1,2] bzw. als Station einer Straße von Hērakleia nach Ikonion, unmittelbar ö. von ʿAin Burġūṯ (→ Barata) oder am Waliya-See verzeichnet[1,2]. – 878 bei einem arab. Einfall unter ʿAbdallāh b. Rašīd b. Kaʾūs zugleich mit Hāsīn (→ *TIB* 2 s. v. Sasima) in Kappadokien geplündert, wenn es sich nicht um eine Verwechslung mit →Mistheia handelt, das im gleichen Jahr Ziel einer arab. Unternehmung war[3]. 888 nochmals von Yāzamān, dem vom ʿAbbāsidenhof praktisch unabhängigen Herrscher von Tarsos, angegriffen[3,4]. Es besteht kein Grund, mit Ramsay[5] zwei gleichnamige Orte (Festung u. Straßenstation) anzunehmen.

Mon —

Font [1] Ibn Ḫurdāḏbih 101, 108, 110 (de Goeje 73, 79, 82). — [2] al-Idrīsī 808 (Jaubert II 305 *[Mechkenis]*). — [3] aṭ-Ṭabarī III 1917, 2113 (Vasiliev, Byzance II 2, S. 7, 10).

Lit [4] Vasiliev, Byzance II 1, S. 82, 121. — [5] Ramsay, Lycaonia 116–118, 126.

Mazamia, (Μαζαμίας χωρίον), Dorf am Oberlauf des → Siberis (heute Girmir Çayı) in der Landschaft → Mnēzinē[1], genaue Lage unbekannt

Hist Das Dorf, das eine Kirche des hl. Eirēnikos besaß, im Zusammenhang mit zwei Wundern des hl. Theodōros von Sykeōn genannt[1]. Die beiden einander ergänzenden Lagebestimmungen erst durch die neue Lokalisierung von → Mnizos verständlich.

Mon —

Font [1] Vita Theod. Syk. I 31f.

Lit W. Ruge, Mnizos. *RE* 15/2 (1932) 2290.

Medosaga (Μεδοσαγᾶ), Ort in Galatien, 20 Meilen von Ankyra entfernt, genaue Lage unbekannt

Hist Bekannt nur als Heimat des Mönches Antiochos, der später im Sabas-Kloster bei Jerusalem wohnte[1,2].

Mon —

Font [1] *PG* 89, 1411/12.

Lit [2] Foss, Ankara 70.

Meki (heute amtlich Özlüce), Dorf 41 km n. von Ankyra

□ 32^{40} 40^{00}

Hist —

Mon Die von Leonhard gesehene, als Moschee dienende, aber völlig unveränderte byz. Kirche[1] ist heute einem teilweise aus den alten Quadern errichteten Neubau gewichen. Auch von den damals zahlreichen byz. Resten (Kapitelle) nur noch wenig erhalten (Säulenbasen im Hof der Moschee, zwei Spolien mit Pflanzenornament vermauert)[2].

Font —

Lit [1] Leonhard, Paphlagonia 114.

Bereisung [2] 1982.

Mennek Kalesi, auch Menlik Kale genannt, große Festung im zentralen lykaon. Karaca Dağ, etwa 30 km onö. von Karapınar, 112 km ö. von Ikonion

◬ 33^{40} 37^{40}

Hist —

Mon An eine auf dem kleinen Gipfelplateau stehende Oberburg schließt sich ein weit ausgreifender unterer, etwa ovaler Mauerring gegen N an. Rechtecktürme u. große, eindrucksvoll gewölbte kasemattenartige Räume zwischen Ober- u. Unterburg. Verschiedenes Mauerwerk deutet auf verschiedene Ausbauphasen: Sorgfältiges, einen hellenistischen Mauerverband mit Läufern u. Bindern imitierendes Mauerwerk dürfte aus frühbyz. Zeit stammen. Daneben unregelmäßiges, grobes, nur in den Lagerfugen notdürftig angepaßtes Mauerwerk aus Großquadern mit dazwischen zum Ausgleich gelegten Bruchstücken u. als drittes plattig geschichtete, flache Bruchsteine in durchgehender, aber nicht egal horizontaler Schichtung. Verwendung von Mörtel war nur bei zwei Zisternen sowie an einigen Ausflickstellen zu bemerken[1,2,3].

Font —

Lit [1] Ramsay–Bell, Churches 492–495. — [2] Gündüz, Karapınar 182–184.

Bereisung [3] 1982.

Milia, Straßenstation der Pilgerstraße in Galatien, 11 röm. Meilen nach → Trans Monte, 13 (verbessert aus überlieferten 8) röm. Meilen vor → Iuliupolis. Genaue Lage unbekannt, wahrscheinlich in der Nähe von Eymir (früher Eymür) bzw. Kösemtepe (Flurname), etwa 12 km osö. von Nallıhan[1,2]; ältere Lokalisierungsvorschläge bei oder n. von Nallıhan[3,4] überholt

Hist —

Mon Von einem Punkt etwa 3,1 km ö. von Nallıhan an ist der Verlauf der alten Straße durchgehend bis Iuliupolis (u. weiter bis Ankyra) zu verfolgen[2].

Font [1] Itin. Burdig. 574, 7.

Lit [2] French, Pilgrim's Road 17, 31, 106f. — [3] Miller, Itineraria 658. — [4] W. Ruge, Milia. *RE* 15/2 (1932) 1660f.

Mindana (Μίνδανα), Siedlung in Lykaonien zwischen → Mistheia u. → Uasada, daher wohl auf der linken (ö.) Seite des Beyşehir Çayı zu suchen, genaue Lage unbekannt

Hist In einem Brief (geschrieben 374) rät Basileios von Kaisareia dem Metropoliten von Ikonion Amphilochios, den bisher *Mēstia* unterstellten *agros* Mindana *Uasoda* zu unterstellen[1–4]. Mindana daher sicher zwischen Mistheia u. Uasada zu suchen[2], aber keineswegs mit → Bidana (in der Nähe von → Leontopolis) zu identifizieren.

Mon —

Font [1] Basileios v. Kaisareia, ep. 188 (II 129 Courtonne). — [3] Oudot, Acta 62–67.

Lit [2] Ramsay, Pisidia 266ff. — [4] Laurent, Reg. 1240.

Miskamos (Μισκάμου, gen.) heute vielleicht Yavaşlı, 13 km nnö. von Turgut (→ Klaneos), 58 km nö. von Akşehir, am N-Rand der Turgut Ovası

□ 31^{40} 38^{40}

Hist Auf der einen Seite eines in Hursunlu (Kurşunlu), 15 km ssö. von Yavaşlı gefundenen byz. Grenzsteines ὅροι... Μισκάμου, auf der anderen ὅροι... Ἄρρων (→ Arra, heute Siedlung sö. von Harunlar) angegeben[1]. Auf zwei weiteren Grenzsteinen aus Harunlar [ὅροι] Μισκ(ά)μου[2] bzw. ὅρ(οι) Μισ (κάμου) (→ Arra). Da die Siedlung bei Turgut wahrscheinlich mit → Klaneos gleichzusetzen ist, könnte Miskamos bei der nächstgelegenen alten Siedlungslage, in Yavaşlı, gesucht werden[2].

Mon Bei Yavaşlı Reste einer alten Siedlung, eine Inschrift[2].

Font [1] Anderson, Galatia 293. — [2] *MAMA* VII, XX, 44 (Nr. 211), 52 (Nr. 245[a]).

Lit —

Mistheia (Μίσθεια), heute Beyşehir an der SO-Spitze des Beyşehir Gölü, 72 km wsw. von Ikonion

⛪ 31^{40} 37^{40}

Hist Die seit hellenist. Zeit bezeugte Stadt[1,2] ist aufgrund einer hier gefundenen antiken Ehreninschrift in Beyşehir zu lokalisieren; diese Lokalisierung durch eine Städteliste des Geographus Ravennas bestätigt, welche offensichtlich Elemente eines Intinerars von der Südküste über *Colonia Isauria* (Isaura Palaia, → Leontopolis) u. *Mestia* nach *Antiochia lisidias* (lies Pisidias) enthält[3,4]. Auch die Reihenfolge bei Hieroklēs (Mistheia–Amblada–Uasada)[5] ergibt einen Teil dieses Straßenzuges. In Beyşehir Kreuzung dieser Straße mit der SW-NO-Verbindung von Sidē nach Ikonion u. weiter nach Kappadokien (Route B)[4,6,7]. – Bistum (damals zu Pisidien gehörig) vielleicht schon auf dem Konzil von Nikaia 325 in einer nicht ganz klaren Verbindung mit der ebenfalls pisidischen Nachbarstadt Pappa (heute Yunuslar, etwa 30 km nordöstlich von Beyşehir)[8,9]; SCHWARTZ' Erklärung der offensichtlichen Korruptele dieser Stelle[10] eher unwahrscheinlich. Erster gesicherter Bischof ist Seuēros, von Basileios von Kaisareia in einem Brief an Amphilochios von Ikonion erwähnt, in welchem er ihm riet, den bisher Mēstia (jetzt in Lykaonien) unterstellten *agros* → Mindana der südlich gelegenen Stadt → Uasada zu unterstellen[11,12]. Mistheia entsandte als Suffragan von Ikonion Bischöfe zu den Konzilien von Kpl. 381 (Dareios)[13], Chalkēdōn 451 (Harmatios, vertreten durch den Metropoliten von Ikonion)[14] und Kpl. 692 (Longinos)[15]; als autokephales Erzbistum vertreten auf den Konzilien von Kpl. 869/70 und 879/80 (Basileios; Verschreibung Μύσσου)[15]. Dementsprechend von den Notitiae episcopatuum zuerst unter den Suffraganen von Ikonion, vom späten 8. Jh. an (zuerst in Notitia 2, durchgehend ab Notitia 4) bis ins 14. Jh. unter den Erzbistümern verzeichnet[16]. Siegel eines Erzbischofs Hieronymos aus dem 9. Jh.[17]. 1072 Erzbischof Theodosios auf der Synodos endēmusa in Kpl. anwesend[18]. 1369 die „Führung u. Verwaltung des heiligsten Erzbistums Mystheia" dem Metropoliten von Pisidien übertragen, da die Betreuung der ansässigen Christen nicht mehr anders möglich war[19,20,21].

712 von den Arabern unter al-ʿAbbās b. al-Walīd erobert[22–27]. Wahrscheinlich 878 (oder 879) mußte eine arab. Belagerung Mistheias wegen eines byz. Gegenangriffes auf Adana unter dem älteren Nikēphoros Phōkas aufgegeben werden[28–31]. Um 1031 ein Nikētas aus Mistheia als *Hēgemōn* von Antiocheia bekannt[32]. Wahrscheinlich bereits unter dem Seldschukensultan ʿAlāʾaddīn I. (1219–1239) an der Stelle des alten Mistheia die Stadt Beyşehir gegründet[33]. In spätbyz. Zeit (1438) war die Gleichung von Mistheia u. Beyşehir nicht mehr bekannt; der Ort wird Πέγσιαρη bzw. Πέξαρι genannt[34,35].

Mon Die Ende des 19. Jh. noch vorhandenen Reste einer zumindest teilweise röm. Brücke über den Ausfluß des Beyşehir Gölü[6,36,37] heute durch eine moderne Brücke ersetzt u. völlig verschwunden[38]. Reste einer kleinen Kirche auf dem Friedhof des n. (älteren) Stadtteils İçeri Şehir[39]. Wenige Spolien in den Ruinen der seldschuk. Bauwerke, im modernen s. Stadtteil sowie in der Çeşme an der Ausfahrt Richtung Seydişehir[6,38,40,41].

Font [2] Ptolemaios V 4, 9 (II 858 MÜLLER). — [3] Geogr. Rav. II 17 (S. 30). — [5] Hier. 675, 3–5. — [8] TURNER, Monumenta I 1, 70f. Nr. 154 (153). — [9] HONIGMANN, Nicée 36f., 47 (Nr. 140). — [11] Basileios v. Kaisareia, ep. 188, 10 (II 129 COURTONNE). — [13] TURNER, Canons 169. — [14] *ACO* II 1, 2 S. 152 [348] Nr. 366. — [15] MANSI XI 1004A; XVI 82A, 97B, 158E, 192B; XVII 373C. — [16] DARROUZÈS, Notitiae 14; 1, 360; 2, 81, 424; 3, 497; 4, 77; 5, 80; 7, 83; 8, 97; 11, 117; 12, 118; 14, 102; 15, 148; 16, 107; 18, 129, 158. — [17] LAURENT, Corpus V 1, 670f. (Nr. 862). — [18] OIKONOMIDÈS, Un décret synodal 58, 61. — [19] Cod. Vind. hist. gr. 47 fol. 263r. — [20] *MM* I 509. — [22] Theoph. 382. — [23] Nik. Patr. 48 *(Mēdeia)*. — [24] Chron. min. syr. II 176f. — [25] aṭ-Ṭabarī II 1236 (BROOKS, The Arabs 193; *Samasṭīya*). — [26] Ibn al-Aṯīr IV 578. — [28] De velit. bell. 241–243. — [32] Iō. Skyl. 382f. — [34] Dukas 257.

Lit [1] SWOBODA–KEIL–KNOLL 33. — [4] HALL, Mistheia 119–124 *(Fig)*. — [6] RAMSAY, Pisidia 253, 262f. — [7] LEVICK, Colonies 15. — [10] SCHWARTZ, Bischofslisten 68f. — [12] BELKE, Lykaonien 150–158. — [21] DARROUZÈS, Reg. 2558. — [27] LILIE, Reaktion 120. — [29] GRÉGOIRE, Nicéphore Phocas 244–246. — [30] VASILIEV, Byzance II 1, 85f., 139. — [31] HILD, Straßensystem 57. — [33] V. J. PERRY, Beyshehir. *EI* nouv. éd. 1 (1960) 1226f. — [35] HONIGMANN, L'origine 651f., 656. — [36] SARRE, Reise 119, 127f. — [37] CRONIN, First Report I 110. — [39] JÜTHNER, Vorl. Bericht 28. — [40] STERRETT, Wolfe Expedition 188. — [41] HALL, Eastern Pisidia 68f.

Bereisung [38] 1974, 1976.

Mnēzinē (Μνηζινή), zur Stadt → Mnizos (bei Balçiçek Çiftliği, etwa 8 km w. von Ayaş) gehörige Landschaft, die sich nach N bis zum Oberlauf des → Siberis erstreckte[1]

32^{20} 40^{00}–40^{20}

Hist In der Landschaft Mnēzinē lag am oberen Siberis das Dorf → Mazamia.

Mon —

Font [1] Vita Theod. Syk. I 32.

Lit W. Ruge, Mnizos. *RE* 15/2 (1932) 2290.

Mnizos (Μνίζος), Straßenstation *(Mansio)*, später Stadt an der Pilgerstraße, 10 röm. Meilen onö. von → Petobrogen (16 von *Agannia*, → Anastasiupolis), 7 (verbessert aus überlieferten 12) röm. Meilen w. von → Prasmon, heute Siedlungsspuren etwa 1,5 km sw. von Balçiçek Çiftliği, 8 km w. von Ayaş[1–5] (die früher vorgeschlagene Lokalisierung in → Çağa[6] unmöglich), 53 km wnw. von Ankyra

♁ 32^{00} 40^{00}

Hist In Mnizos ein Gesetz von Kaiser Jovian (4. Februar 364) und vier Gesetze von Kaiser Arkadios (27. Juli 398) erlassen[7,8]. Frühbyz. noch *regeōn* der Galatia I (Ῥεγέμνηζος)[9]. Als Bistum (Suffragan von Ankyra) seit dem Konzil von Chalkēdōn 451 bezeugt (Bischof Leukadios)[10]. Den Brief einer Synode der Galatia I an Kaiser Leōn I. (458) unterschrieb Bischof Armatius[10]. Vertreten auch auf den Konzilien von Kpl. 680/81 u. 692 (Bischof Andreas), Nikaia 787 (Bischof Leōn Μίνζου bzw. Μιζούης) u. Kpl. 879 (Bischof Iulianos Μείζου)[11]. Die Notitiae episcopatuum verzeichnen Mnizos durchgehend bis ins 12. Jh. (Variante Μείζου, andere im Apparat)[12].

Mon Etwa 1,5 km sw. von Balçiçek Çiftliği flacher Siedlungshügel mit Ziegeln u. Keramik[2]. Nach French ist damit zu rechnen, daß sich hier nur die Straßenstation befand, während die eigentliche Siedlung in der Nähe (etwa bei Ilıca, ca. 5,5 km n.) zu suchen wäre[2]. Die röm. Straße nach SW (Richtung → Petobrogen) u. O (Richtung Ayaş) zu verfolgen[2].

Font [1] Itin. Burdig. 575, 1. — [3] Itin. Ant. 142, 4. — [4] Tab. Peut. IX 4 (Miller, Itineraria 659). — [5] Geogr. Rav. II 19, 18. — [7] Cod. Theodos. IX 40, 16; IX 45, 3; X 1, 8; XI 30, 57; XVI 2, 33. — [9] Hier. 697, 1. — [10] *ACO* II 1, 1 S. 60 (Nr. 160) u. passim; II 5, S. 93. — [11] Mansi XI 460 A u. passim; 996B; XII 995C; XIII 144B, 368E, 388E; XVII 377B. — [12] Darrouzès, Notitiae 1, 128; 2, 147; 3, 181; 4, 137; 7, 175; 9, 71; 10, 74; 13, 79.

Lit [2] French, Pilgrim's Road 17, 29, 110f. — [6] Anderson, Galatia 62. — [8] Seeck, Reg. 111, 214, 295. W. Ruge, Mnizos. *RE* 15/2 (1932) 2290.

Modicus mons, heute wahrscheinlich Massiv des Abdüssalâm Dağı (1603 m) bzw. des nö. anschließenden Ahmaşık Dağı (1470 m), etwa 40 km w. von Ankyra

32^{00}–32^{20} 39^{40}–40^{00}

Hist Die hl. „Melanium" überquerte im Winter 437 n. Chr. auf dem Weg von Kpl. nach Jerusalem vor der Straßenstation *Malagurdalo* (→ Malogordis, heute wahrscheinlich Avdan [Odan] Çiftliği, 19,5 km onö. von Ayaş) den *mons Modicus*[1]. An diesem wohl die 14 (verbessert aus überlieferten 9) röm. Meilen w. von Malogordis gelegene Station → Prasmon, zu lesen Tra(n)s Mon(tem)[2]. – Kaum identisch mit dem *mons Magaba,* auf dem sich 189 v. Chr. die Tektosagen gegen Manlius verschanzt hatten u. der im 4. Jh. n. Chr. angeblich *mons Modiacus* genannt wurde, da er sicher näher bei Ankyra zu suchen ist (vielleicht der Elma Dağ sö. von Ankyra)[3,4].

Mon Die röm. (Pilger-)Straße von der *Çeşme* an der Straße Ayaş-Ankara (etwa 3,8 km nö. von Ayaş) an in nö. Richtung, immer entlang den Abhängen des Ahmaşık Dağı, bis in das Tal oberhalb von İlyağut zu verfolgen[5]. → Prasmon.

Font [1] Rampolla, Santa Melania 32. — [3] J. W. Eadie, The Breviarium of Festus. London 1967, 54.
Lit [2] Honigmann, Malagurdalo 102f. — [4] W. Ruge, Magaba. *RE* 14/1 (1928) 287. — [5] French, Pilgrim's Road 17.

Mōrokampos (Μωρόκαμπος), Kl. in Lykaonien, Lage unbekannt

Hist Das Kl. Mōrokampos in Lykaonien in der 2. Hälfte des 10. Jh. von dem Häretiker Eleutherios aus Paphlagonien gegründet; es war auch nach dem Tod des Stifters weiterhin Zentrum der Häresie u. ist wahrscheinlich im Diözesanbereich von Lystra zu suchen, da der Bischof dieser Stadt von einer Synode unter dem Patriarchen Alexios Studitēs den Auftrag erhielt, das Klosterleben zu reformieren u. insbesondere ehemalige Anhänger des Eleutherios, die dies wünschten, nach strenger Prüfung zu Priestern zu weihen[1,2].

Mon —

Font [1] Gouillard, Procès 8f., 46, 52.
Lit [2] Grumel, Reg. 850.

Musgē (Μουσγή), Ort in Galatien am NO-Fuß des → Dindymon, heute wahrscheinlich Gecek (früher auch Gezek), 9 km nw. von → Germia, etwa 18 km osö. von Sivrihisar (→ Spaleia)

□ 31^{40} 39^{20}

Hist Das Dorf besaß eine Kirche der Theotokos; hier traf sich alljährlich (bezeugt für Ende 6. Jh.) bei einer auch als *synodos* bezeichneten, feierlichen Prozession unter Führung ihrer Bischöfe die Bevölkerung der beiden Städte → Germia u. → Eudoxias, zwischen denen demnach Musgē gelegen sein wird[1,2]. Die vorgeschlagene Lokalisierung im 4 km onö. gelegenen → Günyüzü[2] beruht möglicherweise nur auf einer Verwechslung der beiden Orte. – Musgē vielleicht unter dem neuen, von der erwähnten *synodos* abgeleiteten Namen → Synodia im 7. Jh. zum Bistum erhoben[3].

Mon In Gecek reichlich röm. u. byz. Architekturfragmente (u. zwei röm. Inschriften), besonders an der Moschee, an u. in einer kleinen Tekke u. bei einem islamischen Heiligengrab außerhalb des Ortes. Das fein gearbeitete Türgewände der Moschee dürfte aus einem mittelbyz. Templon umgearbeitet sein[2,4,5].

Font [1] Vita Theod. Syk. I 58f.
Lit [2] Waelkens, Germa 462f. *(Lit)*. — [3] K. Belke, Germia und Eudoxias, in: Festschrift H. Hunger (im Druck). — [4] Domaszewski, Inschriften I 185f.
Ruge, Musge (-a?). *RE* 16/1 (1933) 822f.
Bereisung [5] 1982.

Myrikiōn (Μυρικιών), heute Ruinen bei Yeşilyurt (früher Kadıköy), 4,5 km n. von Haymana, 61 km sw. von Ankyra

♁ 32^{20} 39^{20}

Hist Die Eintragungen *Myrikiōn* u. *Regemaurekion* in Galatia II bei Hieroklēs[1] sind wohl nicht voneinander zu trennen; wahrscheinlich wurde in der 1. Hälfte des 5. Jh. die *regio* zur Stadt erhoben[2,3]. Auf dem Konzil von Chalkēdōn 451 ist Bischof Elpidios von *Therma* (auch μονῆς oder πόλεως Θέρμων) vertreten[4]; die latein. u. syr. überlieferte vollständigere Form *Myrecenon Thermis*[4] bzw. Hamīmtā ḏe-Mūrīqīnūn[5] beweist die Identität von Therma und Myrikiōn. Auf dem Konzil von Kpl. 692 unterschrieb Bischof Elpidios τῶν Θέρμων τοῦ ἁγίου Ἀγαπίου (für Ἀγαπητοῦ?)[6], an der Synode von Kpl. 879/80 nahm Michaēl τοῦ ἁγίου Ἀγαπητοῦ teil. Unter Leōn VI. wurde die *topotērēsia* τοῦ ἁγίου Ἀγαπητοῦ zusammen mit → Eudokias u. → Aphrazeia vom Thema Anatolikōn sowie vier Banda vom Thema Bukellariōn zum Thema Kappadokia transferiert, welche dann zusammen die Turma ta → Kommata bildeten[7]. Der Wechsel des Namens auch in den Notitiae episcopatuum: in Notitia 4 (früheste Eintragung in den Notitiae) ὁ τοῦ Μυρικίου, später, zuletzt im 12. Jh., ὁ τοῦ Ἁγίου Ἀγαπητοῦ[8]. – Die Lokalisierung von Myrikiōn bzw. Hagios Agapētos bei Haymana scheint gesichert[9], da bei den ebenfalls vorgeschlagenen Ruinen von Hamamkarahisar[10] das Bistum → Eudoxias anzusetzen ist[11] u. außerdem das Thema Kappadokia auch nach seiner Erweiterung höchstens bis zum → Sangarios reichte, der offensichtlich zeitweilig seine Grenze bildete[12].

Mon Um die heißen Quellen von Haymana (früher Yapan Hamam) frühtürk. Bad mit antiken und ma. Resten[13], heute durch moderne Gebäude ersetzt[16]. Spolien u. christliche Inschriften in Yeşilyurt (früher Kadıköy), wo demnach die eigentliche Stadt anzusetzen ist[14,15]. **Abb. 30**

Font [1] Hier. 697, 5; 698, 3. — [4] *ACO* II 1, 1 S. 60 (Nr. 188) et passim: *ACO* II 2, 2 S. 71 [163] (Nr. 162). — [5] Schulthess, Kanones 137 (Nr. 171). — [6] Mansi XI 1000E; XVII 377E. — [7] Kōnst. Porph., D. A. I. 236 (c. 50). — [8] Darrouzès, Notitiae 41, 76; 4,256; 7,323; 9,203; 10,253; 13,255. — [12] Mich. Att. 184.

Lit [2] Honigmann, Pour l'atlas 543. — [3] Jones, Cities 409f. — [9] Ramsay, Asia Minor 226. — [10] W. Ruge, Μυρικιῶν. *RE* 16/1 (1933) 1092f. — [11] Waelkens, Germa 460–462. — [13] Ainsworth, Travels I 145. — [14] Perrot, Galatia I 275f. — [15] Anderson, Galatia 95f.

Bereisung [16] 1982.

Myriokephalon (τοποτηρησία τοῦ Μυριοκεφάλου), *bandon* im ö. Galatien, genaue Lage unbekannt

Hist Myriokephalon ist – neben → Timios Stauros u. → Bērinupolis – eines der drei *banda,* die unter Kaiser Leōn VI. vom Thema Bukellariōn losgetrennt u. dem Thema Charsianon zugeschlagen wurden, innerhalb dessen sie zusammen die neue *turma* → Saniana bildeten[1].

Mon —

Font [1] Kōnst. Porph., D. A. I. 236 (c. 50).

Lit Ramsay, Asia Minor 248.

N

Namusa, heute Namze Yaylası, etwa 10 km nnw. von → Akkilise, 57 km sw. von Ikonion

□ 32^{00} 37^{20}

Hist Namze Yaylası war in röm. Zeit das Zentrum des δῆμος Σεδασέων[1,2].

Mon Ruinen aus röm. u. byz. Zeit, eine röm. Inschrift, die den δῆμος Σεδασέων nennt, sowie eine byz. Grabinschrift zeigen eine bedeutendere alte Siedlungslage an[1].

Font —

Lit [1] Sterrett, Wolfe Expedition 139–141 (Nr. 240f.). — [2] Hall, Gorgoromeis 128 mit A. 11.

O

Obruk Han, an der alten Straße Ikonion–Kolōneia (Aksaray; Route B), unmittelbar w. eines kreisrunden, typischen „Obruk"-Sees, 33 km wsw. von Sultanhanı, 67 km nö. von Ikonion

□ 33⁰⁰ 38⁰⁰

Hist Die → *Mon* u. die Lage am See sichern eine alte Siedlung in unmittelbarer Nähe.

Mon Das seldschuk. Karavansaray wohl zur Gänze aus röm. u. – überwiegend – byz. Spolien, darunter zahlreichen Inschriften, erbaut, von denen einige vielleicht aus dem etwa 12 km w. gelegenen → Perta verschleppt sind. Spolien auch auf dem Friedhof des heute verlassenen Dorfes Obruk[1-5].

Font —

Lit [1] Erdmann, Karavansaray Nr. 34 *(Lit)*. — [2] Oberhummer–Zimmerer, Kleinasien 256f., 308–311. — [3] T. Callander–W. M. Ramsay, *Class. Rev.* 23 (1909) 7–9. — [4] Ballance, Roads in Lycaonia 232. — [5] *MAMA* VIII, XIV, 47–50.

Bereisung 1974, 1976.

Okla Han, an der alten Straße Ikonion–Kolōneia (Aksaray; Route B), beim Dorfe Oklaköy, 23 km wsw. von Sultanhanı, 77 km nö. von Ikonion

∴ 33⁰⁰ 38⁰⁰

Hist —

Mon Beim Bau des heute völlig zerstörten seldschuk. Karavansarays wurden auch byz. Spolien verwendet[1].

Font —

Lit [1] Erdmann, Karavansaray Nr. 62.

Opsō (᾿Οψώ), Ort in der Nähe von Ankyra, genaue Lage unbekannt

Hist Das Dorf Opsō nur bekannt als Geburtsort des hl. Euthymios des Jüngeren (starb 898)[1,2].

Mon —

Font [1] Vita Euthymii, ed. L. Petit, *ROC* 8 (1903) 200.

Lit [2] L. Bréhier, *Byz* 1 (1924) 183.

Orbana (῞Ορβανα), heute Karakilise (amtlich Karacaören), in den n. Ausläufern des galat. Karaca Dağ, 65 km s. von Ankyra

□ 32⁴⁰ 39²⁰

Hist Der antike Name ist aus den beiden inschriftlich erhaltenen Ethnika ᾿Ορβαν[ί]ων u. ᾿Ορβανίτει[ς] (→ *Mon*) erschlossen.

Mon In Karakilise eine alte Siedlungslage, wo früher Fundamente eines Gebäudes, wohl einer frühchristl. Basilika erhalten waren[1]. Im Ort zwei antike Inschriften, auf einem türkischen Friedhof etwa 2–3 km s. zwei weitere fragmentarische Inschriften mit den Ethnika[1,2]. Nach Angaben der Einwohner heute nichts mehr erhalten[3].

Font —

Lit [1] CALDER, Proseilemmene 238–240. — [2] MITCHELL, North Galatia 239–241 (Nr. 303–306). W. RUGE, Orbana (?). *RE* 18/1 (1939) 875.

Bereisung [3] 1982.

Orkistos (᾿Ορκιστός, ῾Ορκιστός), Bistum der Galatia II, heute Ortaköy (früher Alikel Yayla bzw. Alekian), 26 km nnw. von → Amorion, 86 km sö. von Eskişehir

♁ 31[00] 39[00]

Hist Orkistos, eine ursprünglich wohl selbständige Stadt, die zu einem nicht genau bestimmbaren Zeitpunkt in die Abhängigkeit von Nakoleia geraten war u. somit zu Phrygien gehörte, erlangte erst zwischen 323 u. 326 (bestätigt 331) unter Kaiser Kōnstantinos I. endgültig Unabhängigkeit u. Stadtrecht[1,2]. Bei der Gründung der Galatia II oder Salutaris um 399 zusammen mit Amorion und → Troknada der neuen Provinz zugerechnet[3]. Nahm als Bistum (Suffragan von → Pessinus) an den Konzilien von Ephesos 431 (Bischof Domnos)[4], Chalkēdōn 451 (Longinos)[4] u. Kpl. 692 (Sēgermas ῾Ορκοσετοῦ)[5] teil. Fehlt bei Hieroklēs unter den Städten der Galatia II. u. ist auch in den Notitiae episcopatuum nur vom 9. Jh. (Notitia 4) an bis zum 12. Jh. verzeichnet[6].

Mon S. von Ortaköy die Ruinen der alten Stadt; von diesen sowie den früher zahlreichen antiken u. byz. Architekturfragmenten u. Inschriften (einige in Ortaköy u. in einer unmittelbar im Ruinenfeld stehenden türk. Tekke als Spolien verbaut) ist heute viel verschwunden[1,2,7,8,9]. Einer mittelbyz. Inschrift zufolge wurden 401 Fuß (einer [Stadt-?] Mauer) bis zu einem Tor von einem Hypatos u. Topotērētēs Michaēl Burtzēs Laptukumētēs errichtet, der möglicherweise mit dem Michaēl Burtzes zu identifizieren ist, der 976 zum Magistros u. Dux von Antiocheia ernannt wurde[2,10,11]. Die Familie der Burtzēs besaß in der weiteren Umgebung von Amorion größere Landgüter (ganze *polichnia*)[12], und der Ort Laptokōmē (Laptukōmē) ist bereits aus den spätantiken Tekmoreierinschriften bekannt[13].

Font [1] *MAMA* VII 69–75 (Nr. 303–310) *(Lit)*. — [4] *ACO* I 1, 7 S. 115 (Nr. 121); II 1, 1 S. 60 (Nr. 192) u. passim. — [5] MANSI XI 1000D. — [6] DARROUZÈS, Notitiae 41; 4, 262; 7, 325; 9, 205; 10, 255; 13, 257. — [12] Anna III 200f. — [13] W. M. RAMSAY in: *SERP* 332f.

Lit [2] W. RUGE, Orkistos. *RE* 18/1 (1939) 1090–1097 *(Lit)*. — [3] RAMSAY, Asia Minor 228–230. — [7] HAMILTON, Researches I 446f. — [8] RITTER, Kleinasien I 580. — [10] BUCKLER, Gateway inscriptions 647f. — [11] SEIBT, Skleroi 36 *(Font)*.
JANIN–STIERNON, Galatie 728–730.

Bereisung [9] 1982.

Oyaca, Ort an der modernen Straße Ankara–Haymana, 50 km ssw. von Ankyra

∴ 32[20] 39[20]

Hist —

Mon Im Ort früher mehrere griechische Inschriften sowie röm. u. byz. Architekturfragmente[1]. Jetzt nur noch eine antike Inschrift[2] sowie ein unbeschriebener Altarstein[3] bekannt. – Nö. außerhalb des Ortes in einem isolierten Felsen eine Höhle: Kammer etwa 1,50 × 1,20 m, auf der Schmalseite eine niedrige Sitzbank; Hauptöffnung nach oben, im Boden ein kleiner Ausgang, von dem eine nach außen offene, breite Rinne (Aufstiegsschacht?) nach unten führt[3]: antike Kultstätte oder Wohnung eines byz. Asketen?

Font —

Lit [1] VON DER OSTEN, Explorations 1926, 142. — [2] MITCHELL, North Galatia 195 (Nr. 236).

Bereisung [3] 1982.

P

Pankaleia (Παγκάλεια, Παγκάλλια, Banqāliyā), Ort bzw. Ebene in der Nähe (wohl sö.) von Amorion, genaue Lage unbekannt

31^{20} 38^{40}

Hist Nach der Eroberung Amorions durch die Araber wurden an einem Ort *Pankallia* viele Gefangene umgebracht, andere den muslimischen Großen als Sklaven geschenkt[1]. Auch aṭ-Ṭabarī berichtet von der Hinrichtung von Gefangenen im → Wādī l-Ǧauz u. an einem anderen, namentlich nicht genannten Ort[2,3]. – Am 19. Juni 978 fand bei Amorion, genauer in der Ebene Pankaleia, eine erste Schlacht zwischen dem neu ernannten Domestikos der Scholen Bardas Phōkas u. dem Usurpator Bardas Sklēros statt, der die Oberhand behielt[4–10]. Skylitzēs[4] (ihm folgend Ostrogorsky[11]) läßt irrtümlich die von Sklēros verlorene Entscheidungsschlacht des nächsten Jahres, die in der Nähe von *Sarvenis* (heute Kırşehir, → *TIB* 2 s. v. Aquae Saravenae) in Kappadokien geschlagen wurde, bei Pankaleia „ganz in der Nähe des Flusses Halys" stattfinden, während bei Zōnaras[6] beide Schlachten (ohne Nennung von Pankaleia) unmittelbar aufeinanderfolgen[4,6,8,9].

Mon —

Font [1] Vasil'evskij-Nikitin 44. — [2] aṭ-Ṭabarī III 1254f. (Vasiliev, Byzance I 309). — [4] Iō. Skyl. 324–326. — [5] Leōn Diak. 170. — [6] Iōn. Zōn III 544f. — [7] Yaḥyā b. Sa'īd 375.

Lit [3] Vasiliev, Byzance I 172f. — [8] Adontz, Tornik 143–145. — [9] Seibt, Skleroi 43, 47f. — [10] F. Hild, *TIB* 2, 93f. — [11] Ostrogorsky, Geschichte 248.
Ramsay, Asia Minor 231.

Pegella, heute wahrscheinlich Azak, 14 km sö. von → Gdanmaa, 76 km nnö. von Ikonion

▭ 32^{20} 38^{20}

Hist Die nur aus der Tabula Peutingeriana[1] bekannte Straßenstation an der „nördlicheren Diagonalverbindung durch Lykaonien" zwischen → Gdanmaa (Egdava, heute Çeşmelisebil) u. → Congusso (heute wahrscheinlich Zıvarık [amtlich Altınekin]). Die Entfernung (der Tabula) von Congusso (XX Meilen) führt ziemlich genau nach Azak, während die Entfernung von *Egdava* (ebenfalls XX Meilen) zu X verbessert werden müßte[2,3,4]. – Die Gleichsetzung mit dem Bistum → Psibēla ist möglich, aber nicht zwingend.

Mon Spätantike und frühbyz. Inschriften aus Azak, Karabağ und den umliegenden Yaylas[2,5,6].

Font [1] Tab. Peut. X 1 (Miller, Itineraria 690).

Lit [2] *MAMA* I 173–176; *MAMA* VII, XXIIIf. — [3] Calder, Note, Appendix. — [4] Belke, Lykaonien 32. — [5] A. Margaret Ramsay, Art 70–72, 82.

Bereisung [6] 1974.

Peōn chōrion (Πεῶν χωρίον), heute wahrscheinlich Sedkaşı (Tabanlıoğlu) Kale, etwa 69 km wnw. von Ankyra, 15 km osö. von Beypazarı

△ 32^{00} 40^{00}

Hist Die Vita des Theodōros von Sykeōn nennt Peōn chōrion, zusammen mit Bunas und Hymnias chōrion, die alle in unmittelbarer Nachbarschaft des chōrion Eukraōn tēs

Lagantinēs, also in der Umgebung von Lagania (→ Anastasiupolis, heute Dikmen Hüyük, etwa 10 km ssw. von Sedkaşı Kale) lagen[1]. Aufgrund dieser Lagebestimmung und der Namensähnlichkeit ist Peōn chōrion wahrscheinlich mit der Festung Pēion des Galaterkönigs Dēiotaros zu identifizieren[2], die ihrerseits sicher in Sedkaşı Kale lokalisiert ist[3]. In der späteren Ausbauphase (→ *Mon*) könnte die Festung auch in den byz.-türk. Kämpfen der Komnenenzeit eine Rolle gespielt haben.

Mon Die ursprünglich hellenist. Anlage (im wesentlichen ein durch drei polygonale Türme verstärktes Sperrfort) schützte den nur von O möglichen Zugang zu einem in einer Flußschlinge des → Siberis liegenden Hochplateau. In byz. Zeit wurden fast alle sichtbaren Mauerpartien teilweise mit alten Materialien und Spolien, teilweise mit Kleinquader- u. Bruchtsteinmauerung in Mörtelbett, am N-Turm auch mit Ziegelband, unter weitgehender Beibehaltung des alten Grundrisses neu aufgeführt; weitere Türme u. ein (ursprünglich weitgehend geschlossener?) Mauerring zur Sicherung des Steilabfalles zum Fluß hin ergänzen den antiken Bestand. An den noch sichtbaren hellenist. Mauerteilen sind fast alle Quaderecken zum Dübelraub ausgebrochen[3-5]. **Abb. 19–21**

Font [1] Vita Theod. Syk. I 92–95. — [2] Strabōn XII 5, 2.

Lit [3] Mitchell, Blucium and Peium 61–74 (Fig). — [4] Anderson, Galatia 63f.

Bereisung [5] 1978.

Perta (Πέρτα; Ḫirbat bzw. Qaryat Fāriṭa), heute Gimir, am nö. Fuße des Ballık Dağ, der Fortsetzung des Boz Dağ nach N, 12,5 km w. des Obruk Han, 58 km nö. von Ikonion
♁ 33⁰⁰ 38⁰⁰

Hist Die seit der Antike bekannte Stadt[1] lag nach der Tabula Peutingeriana *(Petra)*[2] im ausgehenden Altertum an der „nördlicheren Diagonalverbindung durch Lykaonien" von Amorion bzw. Abrostola (heute Veletler) nach Salaberina (heute Gideriç)[3,4], in mittelbyz. Zeit an der nördlichen der von Ibn Ḫurdādbih überlieferten Routen von der Kilikischen Pforte nach Amorion, welche entlang der O-Flanke des Boz Dağ über → Kana u. → Sauatra verlief[4,5]. Seit dem Konzil von Kpl. 381 als Bistum bezeugt[6], Teilnahme an den Konzilien von Chalkēdōn 451 (vertreten durch den Metropoliten von Ikonion)[7] u. Nikaia 787[8]. Bei Hierokles (Πτέρνα)[9] und durchgehend bis ins 12. Jh. in den Notitiae episcopatuum[10] verzeichnet. Da Perta im Itinerar des Ibn Ḫurdādbih, wo es vermutlich doppelt aufgeführt ist (→ Barata), außer als Qaryat (Marktflecken) auch als Ḫirbat (Ruine von) Fāriṭa aufscheint[5], war es wohl während der Arabereinfälle zumindest zeitweise verwüstet.

Mon Siedlungshügel, der in byz. Zeit wohl befestigt war[11], unmittelbar ö. des modernen Ortes, in dem reichlich antike und byz. Spolien u. Inschriften verbaut sind bzw. herumliegen; Inschriften auch in den umliegenden Dörfern Koçaş, Karadüşen Yayla, Köpekler (İpekler) und im → Obruk Han (z. T. vielleicht aus Perta verschleppt); in Koçaş und im Obruk Han je eine praktisch identische byz. Inschrift auf einem (Grenz-? Meilen-? oder allgemein den Weg oder einen wichtigen Platz markierenden?) Stein mit dem Ortsnamen Perta[12,13].

Font [1] Ptolemaios V 4,8 (II 857 Müller). — [2] Tab. Peut. X 1 (Miller, Itineraria 690). — [5] Ibn Ḫurdādbih 113 (de Goeje 86). — [6] Turner, Canons 169, 174. — [7] *ACO* II 1, 2 S. 152 [348] Nr. 365. — [8] Mansi XII 998D, 1107C; XIII 373B, 396C. — [9] Hier. 676,3. — [10] Darrouzès, Notitiae 1,369; 2,434; 3,507; 4,386; 7,446; 9,328; 10,385; 13,391. — [13] *MAMA* VIII 47–50.

Lit [3] Ballance, Roads in Lycaonia 224–228 *(Lit)*. — [4] Belke, Lykaonien 31f., 45, 52f., 197f. — [11] Ballance in: *MAMA* VIII, XIIIf. — [12] T. Callander–W. M. Ramsay, *Class. Rev.* 23 (1909) 7–9.

Bereisung 1974.

Pessinus (Πεσ[σ]ινοῦς, byz. meist Πισ[σ]ινοῦς), am Flüßchen → Gallos u. den w. Vorhügeln des → Dindymon, heute Ballıhisar 16 km n. des Sangarios, 128 km sw. von Ankyra

♁ 31[20] 39[20]

Hist Im Altertum durch den Kult der *Magna Mater* (Kybelē) bekannt[1,2], der bis in frühbyz. Zeit fortlebte. Kaiser Julian, der den Kult stärken wollte u. eine sonst unbekannte Dēmētēr-Priesterin Kallixeinē auch zur Kybelē-Priesterin ernannte[3], besuchte die Stadt 362 auf dem Weg nach Antiocheia[4], war jedoch von dem mangelnden Eifer der Einwohner für die heidnische Religion enttäuscht[3]. Von Valens 366 im Zusammenhang mit den Kämpfen gegen den Usurpator Prokopios mit einer Besatzung belegt[2,4,5]. Bei der Teilung Galatiens um 399 – und nicht schon unter Theodosios I.[6] – wurde Pessinus politische u. kirchliche Mētropolis der neuen Eparchie Galatia II oder Salutaris (Salutaria)[7]. Erster bekannter Bischof ist Dēmētrios, der zu den treuen Anhängern des Iōannēs Chrysostomos zählte[8,9,10]. Entsandte Bischöfe zum Konzil von Ephesos 431 (Pios), auf die Räubersynode von Ephesos 449 u. das Konzil von Chalkēdōn 451 (Theoktistos) sowie auf das Konzil von Kpl. 536 (Akakios)[11]; seit dieser Zeit führt die Stadt sporadisch den Beinamen Iustinianupolis[11], der zuletzt Ende 12./Anfang 13. Jh. belegt ist[24]. Ende 5./Anfang 6. Jh. wirkte unter dem Metropoliten Geōrgios der hl. Theodōros von Sykeōn ein Regenwunder, bei dem der Fluß von Pessinus (der → Gallos) über seine Ufer trat[12,13]. Zu dieser Zeit war die Hagia Sophia die Hauptkirche; die Stadt besaß „außerhalb der Mauern" eine Myriangeloi-Kirche (war also ummauert)[12]. – Eine angebliche Eroberung durch die Araber unter ʿAbdarraḥmān b. Ḫālid[14] wenig wahrscheinlich[15]. – Ferner vertreten auf den Konzilien von Kpl. 680/81 (Iōannēs), 692 (Kōnstantinos), Nikaia 787 (Grēgorios, zunächst als Ikonoklast angeklagt, darf aber schließlich seinen Sitz behalten) und Kpl. 879/80[16] (Eustratios, der auch den hl. Blasios von Amorion zum Subdiakon weihte[17,18]). Ein namentlich nicht genannter Metropolit Empfänger eines Briefes des Patriarchen Nikolaos Mystikos[19,20]. Um die Mitte des 10. Jh. Metropolit Eusebios Adressat eines Briefes von Andreas von Nikaia[21]. Im 11. Jh. Metropoliten von Pessinus mehrfach als Teilnehmer der Synodos endēmusa in Kpl. bezeugt: 1032[22] u. 1054[16,20] Nikolaos, 1072 Symeōn[23]. In den Notitiae episcopatuum durchgehend bis ins 14. Jh. verzeichnet[24]. Als Suffragane von Pessinus sind → Amorion, → Eudoxias, → Germia, → Germokolōneia, → Klaneos, Lōtinon (→ Troknada), → Myrikiōn (= H. Agapētos), → Orkistos, → Pitanissos, → Spal(e)ia, → Synodia u. → Troknada bekannt. Von diesen scheiden bis zum 7. Jh. Germia, im 8. Jh. Amorion als Autokephale aus dem Metropolitanverband aus; als im 9. Jh. Amorion zur Mētropolis erhoben wird, erhält es vom Gebiet der Galatia II Klaneos als Suffragan.

Mon Die um die Mitte des 19. Jh. offensichtlich noch bedeutenden, teilweise aufrecht stehenden Ruinen durch Steinraub u. Verschleppung, besonders nach Sivrihisar, stark vermindert[25-29]. Neue Aufschlüsse brachten belgische Grabungen 1967–1972, die aber neben bedeutenden antiken Funden nur wenig byz. Material ergaben. Demnach wurde an dem ursprünglich kultischen Zwecken dienenden Kanal, der den Ort durchfloß u. das Flüßchen → Gallos bändigte, noch im 4. Jh. gebaut bzw. repariert[13,30]. Nach einer Brandkatastrophe um die Mitte des 3. Jh., die vielleicht mit den Goteninvasionen in Verbindung zu bringen ist, die ja Pessinus erreichten[31], wurden Teile des Stadtgebietes in byz. Zeit neu überbaut. Dasselbe geschah im Bereich des Kybelē-Tempels, der in der 2. Hälfte des 4. Jh. gewaltsam zerstört wurde[32]. Auch die im Umfeld der Stadt liegenden Nekropolen waren mindestens bis ins 4. Jh. in Benutzung[33]. Die sog. Akropolis im N könnte noch in byz. Zeit als Befestigung gedient haben[29]. Aus Pessinus stammen relativ wenige christl. Inschriften[34].

Font [1]Strabōn XII 5, 3. — [3]Julien, Lettres 81, 84 (90f., 146f. Bidez). — [4]Amm. Marc. XII 9, 5–8; XXVI 9, 1f. — [6]Iō. Mal. 348. — [7]Hier. 697, 4. — [8]Palladios, *PG* 47, 8 u. passim. — [9]Sōzomenos 372. — [11]*ACO* I 1, 2 S. 62 (Nr. 162); 1,7 S. 112 (Nr. 18); II 1,1 S. 57 (Nr. 39), 78 (Nr. 16/17), 183 (Nr. 10); 1,2 S. 4 [200] (Nr. 41) u. passim; II 5 S. 23 (Nr. 24); III 28 (Nr. 36), 114 (Nr. 23) u. passim. — [12]Vita Theod. Syk. I 80f. — [14]Chron. min. syr. II 57. — [16]Mansi XI 613B, 265E, 644A, 672A, 692A, 989E; XII 1015D, , 1018B.C, 1019B, 1050D, 1119B, 1151D; XIII 136E, 365C, 381D; XVII 373B; XIX 812E. — [17]*AASS* Nov. IV 659f. — [19]*PG* 111, 324f. — [21]Darrouzès, Epistoliers 88. — [22]Ficker, Erlasse 26. — [23]Oikonomidès, Un décret synodal 57. — [24]Darrouzès, Notitiae passim. — [31]Zōsimos I 28, 1 (I 27 Paschoud).

Lit [2]W. Ruge, Pessinus. *RE* 19/1 (1937) 1104–1113. — [5]Nagl, Valens 2104. — [10]Baur, Chrysostomus II 207 u. passim. — [13]Waelkens, Pessinonte et le Gallos 350ff. — [15]Lilie, Reaktion 70. — [18]Laurent, Notitiae 466f. — [20]Grumel, Reg. 739, 869. — [25]Hamilton, Researches I 439–441. — [26]Texier, Asie Mineure I 161–170. — [27]Perrot, Galatie 211–215. — [28]Humann–Puchstein 28–31. — [29]K. Bittel, *AA* 82 (1967) 142–150. — [30]P. Lambrechts, *Türk Ark. Derg.* 19 (1970) 133–172; *De Brug* 4 (1970) 262–266; *Anat. Stud.* 21 (1971) 32f. — [32]H. Alkim, *Anatolica* 5 (1973–1976) 73f. *(Lit)*. — [33]P. Lambrechts, Les Fouilles de Pessinonte: La Nécropole. *L'Antiquité Classique* 38 (1969) 121–146 (bes. 133). — [34]P. Lambrechts–R. Bogaert, Nouvelles données sur l'histoire du christianisme à Pessinonte, in: Festschrift F. Altheim I. Berlin 1969, 552–564.

W. Ruge, Pessinus, *RE* 19/1 (1937) 1104–1113.

Bereisung 1982.

Petobrogen, Straßenstation *(mutatio)* der Pilgerstraße, 6 röm. Meilen ö. von *Agannia* (→ Anastasiupolis), 10 röm. Meilen w. von → Mnizos[1]. Die Entfernungen führen in die Nähe von Perli Çiftlik (20 km wsw. von Ayaş); hier jedoch keine Siedlungsspuren gefunden[2]

32^{00} 40^{00}

Hist Der Name wohl keltisch. Ein Zusammenhang mit → Peōn chōrion[3,4,5] weder sprachlich noch geographisch wahrscheinlich.

Mon —

Font [1]Itin. Burdig. 574, 11.

Lit [2]French, Pilgrim's Road 31, 110f. — [3]Ramsay, Asia Minor 242, 245f. — [4]Anderson, Galatia 63f. — [5]W. Ruge, Petobrogen. *RE* 19/1 (1937) 1162.

Phylē (Φυλή), heute Beyköy, 12,5 km nö. von Mihalıççık, 107 km w. von Ankyra

□ 31^{20} 39^{40}

Hist In Beyköy, wo in der Kaiserzeit die Familie der Plancii Grundbesitz hatte, ist in frühbyz. Zeit inschriftlich der Name χωρίον Φυλῆς bezeugt[1,2].

Mon In Beyköy zwei latein. u. eine byz. Inschrift gefunden[1,2,3].

Font —

Lit [1]Anderson, Galatia 75. — [2]Mitchell, Plancii 31. — [3]Mitchell, North Galatia 86ff. (Nr. 82–84).

Pidron(-s) (Πίδρου, gen.), genaue Lage unbekannt, vgl. → Akrēna

31^{20} 39^{40}

Hist Das Dorf Pidron lag in unmittelbarer Nähe von → Akrēna mit seinem Michaelsheiligtum, auf dem Territorium (in der Diözese) von Hēliupolis (→ Iuliupolis)[1]. Wenn Akrēna ein Flurname ist, könnte Pidrum in → İkikilise (amtlich İkizafer), wo eine Weihinschrift an den Zeus Akreinēnos gefunden wurde, oder im 6,5 km w. gelegenen Çardakköy (beides Stellen alter Siedlungen)[2] gesucht werden. – Pidrum wohl nicht mit dem im Thema Anatolikōn gelegenen Ort *Pidra*[3,4] identisch, da sich dieses kaum so weit nach N erstreckte[5].

Mon —

Font [1] Vita Theod. Syk. I 67. — [3] Theoph. Cont. 6. — [4] Iōs. Gen. 7.

Lit [2] ANDERSON, Galatia 71–75. — [5] RAMSAY, Asia Minor 246.

Pitanissos (Πιτανισσός), genaue Lage unbekannt; nach den Angaben der antiken Geographen (Πιτνισσός, Πετενισσός, Πίτνισσα) im kalten u. trockenen Gebiet w. der → Tatta Limnē in der sog. Proseilēmmenē im lykaon.-galat. Grenzgebiet zu suchen[1–7]

Hist Seit frühbyz. Zeit Stadt der Galatia II[8], als Bistum (Suffragan von Pessinus) zuerst auf dem Konzil von Chalkēdōn 451 bezeugt (Bischof Pius *Peteniensis* bzw. *Paṭīnīsun*)[9–11]. In den Notitiae episcopatuum durchgehend bis ins 12. Jh. verzeichnet[12].

Mon —

Font [1] Strabōn XII 6,1. — [2] Ptolemaios V 4,8 (II 855 MÜLLER). — [3] Steph. Byz. 525. — [8] Hier. 697,6. — [9] *ACO* II 2,2 S. 71 [163] Nr. 168. — [10] SCHULTHESS, Kanones 137. — [11] HONIGMANN, Original Lists 48 u. 54 (Nr. 244). — [12] DARROUZÈS, Notitiae 1,142; 2,304; 3,354; 4,258; 7,321; 9,201; 10,251; 13,253.

Lit [4] RAMSAY, Asia Minor 227, 233. — [5] ANDERSON, Galatia 117f. — [6] RAMSAY, Lycaonia 104f. — [7] W. RUGE, Petenissos. *RE* 19/1 (1937) 112f.

Posala (Πόσαλα), heute amtlich Özyurt (früher Bosala), 7,5 km wnw. von Pyrgoi, 31 km wnw. von Laranda, an den n. Ausläufern des Pusala Dağ (Hacıbaba, Kabakbaşı Dağ)

♁ 32⁴⁰ 37⁰⁰

Hist Als Bistum auf dem Konzil von Kpl. 381 vertreten (zugleich erster Beleg)[1,2]; dann erst wieder in den Notitiae episcopatuum vom 10. bis zum 12. Jh. verzeichnet[3]. Als Dorf noch in einer türk. Stiftungsurkunde des 15. Jh. erwähnt[4]. Durch die neue Lokalisierung von → Derbē in Devri Şehri nö. von Laranda ist die Theorie, daß Posala u. Derbē in einem „Doppelbistum“ vereint gewesen seien u. daß innerhalb desselben die eine Stadt die andere an Bedeutung abgelöst habe[5,6], hinfällig geworden.

Mon N. von Özyurt alter Siedlungshügel (Keramik)[7]. In Özyurt sowie im etwa 4 km w. gelegenen Akarköy (früher Zosta, Losta) zahlreiche antike u. byz. Spolien u. Inschriften verbaut, in Özyurt früher auch Ruine einer Kirche[8–11,13]. Bemerkenswert das Grab eines frühchristl. Märtyrers Paulos etwa 1 km w. von Akarköy, um welches sich wohl eine Kultstätte gebildet hatte[9,12].

Font [1] TURNER, Canons 169 (Nr. 102). — [3] DARROUZÈS, Notitiae 77; 7,443; 9,325; 10,382; 13,388.

Lit [2] GELZER, Geogr. und onomatolog. Bemerkungen 129. — [4] UZUNÇARŞILIOĞLU, Karaman 148. — [5] RAMSAY, Lycaonia 73–75. — [6] JONES, Cities 135f. — [8] HAMILTON, Researches II 325f. — [9] RADET–PARIS, Inscriptions 509–512. — [10] STERRETT, Wolfe Expedition 21f. — [11] *MAMA* VIII 37. — [12] RAMSAY, Derbe 550–552. — [13] DAVIS, Asiatic Turkey 425.

Bereisung [7] 1974.

Prasmon, Straßenstation *(mutatio)* der Pilgerstraße, 7 (verbessert aus überlieferten 12) röm. Meilen ö. von → Mnizos, 14 (verbessert aus überlieferten 9) röm. Meilen w. von → Malogordis, heute wahrscheinlich *çeşme* an der Straße Ankara–Ayaş, etwa 3,8 km nö. von Ayaş[1,2] (frühere Lokalisierung bei → Erkeksu Çiftliği[3] überholt)

32²⁰ 40⁰⁰

Hist Der Name der Straßenstation ist wahrscheinlich mit der Pariser Handschrift *Tra(n)s Mon(tem)* zu lesen u. auf den Übergang über den Abdüsselâm bzw. Ahmaşık Dağı (→ Modicus mons) zu beziehen, an dem Prasmon ja liegt[4]. Zu unterscheiden von → Trans Monte

Mon Etwa 1 km nö. der *çeşme,* abseits der Straße, kleine (vorbyz.?) Festung mit prähist. Keramik, die das Tal von Başayaş überschaut. – Am Ayaş Beli, 0,7 km s. der Straße Ankara–Nallıhan ö. neben dem Weg nach Başayaş, kleiner Siedlungshügel mit prähist. Keramik u. Resten eines späten (ma.?), rechteckigen Steingebäudes auf der Spitze. Die röm. Straße von der *çeşme* an nach NO zu verfolgen[2].

Font [1] Itin. Burdig. 575, 2.

Lit [2] French, Pilgrim's Road 17, 24, 29, 112f. — [3] Anderson, Galatia 60f. — [4] Honigmann, Malagurdalo 103.

Prōtomeria (Πρωτομερία), nicht näher lokalisierbare Landschaft in der Nähe von → Sykeōn

31^{40} 40^{00}

Hist Nach der Vita des hl. Theodōros von Sykeōn lagen in der Prōtomeria die Orte Ergobroteōs chōrion (hier eine Kirche Johannes' des Täufers u. in der Umgebung der Zunbulios topos) u. Sandu chōrion; in unmittelbarer Nachbarschaft Permetaïas (Permataïas) chōrion und Aiantōn chōrion[1].

Mon —

Font [1] Vita Theod. Syk. I 24f., 43, 88f., 91f., 100, 118.

Lit —

Psibēla (Ψίβηλα), Bistum in Lykaonien, nicht lokalisiert

Hist Psibēla, nach der Kaiserin Verina auch Bērinupolis genannt[1,2], als Stadt und Bistum erst durch die Akten der Konzilien von Kpl. 680/1 (Ψιβήλων) und Kpl. 692 (τῆς Βερηνῶν πόλεως) belegt[3]. In den früheren Notitiae episcopatuum neben Bērinupolis allein auch beide Namen zusammen (ὁ Βηρινουπόλεως ἤτοι Ψιβήλων); seit der Zeit Leōns VI., zuletzt im 12. Jh., nur noch ὁ Ψιβήλων[4]. Die Verwendung beider Namen von Anfang an sowie der Umstand, daß sich der einheimische Name schließlich durchgesetzt hat, lassen es, im Gegensatz zu → Gdanmaa/Eudokias, m. E. wahrscheinlich erscheinen, daß es sich um eine Stadt handelt und nicht um zwei, die zu einem „Doppelbistum" zusammengefaßt waren[5]. Kurzfristig am Beginn des 8. Jh. offiziell *Christupolis* benannt[6]. – Die Gleichsetzung von Psibēla mit der Straßenstation → Pegella der Tabula Peutingeriana[1,5] einerseits oder mit dem wohl korrupten → Rēginon (Rignon) bei Hieroklēs[7] andererseits[5,8] ist möglich, aber nicht zwingend.

Mon —

Font [3] Mansi, XI 460 B et passim, 1004 A. — [4] Darrouzès, Notitiae 1,366; 2,431; 3,504; 4,383; 7,436; 9,318; 10,375; 13,381. — [6] Zacos–Veglery I Nr. 2971. — [7] Hier. 676,6.

Lit [1] Ramsay, Asia Minor 344f. — [2] Gelzer, Notitiae 547. — [5] Ramsay, Lycaonia 94, 102; Preliminary Report 248f. — [8] Jones, Cities 136.
R. Janin, 2. Bérinopolis. *DHGE* 8 (1935) 496f.

Pusgusē Limnē (Πουσγούση Λίμνη), heute Beyşehir Gölü, mit rund 650 km^2 einer der bedeutendsten Seen der Türkei[18], zwischen Lykaonien u. Pisidien

31^{00}–31^{40} 37^{20}–37^{40}

Hist Der antike Name Karalis Limnē[1] byz. nicht mehr belegt, jedoch liegt er wahrscheinlich der in einer syrischen Chronik überlieferten Form Asqdrīn zugrunde (Erwähnung eines Feldzuges nach Kleinasien unter ʿAbdarraḥmān b. Ḫālid, in dem eine arab. Abteilung bei dem Versuch, eine dem Festland nahegelegene Insel zu erobern, eine Niederlage erlitt)[2,3]; vielleicht auch der bei Kinnamos als alte Bezeichnung erwähnte Name λίμνη τοῦ Σκληροῦ auf Karalis zurückzuführen[4,5,6,20]. Im MA. Πουσγούση λίμνη (die Formen Πουγγούση und wohl auch Πασγούση sind auszuscheiden[7]). 1142 unterwirft Iōannēs II. Komnēnos auf seinem Zug nach Syrien die befestigen Inseln des Sees, deren romäische Bewohner sich den seldschuk. Türken von Ikonion bereits so angepaßt und unterworfen hatten, daß sie ihm Widerstand leisteten[4,8,9,10]. 1146 zieht sich Manuēl I. Komnēnos von seiner vergeblichen Belagerung → Ikonions über die Pusgusē Limnē in Richtung auf die Mäanderquellen zurück[4,5,10]. Mit Vorsicht ist die Bemerkung bei Skutariōtēs (in den Text eingedrungene Randglosse?) zu beurteilen, wonach die Pusgusē Limnē (im Text Πουγγούση) früher Γαζουρός geheißen habe[9]; in diesem Falle wäre möglicherweise die Μονὴ τῶν Μιασηνῶν, in welcher eine wundertätige Marienikone, die zur Ikonoklastenzeit in die λίμνη τῆς Γαζουροῦ geworfen worden war, später aber wieder aufgefunden und in diesem Kloster aufbewahrt wurde, in der Nähe des Beyşehir Gölü zu suchen[11,12]. Weiters könnte dann hier auch die Heimat jenes Slaven Thomas angesetzt werden, der unter Michaēl II. einen großen Aufstand entfachte und von der λίμνη τοῦ Γαζουροῦ stammen soll[13,14,15]; deren Identität (aufgrund des Lautanklanges) mit dem antiken Gaziura[16,17] scheint mir nicht erwiesen[6]. – In einer Ptolemaios-Handschift (geschrieben 1438) λίμνη τοῦ Πουσγούσι als alter Name des Sees von Πέξαρι (= Beyşehir, → Mistheia) noch einmal ausdrücklich erwähnt[19].

Mon Für den lykaon. Abschnitt des Seeufers → Kıstıfan, → Mistheia, → Üskerles.

Font [1] Strabōn XII 6, 1. — [2] Chron. min. syr. II 56f. — [4] Iō. Kinn. 22, 58f. — [8] Nik. Chōn. 37f. — [9] Theod. Skut. 208. — [11] Synax. Cpl. 1f., 6. — [13] Iōs. Gen. 8. — [14] Theoph. Cont. 7. — [15] Iō. Skyl. 9.

Lit [3] O. Blau, *ZDMG* 29 (1876) 642f. — [5] Ramsay, Asia Minor 389. — [6] Belke, Lykaonien 119–123. — [7] P. Wirth, *Byz Forsch* 3 (1968) 253. — [10] Chalandon, Les Comnène II 181f., 255f. — [12] Janin, Églises 240. — [16] Anderson, Studia Pontica I 69–71; Karte VI. — [17] Lemerle, Thomas 287. — [18] Saraçoğlu, Akarsular 309–312. — [19] Honigmann, L'origine 652, 656. — [20] Seibt, Skleroi 77 A. 280.

Pyrgoi (Πύργοι, Pirgus), heute Kazımkarabekir (früher Gaferiyat oder Kasaba), 7 km nw. von Ilistra, 23 km wnw. von Laranda

⛪ 32^{40} 37^{00}

Hist Als Bistum (Suffragan von Ikonion) in den Notitiae episcopatuum von der Zeit Leōns VI. an, zuletzt im 12. Jh. verzeichnet[1]. – Fand als letzte Station vor → Laranda Eingang in einige Berichte zum Dritten Kreuzzug[2–6]. – Pyrgoi bildete kein „Doppelbistum" mit einem (in Lykaonien gar nicht existierenden) Ort *Roina*[1,5,7]; seine Identifizierung mit dem wohl korrupten → Rēginon (Rignon) ist wenig wahrscheinlich[7–10].

Mon Der heutige Ort ist um den alten Akropolishügel gebaut u. enthält einige antike u. ma. Spolien[11]. Bis Ende 19. Jh. hatte er seine ma. (byz.?) Ummauerung bewahrt[12,13].

Font [1] Darrouzès, Notitiae 39; 7,440; 9,322; 10,379; 13,385. — [2] Chroust, Quellen 88. — [3] Tageno 415.

Lit [4] Ramsay, Asia Minor 346, 448. — [5] Ramsay, Lycaonia 80–82. — [6] Eickhoff, Barbarossa 138. — [7] Jones, Cities 136. — [8] Hier. 28 (zu 676,6). — [9] E. Honigmann, *Byz* 14 (1939) 635f. — [10] Belke, Lykaonien 184–188. — [12] Hamilton, Researches II 325f. — [13] Wilson, Handbook 157.

Bereisung [11] 1974.

R

Ravli, heute amtlich Akyurt, am O-Rand der Çubuk Ovası, 29 km nö. von Ankyra

∴ 33°° 40°°

Hist —

Mon Reichlich z. Teil unvollendete Architekturfragmente, die wohl in einer nahegelegenen Werkstatt bearbeitet wurden[1]. Eine datierte byz. Inschrift aus dem Jahre 460[2].

Font —

Lit [1] Hamilton, Researches I 416. — [2] Mitchell, North Galatia 165f. (Nr. 197).

Rēginon/Rignon (ʿΡηγίνον/ʿΡίγνον), nicht lokalisiert

Hist Der nur aus Hieroklēs[1] bekannte Ort könnte vielleicht das in dieser Liste fehlende → Psibēla (Bērinupolis) vertreten[2] bzw. aus letzterem korrumpiert sein[3]. Der wohl von späterer Hand stammende, sicher irrtümliche Zusatz ἤτοι πύρ(γων) ἀρχιεπισκοπῆ(ς) in einer Handschrift (Cod. Hier. Patr. 39) gestattet es nicht, an eine Verbindung entweder zum byz. Bistum → Pyrgoi bzw. zur Straßenstation Pyrgos zwischen Ikonion und Sauatra oder gar – aufgrund einer ebenfalls nachträglichen Rasur und Verbesserung am Schluß der Epiphanios-Notiz in derselben Handschrift – zu einem in Lykaonien gar nicht existenten Bistum Roïna zu denken[1,3,4].

Mon —

Font [1] Hier. S. 10; S. 28, 676, 6.

Lit [2] Jones, Cities 136. — [3] Ramsay, Lycaonia 94, 102. — [4] Belke, Lykaonien 186f., 202 A. 2.

Rosolodiaco, Station *(mutatio)* der Pilgerstraße im sö. Galatien, heute Siedlungsspuren bei einer *çeşme* etwa 5 km w. von Deliler Çiftliği[1], 13 km sö. von → Gorbeus, 41 km ssö. von Ankyra

▭ 32⁴⁰ 39²⁰

Hist *Orosologia* (v. l. *Rosologia*) bei Ptolemaios unter den Orten der Tektosagen genannt [2]. In spätröm. u. frühbyz. Zeit *Rosolotiaco (Orsologiaco, Rosolodiaco)* Straßenstation der Pilgerstraße, 12 (irrtümlich auch 18) röm. Meilen nach → Gorbeus, 13 röm. Meilen vor → Aliassum bzw. 31 (irrtümlich auch 20) vor → Aspona[3,4,5].

Mon Siedlungsspuren (Steinstrukturen u. Keramik) bei einer *çeşme* etwa 5 km w. von Deliler Çiftliği; bei Deliler Çiftliği selbst (abseits der röm. Straße) u. etwa 1,5 km s. von Yüreli je ein Siedlungshügel[1]. Meilensteinfunde in Ahıboz, Günalan (früher Holoz), Karaali, Abazlı, Bağiçi (früher Zivre), Yüreli u. Bezirhane[1].

Font [2] Ptolemaios V 4, 6 (II 852 Müller). — [3] Itin. Ant. 143, 3; 206, 1. — [4] Itin. Burdig. 575, 10. — [5] Geogr. Rav. 29.

Lit [1] French, Pilgrim's Road 25, 30, 79–84, 114f.
Anderson, Galatia 103f.

S

Sadettin Hanı, auch Zazatin Hanı, röm.-byz. Siedlung u. seldschuk. Karavansaray an der Straße Ikonion–Kolōneia (Aksaray; Route B), in der n. Konya Ovası 2,5 km s. von Tömek, 22 km nö. von Ikonion □ 32^{40} 37^{40}

Hist Die → *Mon* erweisen eine alte Siedlung in unmittelbarer Nähe, die wohl von spätröm. bis seldschuk. Zeit als Straßenstation diente. Inschriftlich auf einem im Han vermauerten Kirchentürsturz eine Anrufung des Archangelos (Erzengel Michaēl) für das *chōrion Kapumais* (wohl statt *Kapumaēs*) erhalten, womit wahrscheinlich sowohl der alte Name der Siedlung als auch der Patron der Kirche gegeben sind[5,6].

Mon Im aufwendig gebauten seldschuk. Karavansaray sind viele röm., früh- u. mittel-
Abb. 63, 64 byz. Grabinschriften sowie Architekturfragmente einer Kirche vermauert, deren Grundriß sich früher noch n. des Hans auf dem Boden abzeichnete[1–4].

Font —

Lit [1] Cronin, First Report II 358–367. — [2] Ramsay, Iconium 287. — [3] *MAMA* VIII 55–57 (Nr. 312–324). — [4] Erdmann, Karavansaray Nr. 28. – [5] W. M. Ramsay, Byz. 6 (1931) 21 u. Taf. 1.

Bereisung [6] 1974, 1976.

Salarama, heute Zincirli Han an der alten Straße Ikonion–Kolōneia in der n. Konya Ovası, 1,5 km w. von Zincirli, 31 km nö. von Ikonion □ 32^{40} 38^{00}

Hist Salarama eine wohl von röm. bis osman. Zeit benutzte Straßenstation an der Strecke Ikonion–Kolōneia (→ *Mon*). Der alte Name aus einer hier gefundenen, dem Δὶ Σαλαραμεῖ geweihten Inschrift erschlossen[1]. Zu Ramsays Annahme, daß der Stein aus der Nähe des etwa 12 km nö. gelegenen Dibe Delik Han (Kotu Delik Han, hier früher ebenfalls Spolien) verschleppt sei[2–4], besteht kein hinreichender Grund.

Mon In dem in seiner heutigen Form spätosman. Han sind reichlich antike u. byz. Spolien verbaut (Kirchenarchitekturfragmente), die unteren Partien aus z. T. riesigen Spolienquadern[5]. Unmittelbar sö. des Hans ein kleiner Siedlungshügel (Keramik)[6]; früher hier auch der Grundriß einer Kirche auf dem Boden sichtbar[1]. Zwei antike, eine byzantinische Inschrift[1,7].

Font —

Lit [1] Cronin, First Report II 368. — [2] Ramsay, Iconium 292–295. — [3] Ramsay, Preliminary Report 247. — [4] Callander, Explorations 170. — [5] Erdmann, Karavansaray Nr. 70. — [7] Sterrett, Epigraphical Journey 226 (Nr. 253).

Bereisung [6] 1974.

Salimia (Salamia, Ismila), heute İsmil (amtlich auch Demirkent), Ort in der lykaon. Salzsteppe an der wohl erst gegen Ende der byz. Herrschaft entstandenen Straßenverbindung von Ikonion über Karapınar nach Hērakleia in Kappadokien (heute Tont Kalesi etwa 13 km osö. von Ereğli), etwa 50 km sö. von Ikonion □ 33^{00} 37^{40}

Hist Im Sommer 1101 zerstörte ein Kreuzfahrerheer unter Herzog Wilhelm IX. von Aquitanien und Herzog Welf IV. von Bayern auf dem Durchzug durch Kleinasien die in seldschukischer Hand befindlichen Orte Philomēlion (heute Akşehir) in Pisidien und *Salimia* (Variante *Salamia*) in Lykaonien, bevor es in der Ebene von → *Awlaws* vor Hērakleia selbst vernichtet wurde[1,2]. – Im Jahre 1172 wurde Heinrich der Löwe auf dem

Rückweg von seiner Pilgerfahrt nach Jerusalem von Sultan Qılıǧ Arslan II. in *Axarat* (heute Aksaray) empfangen, von wo er auf einem nicht erklärbaren Umweg über *Ismila* nach *Cunin* (Ikonion) und weiter nach Kpl. reiste[3,4].

Mon —

Font [1] Alb. Aqu. 580f. — [3] Arnold, Chron. Slav. 24f.

Lit [2] CATE, Crusade of 1101, 361. — [4] E. JORANSON, The Palestine Pilgrimage of Henry the Lion, in: J. L. CATE–E. N. ANDERSON [Herausg.], Medieval and Historiographical Essays in Honor of James Westfall Thompson. Chicago 1938 (Port Washington, N. Y. 1966), 198–202.

Sangarios (Σαγγάριος, Σάγγαρις, Σάγαρις, Ṣāġirā), mit 824 km Länge der zweitlängste Fluß Kleinasiens[1]. Seine Quellflüsse, besonders der Seydi Çayı, der Barda Çayı u. der Sarısu, kommen vom O des phryg. Hochlandes. Als eigentlicher Beginn gilt heute eine Sakarbaşı oder Sakaryabaşı genannte starke Quelle nahe Çifteler[2], was mit der Angabe Strabōns, der Sangarios entspringe 150 Stadien (etwa 27 km) von Pessinus, nicht übereinstimmt[3]. Auf seinem Weg zum Schwarzen Meer vollführt er drei Hauptbiegungen, die bereits Ptolemaios bekannt waren[4]: Aus der sö. bis ö. Ursprungsrichtung biegt er sö. des → Dindymon (Arayit Dağı) zunächst nach N u. NW, nahe → Iuliupolis nach W um; bereits in Bithynien führt ihn eine dritte Schwenkung nach N dem Schwarzen Meer zu, in das er bei Karasu einmündet

30^{40}–32^{00} 39^{00}–40^{00}

Hist Die meisten historischen u. hagiographischen Quellen, die den Sangarios nennen, beziehen sich auf seinen Unterlauf in Bithynien. Im Verlaufe einer Christenverfolgung wurde der hl. Eustathios von Ankyra bis zum Sangarios (sicherlich auf der Straße Richtung Dorylaion, Route C 2) geschleift u. dort umgebracht[5,6]. Um 368 wurde in einem Dorf Pazon (Pazukōmē, Puza) in der Nähe der Sangariosquellen (u. somit möglicherweise noch auf phryg. Gebiet) eine novatianische Synode abgehalten (→ Türkmenköy)[7,8,9]. Der hl. Theodōros querte auf seiner Reise über → Germia u. → Amorion nach Sōzopolis in Pisidien auf dem Hin- u. Rückweg den Sangarios auf der → Tautaendia-Brücke[10], die vielleicht mit dem Flußübergang der Straße Ankyra–Dorylaion bei der alten Stadt → Gordion (u. der röm. Straßenstation Vindia[11]) identisch ist[12]. – Den arab. Geographen galt der Ṣāġarī als „Fluß von Amorion"[13,14]. Aus der Zeit der Araberkriege sind nur zwei Anspielungen auf Kämpfe am galatischen Teil des Sangarios (839–40) überliefert[15]. Seit der Reform der Themengrenzen unter Kaiser Leōn VI. bildete der mittlere Sangarios die West-Grenze der neuen Turma ta → Kommata u. damit des nach Westen erweiterten Thema Kappadokia[16]. – Kaiser Rōmanos IV. Diogenēs überschritt vor der Schlacht von Mantzikert 1071 den Sangarios auf der → Zompu-Brücke[16,17], an der 1073 *Kaisar* Iōannēs Dukas von Roussel von Bailleul geschlagen und gefangengenommen wurde[16,17,18,19]. Im Anschluß an diese Schlacht eroberte Roussel die am Sangarios gelegenen Städte[19], worin eventuell auch die galat. Städte → Anastasiupolis u. → Iuliupolis mit eingeschlossen sein könnten. Die Zompu-Brücke – ohne Nennung des Sangarios – noch einmal im Zusammenhang mit den Kämpfen Alexios' I. 1116 in der Gegend von Amorion erwähnt[20].

Mon Da der Sangarios an keiner Stelle durchfurtet werden konnte[12], sind im MA. zahlreiche Brücken vorauszusetzen. Im galat. Abschnitt hat sich nur die → Çandır Köprüsü erhalten, die wahrscheinlich auf das MA., im Kern vielleicht sogar auf röm. Zeit zurückgeht.

Font [3] Strabōn XII 3, 7 (u. ed. F. LASSERRE Bd. IX 238, Kommentar). — [4] Ptolemaios V 1, 3 (II 795 MÜLLER). — [5] LATYŠEV, Menol. II 222ff. — [6] Synax. Cpl. 851f. — [7] Sōkratēs 540B. — [8] Sōzomenos 269. — [9] MANSI III 541f. — [10] Vita Theod. Syk. I 87. — [11] Itin. Ant. 202, 9. — [13] Ibn Ḫurdāḏbih 101 (DE GOEJE

74). — [14] al-Idrīsī 809 (korrumpiert zu Ḍāfa). — [15] Abū Tammām u. al-Buḥturī bei VASILIEV, Byzance I 401, 403. — [16] Mich. Att. 145, 184. — [17] Iō. Skyl. Cont. 143, 158. — [18] Iō. Zōn. III 710. — [19] Nik. Bryenn. 169–173. — [20] Anna III 201.

Lit [1] KÜNDIG–STEINER, Türkei 53. — [2] SARAÇOĞLU, Akarsular 100. — [12] MITCHELL, Galatia I 412f.; II 591 A. 36.
W. RUGE, Sangarios. *RE* 1A/2 (1920) 2269.

Bereisung 1982.

Saniana (Σανιάνα, Σανίανα), Festung, später auch *turma* (militärisch-administrativer Bezirk) im S Galatiens, wahrscheinlich am O-Ufer des → Halys (Kızıl Irmak), etwa 1 km sö. der Kesik Köprü (Eintragung „Kale" auf der Türkeikarte 1:200.000 Blatt D VII Keskin)[1], 76 km sö. von Ankyra

⩙ ⩓ 33⁰ 39²⁰

Hist Die Festung Saniana diente noch nach der Niederwerfung der Revolte des Thōmas 823 einem seiner Anhänger, Gazarēnos Kolōniatēs (ebenso wie die Festung → Kabala bei Ikonion seinem Gesinnungsgenossen Choireas), als letzte Zuflucht, von wo aus er die Umgebung plünderte. Da er ein mit dem Versprechen der Magistros-Würde verbundenes Amnestieangebot Kaiser Michaēls II. nicht akzeptierte, wurde er mit Hilfe einer List aus der Burg ausgesperrt u. auf der Flucht zu den Arabern gefangen u. hingerichtet[2–6]. – Unter Kaiser Leōn VI. wurde aus drei *banda* (→ Myriokephalon, → Timios Stauros, → Bērinupolis) die neue *turma* Saniana gebildet, deren militärisches Zentrum wohl die Festung Saniana war u. die mit dem Thema Charsianon vereinigt wurde[7,8]. Dennoch gilt die Festung Saniana noch bei Kōnstantinos Porphyrogennētos als Grenzort von Kappadokien gegen das Thema Bukellariōn[9].

Mon Beim heutigen Dorfe Kesikköprü, beim Austritt des Kızıl Irmak aus einer Schlucht in eine kleine Ebene unmittelbar oberhalb der modernen Brücke Reste der alten; wahrscheinlich ehemals eine Dreibogenbrücke. Heute nur noch ein Uferpfeiler erhalten, dessen unterer Teil wohl in röm. Zeit zurückreicht (Löcher für Dübelklammern). Ab der Mitte mehrfach ausgebessert[1,10,11]. – Nach Auskunft von Einheimischen sind auf dem mit „Kale" bezeichneten Hügel etwa 1 km sö. der Brücke (heute wegen eines Elektrizitätswerkes unzugänglich) keine Reste einer alten Burg vorhanden[11].

Font [2] Theoph. Cont. 71ff. — [3] Iō. Skyl. 41. — [4] DÖLGER, Reg. 407. — [7] Kōnst. Porph., D. A. I. 236 (c. 50). — [9] Kōnst. Porph., De Them. 71.

Lit [1] HILD, Straßensystem 81f., Abb. 48. — [5] BURY, Eastern Roman Empire 107f. — [6] VASILIEV, Byzance I 47f. — [8] HONIGMANN, Ostgrenze 51. — [10] OBERHUMMER–ZIMMERER, Durch Syrien und Kleinasien 225.
RAMSAY, Asia Minor 214, 219, 248, 250.

Bereisung [11] 1973, 1982.

Sauatra (Σαύατρα, Σάβατρα), heute Yağlıbayat, an der O-Flanke des Boz Dağ, 55 km onö. von Ikonion

♁ 33⁰⁰ 37⁴⁰

Hist Sauatra, an der O-Flanke des Boz Dağ zwischen → Perta u. → Kana gelegen, in der Antike die bedeutendste dieser drei Städte[1–4], bildete nach der Tabula Peutingeriana (Sabatra)[5] den Endpunkt der „südlicheren Diagonalverbindung durch Lykaonien", welche allerdings sicherlich schon im Altertum ihre Forsetzung über → Kana zur Kilikischen Pforte hatte[6,7], wie dies für das MA. ein arab. Itinerar bestätigt, das einen Weg von Lu'lu'a (→ *TIB* 2 s. v. Lulon) über Ḥiṣn Qanna (Kana) u. Ḫirbat bzw. Qaryat Fāriṭa (Perta) nach Amorion verzeichnet[8]. Sauatra ist in dieser Liste nicht enthalten, jedoch könnte ihm einer der korrupt überlieferten u. nicht lokalisierbaren Namen entsprechen. Außerdem gab es nach der Tabula Peutingeriana von Sauatra über eine Zwischenstation Pyrgos eine direkte Verbindung nach Ikonion[3,5,7]. – Teilnahme an den Konzilien von Kpl. 381 (erster Beleg als Bistum, πόλεως Σωπατρῶν)[9] u. Chalkēdōn 451 (vertreten durch den Metropoliten von Ikonion)[10]. Bei Hieroklēs[11] u. durchgehend in den Notitiae episcopatuum bis zum 12. Jh. verzeichnet (Variante Συνάτρων)[12].

Mon Antike u. byz. Inschriften aus Yağlıbayat u. den umliegenden Dörfern Ennek, Ağsaklı (bei CALLANDER Aksakli, bei *MAMA* Kemçik)[3,13,14] u. Karadana (hierher in jüngster Zeit aus Yağlıbayat verschleppt) bekannt[15,17]. In Yağlıbayat mittelbyz. Architekturfragment (Altarschranke)[15]. Auf dem Hügel sö. des heutigen Ortes (wohl die alte Akropolis) einige ma. Mauerspuren. Die übrigen früher beobachteten Ruinen[3] durch die moderne Bebauung verschwunden[15,16]. **Abb. 58**

Font [1] Strabōn XII 6,1. — [2] Ptolemaios V 4,9 (II 858 MÜLLER). — [5] Tab. Peut. X 1 (MILLER, Itineraria 691). — [8] Ibn Ḫurdāḏbih 113 (DE GOEJE 86). — [9] TURNER, Canons 169 (Nr. 94), 174. — [10] *ACO* II 1,2 S. 152 [348] Nr. 363. — [11] Hier. 676,2. — [12] DARROUZÈS, Notitiae 1,364; 2,429; 3,502; 4,381; 7,437; 9,319; 10,376; 13,382.

Lit [3] CRONIN, First Report II 367–376. — [4] RAMSAY, Lycaonia 89ff. — [6] RAMSAY, Preliminary Report 248. — [7] BALLANCE, Roads in Lycaonia 229, 232. — [13] CALLANDER, Explorations 157–164. — [14] *MAMA* VIII 41–46. — [16] BALLANCE in: *MAMA* VIII, S. XIII. — [17] G. LAMINGER-PASCHER, *Anzeiger Wien* 118 (1981) 266–271.

Bereisung [15] 1974, 1976.

Selmea (δῆμος Σελμεηνῶν, Μηνὶ Σελμ(ε)ηνῷ), heute Kuzören (früher Gözören, Karte 1:200.000 Kozviran), 54 km sö. von Amorion, 48 km nö. von Akşehir

□ 31^{40} 38^{40}

Hist Die alte Siedlung beim heutigen Kuzören, deren Name nur auf antiken Inschriften überliefert ist, nach Ausweis von christlichen Inschriften noch in byz. Zeit bewohnt[1,2].

Mon In Kuzören sowie im 6 km nw. gelegenen Kızılkuyu antike und byzantinische Inschriften[1,2].

Font [1] ANDERSON, Galatia 298–302. — [2] *MAMA* VII, XX u. 52–55.

Lit —

Bereisung 1982.

Senzusa (ὅροι Σενζουσί(ων)), heute Toprakkale, 19 km nnw. von → Congusso, 78 km nnö. von Ikonion, in der Salzsteppe sw. des Tuz Gölü

□ 32^{40} 38^{20}

Hist Der Name Senzusa – aus dem Genitiv Plural des Ethnikons erschlossen – inschriftlich auf zwei Grenzsteinen etwa 4 km ssö. von Toprakkale, 13 km nw. von Akörenkışla (→ Anzulada) erhalten. Da ὅροι Σενζουσ(ίων) auf der N-Seite des einen Steines eingraviert ist, der 1910 noch *in situ* stand, kann Toprakkale mit Senzusa gleichgesetzt werden[1].

Mon Toprakkale, heute nur noch als markanter Siedlungshügel mit Keramik erkennbar[1,2], zeigte früher noch Reste einer dreifachen Ummauerung u. herumliegende Quader. Ruinen eines rechteckigen Gebäudes, wohl einer Moschee, auf einem unmittelbar benachbarten kleineren Hügel deuten auf Besiedlung des Platzes bis in türk. Zeit[3].

Font —

Lit [1] *MAMA* I, XVI; VIII, XVII *(Fig)*, 51f. — [3] ANDERSON, Galatia 134.

Bereisung [2] 1974.

Seydişehir, Städtchen in der Ebene des Beyşehir Suyu, 11 km nw. des Suğla Gölü (→ Trōgitis Limnē), 76 km sw. von Ikonion

□ 31^{40} 37^{20}

Hist —

Mon Antike u. byz. Architekturfragmente u. Inschriften sowie Gräber u. Mauerreste erweisen eine alte Siedlung, die nach Ausweis mehrerer Inschriften in röm. Zeit zu → Uasada (12 km nö.) gehörte[1–4]. N. der Stadt an einem Ilıca genannten Hügel eine Thermalquelle (Kaplıca)[1,5].

Font —

Lit [1] Hamilton, Researches II 345f. — [2] Jüthner, Vorl. Bericht 20f. — [3] Ormerod, Servilius Isauricus 56. — [4] Sowboda–Keil–Knoll 31. — [5] Sterrett, Wolfe Expedition 180f.

Bereisung 1974.

Siberis (Σίβερις), heute Girmir (Kirmir) Çayı[1], bedeutender, von NO kommender, rechter Nebenfluß des → Sangarios (Sakarya Nehri), in den er etwa 23 km sw. von → Beypazarı einmündete (das alte Mündungsgebiet ist heute vom Sarıyar-Stausee bedeckt); die frühere Gleichsetzung mit dem Aladağ Çayı[2] ist überholt

31^{40}–32^{20} 40^{00}–40^{20}

Hist Der Siberis galt in der Antike unter dem Namen *Hieros flumen* als Grenzfluß zwischen Bithynien u. dem erst in diokletianischer Zeit nach W erweiterten Galatien[3]. Ungefähr 13–14 km von der Mündung in den Sangarios überquerte – ursprünglich wohl mittels einer Furt – die Pilgerstraße den Siberis; am linken (s.) Ufer die Station *Hicronpotamum* (für Hieronpotamum)[1,4], an der Stelle (jedenfalls in unmittelbarer Nähe) des erst im 6. Jh. belegten Ortes → Sykeōn. Hier ließ Kaiser Justinian I. wegen der Gefährdung der Reisenden durch zahlreiche unverhoffte Hochwasser eine steinerne Brücke mit besonderer Verstärkung im O u. einem Brückenheiligtum im W errichten[5]. Der hl. Theodōros von Sykeōn bewirkte durch Wunder, daß das Flußbett bei Sykeōn so verlegt wurde, daß die angrenzenden Felder nicht mehr weggespült werden konnten. Daß er außerdem durch ein Gebet mitten im Fluß an der gefährdetsten Stelle die Durchquerung künftig sicher machte, zeigt, daß die justinianische Brücke zur Zeit des jungen Theodōros noch nicht oder nicht mehr existierte; später in seiner Vita war sie dann bereits vorhanden[6]. – Weiter oben am Siberis lag die galat. Festung Pēion (heute Sedkaşı bzw. Tabanlıoğlu Kale), die wahrscheinlich dem byz. → Peōn chōrion entspricht, sowie das zur Gegend → Mnēzinē gehörige chōrion → Mazamias mit einer Kirche des hl. Eirēnikos u. das chōrion Galēnōn[6]; beide können nicht genauer lokalisiert werden.

Mon In den Wänden des schluchtartigen Tales des Siberis n. u. nö. von Güdül an verschiedenen Stellen Höhlenkammern[7], darunter auch ein kleines Kl.[8]. Bei Keşanoz (jetzt amtlich Yeşilöz; etwa 6 km nnw. von Güdül) Reste einer kleinen (byz.?) Festung (Gußmauerwerk)[8].

Font [3] Plinius, Nat. hist. V 149. — [4] Itin. Burdig. 574, 9. — [5] Prok. aed. V 4, 1–4. — [6] Vita Theod. Syk. I 32, 40f., 42, 95, 98.

Lit [1] French, Pilgrim's Road 17, 41, 43–45. — [2] W. Ruge, Hieros flumen. *RE* 8/2 (1913) 1589 *(Lit)*. — [8] v. Diest-Anton, Forschungen 57ff.

Bereisung [7] 1982.

Sillē (Σίλλη, Σίλλα), heute Sille, bis 1922 überwiegend von Griechen bewohnter Ort, in einem Talkessel etwa 10 km nw. von Ikonion

□ 32^{20} 37^{40}

Hist Die → *Mon* erweisen Siedlungskontinuität von frühbyz. Zeit an. Hinweise auf mittelbyz. Besiedlung oder eventuell Neugründung ergeben sich auch aus den volkstümlichen Sagen über den Ursprung der Sillioten, die, anknüpfend an einen Ortsteilnamen *Tšokus*, der gelehrt zu Τσάκωνας u. Τσακωνιά umgedeutet wurde, von den Tsakones der Peloponnes abstammen sollten. Sowohl der Ortsteilname Tšokus als auch verschiedene Elemente der Überlieferung erinnern vielleicht an die *Tzekones*, die in byz. Zeit als verarmte Soldaten zum Dienst auf Festungsanlagen u. für Polizeiaufgaben eingeteilt wurden u. vielleicht auch in oder bei Sillē (z. B. auf der Burg → Kabala) stationiert waren. Der Name Sillē erst nachbyz. bezeugt[1], zuerst wahrscheinlich unter der Form *Sile* u. *Selye* Ende 15./Anfang 16. Jh.[8,9,10].

Mon In Sillē Reste der älteren Siedlung auf einer Hauptterrasse s. der Michaelskirche. Die Wasserzuleitung in Tonröhren entlang des nw. Talkessels. Ob auch die Gegenhänge ursprünglich bereits besiedelt waren, ist ungewiß. Dort ein Brunnen mit griech. Inschrift von 1732[2]. Die Michaelskirche (H. Archangelos) in der Talsohle ist eine Kreuzkuppelkirche mit vier Pfeilerstützen, schmalem Narthex, herausragender Halbkreisapsis u. in die Mauern eingetieften Apsidiolen. Die Überlieferung führt den Bau auf Konstantin u. Helena zurück. Die überlieferten Daten, 1708 (Holzemporen, Ikonostas?), 1833 (Ausmalung), 1837 (Stifterinschrift der Altarplatte) u. 1880 (Kuppel, Ausbesserungen?) gelten alle einer neueren Ausstattung. Mittelbyz. Spolien (Kuppelpfeiler, Außenbau) u. kastelmauerähnliche Steinschichtungen an der Kuppel deuten auf ein spätpalaiologisches oder knapp postbyz. Datum[2,3,4,5,6]. Zwei weitere, einschiffige, tonnengewölbte Kapellen auf dem Hügel n. der Michaelskirche bzw. auf dem nö. Talhang, die letztere mit Resten einer Ausmalung[2]. Zwischen der Michaelskirche und den Ruinen liegt eine Höhlenkirche mit vier Pfeilerstützen und unregelmäßigen Gewölben und Freskenresten (Koimēsis, Heilige), daran anschließend vermutlich ein Kl.[4,7]. Eine weitere Höhlenkirche (sog. Kyriakon), eine relativ regelmäßig angelegte Kreuzkuppelkirche mit vier Stützen und Narthex am S-Rand von Sillē[3,5,6]. Eine frühbyz. Kirche durch einen Rundaltar mit Kreuz und Rosette beim alten Stuck-Hamam hinter der Michaelskirche sowie durch Kapitelle und Säulen im Archäologischen Museum von Konya als gesichert anzunehmen[2].

Font [8] Uzluk, Karaman 13, 18f.

Lit [1] Caratsas, Tzakones *passim*, bes. 360–427 (*Font, Lit*). — [3] Bell, Notes IV 18–30. — [4] Lebidēs, Monai 156. — [5] Eyice, Akmanastır 180ff. (*Fig*). — [6] Dēmētrokallēs, Stauroeideis Naoi 126ff. — [7] Restle, Kleinasien I 179f. (*Fig*). — [9] Beldiceanu, Qaraman 5f., 73. — [10] Hütteroth, Ländliche Siedlungen 103, 107 (Tabelle Nr. 14).

Bereisung [2] 1957, 1959, 1960, 1964.

Siristat (Silistat, [Tris] Maden), heute Bozkır am Oberlauf des Çarşamba Suyu (→ Nahr al-Aḥsā'), 78 km ssw. von Ikonion

□ 32^{00} 37^{00}

Hist —

Mon In Bozkır zahlreiche (antike) Inschriften u. Architekturfragmente von einer wenig nö. gelegenen Siedlungsstelle *Ören Belengi*. Einiges Material jedoch auch vom 10 km ö. gelegenen → Leontopolis verschleppt[1–3]. – Weitere Siedlungsspuren in Çatköy (4 km sw.) u. in Kozağaç (3 km s., hier auch eine kleine [byz.?] Befestigung)[1,3].

Font —

Lit [1] Jüthner, Vorl. Bericht 44. — [2] Sterrett, Wolfe Expedition 98–102 (Nr. 161–171). — [3] Swoboda–Keil–Knoll 62, 64–68.

Sirkeli, Dorf in einem flachen Seitental des Çubuk Suyu, 22 km n. von Ankyra

∴ 32^{40} 40^{00}

Hist —

Mon Etwa 3 km wsw. des Dorfes Reste einer kleinen, wohl vorbyz. Festung (Hisarmağarası); erhalten nur terrassenartige Felsabarbeitungen als Auflager für Mauern am SO-Rand u. geringe Spuren von Mauern am N-Rand des Burgberges[1,2,3]. – Am S-Fuß des Burgberges Fundamente eines rechteckigen, spätröm. oder byz. Gebäudes[1,2].

Font —

Lit [1] MITCHELL, Galatia I 425f. — [2] MITCHELL, North Galatia 25.

Bereisung [3] 1982.

Skopas (Σκόπας), heute Aladağ Çayı[1], von N kommender, rechter Nebenfluß des → Sangarios (Sakarya Nehri), in den er etwa 25 km sw. von → Beypazarı einmündete (das alte Mündungsgebiet ist heute vom Sarıyar-Stausee bedeckt)

31^{20}–31^{40} 40^{00}–40^{40}

Hist Bei Plinius[2] *(Scopius)* u. auf röm. Münzen der am linken (O-)Ufer etwa 7 km vor der Einmündung in den Sangarios gelegenen Stadt → Iuliupolis[1,3] genannt. Die Pilgerstraße querte den Skopas unmittelbar w. von Iuliupolis auf der Sarılar Köprüsü, die in ihrer erhaltenen Form (heute ebenfalls vom Stausee bedeckt) wohl aus byz. Zeit stammt (→ Iuliupolis, *Mon*) u. zu Unrecht mit der von Prokop erwähnten Brücke bei Sykeōn über den → Siberis identifiziert wurde[1,4,5]. Im 6. Jh. drohte der Skopas die Stadtmauern von Iuliupolis auf der W-Seite zu unterspülen u. wurde daher von Kaiser Iustinian I. durch eine über 500 Fuß lange Stützmauer gebändigt[5]. – Wohl mehr am Oberlauf des Skopas lag das nicht genauer lokalisierbare chōrion Karyas, das ebenfalls vom Fluß bedroht, vom hl. Theodōros von Sykeōn aber für immer von dieser Gefahr befreit wurde[6].

Mon Bei → Çayırhan eine weitere alte (ursprünglich röm.?) Brücke über den Skopas, von der im 19. Jh. noch die Pfeiler mit Ansatz der Bögen vorhanden waren[4,7]. Weiter n. etwa 60 m oberhalb des linken Flußufers unterhalb der Talstufe von Karaköy (etwa 10 km nnö. von Çayırhan) Reste einer alten Pflasterstraße. Etwa 27 km nnö. von Çayırhan zwischen dem Siberis u. Alanköyleri eine nicht näher charakterisierbare Ruinenstätte, weitere Reste der Pflasterstraße[7].

Font [2] Plinius, Nat. hist. V 109. — [5] Prok. aed. V 4, 1–6. — [6] Vita Theod. Syk. I 46.

Lit [1] FRENCH, Pilgrim's Road 17, 39, 41–44, 46 *(Lit)*. — [3] W. RUGE, Skopas 4. *RE* 3A/1 (1927) 579 *(Lit)*. — [4] ANDERSON, Galatia 65–68. — [7] v. DIEST, Von Tilsit nach Angora 46–50.

Skudris (Σκοῦδρις χωρίον), Ort in der Nähe von → Sykeōn, an einem in den → Sangarios mündenden Gießbach, genaue Lage unbekannt

Hist Der Ort, in dessen Nähe sich ein Archangelos-Kl. befand u. der regelmäßig von Unwetter- u. Hochwasserkatastrophen heimgesucht wurde, wurde nach einer besonders schlimmen Überschwemmung vom heiligen Theodōros von Sykeōn von dieser Gefahr befreit[1].

Mon —

Font [1] Vita Theod. Syk. I 111.

Lit —

Sorobon (Σόροβον, κώμη Σορόβων), Dorf angeblich 20 röm. Meilen von Ikonion, an der Straße nach → Bidana u. Isaura (Palaia, → Leontopolis), Lage unbekannt

Hist In Sorobon bei einer Christenverfolgung der heilige Nisios als Märtyrer hingerichtet[1,2].

Mon —

Font [1] TRAUTMANN–KLOSTERMANN 315f. — [2] LATYŠEV, Menol. I 207.
Lit —

Spaleia (ὁ Σπαλ[ε]ίας, Παλίας), heute wahrscheinlich Burg unmittelbar nw. von Sivrihisar, die die röm. Straße von Dorylaion nach Ankyra bzw. Pessinus beherrschte, 124 km sw. von Ankyra

♁ 31[20] 39[20]

Hist Bistum der Galatia II (Suffragan von → Pessinus), nur in den Notitiae episcopatuum belegt, die es durchgehend bis ins 12. Jh. verzeichnen[1]. Die Variante ὁ Σπανίας ist als schlechter bezeugt auszuscheiden; Spaleia ist daher nicht mit dem nur aus der koptischen Liste der Väter des Konzils von Nikaia 325 bekannten kapp. Bistum *Spania* (→ *TIB* 2 s. v.) zu identifizieren[2,3]. Nur in Notitia 4 (9. Jh.) u. in einigen späteren Notitiae führt Spaleia den Zusatz ἤτοι Ἰουστινιανουπόλεως, der in Galatien sonst nur für Pessinus im 6. Jh. bezeugt ist. Man kann wohl daraus schließen, daß sich der Metropolit von Pessinus zur Zeit der größten Arabergefahr vorübergehend unter Mitnahme des Namens Iustinianupolis auf das besser gesicherte Spaleia zurückgezogen hat, nicht aber, daß Spaleia überhaupt Pessinus an Bedeutung übertroffen habe u. zum eigentlichen Sitz des Metropoliten geworden sei[4,5]. Aus diesem Grunde empfiehlt sich auch die Lokalisierung in Sivrihisar, da hier die einzige bekannte Festung in der näheren Umgebung von Pessinus liegt, die von der Lage her (alte Siedlung am Fuße der Burg beim heutigen Sivrihisar? → *Mon*) zugleich Bischofssitz gewesen sein kann.

Mon Da die Burg von Sivrihisar noch zu Beginn des 19. Jh. den Derebeys von Sivrihisar als Wohnfestung diente[6,7,8], weist sie verschiedentlich Spuren osmanischer Zu- u. Umbauten auf. Sie nutzt die bizarren Felsspitzen u. -nadeln oberhalb der Stadt, die durch Sperrmauern, oft in mehreren Etagen übereinander, verbunden sind. Nur wo, wie im SW u. O, solche Felsspitzen auf größere Strecken fehlen, ergeben sich, wieder auf zwei bis drei **Abb. 22** Ebenen, dem Gelände angepaßte, größere Kurtinenzüge, die mit kleinen, turmartig vorgebauten, z. T. halbrunden Bastionen verstärkt sind. Im O von zwei weit vorgezogenen Rundtürmen flankierte, wohl osman. Toranlage. Verschiedene Typen von Zisternen: **Abb. 23** mehrere runde, aus Ziegeln bzw. aus Steinen gemauerte, jedoch auch eine rechteckige, überwölbte Zisternenkammer aus Steinquadern. Mauerung: Zweischalenmauer aus Bruchstein u. Kleinquadern unterschiedlicher Qualität im Mörtelbett mit Einlagerung von Ziegelbrocken, Ausbesserungen auch aus reiner Ziegelmauer. Reichliche Verwendung von Holzankern. Bei der Gipfelbefestigung in die Außenschale eingelagerte Ziegelbänder[9].

Die meisten, wenn nicht alle in Sivrihisar gefundenen Architekturfragmente u. Inschriften stammen aus → Pessinus.

Font [1] DARROUZÈS, Notitiae 1, 245; 2, 307; 3, 357; 4, 261; 7, 326; 9, 206; 10, 256; 13, 258. — [2] GELZER, Patr. Nik. LXVI, 86 (Nr. 107), 247.

Lit [3] GELZER, Geographische Bemerkungen 60. — [4] MORDTMANN, Gordium, Pessinus, Sivrihisar 191f. — [5] RAMSAY, Asia Minor 163, 223f. — [6] KINNEIR, Journey 45. — [7] HAMILTON, Researches I 444. — [8] BARTH, Reise 86.
W. RUGE, Palia. *RE* 18/3 (1949) 98. — FRENCH–MITCHELL, Ankara 98. — GRÉGOIRE, Inscriptions 443f.
Bereisung [9] 1982.

Sungurlu, Ort im Tal des Budaközü, eines rechten Nebenflusses des → Halys, 131 km onö. von Ankyra

∴ 34^{20} 40^{00}

Hist —

Mon Zwei röm. Inschriften (1. Jh. nach Chr.) u. die byz. Grabinschrift eines Megas Domestikos[1,2] deuten auf eine alte Siedlung in Sungurlu oder Umgebung. – Die öfter mit Sungurlu in Verbindung gebrachten, bereits röm. erwähnten Salzbergwerke[3,4,5] liegen n. außerhalb Galatiens.

Font [3] Strabōn XII 3, 39.

Lit [1] A. Besset, *BCH* 25 (1901) 334ff. — [2] J. Pargoire, *EO* 4 (1901) 356. — [4] Hamilton, Researches I 404ff. — [5] Mordtmann, Anatolien 106.

Sykeōn (Συκεών, Σικεών), Ort an der Pilgerstraße zwischen → Iuliupolis u. → Anastasiupolis, am Südufer des → Siberis[1], etwa 14 km sw. von Beypazarı

□ 31^{40} 40^{00}

Hist Am Übergang der Pilgerstraße über den Siberis zwischen Iuliupolis und Anastasiupolis ist sowohl die auf der Tabula Peutingeriana verzeichnete Itinerarstation *Fines Cilicie*[2] (zu lesen: Galatiae: in vordiokletianischer Zeit bildete der *Hieros flumen*[3] [= byz. Siberis] die Grenze zwischen Galatien und Bithynien) anzusetzen als auch die *mutatio* der Pilgerstraße *Hicronpotamum*[4,5] (wohl verdorben aus Hieronpotamum, d. h. ebenfalls am Hieros flumen gelegen[1]), 13 römische Meilen von Iuliupolis, 11 von Lagania (= Anastasiupolis). Aufgrund der literarisch überlieferten, fast identischen Entfernungen (15 römische Meilen von Iuliupolis, 13 von Anastasiupolis), verbunden mit den Angaben: ebenfalls an der Pilgerstraße; am oder ganz in der Nähe des Siberis, muß die Lage des Dorfes Sykeōn[6,7] (bezeugt 6./7. Jh.) genau oder jedenfalls beinahe an derselben Stelle angenommen werden. Kaiser Justinian I. ließ bei Sykeōn eine Brücke über den Siberis bauen[6]. Viele Nachrichten über den Ort u. seine Umgebung in der Vita des hl. Theodōros von Sykeōn, der hier geboren wurde u. wirkte. Als Station der „öffentlichen Straße der kaiserlichen Post" verfügte es über ein Unterkunftshaus. Im Ort selbst eine Gemellus-Kirche; in der unmittelbaren Umgebung eine Kirche Johannes' des Täufers, eine Christophoros-Kapelle und ein Kēryx-Kloster; ö. des Dorfes ein Frauenkloster des hl. Christophoros, auf dem Wege dorthin die *koilas tu Xērorryakos*. Auf einem Berg bei Sykeōn gründete Theodor bei einem schon bestehenden *martyrion tu hagiu Geōrgiu* sein Kl.; es umfaßte schließlich eine große Georgskirche mit drei Apsiden, der rechts eine Platōn- und links eine Antiochoskapelle sowie oberhalb ein *katēchumenon* der hl. Sergios und Bakchos angeschlossen war, ferner eine Michaelskirche mit einer Kapelle Johannes' des Täufers zur Linken und einer Marienkapelle zur Rechten. Unterhalb dieses Komplexes lag ein wohl selbständiges, aber Theodor eng verbundenes Theotokos-Kl. – Die Gegend von Sykeōn scheint dicht besiedelt gewesen zu sein; die Vita Theodors nennt zahlreiche Dörfer, die – mit einer Ausnahme – nicht lokalisierbar sind, nämlich Adigermarōn chōrion, Alektorias chōrion, Haliōn chōrion, Apukumeōs (Apukomeōs) chōrion, Ara(u)nias chōrion (5 Meilen von Sykeōn an der Straße nach Anastasiupolis, → Araunia), Brianeias chōrion (8 Meilen vom Kloster, mit einem Kloster des hl. Märtyrers Theodōros), Dioskoneōs (Diōskōneōs) chōrion, Dugaïas chōrion, Euarzias chōrion (8 Meilen vom Kloster, mit einem topos Arkeia), → Kalpinu chōrion, Kastinas chōrion, Kongateōs chōrion, Mossynōn chōrion, das auch Enistraton genannt wurde, Ptaninōn chōrion, Reakē chōrion, Salmanias chōrion, Silindokumeōs chōrion, → Skudris chōrion (mit einem *monastērion tu Archangelu*), weiters → Balgatias chōrion, den topos Trapezas (10 Meilen von Sykeōn) und die Landschaft → Prōtomeria mit weiteren Dörfern[7].

Mon Die röm. Straße u. damit auch der Übergang über den Girmir Çayı ist auf etwa 1 km nach beiden Seiten des Flusses im Schwemmland verloren, von dort aus Richtung Iuliupolis bzw. Anastasiupolis gut zu verfolgen; keine Spuren der alten Ansiedlung[1].

Font [2] Tab. Peut. IX 4 (Miller, Itineraria 658). — [3] Plinius, Nat. hist. V 149. — [4] Itin. Burd. 574, 9. — [6] Prok. aed. V 4, 1–4. — [7] Vita Theod. Syk. I passim (vgl. Index 163–171); II passim (Kommentar zu den einzelnen Stellen).

Lit [1] French, Pilgrim's Road 17, 31, 40, 42–45, 108f. — [5] W. Ruge, Hieronpotamum. *RE* 8/2 (1913) 1536.

Synodia (ὁ Συνοδίων), Bistum in der Galatia II, Lage unbekannt

Hist Von der Diatypōsis Leōns VI. an bis ins 12. Jh. wird in den Notitiae episcopatuum das Bistum ὁ Συνοδίων (Συνοδέων, Συνοδίου) in der Galatia II als Suffragan von → Pessinus verzeichnet[1]. Bereits 692 auf dem Trullanum in Kpl. hatte Bischof Geōrgios Συννάδων (wohl verschrieben für Συνοδίων) unterschrieben[2]. Die Gleichsetzung mit → Eudoxias[3] ist völlig unsicher. Nicht ausgeschlossen ist hingegen, daß Synodia nach dem auch als *synodos* bezeichneten Fest der Theotokos benannt ist, zu dem sich (bezeugt für Ende 6. Jh.) alljährlich die Bewohner der Städte → Germia und → Eudoxias im Dorfe → Musgē (heute wahrscheinlich Gecek) versammelten[4]. In diesem Falle wäre der alte Wallfahrtsort Musgē im 7. Jh. unter neuem Namen zum Bistum erhoben worden[3,5].

Mon —

Font [1] Darrouzès, Notitiae 76; 7,322; 9,202; 10,252; 13,254. — [2] Mansi XI 1000D. — [4] Vita Theod. Syk. I 58f.

Lit [3] Ramsay, Asia Minor 225. — [5] K. Belke, Germia und Eudoxias, in: Festschrift H. Hunger. Wien 1984 (im Druck).

T

Tabia (Ταβία), heute Büyüknefes (früher auch Nefezköy), am Rande eines ziemlich flachen, nach S verlaufenden Tales, 25 km w. von Yozgat, etwa 142 km ö. von Ankyra
⛪ 34^{20} 39^{40}

Hist Neben der antiken Namensform *Taouion*[1,2] *(Tavium*[3]*)* hat sich schon früh die in byz. Zeit allein vorkommende feminine Variante Taouia[4], Tauia[5], Tabia[6] durchgesetzt. Trotz gegenteiliger Meinung kaum schon hethit. *(Tawiniya)* bezeugt[7,8]. Gewann als Hauptstadt der galat. Trokmer u. Kultort des *Iupiter Tavianus* an Bedeutung[9] u. wurde zu einem bedeutenden Straßenknotenpunkt, von dem aus Verbindungen nach → Ankyra im W, Amaseia, Neokaisareia u. Komana Pontikē im NO, Sebasteia (zwei Varianten) im O, schließlich Kaisareia (ebenfalls zwei Varianten) im SO ausstrahlten, deren Verlauf z. T. noch nicht in allen Einzelheiten geklärt ist[8,10–13]. Erwähnt in einem Brief des Libanios[14]. In frühchristl. Zeit Schauplatz einiger weitgehend legendärer Martyrien, deren Bericht jedoch offensichtlich korrekte topographische Angaben enthält; demnach gab es in der Stadt selbst ein Bad des Gymnasions, den Zeus- u. den Asklēpios-Tempel, das Grab des Märtyrers Zōilos; außerhalb den Wohnsitz des Bischofs *en Toikophromois* bzw. im Wald *Koromōn,* das Dorf bzw. den Wald *Kandakoreōn* (auch: *Kandakoreus, en Kandakorois*), ebenfalls mit einem Berg[15,16]. Tabia entsandte Bischöfe zu den Konzilien von Nikaia 325

(Dikasios, der auch in dem Martyriumsbericht genannt ist)[17], zur Räubersynode von Ephesos 449 und zum Konzil von Chalkēdōn 451 (Iulianos, der auch 458 den Brief einer Synode der Galatia I an Kaiser Leōn I. unterzeichnete[18] und wohl mit Iulius [Iulianus] von Tabia identisch ist, welcher als Autor von Homilien bekannt ist[19,20]); vertreten auf den Konzilien von Kpl. 553 (Anastasius, der auch den Metropoliten von Ankyra Dorotheus vertrat)[18,21], Kpl. 692 (Grēgorios) u. Kpl. 869/70 (Philetus)[22]. Wenig wahrscheinlich ist die Teilnahme Tabias am Konzil von Nikaia 787[23]. Verzeichnet bei Hieroklēs (Stadt der Galatia I)[24] u. in den Notitiae episcopatuum durchgehend bis ins 12. Jh., wo es stets die Suffraganliste der Galatia I eröffnet (Variante ὁ Ἀτταβίας)[25]. – 727 eroberte ein arab. Heer unter Muʿāwiya b. Hišām auf dem Durchzug Richtung Nikaia Gangra u. *Taina* (v. l. *Taiba*)[26], womit eher Tabia als Ateus in Phrygien gemeint sein dürfte (vgl. oben S. 62). Das Dorf → Annia nahe Tabia Heimat des späteren Paulikianers Sergios[27,28]. Unter Leōn VI. wurden die banda → Kōmodromos u. Tabia vom Thema Armeniakōn abgetrennt u. dem Thema Charsianon, speziell der *turma Charsianu* angegliedert, also wohl dem Militärbezirk, in dem das *kastron Charsianu*, die Hauptfestung des Thema (→ *TIB* 2 s. v. Charsianon) lag[12,29,30].

Mon Die alte Stadt lag hauptsächlich auf zwei isolierten, teilweise natürlichen Hügeln (Küçük Kale u. Büyük Kale) w. des modernen Dorfes, scheint aber auch die n. anschließenden Berghänge sowie ein ö. der Hügel gelegenes kleines Tal u. einen anschließenden Rücken mit umfaßt zu haben, wo kürzlich ein Mauerzug freigelegt wurde. Reste einer spätröm. oder byz. Ummauerung zeichnen sich noch auf dem Abhang des w. der beiden Hügel ab[13,31]. Inschriftlich ist eine dem hl. Platōn geweihte Kirche bezeugt[32]. Funde zahlreicher aus Tabia verschleppter antiker u. byz. Architekturfragmente u. Inschriften in Büyüknefes u. den umliegenden Dörfern Kötlek (amtlich Bahçecik, 2 km s.), Küçük Nefes (8 km s.), Hatip (Hatibin, 12 km s.), Ağzıkara (amtlich Gündoğdu, 3 km wsw.), Körpeli (6 km nw.), Haydarbeyli (9 km nnw.), Dambasan (8 km n.), Kırıkhacıfakili (4 km nö.) u. Musabeyli (11 km ö.). Auch Yozgat (→ *TIB* 2 s. v. Korniaspa) wurde weitgehend aus altem Material von Tabia erbaut[13,32].

Font [1] Strabōn XII 5,3. — [2] Ptolemaios V 4, 7 (II 853 Müller). — [3] Plinius, Nat. hist. V 46. — [4] Calder, *JRSt* 2 (1912) 84–86. — [5] Steph. Byz. 16. — [6] Phōtios, Bibl. IV 64 (Memnōn von Hērakleia). — [10] Itin. Ant. 201, 8–202, 5; 203, 3–205, 6. — [11] Tab. Peut. IX 4–X 3 (Miller, Itineraria 671, 678f., 732f.). — [14] Libanius, Epistulae 1080 (XI 197 Foerster). — [15] *AASS* Maii V, 436–367. — [17] Honigmann, Nicée 47 (Nr. 109). — [18] *ACO* II 1, 1 S. 60 (Nr. 163), 78 (Nr. 25) et passim; II 5 S. 93; IV 1 S. 3, 20, 32, 39, 203, 223. — [22] Mansi XI 996A; XVI 144C, 159B, 193A. — [24] Hier. 696, 6. — [25] Darrouzès, Notitiae 1, 124; 2, 143; 3, 176; 4, 133; 7, 171; 9, 67; 10, 68; 13, 73. — [26] aṭ-Ṭabarī II 1495 (Brooks, The Arabs 199). — [27] Sources grecques des Pauliciens 51, 153. — [29] Kōnst. Porph., D. A. I. 236 (c. 50).

Lit [7] Garstang–Gurney, Geography 12. — [8] Bittel, Funde 22–27. — [9] W. Ruge, Tavium. *RE* 4A/2 (1932) 2524–2536. — [12] Hild, Straßensystem 104, 107f. — [13] Bittel, Kleinasiat. Studien 6–38 *(Lit)*. — [16] H. Delehaye, Les Martyrs de Tavium. *AnBoll* 38 (1920) 374–387. — [19] P. Peeters, *AnBoll* 43 (1925) 381. — [20] K. Salia, *Bedi Kartlisa* 17–18 (1964) 48. — [21] Chrysos, Kpl. 87. — [23] Darrouzès, Nicée 30f. — [28] Lemerle, Pauliciens 70. — [30] Honigmann, Ostgrenze 51. — [31] Mitchell, Galatia I 460. — [32] Mitchell, North Galatia 311–361 (Nr. 411–499, *Lit*).

Bereisung 1982.

Tatta Limnē, (Τάττα Λίμνη), heute Tuz Gölü, früher auch Tuz Çölü (Salzwüste), der Große Salzsee, mit etwa 899 m Seehöhe die tiefste, wenngleich flache, wassergefüllte Mulde des abflußlosen, zentralanatolischen Hochlandes, welche heute hauptsächlich aus den ö. u. sö. anschließenden kapp. Gebirgen gespeist wird[1]. Der Berührung mit salz- u. gipshaltigen Schichten verdankt der Tuz Gölü seinen außerordentlich hohen Salzgehalt, der mit etwa 32 % den des Toten Meeres (24,5%) weit übertrifft. Wegen der geringen Tiefe

u. der im Sommer großen Verdunstung ist die tatsächlich vom Wasser bedeckte Fläche großen jahreszeitlichen Schwankungen unterworfen[1,2]

ό 33^{00}–33^{40} 38^{20}–39^{00}

Hist Der ungewöhnlich hohe Salzgehalt der Tatta Limnē sowie die Gewinnung des Salzes, das als heilkräftig galt, waren der Antike wohl bekannt[3,4,5]. Die erst in türk. Zeit wieder belegte Salzgewinnung ist aber auch in byz. Zeit vorauszusetzen u. wird durch einen Kranz von röm.-byz. Siedlungen, besonders in der unfruchtbaren lykaon. Salzsteppe, bestätigt. Der Abtransport des Salzes setzt auch ein Netz von „Salzstraßen" voraus, jedoch müssen die aufgrund von Salzkarawanenwegen vom Beginn des 20. Jh. rekonstruierten Routen unsicher bleiben[6,7,8]. Die Tatta Limnē (Adjektiv Tattaios) wohl mit der von Stephanos von Byzanz erwähnten *limnē Attaia* ... *trephusa halas* identisch[9,10].

Mon In der Nähe des Salzsees einige röm.-byz. Siedlungen (im lykaon. Abschnitt → Eskiil, → Tosum Hüyük, → Büğet, → Herkenli, → Anzulada, → Senzusa), die wohl überwiegend von der Salzgewinnung u. dem Abtransport lebten. – Durch den N-Finger der Tatta Limnē führt ein knapp unter der Wasseroberfläche verlaufender, befahrbarer, künstlicher Damm, der aus osmanischer Zeit stammen soll, möglicherweise aber älter (röm.-byz.?) ist. Sein Verlauf wird stellenweise durch alte Säulen und andere alte Steine markiert[11,12]. Auf der 17 km wsw. von Şereflikoçhisar gelegenen Büyükada (auf der Türkeikarte 1:200.000 ohne Namen eingetragen) Baureste aus röm.-byz. Zeit, darunter Fassung einer Süßwasserquelle u. Ruine einer Kirche[12].

Font [3] Strabōn XII 5, 4. — [4] Plinius, Nat. hist. XXXI 84, 100. — [5] Dioskuridēs, De materia medica V 109, 1. — [9] Steph. Byz. 179.

Lit [1] Wenzel, Aufbau 155, 157. — [2] Saraçoğlu, Akarsular 294–296. — [6] *MAMA* I, XVII, 194. — [7] Calder, Southern Galatia 458, 461. — [8] Ramsay, Social Basis 128ff. — [10] W. Ruge, Attaia 2. *RE* 2/2 (1896) 2155. — [11] Bittel, Kleinasiat. Studien 205f. — [12] Konyalı, Şereflikoçhisar 549–559.
W. Ruge, Tatta. *RE* 4A/2 (1932) 2477.

Tauros (Ταῦρος), heute Toros Dağları, Randgebirge im S u. SO der Türkei, von den modernen Geographen meist in einen w., mittleren u. ö. Abschnitt gegliedert; für Lykaonien ist im wesentlichen der w., nur im äußersten O auch ein Zipfel des mittleren Tauros relevant[1]

31^{40}–34^{00} 37^{00}–37^{20}

Hist Der lykaon. Abschnitt des Gesamttauros, der für Strabōn von Karien im W bis zu den Kaspischen Toren (n. von Teheran) im O reichte[2,3], übte dauernd Grenzfunktion aus: In der Antike schied er Lykaonien vom Rauhen Kilikien (im äußersten W auch von Pamphylien)[2], in frühbyz. Zeit trennte er die Provinzen Lykaonien u. Isaurien[4], in mittelbyz. Zeit das Thema Anatolikōn vom Thema Kibyrraiōtōn u. der Kleisura (später ebenfalls Thema) Seleukeia[5], im späteren MA. auch eine Zeitlang das Seldschukenreich von Kleinarmenien[6]. – In frühbyz. Zeit wurde Lykaonien wiederholt von den Einfällen der im Tauros lebenden, nie wirklich befriedeten Isaurier bedroht[7,8]; dieser Teil des Tauros daher im 4. Jh. gegen das lykaon. Hochland durch eine Art Limes (am ehesten wohl eine lockere Reihe von Wachttürmen) abgegrenzt[8,9]. Ein Bild einigermaßen friedlichen Berglebens hingegen bietet die Vita des hl. Konōn, die in u. um Isaura (wohl Palaia, → Leontopolis) „in den höheren Teilen des Tauros" spielt[10].
Der wichtigste von Lykaonien ausgehende Taurosübergang führte in mehreren Varianten von → Laranda nach Seleukeia in Isaurien; w. davon führten schwierigere Straßen nach → Leontopolis, ö. gab es eine Verbindung über → Divle u. → Dedeli Yayla nach Pompēiupolis an der S-Küste.

Mon → Leontopolis, → Dedeli Yayla, → Gödet, → Divle.

Font [2]Strabōn IX 12, 1–5; XII 5, 4; XII 6, 1. — [5]Kōnst. Porph., De them. 61, 77, 79 (u. Karte). — [6]Chroust, Quellen 89. — [7]Amm. Marc. XIV 2. — [9]Not. Dign. Or. XXIX 5. — [10]Trautmann–Klostermann, Konon passim, bes. 300, 313, 315.

Lit [1]Spreitzer, Landeskunde 19. — [3]W. Ruge, Tauros 5. *RE* 5A/1 (1934) 39–50. — [4]Honigmann, Hierokles, Karte III. — [8]Rougé, Isaurie passim *(Font)*.

Tautaendia-Brücke (γέφυρα Ταυταενδίας), Brücke (mit Unterkunftshaus) über den mittleren Sangarios auf einem Weg von → Sykeōn nach → Germia; nicht sicher lokalisierbar, aber vielleicht mit dem Sangarios-Übergang von Vindia (→ Gordion) identisch[1]

Hist Der hl. Theodōros von Sykeōn überquerte die Brücke anläßlich einer Reise nach Sōzopolis in Pisidien während der Regierungszeit des Kaisers Maurikios auf dem Hin- und Rückweg[2,3,4].

Mon —

Font [2]Vita Theod. Syk. 84, 87.

Lit [1]Mitchell, Galatia II 591, A. 36. — [3]Honigmann, Pour l'atlas 246f. — [4]Waelkens, Germia 457f.

Tembros (Τέμβρος, Θύβρις), antik meist Tembris[1], heute Porsuk Çayı, linker Nebenfluß des → Sangarios (Sakarya Nehri), entspringt am Murat Dağı s. von Kütahya, biegt bei Eskişehir nach O um, erreicht zwischen Alpu u. Akköprüköy galat. Gebiet u. mündet wenig n. von → Gordion in den Sangarios[2]

30^{40}–31^{40} 39^{20}–39^{40}

Hist Die beiden Erwähnungen des Flusses in byz. Zeit beziehen sich wohl auf Überquerungen in der Nähe von Dorylaion (Eskişehir), also noch auf phryg. Gebiet[3,4].

Mon Im unteren Tembros-Tal wohl wegen der verbreiteten Sümpfe[5] kaum Spuren byz. Besiedlung; → Toğray.

Font [3]Theod. Prod., Hist. 258 (XI 170), 260. — [4]Iō. Kinn. 191.

Lit [1]W. Ruge, Tembris. *RE* 5A/1 (1934) 433. — [2]Saraçoğlu, Akarsular 101f. — [5]Mitchell, Galatia I 414.

Thēbasa (Θήβασα, Dabasa, Τιβάσσαδα), Stadt u. Festung in Lykaonien, wahrscheinlich heute Kesmez u. Sekalesi im s. Karaca Dağ[1], 17 u. 20 km ö. von Karapınar

♁ ⩓ 33^{40} 37^{40}

Hist Thebasa bereits röm. belegt[2], byz. erst wieder um die Wende vom 8. zum 9. Jh. als *kastron* genannt, das von den Arabern mehrfach erobert wird. Zuerst 793 durch ʿAbdarraḥmān b. ʿAbdalmalik, wobei nach Michael dem Syrer die Übergabe durch Wassermangel erzwungen wurde[3–7]. 805 während einer Kampfpause von Kaiser Nikēphoros I. wieder aufgebaut[3], 806 im Verlaufe des Kappadokienfeldzuges Hārūn ar-Rašīds wiederum eingenommen[3,5,6,7]. Da Nikēphoros die im Friedensvertrag eingegangene Verpflichtung, die zerstörten Festungen nach dem Abzug der Araber nicht wieder aufzubauen, mißachtet, läßt Hārūn Thēbasa noch einmal erobern[3,6,7]. – Das in den Notitiae episcopatuum vom 9.–12. Jh. als Suffragan von Ikonion verzeichnete Bistum Tibassada[8] wohl zu Recht mit Thēbasa identifiziert[9]. Nicht identisch mit dem in der Antiochener Notiz des 10. Jh. aufscheinenden Bistum Thēbai[9,10], da dieses Augusta in Kilikien ist[11].

Mon In u. beim Dorf Kesmez zahlreiche Spolien, teils auch mit Inschriften aus spätröm. u. frühbyz. Zeit. Am S-Eingang des Dorfes aus Spolien einer frühbyz. Kirche (Säulen-

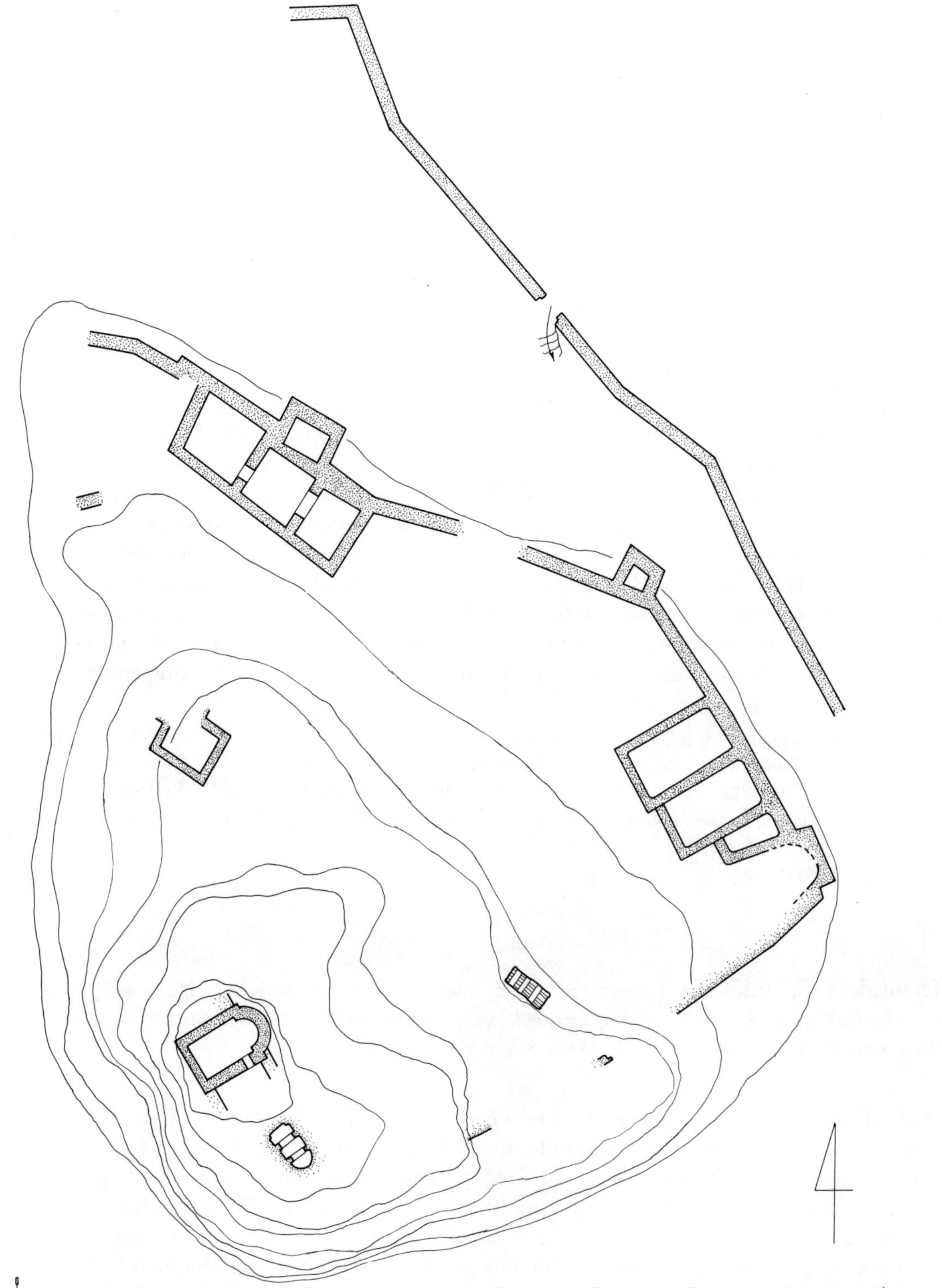

Abb. 4: Sekalesi (Thēbasa)

Abb. 31–33 schäfte, Fenstersäulchen, Pfeilerkapitelle, Türsturz mit Inschrift, Gesimsprofile, große Quaderblöcke) erbautes, heute verlassenes Gehöft. Oberhalb von Kesmez, auf schrägem, nach W, S u. O schroff abfallendem Gipfelplateau Reste der alten Festung, die die s. u. w. anschließende Ebene beherrschen konnte. Die Anlage ist dreieckig angelegt mit zwei Abb. 11 Kapellen am höchsten Punkt, einer Spitze des Dreiecks. Die Steilabfälle haben heute ihre vermutlich nur schwache Kurtinenbefestigung weitgehend verloren. Der Schwerpunkt der Befestigungsanlage liegt an der breiten, dem flachen Talhang zugekehrten NO-Seite. Abb. 10 Hier verstärken zwei Türme u. eine Eckbastion den polygonal gebrochenen Mauerzug. Zwischen den beiden Türmen muß auch das Zugangstor gelegen sein. Eine kleine Ausfallpforte (Türgewände mit Riegellöchern erhalten) in der am Rande des Steilhanges hinaufziehenden SO-Kurtine. Auf der NO-Seite auch der polygonal gebrochene Zug einer Vormauer mit unterem Tor, von dem beide Türgewände u. Stufen des Aufweges erhalten sind. Auf halber Höhe zwischen NO-Mauer u. Kapellen ein weiterer Turm. Nahe der sö. Ausfallpforte eine Zisterne[12], gewölbt durch Schwibbögen mit Plattenabdeckung. An die NO-Kurtine lehnen sich von innen kasemattenartig zwei Gebäudegruppen aus verschiedenen späteren Zeiten. Die Kapelle später durch anschließende Mauern zur Gipfelbastion ausgebaut. – Unterschiedliches Mauerwerk läßt in groben Zügen drei Phasen erkennen: 1. Große, sorgfältig behauene u. gefügte Schalquader (untere Teile der NO-Kurtine u. ihre Türme sowie Reste der SO-Kurtine, Kapelle[12]): frühbyz. 2. Grob behauene Bruchsteine in regelmäßiger Schichtung (obere Teile der Kurtinen wie des nö. Turmes, Turm auf der NW-Seite, kleine unterirdisch gebaute zweite Kapelle mit Gurtbögen u. Wandnischen, Teile des nö. Kasemattenanbaues): mittelbyz. 3. Regellos gemauertes Bruchsteinwerk mit Spitzbögen (NW-Kasemattenanbau): seldschukisch u. später. Von der Vormauer ist zu wenig erhalten, so daß sie nicht einer dieser Phasen zugewiesen werden kann. Nach Ausbildung des unteren Tores kann sie aber nur zur ersten oder zweiten gehören. – Unterhalb der Vormauer gegen Kesmez eine einfache Kapelle mit umliegenden Grabsteinen[13].

Font [2] Plinius, Nat. hist. V 95, 147. — [3] Theoph. 469, 481f. — [4] Mich. Syr. III 8f. — [5] aṭ-Ṭabarī III 628, 709 (Brooks, Abbasids 740, 745). — [6] Geōrg. Kedr. II 32f. — [8] Darrouzès, Notitiae 77; 7, 444; 9, 326; 10, 383; 13, 389. — [10] Gelzer, Bistümerverzeichnisse 247, 262. — [11] V. Beneševič, *BNJ* 5 (1926–27) 103.

Lit [1] Ramsay–Bell, Churches 491f., 569 *(Fig)*. — [7] Lilie, Reaktion 168, 177, 192. — [9] Ramsay, Lycaonia 86f., 115. — [12] Restle, Studien I 91–94, 113f., 145.

Bereisung [13] 1974, 1976.

Theotokos Spēlaiōtissa (μοναστήριον τῆς ὑπερευλογημένης δεσποίνης ἡμῶν θεοτόκου καὶ ἀειμνήστου Μαρίας, ἡ ἐπονομαζομένη Σπηλαιώτησα), heute Ak Manastır genanntes Kl. auf dem Weg von Ikonion nach → Sillē, etwa 8 km nw. von Ikonion

♂ 32²⁰ 37⁴⁰

Hist Einige Daten zur Geschichte des Theotokos-Spēlaiōtissa-Klosters sind aus inzwischen verlorenen Inschriften bekannt, die, mit geringen Abweichungen, sowohl durch Eintragung in einen Kodex des 16./17. Jh.[1] als auch durch Abschriften des beginnenden 19. Jh.[2] überliefert sind. Die ältere spricht von einer Leistung (Neugründung oder Erweiterung bzw. Reparatur) durch einen Mönch Markos 1068/69, die jüngere von einer Erneuerung u. Ausschmückung der der Theotokos Maria mit dem Beinamen Spēlaiōtissa geweihten (Haupt-?)Kirche durch den Hieromonachos u. Abt Matthaios 1288/89[1,2,3]. Aus einer abschließenden Bemerkung geht hervor, daß, zumindest nach der Ansicht des Verfassers, auch das ganze Kl., nicht nur die Kirche der Theotokos Spēlaiōtissa geweiht war[1]. Wahrscheinlich erst zu einem späteren Zeitpunkt erfolgte die Verpflanzung der

Legende des aus Ikonion stammenden[4] hl. Charitōn von Palästina auf das Theotokos-Kloster[1]; spätestens von der Mitte des 17. Jh. an als Charitōn-Kloster bekannt[5]. In der islam. Überlieferung in seldschuk. Zeit als Platōn-Kloster (Dair-i Eflāṭūn) bezeichnet, zu dem die Nachfolger Ǧelāladdīn Rūmīs bis ins 20. Jh. gute Beziehungen unterhielten[2,6].

Mon Von der Anlage, die im wesentlichen ein Höhlenkloster war, sind einige unspezifische Wohnhöhlen, eine kleinere u. eine größere Höhlenkirche sowie außerhalb des eigentlichen Klosterbereiches ein überkuppeltes Hagiasma erhalten. Ein früher den Klosterbereich nach außen abschließender, U-förmiger Baukörper (wohl neuzeitlich) heute verschwunden[2,3]. Die größere Höhlenkirche war wohl trotz der Einwände Eyİces[3] das Katholikon, denn dieses wird schon vom Antiochenischen Patriarchen Makarios anläßlich eines Besuches im Jahre 1652 als Höhlenkirche beschrieben[5] (die beiden vorhandenen Übersetzungen[5,7] irren in diesem Punkt). Mit ihren vier Säulen, die Gewölbe stützen, u. drei Apsiden ist sie ähnlich der Felsenkirche in → Sillē. Die von Johannes Kechagiopoulos in den siebziger Jahren des 19. Jh. beschriebenen Wandmalereien sind spurlos verschwunden[3], ebenso wie zwei weitere, dem hl. Sabas und dem hl. Amphilochios geweihte Kapellen[3,8]. Aus dem Klosterbereich stammen einige interessante Grabsteine (zuerst an die Michaelskirche von Sillē, später teilweise ins Archäologische Museum von Konya gebracht), darunter der des erwähnten Abtes Matthaios (starb 1298)[1,2] sowie die berühmte Grabinschrift des Komnenensprößlings Michaēl[9,10].

Font [4] *PG* 115, 901. — [5] Radu, Macaire d'Antioche 76. — [7] The Travels of Macarius, Patriarch of Antioch: Written by His Attendant Archdeacon, Paul of Aleppo, in Arabic. Translated by F. C. Belfour, I. London 1836, 7f.

Lit [1] Bees, Inschriftenaufzeichnung, *passim*. — [2] Hasluck, Christianity II 372ff., 379–383 *(Lit)*. — [3] Eyİce, Akmanastır 162–183 *(Fig)*. — [6] Vryonis, Decline 386f. — [8] Lebidēs, Monai 158. — [9] P. Wittek, *Byz* 10 (1935) 505–515 u. *Byz* 12 (1937) 207–211 *(Lit)*. — [10] H. Hunger, Epigraphische Auszeichnungsmajuskel. *JÖB* 26 (1977) 193–210, hier 195f. und Abb. 5.

Timios Stauros (τοποτηρησία τοῦ Τιμίου Σταυροῦ), *bandon* im ö. Galatien, genaue Lage unbekannt

Hist Timios Stauros ist – neben → Bērinupolis u. → Myriokephalon – eines der drei *banda*, die unter Kaiser Leōn VI. vom Thema Bukellariōn abgetrennt u. dem Thema Charsianon zugeschlagen wurden, innerhalb dessen sie zusammen die neue *turma* → Saniana bildeten[1]. Timios Stauros ist wahrscheinlich mit Stauros (Staurupolis) identisch, das in den Notitiae episcopatuum von der sog. Diatypōsis Leōns VI. (Notitia 7) an als Zusatz zu → Bērinupolis hinzutritt[2]; offensichtlich bildeten die Orte gemeinsam ein Bistum[3,4]. Timios Stauros ist jedoch – gegen Ramsay[3] – von dem in Siricha in Kappadokien (→ *TIB* 2 s. v.) verehrten Kreuz *(stauros, timios stauros)* zu trennen.

Mon —

Font [1] Kōnst. Porph., D. A. I. 236 (c. 50). — [2] Darrouzès, Notitiae 7, 174; 9, 70; 10, 72; 13, 77/78.

Lit [3] Ramsay, Asia Minor 218, 247f. — [4] Janin–Stiernon, Galatie 724f.

Tiske, heute amtlich Gökçebağ, Dorf 9 km n. von Ayaş, 49 km wnw. von Ankyra

□ 32^{00} 40^{00}

Hist Die Identifizierung mit *Ergobroteōs (Erigobrogeōs) chōrion*[1,2] ist nicht unmöglich u. hat gegenüber der alternativ vorgeschlagenen (die galat. Festung bei Dikmen, 8 km n. von → Anastasiupolis) den Vorzug, daß bei Tiske auch eine nachgewiesene byz. Siedlung lag (→ *Mon*).

Mon Zwei christl. Inschriften[3,4] sowie ein mit Ornamenten überzogener pfeilerförmiger Stein an der Moschee[5] bezeugen eine byz. Siedlung. – Oberhalb des Ortes eine kleine, wohl galat. Festung (Mauerreste aus Bruchstein ohne Verwendung von Mörtel), die keine Spuren byz. Benutzung aufweist[2,3,5].

Font [1] Vita Theod. Syk. I 24f.

Lit [2] Mitchell, Galatia I 417f. — [3] Anderson, Galatia 63. — [4] Mitchell, North Galatia 146f. (Nr. 173, 174).

Bereisung [5] 1982.

Toğray, Ort am Südufer des → Tembros (Porsuk Çayı), 9,5 km w. von Beylikahır, 31 km nw. von Sivrihisar (→ Spaleia)

∴ 31^{00} 39^{40}

Hist —

Mon In Toğray außer antiken Inschriften auch byz. Siedlungsspuren[1,2].

Font —

Lit [1] Babinger, Hans Dernschwam's Tagebuch 177. — [2] Mitchell, North Galatia 43ff. (Nr. 18–20).

Tolastochora (Τολαστοχόρα, Toloscorio), heute wahrscheinlich Ruinenfeld etwa 1,5 km sö. von Gökpınar[1], etwa 7 km nö. von Çeltikçi; der Ansatz Andersons (zwischen Çeltikçi u. Sangarios)[2] damit nur geringfügig nach SO verschoben

⊸ 31^{40} 39^{00}

Hist Der erste Bestandteil des Namens galat. Der Ort hatte wohl hauptsächlich als Station einer durch Nordlykaonien verlaufenden spätantiken Diagonalverbindung (Route A 2) eine gewisse Bedeutung[3,4].

Mon Sö. von Gökpınar bedeutendes Ruinenfeld[1]. – Am Gökpınar Deresi zwei alte Siedlungsstätten: eine südlichere, am rechten Ufer gelegene (?) mit einer großen, offensichtlich antiken Nekropole, u. eine nördlichere auf der linken Seite, genannt Polathisar, die ein Labyrinth miteinander kommunizierender Felskammern aufweist[2].

Font [3] Ptolemaios V 4, 5 (II 851 Müller). — [4] Tab. Peut. IX 5 (Miller, Itineraria 690).

Lit [1] Calder, Note zu Fd. — [2] Anderson, Galatia 309f.
W. Ruge, Τολαστόχορα. *RE* 6A/2 (1937) 1670.

Topaklı, Ort in Galatien, 40 km ssw. von Ankyra

□ 32^{20} 39^{20}

Hist Aus einer antiken Weihinschrift an den *Mēn Andrōnēnos* wird als alter Name der Siedlung Andrōna erschlossen[1]. Sie ist wahrscheinlich mit dem Ort der Tolistobogier *Andros*[2] *(Andron*[3]*)* zu identifizieren.

Mon Die alte Siedlung (ein relativ steiler, oben abgerundeter Siedlungshügel mit überwiegend prähist. Keramik) 2–3 km w. des modernen Ortes; sie zeigt Reste einer steinernen Ummauerung. Im Ort einige Architekturfragmente, darunter eine antike (s. o.) u. eine christl. Inschrift[1,4,5,6].

Font [2] Ptolemaios V 4, 5 (II 850 Müller). — [3] Geogr. Rav. 19, 12 (S. 31).

Lit [1] Anderson, Galatia 96f. — [4] Mitchell, Galatia I 443. — [5] French–Mitchell, Ankara 81. — [6] Mitchell, North Galatia 192f. (Nr. 230, 231).

Bereisung 1982.

Tosun Hüyük, isolierter Hügel in der Salzsteppe s. des Tuz Gölü (→ Tatta Limnē), 10 km wsw. von → Eskiil, 90 km nö. von Ikonion

□ 33^{00} 38^{20}

Hist —

Mon Auf dem Hügel u. in seiner unmittelbaren Umgebung Ruinen (Fundamente von Gebäuden u. Architekturfragmente) einer größeren röm. (u. byz.?) Ansiedlung. Ein Großteil der alten Steine soll zum benachbarten → Eskiil verschleppt worden sein[1,2]. Die Ruinen zu Beginn des 20. Jh. bereits weitgehend verschwunden[3].

Font —

Lit [1] Ainsworth, Travels I 191. — [2] Anderson, Galatia 133f. — [3] Sarre, Reise 99.

Trans Monte, Straßenstation *(mutatio)* der Pilgerstraße in Galatien, 11 (verbessert aus überlieferten 6) röm. Meilen nach → Dadastana u. ebenso viele vor → Milia. Genaue Lage unbekannt, wahrscheinlich in der Nähe von Bağlıca/Saçak Dere (3–4 km w. von Nallıhan)[1,2]; ältere Lokalisierungsvorschläge (in der Nähe von Köstebek, etwa 26 km nw. von Nallıhan)[3,4] überholt

Hist —

Mon —

Font [1] Itin. Ant. 574, 6.

Lit [2] French, Pilgrim's Road 31, 106f. — [3] Miller, Itineraria 658. — [4] W. Ruge, Trans Monte. *RE* 6A/2 (1937) 2176.

Trōgitis Limnē (Τρωγῖτις Λίμνη), heute Suğla Gölü, ein flacher, früher vom Beyşehir Çayı, dem Abfluß des Beyşehir Gölü (→ Pusgusē Limnē) gespeister See, der heute zumindest zeitweise fast völlig trockengelegt ist[1]; der Beyşehir Çayı als Beyşehir Kanalı heute um den Suğla Gölü herumgeleitet u. zur Bewässerung der Konya Ovası benutzt (→ Nahr al-Aḥsā')

31^{40}–32^{00} 37^{00}–30^{20}

Hist Der Name Trōgitis Limnē nur antik belegt[2].

Mon Um das relativ flache u. fruchtbare N- u. O-Ufer herum zog sich ein breiter Streifen mit zahlreichen röm.-byz. Siedlungen (→ Akkilise, → Aliçerçi, → Eski Saray, → Seydişehir), welche an bzw. in der Nähe einer röm. Straße von → Mistheia über → Amblada u. → Uasada nach Isaura Palaia (→ Leontopolis) lagen[3]. Über dem gebirgigen, unzugänglichen SW-Ufer die Burg von → Arvana.

Font [2] Strabōn XII 6,1.

Lit [1] Hall, Eastern Pisidia 57 A. 2 *(Lit)*. — [3] Hall, Gorgoromeis 127, 131, 158.

Troknada (ὁ Τροκνάδων, Τρωκνάδων), heute Kaymaz, an der röm.-byz. Straße von Dorylaion nach Pessinus, 63 km sö. von Eskişehir

♁ 31^{00} 39^{20}

Hist Der durch zwei antike Inschriften in Kaymaz oder seiner unmittelbaren Umgebung lokalisierte Ort[1-3] ist byz. zuerst bei Hieroklēs (῾Ρεγετνοκνάδα für ῥεγεὼν Τροκνάδων) in Galatia II bezeugt[4]. Die Bezeichnung als *regio* zusammen mit einem inschriftlich genannten *epitropos* lassen daran denken, daß das Gebiet in der Spätantike u. in frühbyz. Zeit zu einer kaiserl. Domäne gehörte[5,6]. – Als Bistum (Suffragan von → Pessinus) auf der „Räubersynode" von Ephesos 449 u. auf dem Konzil von Chalkēdōn 451 durch Bischof Kyriakos vertreten[7], auf dem Konzil von Kpl. 692 durch Theodōros (Τροχνάδων), Nikaia 787 durch Leōn u. Kpl. 879 durch Kōnstantinos[8]. In den Notitiae episcopatuum bis ins 10. Jh. (zuletzt Notitia 9) verzeichnet[9]; von der sog. Diatypōsis Leōns VI. (Notitia 7) an tritt an seine Stelle ὁ Λωτίνου, womit wahrscheinlich nur eine Umbenennung vielleicht nach einem Lokalheiligen, kaum eine Veränderung der Lage oder ein neues Bistum gegeben ist[10]. – Die Gleichsetzung von Troknada mit dem von Ptolemaios[11] u. der Tabula Peutingeriana[12] verzeichneten Ort Trikōmia (Reihenfolge: *Dorylaion–Midaion–Trikōmia* bzw. *Dorileo–Mideo–Tricomia–Pessinunte*) ist nicht völlig gesichert[3,10].

Mon Aus Kaymaz u. Umgebung sind einige antike u. byz. Inschriften u. Spolien bekannt[3,13-15].

Font [1] *CIL* III Suppl. 6997. — [2] *IGR* IV 546 (S. 203). — [4] Hier. 698,1. — [7] *ACO* II 1,1 S. 60 (Nr. 191), 78 (Nr. 16) et passim. — [8] Mansi XI 1000D; XII 1103E; XIII 145D, 369D, 382E; XVII 376B. — [9] Darrouzès, Notitiae 76, 89; 1,243; 2,305; 3,355; 4,259; 7,324; 9,204, 207; 10,254; 13,256. – [11] Ptolemaios V 2,17 (II 827 Müller). — [12] Tab. Peut. IX 3 (Miller, Itineraria 689).

Lit [3] W. Ruge, Τρικωμία 4. *RE* 7 A/1 (1939) 152; ders., Troknades. *RE* 7 A/1 (1939) 658f. — [5] Cox–Cameron, *MAMA* V, XXIX. — [6] Jones, Cities 65, 391 A. 56. — [10] Ramsay, Asia Minor 227f. — [13] Kinneir, Journey 43. — [14] Barth, Reise 86. — [15] Humann–Puchstein 26.

Türkmenköy, Ort in den nö. Emirdağları, 10 km s. von → Amorion

□ 31[00] 38[40]

Hist Eine in Emirdağ (früher auch Aziziye) gefundene, wahrscheinlich aus Türkmenköy stammende Inschrift Μητρὶ Πεπροζετηνῇ geweiht, der antike Name von Türkmenköy daher möglicherweise *Peprozeta* o. ä.[1]. Ob, wie vorgeschlagen[1,2], dieser Ort mit Pazukōmē oder Puza in der Nähe der Sangariosquellen in Verbindung zu bringen ist, wo um 368 eine novatianische Synode abgehalten wurde[3,4], muß wohl offen bleiben.

Mon In Türkmenköy Reste einer Kirche; das Taufbecken, dessen Inschrift einen Bischof Patrikios (von Amorion?) nennt, steht vielleicht noch in seiner ursprünglichen Position[1].

Font [3] Mansi III 541f. — [4] Sōzomenos 269, 327f.

Lit [1] *MAMA* VII XXI, 64 (Nr. 281), 67f. (Nr. 299, 300). — [2] Ramsay, Phrygia II 575.

Tzibrēlitzēmani (Τζιβρηλιτζημανί), Engpaß, heute wahrscheinlich entweder die Schlucht, die sich etwa 10 km w. von Ikonion n. der Konya–Beyşehir-Straße in O-W-Richtung erstreckt, oder diejenige, die sich etwas weiter n. nach Sarayköy am Fuße des Tekeli Dağ hinaufzieht

32[20] 37[40]

Hist Auf dem Rückzug von Ikonion in Richtung → Pusgusē Limnē 1146 wurde Kaiser Manuel von den Türken an einer „barbarisch" Tzibrēlitzēmani genannten Stelle angegriffen, die besonders schwer zugänglich und nicht nur für ein Heer in Schlachtordnung, sondern auch für eine kleine Grupe schwer passierbar war[1,2]. Wahrscheinlich identisch mit dem Wādī Ḏimārī, durch welches man nach Daqalyās gelangte[3], der ersten Station hinter Qūniya auf der direkten Straße nach Philomēlion; der Name Daqalyās lebt wohl im heutigen Tekeli Dağ (→ Kabala) fort[4,5].

Mon —

Font [1] Iō. Kinn. 47. — [3] Ibn Ḫurdāḏbih 113 (de Goeje 85).

Lit [2] Anderson, Phrygia II 121. — [4] Ramsay, Preliminary Report 244f. — [5] Ders., Kaballa 413.

U

Uasada (Οὐάσαδα, Βάσαδα), heute Bostandere, 26 km sö. von → Mistheia, 65 km sw. von Ikonion, an der Gebirgsschwelle auf der linken Seite des Beyşehir Çayı

♗ 31[40] 37[20]

Hist Die an einer alten Straße von Mistheia über → Amblada nach Isaura Palaia (→ Leontopolis) gelegene[1], schon seit hellenist. Zeit bezeugte Stadt[2,3] ist Heimat der Heiligen Eustochios, Probē, Lulos u. Urbanos, die unter Maximian in Ankyra hingerichtet wurden[4]. Für das Konzil von Nikaia 325 bezeugen die verschiedenen Versionen des Teilnehmerverzeichnisses Theodōros von Uasada entweder als Bischof von Pisidien oder von Isaurien; einige führen ihn doppelt[5,6,7]. Da auf der Synode von Antiocheia 341 Theodōros von Uasada aus Isaurien vertreten ist[8], dürfte meines Erachtens gegen Gelzer[9], Schwartz[10] und Honigmann[11] auch im Jahre 325 Uasada zu Isaurien gehört haben. In einem Brief vom Jahre 374 rät Basileios dem Metropoliten von Ikonion, Amphilochios, den bisher *Mēstia* unterstellten *agros* → Mindana in Hinkunft *Uasoda* zu unterstellen[12,13]; dieses Dorf also zwischen beiden Städten zu suchen. In einem Synodalentscheid aus dem Jahre 1226 wird die Verschiebung Mindanas von Mistheia an Uasada (hier Masada geschrieben) zur Rechtfertigung der Versetzung eines Metropoliten wieder angeführt[14,15]. Der bei der Angelegenheit genannte Longinos[12,14] ist vielleicht eher als Bischof von Uasada denn als Besitzer des *agros* Mindana aufzufassen[13]. Bischöfe von Uasada sind weiters bezeugt auf den Konzilien von Chalkēdōn 451 (Olympios, vertreten durch den Metropoliten von Ikonion)[16], Kpl. 536 (Gorgonios *Uradias*)[16] sowie Kpl. 692 (Konōn) u. 879 (Nikēphoros)[8]. Verzeichnet bei Hieroklēs[17] u. von den Notitiae episcopatuum bis ins 12. Jh.[18].

Mon Die antike u. byz. Stadt erstreckte sich vom sog. Kestel Dağ als Akropolis bis mindestens zum heutigen Dorf[19]. Die vorhandenen Reste der Akropolisbefestigung teils aus großen, unregelmäßigen Blöcken, teils aus regelmäßig behauenen Quadern (Reste von Türmen) aufgeführt[19,20,21]. Zwischen Akropolis und heutigem Dorf vor einigen Jahren beim Bau eines Brunnenhauses ein antikes Theater angestochen und großenteils ausgegraben[22]. Im Ort u. seiner Umgebung zahlreiche antike u. byz. Architekturfragmente u. Inschriften[21,22]. Unmittelbar oberhalb des Ortes Fundamente einer Kirche[20], heute verschwunden. In einem Hang ö. des Ortes byz. Felsengräber[21]. – Auch der s. des Kestel Dağ gelegene, 1601 m hohe Aktepe war mit einer (antiken?) Ringmauer aus unbehauenen, großen Steinen befestigt[2,19,20]. – Architekturfragmente u. Inschriften auch in Gevrekli (5 km nw.; hier auch Reste einer mit Spolien erbauten [ma.?] Brücke über den Beyşehir Çayı), Boyalı (4 km nw.), Karabulak (6 km sw.) u. İncesu (6 km nö.)[2,19,20,22].

Font [3]Ptolemaios V 4, 8 (II 857 Müller). — [4]Synax. Cpl. 766 *(Usada)*. — [5]Gelzer, Nik. Patr. 68, 111, 113, 135, 205, 211. — [6]Turner, Monumenta 72f., 78f. — [7]Honigmann, Nicée 37, 47 (Nr. 142). — [8]Mansi II 1308B; XI 1004A; XVII 376C. — [12]Basileios v. Kaisareia, ep. 188 (II 129f. Courtonne). — [14]Oudot, Acta 62–67. — [16]*ACO* II 1, 2 S. 152 [348] Nr. 368; III 66 (Nr. 39). — [17]Hier. 675, 5. — [18]Darrouzès, Notitiae 1, 357; 2, 421; 3, 494; 4, 347; 7, 433; 9, 315; 10, 372; 13, 378.

Lit [1]Hall, Mistheia 121, 123 *(Fig)*. — [2]Swoboda–Keil–Knoll 22–31, 33, 109 *(Fig)*. — [9]Gelzer, Geographische Bemerkungen 57. — [10]Schwartz, Bischofslisten 69. — [11]Honigmann, Sur les listes 331, 340. — [13]Belke, Lykaonien 151–155. — [15]Laurent, Reg. 1240. — [19]Jüthner, Vorl. Bericht 18–21. — [20]Sterrett, Wolfe Expedition 171–179 (Nr. 280–295). — [21]Hall, Eastern Pisidia 85–89.

Bereisung [22]1974.

Ubinnaca, heute Malır Hüyük, 12 km ssö. von Sultanhanı, 20 km onö. von → Comitanasso, in hügeligem Gelände am Südrand der lykaon. Salzsteppe

▭ 33^{20} 38^{00}

Hist Der Name ist nur durch die Tabula Peutingeriana als Station der „nördlicheren Diagonalverbindung durch Lykaonien" zwischen → Comitanasso u. Salaberina in Kappadokien (heute Gideriç[1]) belegt[2]. Die hier gegebenen Entfernungen von 12 röm. Meilen nach Comitanasso und 29 röm. Meilen nach Salaberina entsprechen etwa den tatsächlichen Entfernungen (20 km nach Ortakuyu, 37 km nach Gideriç). Dieser Teil der Straße u. damit auch die Siedlung dürften in frühbyz. Zeit untergegangen sein.

Mon Siedlungshügel mit reichlich röm. Keramik; s. u. ö. (röm.?) Grabstätten[3].

Font [2] Tab. Peut. X 1 (Miller, Itineraria 690).

Lit [1] Hild, Straßensystem 46f. — [3] Ballance, Roads in Lycaonia 228.

Bereisung 1974.

Uetapa (Οὐέταπα), Beiname eines Klosters H. Stephanos u. wahrscheinlich auch Siedlung. Genaue Lage unbekannt; in Südgalatien nahe dem Kl. tōn → Dryïnōn, in der Nähe entweder der sog. Pilgerstraße oder einer Verbindung von Lykaonien nach N oder NW (Ankyra, Amorion oder Pessinus) zu suchen

Hist Auf dem Rückweg seiner dritten Jerusalemreise (Zeit des Kaisers Maurikios) besuchte der hl. Theodōros von Sykeōn vom Kloster *tōn Dryïnōn* aus das Stephanskloster Uetapa. Von hier aus wurde er von Bischof Amiantos nach → Kinna geleitet[1]. Die Gleichsetzung mit → *Vetisso* der Tab. Peut. (wahrscheinlich bei Beşışıklı)[2,3] unwahrscheinlich.

Mon —

Font [1] Vita Theod. Syk. I 55.

Lit [2] Ramsay, Asiana 234. — [3] Ders., Lycaonia 103.

Umanada (Οὐμάναδα), Bistum in Lykaonien, nicht genau lokalisiert, wahrscheinlich s. des Suğla Gölü zu suchen

Hist Die Wohnsitze des kriegerischen Bergvolkes der Homonadeis *(Homonadenses, gens Omanadum)*, welches wohl kurz nach dem Jahre 6 v. Chr. von Sulpicius Quirinius niedergerungen wurde[1], grenzten an die Gebiete von Selgē (heute Zerk, amtlich Altınyayla, das Stadtterritorium erstreckte sich aber wohl bis Gağras)[2] und Kotenna (heute Gödene, amtlich Menteşbey) im SW sowie von → Leontopolis im O[3,4]. Sie sind demnach in der Nähe des Suğla Gölü, wahrscheinlich an dessen Südufer u. dem s. angrenzenden Gebirgsland zu suchen[1,5], vielleicht schloß ihr Gebiet aber auch das NO-Ufer u. seine Berge mit ein[16]. Ihr von Plinius genanntes Zentrum, das *oppidum Omana*[4], kann nicht sicher lokalisiert werden. Zwei mögliche Stellen, Asar Tepe u. Sülek Yaylası sw. des Suğla Gölü[16], müßten genauer untersucht werden. Der beschriebenen Lage jedoch entspricht die wechselnde bzw. doppelte Zugehörigkeit des byz. Bischofssitzes Umanada zu verschiedenen Provinzen. Der Diakon Orestēs bringt die Überreste u. das Haupt des hl. Kindaios, der unter Diokletian in Sidē das Martyrium erlitten hatte, in einem Tag „von Pamphylien" in seine Heimat Umanada[6]. Auf dem Konzil von Nikaia 325 ist es mit den anderen südlykaon. Städten unter den isaurischen Bistümern aufgeführt[7,8,9], auf dem Konzil von Kpl. 381 (πόλεως Οὐμαδῶν)[10] u. Chalkēdōn 451[11] als Suffragan von Ikonion vertreten. Ein Schreiben der Synodos endēmusa an den Patriarchen Iōannēs II. aus dem

Jahre 518 ist u. a. von Bischof Phōteinos τῆς Οὐαμανενδεωτῶν πόλεως in Pamphylien unterschrieben[11]. Die Kanones des Trullanum 692 unterschrieben Bischof Alexandros Σουμανδῶν in Lykaonien u. Platōn Μανδέων in Pamphylien[12]. Entsprechend wird Umanada in Lykaonien von Hieroklēs[13] u. durchgehend von den Notitiae episcopatuum, zuletzt im 12. Jh. verzeichnet (Varianten ὁ Μανάδων, ὁ Οὐαμανάδων). Gleichzeitig erscheint in denselben Notitiae ein Bistum ὁ Οὐαμανάδων in Pamphylien[14]. Man muß demnach annehmen, daß entweder zu einem nicht genauer bestimmbaren Zeitpunkt vor 518 das Bistum Umanada, welches ursprünglich zu Isaurien, dann zu Lykaonien gehörte u. das ganze alte Stammesgebiet der Homonadeis umfaßte, zwischen Lykaonien u. Pamphylien geteilt wurde[1,15], oder daß sich von vorneherein auf dem Stammesgebiet zwei Zentren herauskristallisierten, die schließlich beide Bistümer wurden.

Mon —

Font [3] Strabōn XII 6,5; 7,1; XIV 5,1; 5,24. — [4] Plinius, Nat. hist. V 94. — [6] Synax. Cpl. 814. — [7] GELZER, Patr. Nik. 68 et passim. — [8] HONIGMANN, Liste de Nicée 48, 166. — [9] TURNER, Monumenta 78f. — [10] TURNER, Canons 169 (Nr. 93). — [11] *ACO* II 1,1 S. 63 (Nr. 294) et passim; III 66 (Nr. 31). — [12] MANSI XI 1004A u. D. — [13] Hier. 675,6. — [14] DARROUZÈS, Notitiae 1, 196, 359; 2, 255, 423; 3, 287, 496; 4, 211, 376; 7, 251, 435; 9, 149, 317; 10, 166, 374; 13, 165, 380.

Lit [1] LEVICK, Colonies 38–41, 203–214 *(Font, Lit)*. — [2] ORMEROD, Servilius Isauricus 53–55. — [5] MAGIE, Roman Rule II 1303f. A. 2 *(Lit)*. — [15] RAMSAY, Homonadeis 275f. — [16] HALL, Gorgoromeis 155–158.
W. RUGE, Homanada. *RE* 8/2 (1913) 2265.

Üskerles (Üskeles), heute amtlich Üstünler, 5 km s. des Beyşehir Gölü (→ Pusgusē Limnē), 16 km sw. von Mistheia (Beyşehir) im lykaon.-pisid. Grenzgebiet

□ 31[20] 37[20]

Hist Aufgrund des lautlichen Anklanges ist Üskerles vielleicht mit dem in den sog. Tekmoreierinschriften genannten (antiken) Ort Askara (Ethnikon *Askarēnos*) gleichzusetzen[1,2]. Die Deutung von Üske(r)les als ungeschickte Schreibung für Iskeles (= εἰς τὴ σκάλα)[3] ganz unwahrscheinlich (dieses in Kum İskele etwa 10 km w. direkt am See).

Mon Zahlreiche antike u. bes. byz. Inschriften u. Architekturfragmente, die u. a. auf eine bedeutende Kirche schließen lassen u. von einem flachen Hügel unweit n. des Ortes (Flurname Yaranşehir) stammen sollen, erweisen eine röm.-byz. Siedlung[4–7].

Font —

Lit [1] RAMSAY, Pisidia 249. — [2] RAMSAY, Tekmoreian Guest-Friends 322, 323, 363. — [3] RAMSAY, Social Basis 24 mit A. 2. — [4] JÜTHNER, Vorl. Bericht 30. — [5] SWOBODA–KEIL–KNOLL 42f., 110f. — [6] SARRE, Reise 129f. — [7] HALL, Eastern Pisidia 71.

Bereisung 1976.

Uzara, Ort (oder Gegend) nahe der lykaon. Grenze, genaue Lage unbekannt

Hist Uzara nur bekannt als Heimat des hl. Euthymios von Sardeis aus einer nicht edierten Lebensbeschreibung[1]. Uzara möglicherweise aus → Uasada entstellt[2].

Mon —

Font —

Lit [1] J. PARGOIRE, *EO* 5 (1901/02) 157. — [2] J. GOUILLARD, *BZ* 53 (1960) 41.

V

Vetisso (abl.), Siedlung und Straßenstation im galat.-lykaon. Grenzgebiet, heute wahrscheinlich die *Kale* genannte alte Siedlungsstätte etwa 1,5 km nw. von Beşışıklı bzw. 8 km wnw. von Sülüklü, 118 km nnw. von Ikonion

□ 32^{00} 38^{40}

Hist Eine antike Inschrift aus Sarıkaya (12 km s.) nennt den δῆμος [Οὐ]ητισσέων[1,2]. Bei Ptolemaios *Ueteston* nach → Tolastochora im Gebiet der Tolistobōgoi genannt[3], von der Tabula Peutingeriana *Vetisso* auf der „nördlicheren Diagonalverbindung durch Lykaonien" (Route A 2) 20 röm. Meilen sö. von *Bagrum* (heute wahrscheinlich Yüzükbaşı, etwa 15 km osö. von → Tolastochora[4]) u. ebenfalls 20 Meilen (wohl zu verbessern in 30) nw. von *Egdava* (→ Gdanmaa) verzeichnet[5]. Danach nicht mehr belegt; die Gleichsetzung mit → Uetapa unwahrscheinlich. – Bei Sarıkaya wahrscheinlich das antike Dorf *kōmē Adeirēnē* anzusetzen[1,2].

Mon Etwa 1,5 km nw. von Beşışıklı ein teilweise natürlicher, felsiger Hügel (Eintragung *Kale* auf der Türkeikarte 1:200.000 Blatt Katrancı), dessen Plateau mit Keramik u. Bruchsteinen übersät ist. Im W dieses Hügels eine große, unterirdisch aus dem Fels herausgehauene Zisterne, zu der von der Oberfläche senkrecht mehrere teils runde, teils viereckige Schächte mit eingemeißelten Auflagen für Deckel herabführen[6]. – Aus Beşışıklı u. den umliegenden Orten, besonders Sülüklü (8 km osö.), Zaferiye (13 km osö.), Katırlı (8 km nö.), Sinanlı (6 km nnw.), Sarıkaya (12 km s.) u. Kadıoğlu (26 km sö.) zahlreiche, fast ausschließlich antike Inschriften bekannt[2].

Font [3] Ptolemaios V 4, 5 (II 851 MÜLLER). — [5] Tab. Peut. IX 5 (MILLER, Itineraria 690).

Lit [1] CALDER, Southern Galatia 461. — [2] *MAMA* VII, XXI–XXV, 76–92 (Nr. 311–401). — [4] CALDER, Note zu Fd.

E. KIRSTEN, Vetissos. *RE* 8A/2 (1958) 2437–2439.

Bereisung [6] 1982.

Virancık, heute amtlich Örencik, etwa 2,5 km osö. von Gölbaşı, 17 km s. von Ankyra

□ 32^{40} 39^{40}

Hist Die Gleichsetzung mit → Dilimnia[1,2] ist überholt; die Pilgerstraße führte etwa 2,5 km w. an Virancık vorbei[3].

Mon Zahlreiche spätröm. u. byz. Reste sowie Keramik aus Virancık u. der unmittelbaren Umgebung bezeugen eine alte Ansiedlung[1]. Die drei hier gefundenen röm. Meilensteine[3,4] sind von der Pilgerstraße verschleppt.

Font —

Lit [1] ANDERSON, Galatia 100f. — [2] HILD, Straßensystem 35. — [3] FRENCH, Pilgrim's Road 18, 31, 45f. — [4] MACPHERSON, Roman Roads 114.

Bereisung 1982.

W

Wādī l-Ǧauz (Wādī l-Ǧaur, Wādī l-Ḫūr [Ḫaur]), Örtlichkeit an einer Straße von → Amorion nach → Ikonion bzw. nach Kilikien im galat.-pisid.-lykaon. Grenzgebiet, genaue Lage unbekannt

Hist Die Itinerare der arab. Geographen nennen das Wādī l-Ǧauz (= Nußbaumtal) bzw. Wādī l-Ḫūr (oder Ḫaur) 12 arab. Meilen (fast 24 km) von Amorion u. ebenso weit von Abrumasnāna an einer der Straßen von Amorion nach Ikonion[1,2]. Nach der Eroberung Amorions 838 zogen sich die Araber durch das Wādī l-Ǧaur in Richtung Kilikien zurück. Hier begannen das Heer wie auch die Gefangenen, großen Durst zu leiden, u. als einige Gefangene ihre Wächter niedermachten u. entflohen, befahl al-Muʿtaṣim, die weniger prominenten Gefangenen im Wādī l-Ǧaur u. an einem anderen, nicht genannten Ort umzubringen[3,4] (→ Pankaleia).

Mon —

Font [1] Ibn Ḫurdāḏbih 101 (de Goeje 73). — [2] al-Idrīsī 809 (Jaubert II 307). — [3] aṭ-Ṭabarī III 1254f. (Vasiliev, Byzance I 309).

Lit [4] Vasiliev, Byzance I 172f.

Waliya, See im lykaon.-kapp. Grenzgebiet, heute wahrscheinlich der Ak Göl w. von Ereğli, etwa 125 km osö. von Ikonion

33^{40}–34^{00} 37^{20}

Hist Genannt in einem unvollständigen arab. Itinerar als Buḥairat al-Maskanīn[1]; die Lage durch → al-Maskanīn bestimmt, das in einem anderen Itinerar als Station zwischen Hērakleia in Kappadokien u. ʿAin Burġūṯ (→ Barata) verzeichnet ist[1,2].

Mon —

Font [1] Ibn Ḫurdāḏbih 101, 110 (de Goeje 73, 82).

Lit [2] Ramsay, Lycaonia 116f.

Y

Yalıncak, Ort in Galatien, 10 km ssw. von Ankyra

∴ 32^{40} 39^{40}

Hist —

Mon Über Resten einer älteren Siedlung wurde ein spätantikes Landgut entdeckt, das nach Ausweis von Münzfunden bis Ende 6./Anfang 7. Jh. in Benutzung war[1,2,3].

Font —

Lit [1] H. Alkim, *Anatolica* 2 (1968) 41. — [2] Mitchell, Galatia I 436f. — [3] B. Tezcan, Yalıncak Village Excavation in 1962–1963. Ankara 1964.

Yaraşlı, Ort am O-Abhang des galat. Karaca Dağ, 86 km s. von Ankyra

□ 32^{40} 39^{00}

Hist Die Gleichung mit → Kinna ist überholt.

Mon W. oberhalb des Ortes zwei antike (galat.?) Festungen, die wohl bis in röm. Zeit benutzt wurden. In Yaraşlı zahlreiche röm. Architekturfragmente und Grabsteine (bis 3. Jh., darunter wenigstens ein christlicher [μνήμης †άριν])[1-4]; an einem Berghang n. ein kleines, wohl byz. Höhlensystem[4].

Font —

Lit [1] Anderson, Galatia 114ff. — [2] French–Mitchell, Ankara 60, 62. — [3] Mitchell, Galatia I 439f.

Bereisung [4] 1982.

Yassıören, Dorf am NW-Rand der Murted Ovası, 37 km nw. von Ankyra

□ 32^{20} 40^{00}

Hist —

Mon Von den früher zahlreichen Säulen, Kapitellen und anderen Kirchenarchitekturfragmenten (wahrscheinlich 5. Jh.) in Yassıören und den umliegenden Dörfern, besonders Soğucak[1,2], heute nur noch wenig in Yassıören und dem südöstlich gelegenen Friedhof erhalten[3]. Fund je einer christl. Inschrift in Yassıören, Kazan (4 km sö.) u. Bağören (16 km nö.)[4].

Font —

Lit [1] Anderson, Galatia 55. — [2] Crowfoot, Late Anatolian Art 92–94. — [4] Mitchell, North Galatia 157 (Nr. 186), 159f. (Nr. 189, 190).

Bereisung [3] 1982.

Yukarı Çavundur, Dorf im Tal eines der n. Zuflüsse des Çubuk Suyu, 52 km nnö. von Ankyra

□ 33^{00} 40^{20}

Hist —

Mon Vor der Moschee antike u. byz. Spoliensteine sowie griech. Inschrift. Die ältere **Abb. 62** Çeşme ist ganz aus antiken Quadern errichtet u. von einem osman. Barockaufsatz bekrönt[1]. Die alte, inzwischen durch einen Neubau ersetzte Moschee war ebenfalls aus Spolienquadern gebaut, die von einer alten Ansiedlung etwa 6 km weiter n. stammen sollen, deren Mittelpunkt ein wohl byz. Kastell bildete[2]. – Etwa 2 km ö. des Ortes (nö. von Yeni Mahalle) ein „Kale" genannter, natürlicher, wohl vorbyz. Siedlungs- oder Festungshügel (Mauerspuren, Keramik); an dessen Fuß eine Çeşme aus Spolien, die angeblich aus Susuz (6 km sö. von Yk. Çavundur) verschleppt sein sollen[1].

Font —

Lit [2] Leonhard, Paphlagonia 60f. *(Fig)*.

Bereisung [1] 1982.

Z

Zengen, auch Sengen, heute amtlich Özkent, Ort in NO-Lykaonien, 65 km n. von Ikonion

□ 32^{20} 38^{20}

Hist Nach Ausweis eines Meilensteines lag die Siedlung an oder in der Nähe einer röm. Straße nach Laodikeia Katakekaumenē?[1,2,3].

Mon Antike u. (überwiegend) christl. Inschriften zeigen eine alte Siedlung an, die mindestens bis in frühbyz. Zeit bestand[1,4].

Font —

Lit [1] *MAMA* I 192–199 (Nr. 372–383); VII 120–122 (Nr. 571–585). — [2] Ballance, Roads in Lycaonia 224, 230 Nr. 40, 231 A. 13. — [3] Mitchell, Galatia I 250. — [4] Calder, Proseilemmene 237f.

Zengicek Kalesi, byz. Festung auf einer Bergspitze in den n. Ausläufern des lykaon. Boz Dağ, etwa 2 km w. von Zengicek (heute amtlich Kontkaşa oder Koçkaya), 57 km nö. von Ikonion

△ 32^{40} 38^{00}

Hist Die Burg diente wohl der Beherrschung der „nördlicheren Diagonalverbindung durch Lykaonien" (Route A 2) auf dem Abschnitt zwischen →Congusso u. → Perta. Die Identifizierung mit dem lykaon. Bistum Bērinupolis (→ Psibēla)[1] ist völlig unsicher.

Mon Einem Dreieck angenäherte, polygonale Festung mit rund 40 m Durchmesser auf einem Felsplateau. Die nach SW gerichtete, gestufte Felsterrasse erfordert auf dieser Seite eine einfache, gebrochene Kurtine, während die Schuttrampe im N u. NO nicht nur eine Bewehrung der geraden N-Kurtine mit Rechteck- u. Rundturm, sondern darüber hinaus auch eine Vormauer notwendig machte. Über der im Mittelpunkt des Plateaus liegenden Zisterne stand vermutlich auch ein rechteckiger Turm, der im Verein mit dem hier unmittelbar s. anstehenden Fels die Verbindung vom NW-Turm zur SW-Kurtine herstellte. Die Mauern u. Türme zur Gänze aus unbehauenem Bruchsteinmauerwerk mit reichlich Mörtel errichtet. Im Mauerwerk waren zahlreiche Holzbalken als Anker sowohl längs wie quer u. sich teilweise kreuzend eingelassen. In der Kurtine zwischen S-Turm u. SW-Rundturm größerer, vom Mörtel freier Stein mit Medaillon-Kreuz. Datierung: vermutlich mittelbyzantinisch. In unmittelbarer Umgebung (Türbe, Brunnen in Zengicek) frühbyz. Spolien[1,2]. **Abb. 15, 16**

Font —

Lit [1] Ramsay, Preliminary Report 244, 247–249.

Bereisung [2] 1974, 1976.

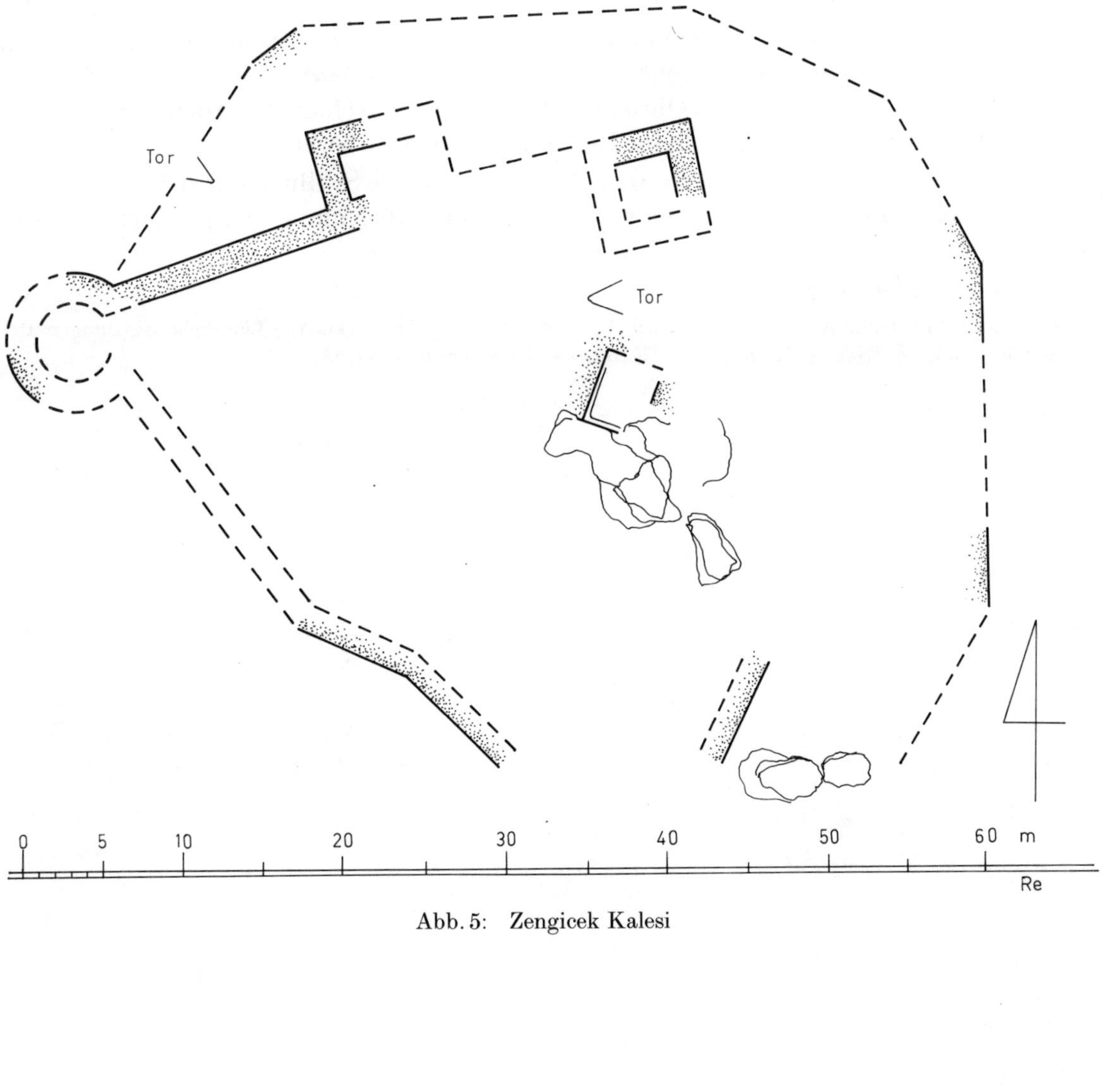

Abb. 5: Zengicek Kalesi

Zompu-Brücke (γέφυρα τοῦ Ζόμπου, Τζούμπου, Ζόμπη), mittelbyz. bezeugte Brücke über den oberen oder mittleren → Sangarios, genaue Lage unbekannt

Hist Strategisch wichtige Brücke auf dem Weg von Dorylaion (Eskişehir) nach O. Kaiser Rōmanos IV. Diogenēs querte 1071 auf dem Weg nach Manztikert zuerst den Sangarios auf der Zompu-(Tzumpu-) Brücke, dann den Halys wahrscheinlich auf der Kesik Köprü (→ Saniana)[1,2,3]. 1073 wurde der *Kaisar* Iōannēs Dukas in der Schlacht an der Zompu-Brücke von Roussel von Bailleul geschlagen u. gefangengenommen[1,2,4]; die Brücke in diesem Zusammenhang als „Verbindung" (d. h. wahrscheinlich als Grenze) zwischen den Provinzen (= Themen) Anatolikōn u. Kappadokia bezeichnet[1]. 1116 kämpfte Bardas Burtzēs in der Ebene von Amorion mit türk. Scharen, die über die Zompē-Brücke herankamen, um sich mit dem türk. Anführer Monolykos zu vereinen[5]. – Die Zompu-Brücke wird gewöhnlich – hauptsächlich aufgrund einer phantasievollen Rekonstruktion der (in dieser Form nicht existenten) sog. byz. Militärstraße – in der Nähe der Einmündung des Ilıca Özü (Ilıca Suyu) in den Sangarios gesucht[6,7]. Jedoch legt insbesondere die Schilderung Annas eine Lage weiter w. nahe, vielleicht bei dem alten Flußübergang s. von → Pessinus oder sogar bei der → Çandır Köprüsü.

Mon —

Font [1] Mich. Att. 145, 184. — [2] Iō. Skyl. Cont. 143, 158. — [4] Nik. Bryenn. 168–172. — [5] Anna III 201.
Lit [3] F. Hild, *TIB* 2, 103. — [6] Ramsay, Asia Minor 214f. — [7] Anderson, Galatia 111.

Zulmandarhanı, alte Siedlung u. seldschuk. Karavansaray 6 km onö. von Karakaya (früher Mennek, Mernek), 14 km ssö. von → Congusso, 51 km nö. von Ikonion

□ 32^{40} 38^{00}

Hist Der Name Zulmandarhanı tradiert vielleicht einen alten Ortsnamen Zēmruta: in → Congusso Fund einer Weihinschrift an den *Zeus Zēmrutēnos,* die von einem *Zulmandani Khan* zwischen Congusso u. Obruk (→ Obruk Han) verschleppt worden sein soll[1,2]. Der jedenfalls vortürk. Ortsname im 15. Jh. als *Solmanda* bezeugt[3,4].

Mon Um das seldschuk. Karavansaray Ruinen einer alten Siedlung mit spätantiken und byzantinischen Resten; im Han selbst Spolienquader, aber nur wenig profilierte Stücke verbaut[5,6].

Font [3] Uzluk, Karaman 20.

Lit [1] Anderson, Galatia 281. — [2] Ramsay, Lycaonia 102f. — [4] Hütteroth, Ländliche Siedlungen 107 (Tabelle Nr. 45). — [5] Sarre, Reise 73. — [6] Erdmann, Karavansaray Nr. 43.

Addenda

Germia (Nachtrag zu S. 166–168)

Hist Nach einem nur partiell edierten Text wohl des 9. Jh. (*BHG* 1285–1288) fanden Heilungen in der Quelle von Germia unter Mitwirkung des Erzengels Michaēl statt, wobei die Kranken in ein Fischbecken tauchten und die Fische nach Anrufung des Heiligen den Körper ableckten. Dies soll bereits dem Konsul des Ostens von 454 u. Gründer des nach ihm benannten Kl. in Kpl. Studios geschehen sein, der zum Dank die Michaels-Kirche von Germia erbaute oder erneuerte u. ausschmückte sowie Hospize für die Alten u. Kranken errichtete[1,2].

Mon Bei einer neuen Untersuchung der Kirchenruine wurde eine weitgehende Restaurierung nach schwerer Beschädigung festgestellt. Die früheste Bauphase gehört wohl bereits dem 5. Jh. an. N. der Kirchenruine Reste einer weiteren, großen Apsis[2].

Font –

Lit [1]C. Mango, The Date of the Studius Basilica at Istanbul. *BMGS* 4 (1978) 115–122, hier 117f. – [2]C. Mango, Brief vom 20. 3. 1984 mit Ankündigung einer Arbeit über Germia.

al-Hawīya, Ort vielleicht in der Nähe von Ikonion, Lage unbekannt

Hist al-Hawīya genannt als Ort nach al-Lādiqīya al-Muḥtariqa (Laodikeia Katakekaumenē) auf einem Weg von Kpl. über ʿAmmūrīya ins Kalifenreich. Beschrieben wird ein Höhlensystem mit Gräbern, die auch mit der Siebenschläferlegende in Verbindung gebracht wurden[1].

Mon –

Font [1]al-Muqaddasī 153f. (Übers. A. Miquel, al-Muqaddasī, Aḥsan at-taqasīm fī maʿrifat al-aqālīm. Traduction partielle, annotée. Damas 1963, 157–159; vgl. 282 [*Lit*]).

Lit –

REGISTER

A. SACHREGISTER

Verwiesen wird im Sachregister auf Seiten der Einleitung bzw. auf Lemmata des Hauptteiles. *Kursiv* gedruckt sind die Stichwörter innerhalb des Sachregisters. Auf sie wird innerhalb des Sachregisters mit Pfeil verwiesen (Verweise ebenfalls *kursiv*). Ein dem Stichwort nachgesetzter Asterisk* bedeutet, daß lediglich eine Auswahl vorliegt.

B. GEOGRAPHISCHES REGISTER

Das Register wurde nach den in *TIB* 1 angewandten Regeln erstellt.

1 Via Sebaste, Ortsdurchfahrt durch Kilistra

2 Via Sebaste w. von Kızılören

3 Via Sebaste zwischen Bulumya und Kilistra

4 Alte Straße am Bataklık Gölü (nw. des Kara Dağ)

5 Alte Straße s. des Bataklık Gölü (nw. des Kara Dağ)

6 Arısama Dağ, Burgberg von W

7 Arısama Dağ, NO-Turm

8 Arısama Dağ, SO-Turm

9 Arısama Dağ, W-Kurtine

10 Sekalesi (Thēbasa), Kurtinenzug von NO

11 Sekalesi (Thēbasa), Burgkapelle

12 Festung Kabala w. von Ikonion

13 Festung Kabala w. von Ikonion

14 Festung Kabala w. von Ikonion

15 Zengicek Kalesi von O

16 Zengicek Kalesi, NW-Turm

17 Kızıl Hisar, SO-Kurtine

18 Kızıl Hisar, SO-Kurtine, Detail eines Turmes

19 Burg bei Tabanlıoğlu Çiftliği (Peōn chōrion) von SO

20 Burg bei Tabanlıoğlu Çiftliği (Peōn chōrion) von SO

21 Burg bei Tabanlıoğlu Çiftliği (Peōn chōrion), Detail des mittleren Turmes

22 Burg bei Sivrihisar (Spaleia), O-Kurtine

23 Burg bei Sivrihisar (Spaleia), osman. Toranlage

24 Güzelcekale von SO

25 Güzelcekale, Detail des Kurtinenzuges

26 Burg bei Çeltikçi, Sperrmauer mit Sattelbefestigung gegen SO

27 Burg bei Çeltikçi, S-Turm

28 Amorion (Hisar), Stadtmauer

29 Dedeli Yayla, byz. Gebäude

30 Yeşilyurt (Myrikiōn), aus Spolienquadern errichtetes Haus

31 Kesmez (Thēbasa), Spolien

32 Kesmez (Thēbasa), Spolien

33 Kesmez (Thēbasa), Spolien

34 Dağören, Ruinenfeld, w. Teil

35 Dağören, Ruinenfeld, ö. Teil

36 Dağören, Eingang eines Hauses

37 Karapınar, byz. Kapitelle vor der Selimiye Camii, vielleicht von Dağören verschleppt

38 Madenşehir (Barata), Kirche 1

39 Değle bei Madenşehir (Barata), Kirche 32 von NW

40 Değle bei Madenşehir (Barata), Kirche 32, Blick in Mittelschiff und Apsis; im Hintergrund Mitte Apsisbogen der Kirche 33

41 Değle bei Madenşehir (Barata), Kirche 32, Blick in den Narthex; im Hintergrund Turmbau Nr. 39

42 Mihaliç im Kara Dağ, Klosterkirche von W

43 Mihaliç im Kara Dağ, Leōn-Kapelle, Apsis

44 Yürme (Germia), Kirche von W

45 Yürme (Germia), Kirche von N

46 Kilistra, Felsenkirche von NO

47 Kilistra, Felsenkirche, Apsis

48 Kilistra, Siedlungslage

49 Kilistra, Brunnen mit Spolien

50 Gölören (Hydē), Ruinenfeld

51 Gölören (Hydē), Kapitell

52 Gölören (Hydē), Kapitell mit Monogramm

53 Gölören (Hydē), Kapitell

54 Gölören (Hydē), byz. Grabstein

55 Gölören (Hydē), byz. Grabstein

56 Gölören (Hydē), byz. Grabstein

57 Gölören (Hydē), byz. Spolie

58 Yağlıbayat (Sauatra), Spolie

59 Kurşuncu im Karaca Dağ, Pfeilerkapitell

60 Altınekin (Congusso), aus Spolien errichteter Han

61 Oğuzeli (Anzulada), byz. Ambo-Treppe

62 Yukarı Çavundur, Spolienbrunnen mit Marmoraufsatz in osman. Barock

63 Sadettin Hanı, Spolien

64 Sadettin Hanı, Spolien